Büning, Clauß, Kurmies, Rohwer

Wirtschaft/ Politik

für Schleswig-Holstein

Stam 5990

Stam Verlag   Köln · München

Stam Verlag
Fuggerstraße 7 · 51149 Köln

ISBN 3-8237-**5990**-6

© Copyright 1995: Verlag H. Stam GmbH · Köln
Das Werk und seine Teile sind urheberrechtlich geschützt. Jede Verwertung in anderen als den gesetzlich zugelassenen Fällen bedarf deshalb der vorherigen schriftlichen Einwilligung des Verlages.

Inhaltsverzeichnis

1 Einstieg in die Berufs- und Arbeitswelt 5
1.1 Neu im Beruf: aller Anfang ist schwer 6
1.2 Arbeit – Familie – Freizeit: Wofür leben wir? 16
1.3 Die industrielle Revolution:
      Maschinen verändern Produktion und Gesellschaft 28
1.4 Strukturwandel: neue Techniken ändern das Leben 45

2 Der Mensch als Teil der Umwelt 57
2.1 Wir produzieren und konsumieren 58
2.2 Unsere Arbeit wirkt sich auf Natur und Umwelt aus 68
2.3 Mobilität: Wunschtraum Auto 77
2.4 Umbau zur öko-sozialen Marktwirtschaft 91

3 Unser Weg in die Gegenwart 99
3.1 Der lange Weg zur Freiheit für alle 100
3.2 Die Weimarer Republik 113
3.3 Nationalsozialismus 125
3.4 Kalter Krieg 145
3.5 Die Auflösung des Ost-West-Konfliktes 162

4 Leben und Mitwirken im demokratischen Staat 177
4.1 Demokratie lebt vom Mitmachen 178
4.2 Demokratie muß organisiert werden: Staatsorgane in der
      Bundesrepublik Deutschland und in der Europäischen Union 198
4.3 Recht in der pluralistischen Gesellschaft 221
4.4 Der Sozialstaat ermöglicht die Demokratie 235

5 Sich einsetzen für eine friedliche Welt 247
5.1 Konflikte und Konfliktlösungsversuche 248
5.2 Der Nord-Süd-Konflikt: Eine Bestandsaufnahme 260
5.3 Der Nord-Süd-Konflikt: Hintergründe und Ursachen 276
5.4 Der Nord-Süd-Konflikt: Entwicklungspolitik 286
5.5 Friedenssicherung nach dem Ost-West-Konflikt 295

6 Wirtschaft 317
6.1 Die Ziele: Wohlstand und Wohlergehen für alle 318
6.2 Konjunktur: das Auf und Ab der Wirtschaft 338
6.3 Wirtschaftspolitik: Unmögliches möglich machen? 343

7 Schleswig-Holstein 353

Stichwortverzeichnis 369

Bildquellenverzeichnis 376

1

Einstieg in die Berufs- und Arbeitswelt

1.1

Neu im Beruf:
aller Anfang ist schwer

Dumme Fragen gibt es nicht ...

Wer neu ist im Betrieb, muß vieles lernen.
Wer lernen will, muß fragen.
Dumm ist nicht, wer fragt;
dumm ist, wer nicht fragt.
Viel hängt allerdings davon ab,
wen und wie man fragt.

„Guten Tag, ich bin der Neue!"

Sozialisation: Mensch werden durch Arbeit?

1.1 M 1-4 Soziologische Grundbegriffe

Mit dem Start in den Beruf beginnt ein neuer Teil der „Sozialisation". „Sozialisation" ist ein Begriff, den die Gesellschaftswissenschaftler – die Soziologen – verwenden. Gemeint ist damit ganz allgemein die **Eingliederung in die Gesellschaft.**

Diese Eingliederung ist ein lebenslanger Prozeß. Er beginnt – für die meisten Menschen auch heute noch – in der **Familie.** Hier werden dem Kind die wichtigsten Regeln vermittelt, ohne die es in der Gesellschaft nicht bestehen kann. Als zweiter Abschnitt folgt die **Schule.** In vielen Jahren, manchmal unter großen Anstrengungen und Mühen, werden hier die Voraussetzungen erworben für den Start in eine bestimmte berufliche Position.

In der **Ausbildung** wird die berufliche „Rolle" erlernt. So werden die Auszubildenden in die Arbeitsgesellschaft eingegliedert. Die Sozialisation am **Arbeitsplatz** ist sehr intensiv, am Anfang oft mit Zwang verbunden, den man immer weniger spürt, weil man in dieses System der Gesellschaft hineinwächst.

1.1 M 5-7 Arbeitstugenden

Nach Abschluß der Ausbildung und einigen Jahren Arbeit im Beruf gehört man dazu. Die berufliche Rolle mit all ihren Normen ist zur zweiten Natur des Menschen geworden. Weil das so ist, behaupten einige Wissenschaftler: der Beruf prägt viel mehr als Familie und Schule; durch die Arbeit erhält der Mensch die entscheidende Prägung fürs Leben.

Rollenerwartungen: Auszubildende

Mit dem Eintritt in das Berufsleben haben Sie eine neue Position besetzt. Die berufliche Rolle ist für Sie neu. Sie ist zur Zeit die wichtigste Rolle in Ihrem Leben. Das wird sie noch lange bleiben.

Sie sind zwar immer noch „Kind" ihrer Eltern, „Freundin" oder „Freund", aber vor allem sind Sie jetzt „Auszubildende" bzw. „Auszubildender". Alle bisher erlernten und gelebten Rollen erscheinen damit in einem anderen Licht, sie erhalten einen anderen Stellenwert. Auch die sozialen Gruppen, zu denen Sie zum Teil auch jetzt noch gehören, die Familie, der Verein, Ihr Freundeskreis, müssen von Ihnen neu bewertet werden. Sie sehen ab jetzt und für lange Zeit vieles aus dem Blickwinkel Ihrer beruflichen Rolle. Das erstaunliche daran ist, daß die meisten anderen dafür Verständnis haben, auch wenn sie dabei selbst ihre Ansprüche an Sie zurückstecken müssen. Ja, „die anderen" erwarten von Ihnen geradezu, daß Sie in Ihrem Leben andere Schwerpunkte setzen.

Einige Rollenerwartungen sind schriftlich und sogar als Gesetz niedergelegt. Die wichtigsten finden Sie im § 9 des **Berufsbildungsgesetzes** „Pflichten des Auszubildenden". Dieser § ist auch als „Kleingedrucktes" auf jedem Ausbildungsvertrag nachzulesen.

Die soziale Rolle als Berufsschüler

Ihre soziale Rolle als Berufsschüler ist zum Teil schriftlich in der **Schulordnung** festgelegt. Bei der Formulierung hat die SV (Schülervertretung) mitgewirkt. Schließlich ist die Schulordnung von der Schulkonferenz beschlossen worden. Der wesentliche Teil der Rollenerwartungen wird jedoch mündlich weitergegeben. Er steckt in den Köpfen der beteiligten Menschen.

Das duale System der Berufsausbildung

Im Mittelalter, bis in die Zeit der Industrialisierung ging derjenige, der einen Beruf erlernen wollte, zum Meister in die Lehre. Das waren nur wenige, denn die Lehrstellen waren knapp und die Voraussetzungen, die Position eines Lehrlings zu besetzen, waren zum Teil ganz andere als heute: Mädchen z.B. konnten damals nicht Lehrling werden. Die Eltern mußten dem Meister „Lehrgeld" zahlen. Dafür gaben sie ihren Jungen in die volle Obhut, in die Familie des Meisters. Hier lernte der Lehrling alles, vor allem die Praxis und ein wenig Theorie, soweit der Meister selbst Bescheid wußte und sie für wichtig hielt. In die Schule mußte der Lehrling nicht. Berufsschulen gab es noch nicht. Der Meister war allein verantwortlich für die berufliche Sozialisation.

Heute gibt es viele unterschiedliche Möglichkeiten der Berufsausbildung, z. B. Berufsfachschulen, in denen die „Schüler" oder „Studierenden" auch alles lernen, vor allem die Theorie, aber auch die Praxis. Oder die Berufsausbildung erfolgt zunächst in der Theorie, danach schließt sich die Praxis an. So sind im Prinzip alle Berufsausbildungen organisiert, die an Hochschulen beginnen. Wenn hier im folgenden von Ausbildung und Beruf gesprochen wird, dann ist gemeint, was in Deutschland allgemein darunter verstanden wird: die Ausbildung in Betrieb und Berufsschule, das „duale System" der Berufsausbildung.

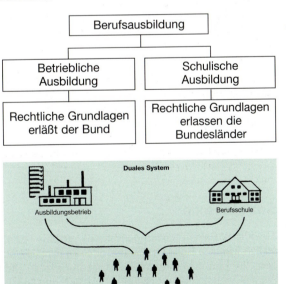

1.1 M 8 duales System

1.1 M 9+10 Berufsschule

Tips zum Umgang mit den Texten in diesem Buch:

> **Motto: das Wesentliche finden und behalten**
>
> *Sie haben den Text gelesen.*
> 1. Was haben Sie nicht verstanden? Fragen Sie!
> 2. Lesen Sie den Text noch einmal. Suchen Sie die wichtigsten Begriffe (wenn Ihnen das Buch gehört, dann streichen Sie die Begriffe mit dem Bleistift an, wenn nicht: legen Sie ein Blatt neben das Buch und notieren Sie dort die Begriffe).
> 3. Schreiben Sie an den Rand Bemerkungen (Marginalien nennt man diese „Randbemerkungen": das können Zeichen sein ! ? oder kurze Erklärungen und dergleichen).
>
> **Arbeiten Sie möglichst nicht allein, sondern mit Ihrer Nachbarin oder Ihrem Nachbarn zusammen!**
>
> **Lesen Sie kritisch!**
> **Besprechen (und diskutieren) Sie anschließend gemeinsam den Inhalt.**

M Materialien

Soziale Position

1.1
M 1
Soziale Position

Der Mensch ist ein **soziales Wesen**; das bedeutet, der Mensch kann nur in der Gesellschaft mit anderen zurechtkommen. Er braucht „die anderen" zum Überleben.
Sozial heißt in diesem Zusammenhang immer: gesellschaftlich, auf die Gesellschaft bezogen.
In jeder Gesellschaft gibt es eine Anzahl sozialer Positionen. Je komplexer eine Gesellschaft ist, desto mehr Positionen bietet sie an. Um eine Position zu besetzen, muß man bestimmte Voraussetzungen erfüllen.
Beispiele: Vater, Mutter, Kind: Tochter, Sohn, Großmutter, Onkel. ...; Auszubildende, Geselle, Meister, Lehrer, Unternehmer, Landwirt, Krankenschwester. ...Viele dieser Positionen hat es schon immer gegeben. Sie sind „statisch", verändern sich nicht oder nur wenig.

> *Jeder Mensch hat gleichzeitig mehrere Positionen besetzt.*
> *Schreiben Sie alle Positionen auf, die Sie zur Zeit besetzt haben.*

Soziale Rolle

1.1
M 2
Soziale Rolle

Zu jeder sozialen Position gehört eine „soziale Rolle". Das kann man sich genau so vorstellen wie eine Rolle im Theater oder im Film: die soziale Rolle enthält „Regieanweisungen", für den, der eine soziale Position besetzt. Die Gesellschaft ist hier der Regisseur. Sie hat bestimmte Vorstellungen, wie sich der „Inhaber einer sozialen Position" verhalten soll.

Diese Erwartungen stecken in den Köpfen der „lieben Mitmenschen". Manchmal sind sie auch schriftlich festgelegt. Sie beziehen sich auf ganz unterschiedliche Bereiche: z. B. das Aussehen, die Kleidung, das Umfeld (wo kann man z.B. einen Lehrer antreffen, wo gehört ein Polizist hin? Mit welchen Dingen umgeben sie sich? Welche „Werkzeuge" benutzen sie?), die Tätigkeit, Eigenschaften, Verhalten.

Es gibt Rollen mit sehr engen Vorschriften (die Dienstkleidung des Polizisten ist genau vorgeschrieben. Wie ist die Dienstkleidung des Lehrers?). Andere Rollen lassen Spielräume, die der Rollenträger selbst gestalten kann. Soziale Rollen sind nicht starr, sondern **dynamisch.** Sie verändern sich je nach dem Zustand der Gesellschaft mehr oder weniger schnell.

Versuchen Sie eine Rollenbeschreibung.
1. Wählen Sie eine Position aus. Vorschläge: Auszubildende, Meisterin, Lehrer, Tochter / Sohn, Freundin...
2. Beginnen Sie mit der Beschreibung der Voraussetzungen, die zu erfüllen sind ...

Sanktionen

Die Gesellschaft beobachtet den einzelnen ständig und sehr genau. Sie registriert das Verhalten des einzelnen und vergleicht das Verhalten mit ihren Rollenerwartungen: je nachdem wie dieser Vergleich ausfällt, reagiert die Gesellschaft mit **Sanktionen.**

Sanktionen: Reaktionen der Gesellschaft. Der Begriff ist ursprünglich neutral oder sogar positiv: „Sanktionieren" kommt aus der lateinischen Sprache und heißt: heiligen, billigen. Wenn das Urteil der Gesellschaft gut ausfällt, dann wird sie dieses Verhalten „positiv sanktionieren", z. B. loben, gute Zeugnisse ausstellen, Orden verleihen... Ganz allgemein: dieser Mensch genießt das Wohlwollen seiner Mitmenschen, seiner Umgebung: gesellschaftliche Anerkennung.

Negative Sanktionen sind häufiger. Wenn der Begriff Sanktionen ohne Zusatz verwendet wird, dann sind negative Sanktionen gemeint. Die Gesellschaft verfügt über eine breite Skala an Möglichkeiten, dem Mitmenschen zu zeigen, daß sein Rollenverhalten nicht den Erwartungen entspricht: Mißachtung (man wird nicht mehr gegrüßt, nicht mehr eingeladen), Tadel, schlechte Zensuren, Bestrafung. Im schlimmsten Fall verliert jemand die Position, weil er oder sie die dazugehörige Rolle so schlecht gespielt hat, daß die Gesellschaft nur noch diese Lösung sieht, um eine Katastrophe zu vermeiden: den Eltern wird das Sorgerecht für die Kinder entzogen; die Ehefrau beantragt die Scheidung; dem Auszubildenden wird während der Probezeit gekündigt ...

1. Nennen Sie positive und negative Sanktionen: in der Familie, in der Schule, im Betrieb.
2. Nennen Sie zu je einem Beispiel die Wirkungen, die erzielt werden sollen.

Rollenkonflikte

Im Theater mag es einfach sein: wer seine Rolle gelernt hat und sie überzeugend vorträgt, kann mit dem Beifall der Zuschauer rechnen. Im Leben ist das komplizierter.

Manchmal sind die Erwartungen, die an einen Rollenträger gestellt werden, unterschiedlich, weil sie aus unterschiedlichen Positionen auf ihn treffen: Von einem „Schüler" erwarten Mitschüler und Lehrer in manchen Situationen unterschiedliches Verhalten; vom

"Auszubildenden" die Gesellen und der Meister; ganz allgemein: die Kollegen und die Vorgesetzten. Widersprechen sich diese Erwartungen, dann kommt es zu einem Konflikt *innerhalb* der Rolle (Fachbegriff: **Intra-Rollenkonflikt**).

Da wir nicht nur eine Position besetzt haben, sondern immer mehrere, kann es zu Konflikten zwischen *unterschiedlichen* Rollen kommen (Inter-Rollenkonflikte), wenn wir gleichzeitig die Erwartungen mehrerer Rollen erfüllen sollen: Der Meister will nach Feierabend noch ein grundsätzliches Gespräch mit der Auszubildenden führen, aber draußen wartet der Freund.

Solchen Rollenkonflikten kann man nur selten entgehen. Man muß sich entscheiden. Die Entscheidung fällt leichter, wenn man vorher die möglichen Sanktionen, die einen erwarten, gegeneinander abwägt. Manchmal läßt sich ein Kompromiß finden, aber nicht immer.

In dem Text sind an mehreren Stellen Beispiele für Rollenkonflikte genannt.
Nennen Sie zusätzliche Beispiele aus Ihrem eigenen Erfahrungsbereich.

1.1
M 5+6
Arbeitstugenden

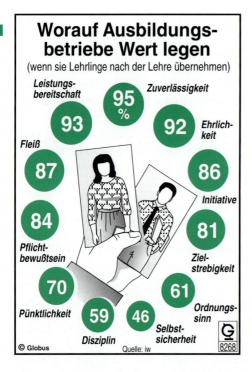

Worauf Ausbildungsbetriebe Wert legen
(wenn sie Lehrlinge nach der Lehre übernehmen)

Zuverlässigkeit 95%
Leistungsbereitschaft 93
Ehrlichkeit 92
Fleiß 87
Initiative 86
Pflichtbewußtsein 84
Zielstrebigkeit 81
Pünktlichkeit 70
Ordnungssinn 61
Disziplin 59
Selbstsicherheit 46

© Globus   Quelle: iw

Gewandelte Arbeitstugenden

Zahlreiche Untersuchungen zum Thema „Jugend und Beruf" zeigen, daß bei der jungen Generation andere Arbeitstugenden Ansehen genießen, als dies noch bei der heutigen älteren Chefgeneration der Fall ist: So etwas wie Ordnung, Fleiß, Pünktlichkeit, Korrektheit, Pflichterfüllung, Gehorsam u. ä. symbolisiert für junge Leute nicht die Arbeitswelt, die sie für sich wollen. Diese ist vielmehr durch Werte wie Kreativität, Selbstentfaltung, Selbstbestimmung, Teamwork, Menschlichkeit, Lockerheit, Spaß, Begeisterung etc. charakterisiert.
Die heutigen Jugendlichen haben auch ein ganz anderes Verhältnis zur Autorität. Der Ältere wird nicht einfach deshalb geachtet, weil er älter ist, sondern er muß in allen Punkten, in denen er befiehlt oder anschafft, Kompetenz besitzen – sei es als Mensch oder als Fachkraft –, um als Autorität akzeptiert zu werden.

(Informationen für die Truppe 1/90)

1. Vergleichen Sie die in M 5 und M 6 geschilderten Erwartungen. Finden Sie Gemeinsamkeiten / Unterschiede.
2. Nehmen Sie Stellung: Welche Erwartungen halten Sie für angemessen und sind Sie bereit zu erfüllen?

Was Berufe wirklich fordern

Für jeden Beruf gibt es Kernanforderungen, die unverzichtbar und nicht durch andere zu ersetzen oder auszugleichen sind... Das Anforderungsprofil eines Berufes besteht aus mehreren Einzelmerkmalen. Diese sind nicht starr, sondern recht flexibel. Manche können sich gegenseitig ersetzen oder ausgleichen ... Wenn jemand nicht alle Anforderungen erfüllen kann, dann lassen sich Lücken durch Motivation und Arbeitstugenden schließen, – nicht immer, aber häufig.

Die Leistungsfähigkeit eines Lehrlings ist grundsätzlich trainierbar und paßt sich den Anforderungen an. Der körperlich noch schwache Entlaßschüler kann kräftiger werden. Die Verkäuferin hat die Chance, den Rückstand im schulischen Kopfrechnen aufzuholen, wenn sie erlebt, daß sie das im Beruf täglich braucht. Sofern ihr die elektronische Ladenkasse das Rechnen nicht schon abgenommen hat, was wiederum die Anforderungen verändert.

(Frankfurter Rundschau, 21.09.91)

Eine tröstliche Nachricht: bisher Versäumtes kann ausgeglichen werden im Beruf.
1. *Nennen Sie Beispiele aus diesem Artikel. Können Sie weitere Beispiele finden?*
2. *Wie steht es in Ihrem Beruf: Welche Fähigkeiten werden dringend benötigt? Wie kann ein Ausgleich geschafft werden?*
3. *Wo liegen Ihre persönlichen Stärken? In welchen Bereichen müssen Sie einen „Rückstand aufholen"?*
4. *Was ist die wichtigste Voraussetzung dafür, tatsächliche Mängel auszugleichen?*

Das duale System der Berufsausbildung: Zusammenarbeit macht den Erfolg!

Duo heißt zwei: Wenn zwei zusammen singen, nennt man das ein Duett; wenn zwei aufeinander schießen, ist das ein Duell.

Zwei Partner, Betrieb und Berufsschule sind für die Berufsausbildung verantwortlich. Niemand erwartet, daß sie zusammen singen, aber sie sollen auch nicht aufeinander schießen – auch nicht mit Worten. Sie sollen an einem Strang ziehen.

Die Ausbildung geschieht an zwei Lernorten: In der **Berufsschule** mit dem Schwerpunkt **Theorie** (Kenntnisse), in den **Betrieben** mit dem Schwerpunkt **Praxis** (Fertigkeiten). Das bedeutet nicht, daß die Schule nur „Theorie" macht und der Betrieb nur „Praxis". Theorie „begreift" man besser, wenn man das Problem in die Hand nehmen kann. Dazu dienen die Werkstätten und Labors der Schulen. Die praktische Ausbildung im Betrieb kommt nicht ohne „theoretische" Erklärung aus.

Nur wenige Betriebe können heute alle verlangten Fertigkeiten systematisch vermitteln. Viele sind spezialisiert; gelernt wird an dem, was gerade zu tun ist. Aber die Kunden kümmern sich nicht darum, daß der Auszubildende zuerst das Leichte beherrschen muß, um später das Schwere lernen zu können. In vielen Berufen werden daher Teile der Ausbildung in überbetrieblichen Ausbildungswerkstätten systematisch in Lehrgängen vermittelt. Alle Auszubildenden eines Berufes werden so auf einen gleichen Ausbildungsstand gehoben. Die überbetriebliche Ausbildung kann z. B. von Innungen, Kammern, Arbeitgeberverbänden durchgeführt werden. Sie gehört zum Lernort Betrieb.

1. *Schildern Sie, wie in Ihrem Beruf die Ausbildung verteilt wird auf Betrieb (mit überbetrieblicher Ausbildung) und Schule (organisatorisch und inhaltlich – wer macht was?).*
2. *Nennen Sie Berufe, bei denen das anders geregelt ist.*

Die Berufsschule: Aufgabe – Ziele

1. Aufgabe der Berufsschule
1.1 Die Berufsschule und die Ausbildungsbetriebe erfüllen in der dualen Berufsausbildung einen gemeinsamen Bildungsauftrag. Die Berufsschule ist ein eigenständiger Lernort. Sie arbeitet als gleichberechtigter Partner mit den anderen an der Berufsausbildung Beteiligten zusammen.
2. Ziele der Berufsschule
2.1 Die Berufsschule vermittelt eine berufliche Grund- und Fachbildung und erweitert die vorher erworbene allgemeine Bildung. Damit will sie zur Erfüllung der Aufgaben im Beruf sowie zur Mitgestaltung der Arbeitswelt und Gesellschaft in sozialer und ökologischer Verantwortung befähigen.
2.2 Die Berufsschule hat zum Ziel,
eine Berufsfähigkeit zu vermitteln, die Fachkompetenz mit allgemeinen Fähigkeiten humaner und sozialer Art verbindet;
berufliche Flexibilität zur Bewältigung der sich wandelnden Anforderungen in Arbeitswelt und Gesellschaft auch im Hinblick auf das Zusammenwachsen Europas zu entwickeln;
die Bereitschaft zur beruflichen Fort- und Weiterbildung zu wecken;
die Fähigkeit und Bereitschaft zu fördern, bei der individuellen Lebensgestaltung und im öffentlichen Leben verantwortungsbewußt zu handeln.

Rahmenvereinbarung über die Berufsschule (Beschluß der Kultusministerkonferenz vom 14./15.03.1991)

1. Schreiben Sie (in Stichworten) die wesentlichen Fähigkeiten, die die Berufsschule vermitteln soll, heraus. Sortieren Sie „berufsbezogene" und andere (allgemeine) Fähigkeiten.
2. Besprechen Sie die Aussagen. Stimmen Sie allem zu? Begründen Sie Ihre Meinung.

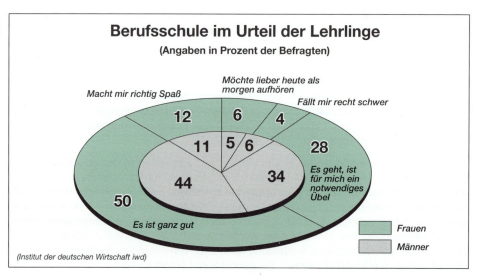

(Institut der deutschen Wirtschaft iwd)

1. Welche Antwort hätten Sie bei der Befragung angekreuzt? Begründen Sie bitte Ihre Antwort.
2. Sie selbst haben viele Jahre Erfahrung mit Schule gemacht. Welche Vorstellung haben Sie von Ihrer Rolle als Berufsschüler? – Fragen Sie auch Ihre Lehrer (nicht nur die Politik-Lehrer!).

Arbeitsvorschlag

Richtig fragen muß gelernt sein

Wen fragen?

Es gibt Experten, die sich in Fragen der Berufsausbildung auskennen.

Zunächst finden Sie Ratgeber in Ihrer nächsten Umgebung: Meisterin / Meister, Gesellen, ältere Auszubildende, die Jugendvertretung Ihres Betriebes, den Betriebsrat.

Wenn Sie Rat brauchen von „neutraler" Stelle, dann wenden Sie sich an
- den Lehrlingswart der Innung oder an den Obermeister (eine Innung ist ein Zusammenschluß von Handwerksmeistern. Die Mitglieder sind also Kollegen Ihres Meisters oder Ihrer Meisterin).
- Fragen können Sie bei der für Ihren Bereich zuständigen Gewerkschaft: dort sitzen Experten für Arbeitsrecht (Auskunft erteilen sie nur für Mitglieder).
- Die „zuständige Stelle" – das ist die „Kammer", bei der Ihr Ausbildungsvertrag geprüft und dann eingetragen ist – hat einen „Ausbildungsberater". Er ist dafür da, bei Problemen mit Rat aber auch mit Tat zu helfen.
- Fragen können Sie auch Mitglieder des Prüfungsausschusses, vor dem Sie Ihre Zwischen- und Ihre Abschlußprüfung ablegen müssen.
- Auch in der Berufsschule finden Sie Experten: Ihr Politik-Lehrer; wenn Ihre Fragen zu speziell sind, kann er Sie weitervermitteln.
- Die Schüler-Vertretung SV, der SV-Verbindungslehrer, sie kennen sich aus, können Ihnen Tips geben und warten darauf, daß Sie vorbeikommen.
- Schließlich wissen auch Eltern, ältere Geschwister, Freundinnen und Freunde aus eigener Erfahrung Rat zu geben.

Eines müssen Sie bedenken: Sie können sich bei vielen Leuten Rat holen. Ob Sie einem Rat folgen wollen, müssen Sie am Ende selbst entscheiden.

1. Stellen Sie eine Liste auf mit den wichtigsten Namen von Experten, die Sie im Falle eines Falles um Rat fragen können (Adressen, Telefon-Nr., eventuell Sprechzeiten)
2. Nehmen Sie Kontakt auf zur SV.

Wie?

Wer fragen will, sollte sich vorbereiten.
Schreiben Sie Stichworte auf einen Zettel. Vor allem, bevor Sie irgendwo anrufen.

Besuchen Sie eine Expertin / einen Experten; oder laden Sie sie oder ihn zu sich in die Klasse ein (z.B. den Lehrlingswart, die oder den Vorsitzenden des Prüfungsausschusses). Bereiten Sie Ihr Gespräch vor. Nur wenn Sie tatsächlich Fragen haben, lohnt sich eine solche Aktion.

Broschüren und Bücher befragen

Vieles von dem, was Sie wissen möchten bzw. wissen müssen, können Sie auch selbst nachlesen.
Es ist gedruckt. Zu finden in Broschüren und Büchern. Die Kunst ist nur: „gewußt wo!"
Lesen sollten Sie immer nach dem Motto: das Wesentliche finden und behalten.

Wichtige Gesetze:

Berufsbildungsgesetz: dort finden Sie alles Grundsätzliche über die Berufsausbildung. Jugendarbeitsschutzgesetz: ganz wichtig, wenn Sie noch keine 18 sind. Aber auch für über 18jährige, die in einer Ausbildung sind, gelten einige Bestimmungen aus diesem Gesetz.

Wo suchen?

Die beiden genannten Gesetze – und mehr – finden Sie in der Broschüre „Ausbildung und Beruf", kostenlos zu beziehen vom Ministerium für Bildung und Wissenschaft in Bonn.

Fordern Sie mit einer Postkarte die Broschüre „Ausbildung und Beruf" an (für die Klasse gemeinsam).

Alle genannten Institutionen geben ebenfalls kostenloses Informationsmaterial heraus. Fragen!

Wenn in Ihrer Stadt eine „Verbraucherberatung" oder ein „Bürger-Info" ist: dort nachfragen!

Nachsehen sollten Sie auch in der öffentlichen Bücherei an Ihrem Ort.

Besuchen Sie die genannten Informationseinrichtungen in Ihrer Stadt – mit der gesamten Klasse oder aufgeteilt in Gruppen, die nachher von ihren Erfahrungen berichten (Besuch eventuell anmelden).

Auch hier ist es sinnvoll, vorher zu überlegen, was Sie erfahren wollen.

Tip für den Besuch der Bücherei: Suchen Sie zunächst im „Stichwortkatalog" unter „Ausbildung" oder „Jugend" oder „Soziologie" oder ... Wählen Sie ein Buch aus, das Sie interessieren könnte. Wenn Sie selbst an die Bücher herangehen können („Freihandbibliothek"), finden Sie rechts und links von dem ausgewählten Buch noch weitere aus dem gleichen Sachbereich. Nun können Sie schmökern, sich festlesen und vielleicht eins zum Lesen ausleihen.

Was Sie unbedingt wissen müssen:
Alles, was mit Ihrer Ausbildung zusammenhängt.

Stellen Sie eine Fragenbatterie zusammen: das können zunächst alle Fragen sein, ungeordnet, so wie sie Ihnen einfallen.

Dann ordnen Sie diese Fragen zu einem Katalog
- *nach Sachzusammenhängen, oder*
- *danach, wo Sie nachschlagen oder wen Sie fragen wollen.*

Damit haben Sie den wesentlichen Teil Ihrer Arbeit geleistet. Denn wer weiß, was er oder sie (wissen) will, kommt auch ans Ziel.

Jetzt brauchen Sie nur noch die Antworten zu finden. Und, damit Sie möglichst viel behalten: aufschreiben (zunächst Notizen machen, dann sichten, vergleichen, ordnen und endgültig aufschreiben).

Wie vorgehen?
Am besten, Sie teilen sich die Arbeit. Wenn Sie Gruppen bilden, können Sie die Antworten nachher als gemeinsames Ergebnis zusammenfassen.

Warum?

In diesem Buch kann nicht alles stehen, was Sie wissen möchten und wissen müssen. Vieles müssen Sie selbst entscheiden und können Sie selbst herausfinden.
Ihre Fragen werden sich im Laufe der Jahre ändern. Selbst wenn die Fragen gleich bleiben, ändern sich von Zeit zu Zeit die Antworten.

Daher werden Sie in diesem Buch möglichst wenig Antworten vorgesetzt bekommen, die Sie selbst finden können.

Aber Sie werden an vielen Stellen Anregungen und Hilfen finden.
Dazu werden immer wieder Methoden vorgestellt, mit denen Sie Ihr Wissen ständig auf den neuesten Stand bringen können, nicht nur heute, sondern Ihr Leben lang.

Wissen veraltet sehr schnell. Deshalb müssen wir alle ständig Neues lernen. Dazu ist es wichtig zu wissen, wie man lernt. Diese Fähigkeiten werden **Qualifikationen** genannt. Wer qualifiziert ist, ist kompetent. In der Sprache der Wissenschaftler wird das so ausgedrückt:

Qualifizierung für die Arbeitswelt der Zukunft

Die geforderten Qualifikationen lassen sich folgendermaßen erklären:
Methodenkompetenz bedeutet die Fähigkeit zur selbständigen Aneignung neuer Kenntnisse und Fertigkeiten: es bedeutet, bei gestellten Arbeitsaufgaben eigenständig Lern- und Lösungswege zu finden, diese auf andere Aufgaben zu übertragen und auf Grund der gewonnenen Erfahrungen über deren generelle Anwendbarkeit zu reflektieren.
Fachkompetenz bedeutet, zuständig und sachverständig zu sein für einen Beruf. Fachkompetenz erwirbt man in der Berufsausbildung durch Aneignung der für einen anerkannten Ausbildungsberuf erforderlichen Kenntnisse und Fertigkeiten sowie Übernahme charakterlicher Verhaltensweisen.

(Gerhard P. Bunk, Reinhard Zedler: Neue Methoden und Konzepte beruflicher Bildung, Köln 1986. zitiert nach iwd: Wirtschaft und Unterricht vom 21.02.1991)

Die Fortsetzung dieser Erklärung finden Sie im Arbeitsvorschlag zu Kapitel 1.3. Dort geht es um **„Sozialkompetenz"**.

1.2 Arbeit – Familie – Freizeit: Wofür leben wir?

Was ist Dir in Deinem Leben ganz besonders wichtig?

Ein Beruf, der mir gefällt
Das Leben genießen
Viele Freunde
Viel Freizeit
Beruflicher Erfolg
Ein guter Verdienst
Ein sicherer Beruf
Sich keinen Zwängen unterwerfen

Die Frage und die Auswahlantworten stammen aus einer Befragung unter jungen Soldaten.
Die Reihenfolge der Antworten ist hier nach der Rangfolge der Nennungen geordnet.

Wird ein Baby geboren, dann sind Mutter, Vater und die Geschwister begeistert. Alle wollen sich um das Kleine kümmern. Das ist auch nötig, denn Neugeborene können ohne Hilfe anderer Menschen nicht überleben. Auch wenn das Kind älter wird, bleibt es noch viele Jahre abhängig von Erwachsenen.

Der Bewegungsspielraum von Kindern ist zunächst eng begrenzt. Mit dem Älterwerden erweitert das Kind ganz allmählich seinen Gesichtskreis und seinen Aktionsradius. Die Spielräume werden größer.

Jugendliche lösen sich von der Familie. Die Kontrolle wird geringer. Sie dürfen immer länger wegbleiben, immer weiter wegfahren, immer später nach Hause kommen.

Irgendwann hört die Kontrolle der Eltern ganz auf. Sind Sie jetzt frei von allen Zwängen? Frei sein ist etwas Schönes. Lange ersehnt und jedes Stückchen hart erkämpft. Und jetzt?

Frei von der Familie?

Die Soziologen behaupten, der Mensch sei ein Wesen, daß nur in der Gesellschaft – zusammen mit anderen – bestehen kann. Auch wer sein eigenes Geld verdient und selbst für sich sorgen kann, braucht immer wieder Zuspruch und Halt.

Für die meisten ist die Familie dieser Ort, der Zuflucht bietet – ein ganzes Leben lang. Familie, das sind ja nicht nur Vater und Mutter, dazu gehören Geschwister, Großeltern, Onkel und Tanten, Nichten und Neffen. Meist findet man eine oder einen, mit dem man reden kann. Manchmal reicht es schon, wenn nur jemand da ist, der einen kennt, dem man nicht erst lange erklären muß, was los ist.

In der Familie geht es allerdings nicht immer friedlich zu. Nicht alle sind immer einer Meinung. Manchmal gibt es Streit, oft auch über längere Zeit. Aber selbst wer dann aus der Familie flieht, merkt, austreten kann man nicht. Die Familie ist kein Verein, dem man das Mitgliedsbuch zurückgeben kann.

Freizeit: freie Zeit – frei wovon, frei wozu?

Wer arbeiten muß, sehnt sich nach der Freizeit, der Zeit nach der Arbeit.

Denn das Schönste an der Arbeit ist die Freizeit, und natürlich der Urlaub! Freizeit ein paar Wochen lang! Für viele Menschen ist Freizeit die einzige Zeit, die sie selbst gestalten können: Sport treiben, spielen – in der Familie oder mit Freundinnen und Freunden, oder sich einfach fallen lassen und Musik hören.

Selbst wer noch in der Familie lebt, möchte doch nach der Schule, nach der Arbeit seine Freizeit selbst bestimmen. Ob man zuhause bleibt, oder weggeht, möchte jeder selbst entscheiden.

Viele verbringen ihre Freizeit mit anderen, mit dem Freund oder der Freundin, mit Bekannten oder Kollegen. Man kennt ja so viele aus der Schule, von der Arbeit, aus dem Verein, und immer wieder lernt man neue Leute kennen. Jeder kann sich seine Freunde aussuchen.

Manchmal wird die Bindung enger. Man trifft sich häufiger, bald regelmäßig. Alle verbringen ihre Freizeit zusammen. Wie selbstverständlich gehört man dazu: zur Gruppe, zur Clique.

Jugendgruppen sind oft lockere Zusammenschlüsse. Sie sind keine Vereine mit eingetragenen Mitgliedern, festen Beiträgen und einem gewählten Vorstand, aber innerhalb einer Gruppe gibt es komplizierte Beziehungsgeflechte.

„Gruppendynamik" nennen das die Fachleute. Nach Sympathie und Interesse bilden sich Untergruppen. Es wird um Einfluß gekämpft, um Führerpositionen. Manchmal entwickeln sich Abhängigkeiten. Im Allgemeinen haben die Gruppenmitglieder in vielen Bereichen gleiche Vorstellungen, gleiche Einstellungen und gleiche Interessen. Deshalb ist man ja zusammen. Man mag sich irgendwie.

Die andere Seite der Freiheit: lauern überall Gefahren? – Falsche Freunde, falsche Ziele?

Falsche Freunde, gibt's die? Was, wenn der „Leithammel" in der Gruppe sich zum „Führer" aufschwingt und als Diktator alles bestimmt. Eigentlich ist man doch zusammengekommen, um gemeinsam etwas zu unternehmen. Gemeinsam heißt auch, daß alle ihre Vorstellungen einbringen können, daß beraten und am Schluß beschlossen wird. Das muß nicht förmlich zugehen wie in einer Versammlung. Der „Führer", ist das noch ein Freund?

In einer frei gewählten Gruppe möchten alle, jeder einzelne mitreden dürfen. Was, wenn die Mehrheit die Minderheit unterdrückt und sie nicht zum Zuge kommen läßt. Sind das noch Freunde, wenn nur sie immer bestimmen wollen?

Wenn die Gruppenaktivitäten immer riskanter werden, Mutproben verlangt werden, die lebensgefährlich sind. Wenn die Grenze zur Kriminalität überschritten wird. Sind das noch Freunde, die einen da mit hereinreißen? Aus der harmlosen Gruppe, der Clique, ist eine Gang geworden.

In den Armutsvierteln amerikanischer Großstätte sind solche „streetgangs" seit langem bekannt.

Kriminelle Jugendbanden unterscheiden sich von „normalen" Gruppen wesentlich. Die gemeinsam verübten Straftaten schweißen zusammen. „Mitgefangen, mitgehangen". Das Gefangenwerden und Bestraftwerden möchten alle vermeiden. Daher entwickelt sich in der Bande eine klare **Führungsstruktur** mit einem ausgeprägten **Gruppenzwang**. Die Bande ist nach außen geschlossen, aussteigen wird (fast) unmöglich gemacht. Neue werden erst nach längerer Beobachtung, oft nach „Mutproben" und Probezeit aufgenommen.

Es ist normal, daß Jugendliche sich zu Gruppen zusammenschließen. Nach der Befreiung aus den Abhängigkeiten der eigenen Familie bietet die Gruppe Schutz für eine Zwischenzeit, bis dieser Halt nicht mehr benötigt wird, weil jeder so stark geworden ist, daß er (oder sie) allein zurechtkommt, oder selbst eine eigene Familie gründet.

Rausch – Sucht: Flucht vor der Wirklichkeit?

Die erste Zigarette haben Sie längst vergessen. Oder erinnern Sie sich noch? Irgendwo heimlich mit anderen zusammengehockt, neugierig, wie das wohl schmecken würde? Die Zigarette: Symbol der Erwachsenenwelt!

Das erste Besäufnis? Vielleicht sogar von Erwachsenen dazu verführt – den eigenen Eltern, oder von Arbeitskollegen? „Sei kein Frosch! Trink doch einen mit!"

Verständlich, daß man ausprobieren will, was für die Erwachsenen zum Leben gehört, was sie anscheinend großartig finden. Entscheidend ist, was nach diesem „ersten Mal" geschieht.

Gewöhnt man sich daran, zunächst weiter heimlich zu rauchen, dann regelmäßig und später unheimlich (viel)? Kann man sich das Leben ohne das tägliche Bier nicht mehr vorstellen? Wieviele Biere – und Schnäpse – werden es schließlich?

1.2 M 4 Risiko Alkohol

1.2 M 5 Risiko Rauchen

Jeder weiß, daß Rauchen und Trinken gesundheitsschädlich sind. Das Gesundheitsministerium und viele andere Einrichtungen werben dagegen. Kinder und Jugendliche bis 16 Jahren dürfen in der Öffentlichkeit nicht rauchen. Kindern und Jugendlichen bis 18 Jahren darf kein „Branntwein" verkauft werden (so steht es im Jugendschutzgesetz). Bekannt ist die Gefahr süchtig zu werden. Der „Süchtige" raucht zu viel, trinkt zu viel. Die Gesellschaft reagiert erst, wenn die Sucht auffällt.

„Die beste Droge ist der klare Kopf",
meinte Udo Lindenberg in einem Interview.

Bei Drogen ist die Geduld zu Ende!
Auch Alkohol und Nikotin sind Drogen: Man kann abhängig werden. Doch bei allem, was wir gewöhnlich meinen, wenn wir von „Drogen" sprechen, ist die Duldung der Gesellschaft vorbei. Im Betäubungsmittelgesetz werden Verkauf und Besitz von Drogen verboten, bei Verstoß sind harte Strafen angedroht.
Warum duldet die Gesellschaft das Rauchen und Trinken, den Genuß anderer Rauschmittel (Drogen) jedoch nicht? Der Mißbrauch ist in jedem Fall lebensgefährlich!

Eine mögliche Erklärung: Rauchen und Trinken sind fest in der Kultur unserer Gesellschaft verankert. Die Germanen haben schon ihren Met getrunken. Geraucht wird, seit Kolumbus in Amerika auch den Tabak entdeckte. Es gab Regeln (soziale Normen), wann und wo man raucht und trinkt und wann und wo nicht. Trotzdem war der Mißbrauch immer ein Problem. Die Gesellschaft versuchte, das Rauchen und Trinken unter Kontrolle zu halten. Wenn jemand mal über den Durst getrunken hatte, reagierten nicht nur Kopf und Magen des „Säufers", sondern auch die Gesellschaft. Heute scheint diese gesellschaftliche Kontrolle noch weniger zu funktionieren als früher.

Das „normale" Leben ist riskant genug

Sind Sie besonders **risikofreudig**?
Die Freude am Risiko treibt die Unternehmer zu mehr oder weniger wagemutigen Einsätzen. Sie setzen manchmal damit ihre wirtschaftliche Existenz aufs Spiel, in der Hoffnung, viel zu gewinnen.
Die Angst vor dem Risiko läßt manche Menschen verzagen, lähmt jede Aktivität.

Wir gehen ständig Risiken ein, bei den meisten Unternehmungen ist uns das nicht mehr bewußt.
Was sind ernst zu nehmende Risiken: die Berufswahl? der Arbeitsplatz? der Freund, die Freundin? der Lebenspartner / die Lebenspartnerin? Kinder?
Wir alle haben viele Risiken auszuhalten. Durch sie wird das Leben spannend und interessant, man weiß nie genau, was morgen sein wird: im ganz normalen Leben!
Muß man zusätzliche Risiken eingehen?

Materialien

1.2 M 1 Freizeit

Was ist Freizeit?

Über diese Frage kann man lange diskutieren. Einfacher läßt sich feststellen, was Freizeit nicht ist. Freizeit ist keine Arbeit. Freizeit, das heißt für die meisten: keine Erwerbsarbeit, oder: nicht arbeiten müssen. Wie empfinden diejenigen ihre freie Zeit, die nicht – mehr – arbeiten dürfen? Seit einigen Jahren wird in unserer Gesellschaft heftig darüber diskutiert, wie die Arbeit, die immer weniger wird, „gerecht" verteilt werden kann. Wie steht es mit der Verteilung der Freizeit? Zwar haben – im Durchschnitt – alle mehr Freizeit bekommen, aber die Entwicklung ist nicht einheitlich. Es gibt Positionen im Berufsleben wie in der Familie, da bleibt immer weniger freie Zeit.

Freizeit: ein Blick in die Vergangenheit

Beispiel: die bäuerliche Arbeit

Sie wurde bestimmt durch die Abfolge der Jahreszeiten, durch den Rhythmus der Natur und die Bedingungen des Wetters. Gearbeitet wurde, wenn die Arbeit anfiel. Im Frühjahr mußten die Felder bestellt werden, im Herbst wurde geerntet. Das waren die Hauptarbeitszeiten. An allen Tagen mußte das Vieh versorgt werden. Der Sonntag war „der Tag des Herrn", an dem nur das Allernotwendigste getan wurde. Auf dem Land wurde hart gearbeitet, wenn es sein mußte. Aber da sich Arbeit und „Feierabend" wie von allein ergaben und die ganze Familie daran teilhatte, hatte beides einen anderen Stellenwert als bei uns. Beides zusammen machte das Leben aus. Es war ganz natürlich, daß dann mehr gearbeitet wurde, wenn es länger hell war. Im Winter spielte sich das Leben auf ganz andere Weise ab. Im übrigen freuten sich alle auf den Feierabend, auf die Sonntage und auf viele – kirchliche – Feiertage.

Beispiel Handwerk:

Der Rhythmus des Tages ergab sich durch die festen Zeiten, an denen die Meisterin zum Essen rief. Manche Berufe waren – auch damals schon – abhängig von der Auftragslage. Zuweilen wurde sogar der heilige Sonntag der Arbeit geopfert. Aber dann kamen auch Zeiten, in denen weniger Aufträge für einen gewissen Ausgleich sorgten. Und immer wieder wurde gefeiert. Manche Gesellen machten ab und zu auch noch am Montag „blau".

Mit der **industriellen Revolution** endete diese verhältnismäßig „natürliche" Gliederung des Lebens in Arbeit und freie Zeit. Dann wurde die Arbeit durch die Uhr – durch die Fabriksirene – bestimmt. Gearbeitet wurde zu allen Jahreszeiten so lange, daß Zeit für anderes nicht blieb. Nur der Sonntag war frei. Der Industriearbeiter konnte sich in der übriggebliebenen Zeit gerade so weit erholen, daß er die Arbeit des folgenden Tages durchstehen konnte. Nicht nur die Arbeitszeit, auch die Art der Arbeit änderte sich in den Fabriken grundlegend. Konnte man auf dem Felde und in den Werkstätten bei gemeinsamer Arbeit miteinander reden, manchmal auch singen, so stand in der Fabrik jeder isoliert an seinem Arbeitsplatz. Unterhaltungen waren verboten. In den meisten Werkhallen war der Lärm so ohrenbetäubend, daß man nicht mal sein eigenes Wort verstand. Arbeit wurde zur „Maloche". „Das kann nicht das ganze Leben sein!" Aus dieser Situation der totalen Ausbeutung ergab sich der Kampf der Arbeiterschaft um höhere Löhne und – von Anfang an – um kürzere Arbeitszeiten.

Auch heute wird das Leben der meisten Menschen durch die Arbeit bestimmt, aber der Zeitaufwand für sie wird immer geringer. Fast alle Menschen haben freie Zeit. Zeit, etwas ganz anderes zu tun: Freizeit!

Was ist Freizeit heute? Ein Lebensbereich ganz neuer Qualität und Möglichkeit zur Selbstentfaltung? Oder ist sie nur eine Fluchtmöglichkeit: Der durch die Arbeit ständig geforderte Mensch flieht in die Freizeit, lebt hier aber in ständiger Furcht vor der Arbeit, die ihn ja irgendwann wieder fordert?

> 1. Schildern Sie die Entwicklung von Arbeit und Freizeit seit dem Mittelalter bis heute. Beziehen Sie auch die Grafik M 2 mit ein.
> 2. Versuchen Sie die Schilderung in die Zukunft fortzuschreiben.

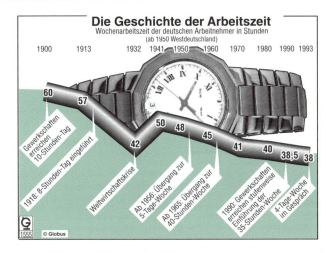

M 2 Arbeitszeit

M 3 Arbeit – Freizeit

> 1. Machen Sie eine Zusammenstellung für eine ganz normale Arbeitswoche. Schreiben Sie für jeden der 7 Wochentage die Stunden auf, die Sie brauchen: für die Arbeit (und den Weg hin und zurück), für die Familie, für Einkaufen, Essenmachen, Essen, Abwaschen, Aufräumen ..., Schlafen? Zählen Sie zusammen. Wieviel Freizeit bleibt für Sie übrig? Sind Sie zufrieden mit dem Ergebnis? Wo könnten Sie Zeit gewinnen (wodurch?/ wozu?)?
> 2. Untersuchen Sie Ihre eigene Freizeit. Schreiben Sie auf, was Sie in Ihrer Freizeit tun und wieviel Zeit Sie verwenden für ...
> 3. Was ist für Sie „Freizeit"? Welchen Sinn hat für Sie Freizeit?

1.2 M 4 Risiko Alkohol

1.2 M 5 Risiko Rauchen

Schleichende Narkose
Auswirkungen des Alkohols auf die körperliche und seelische Verfassung

ab 0,2 Promille
- Leichte Verminderung der Sehleistung
- Verlängerung der Reaktionszeit
- Nachlassen von Aufmerksamkeit, Konzentration, Kritik- und Urteilsfähigkeit
- Anstieg der Risikobereitschaft

ab 0,3 Promille
- Fehleinschätzung von Entfernungen

ab 0,5 Promille
- Verminderung der Sehleistung um etwa 15 %
- Hörvermögen herabgesetzt
- Beginnende Enthemmung
- Anstieg der Reizbarkeit

ab 0,7 Promille
- Gleichgewichtsstörungen
- Nachlassen der Nachtsehfähigkeit
- Reaktionszeit wird länger

ab 0,8 Promille
- Ausgeprägte Konzentrationsschwäche
- Rückgang der Sehfähigkeit um etwa 25 %
- Reaktionszeit um 35 bis 50 % verlängert
- Enthemmung nimmt zu
- Selbstüberschätzung
- Blickfeldverengung (Tunnelblick)

ab 1,1 Promille
- Beginn der absoluten Fahruntüchtigkeit
- Massive Aufmerksamkeits- und Konzentrationseinbuße
- Maßlose Selbstüberschätzung durch gesteigerte Enthemmung und Verlust der Kritikfähigkeit
- Reaktionsfähigkeit erheblich gestört
- Starke Gleichgewichtsstörungen
- Verwirrtheit, Sprechstörungen

ab 2,4 Promille
- Ausgeprägte Gleichgewichts- und Koordinationsstörungen
- Gedächtnislücken entstehen
- Bewußtseinsstörungen
- Reaktionsvermögen kaum noch vorhanden

ab 3,0 Promille
- Volltrunkenheit
- Schwere Alkoholvergiftung
- Gedächtnisverlust („Filmriß")

ab 4,0 Promille
- Lähmungen
- Unkontrollierte Ausscheidungen
- Atemstillstand

Quelle: Hauptverband der gewerblichen Berufsgenossenschaften/ Deutscher Verkehrssicherheitsrat, 1990

(Der Spiegel 11/93)

Risiko Rauchen: Immer mehr Tote

Die Weltgesundheitsorganisation (WHO) schlägt Alarm: Im Jahr 2020 wird die Zahl der Todesfälle durch Rauchen weltweit auf zehn Millionen jährlich steigen. Mit dem Weltnichtrauchertag am Pfingstmontag (31. Mai) will die WHO weltweit vor den Gefahren des Rauchens warnen. Statt Appelle fordern Mediziner jetzt Gesetze gegen den blauen Dunst.

Kinder, Krebs und Kumpel: Sucht in Zahlen

43 Prozent der deutschen Medizinstudenten rauchen, 25 Prozent der Ärzte und Apotheker, Lehrer: 21 Prozent, Bergleute: 57 Prozent.

45,9 Millionen Menschen in den Industrieländern starben in den vergangenen 30 Jahren durch Rauchen, schätzt die amerikanische Krebsgesellschaft (ACS). Zwischen 1990 und 1999 erwartet die ACS 21 Millionen tabakbedingter Todesfälle.

90 Prozent aller Lungenkrebskranken sind oder waren Raucher.

Die Zahl der Toten durch Rauchen in Deutschland liegt zwischen 90 000 und 140 000, die der Todesfälle durch Passivrauchen bei etwa 400 (USA: 3000).

22 Milliarden Mark nimmt das Bundesfinanzministerium jährlich an Tabaksteuer ein.

Die EG vergab von 1981 bis 1990 16,5 Milliarden Mark Subventionen an Tabakbauern (Griechenland, Portugal).

Mehr als die Hälfte aller Klein- und Vorschulkinder in Deutschland wachsen in Raucherfamilien auf. Mindestens 150 000 Kinder rauchender Eltern in den USA erkranken jährlich an Bronchitis und Lungenentzündung.

5,25 Milliarden Zigaretten wurden 1991 weltweit geraucht.

(Hamburger Abendblatt, 29.5.1993)

Droge (allg.)

wird sprachlich auf das französische „drogue" (16. Jahrhundert) zurückgeführt, hieß ursprünglich „Medizin oder „Mittelchen". Dem gleichen Wort entstammt die Drogerie = die „Drogenhandlung" oder auch der amerikanische „drugstore". ... In vielen Ländern der Dritten Welt gehört der Gebrauch von Naturdrogen zum Alltag: Coca-Blätter werden in Südamerika von Millionen von Indios gekaut, das Kauen von Betelnüssen ist im indisch-indonesischen Raum weit verbreitet, Kathblätter – gekaut oder als Tee aufgebrüht – sind die typische Alltagsdroge in Äthiopien oder im Jemen. Coca, Betelnüsse und Kath haben in etwa den gleichen Effekt: sie lassen den harten Arbeitsalltag leichter werden, erhöhen die Leistungskraft und unterdrücken Hunger- und Durstgefühle.

(Das Parlament, 16./23.03.1990)

Sucht – Ausstieg aus dem Alltag der Industriegesellschaft?

Der Gebrauch von Suchtmitteln ist nicht erst eine Erscheinung dieser Zeit, sondern findet sich seit Jahrhunderten auch in anderen Kulturkreisen. Dennoch ist die zu beobachtende tendenzielle Zunahme von Suchtkranken gerade in den Industrieländern – so auch in der Bundesrepublik – offensichtlich nicht zu trennen von den gesellschaftlichen Lebensumständen. Diese sind von Spielregeln geprägt, die der Einzelne nicht zu steuern vermag, oft nicht einmal richtig durchschaut, denen er sich aber unterzuordnen hat, obwohl er ihnen vielfach nicht gewachsen ist.

Die Normen von Leistung und Erfolg – nicht nur materiellem – zu erfüllen, ist Voraussetzung für gesellschaftliche Anerkennung und Existenzsicherung. Der Zwang gesellschaftlicher (Über-) Lebensbedingungen wird von den meisten Menschen ertragen – oder von manchen durchbrochen. Andere werden zu Opfern des Mithalten-Müssens: Mehr leisten als die Konkurrenten im Kampf um den Arbeitsplatz – oft ein Problem von Frauen –, niemals Schwächen zeigen, den Konsumleitbildern nacheifern, die alles besser, schöner, teurer verlangen und immer oben bleiben. Das Leben wird zum Leistungswettbewerb im Berufsalltag aber auch in der Freizeit bis in den Urlaub hinein. Für nicht Wenige wird das zu einem selbstzerstörerischen Mechanismus, der nur noch durch Abtauchen mehr oder weniger bewältigbar erscheint.

(Christine Maring in Das Parlament, 16./23.03.1990)

Die Autorin des Artikels versucht, Ursachen für eine gesellschaftliche Fehlentwicklung zu finden.
1. Geben Sie den Inhalt der Materialien auf dieser Seite mit eigenen Worten wieder.
2. Nehmen Sie Stellung: Wie sehen Sie das Problem?
3. Gibt es Möglichkeiten, das Problem „Sucht" zu bewältigen?
4. Wie kann man helfen? Fragen Sie „Experten" beim Gesundheitsamt oder einer Drogenberatungsstelle.

M 9 Risiko AIDS

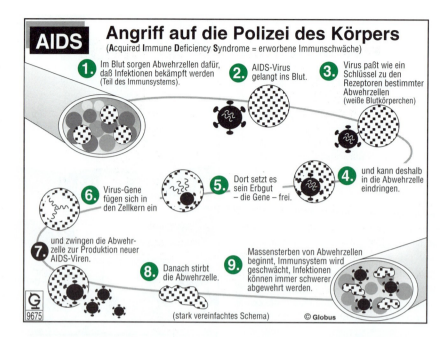

M 10 Risiko AIDS

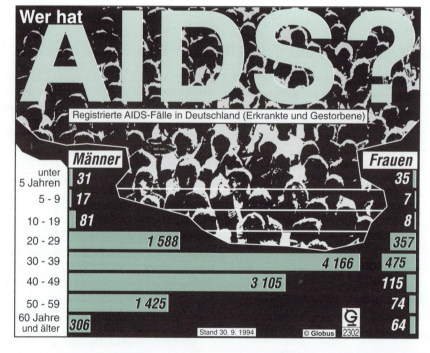

Das Thema AIDS läßt sich nicht auf einer Seite abhandeln. Dazu ist es zu vielschichtig und auch zu ernst. Wir wollen hier nur einen Anstoß geben: Wenn Sie mehr wissen wollen, müssen Sie sich an die Experten wenden. Weiterhelfen kann Ihnen das zuständige Gesundheitsamt.

Das Risiko AIDS bedroht uns nach wie vor. Sicher vor Ansteckung ist keiner von uns.
Zwei wichtige Fragen bleiben weiterhin aktuell:

- Was kann man tun, um das Risiko AIDS möglichst klein zu halten?
- Wie geht man mit HIV-Infizierten um?

Wie ansteckend ist AIDS?

Ungefährlich bleibt der Spaß, trinken zwei aus einem Glas. Beim Küßchen, Anhusten, Händeschütteln, in einer Gaststätte, im Schwimmbad und in ähnlichen Situationen besteht keine Ansteckungsgefahr.

Gefährlich wird's und gar nicht heiter, geht der Spaß zu zweit viel weiter. In jedem Sexualkontakt mit unbekannten oder oft wechselnden Partnern steckt die Gefahr einer AIDS-Ansteckung. Schützen Sie sich, schützen Sie Ihren Partner.

**Vertrauen ist gut, Kondome sind besser.
An AIDS zu sterben ist entsetzlich –
Kondome sind unersetzlich.**

**AIDS
Kondome Schützen**

Bundeszentrale für gesundheitliche Aufklärung

Bei Risiko beraten und testen lassen – bei Ihrem Arzt, dem Gesundheitsamt und den Beratungsstellen.

Was jede/r über HIV und Aids wissen sollte

Anfang der 80er Jahre wurden auch in Europa die ersten Fälle der neuen tödlich verlaufenden, ansteckenden Krankheit Aids entdeckt. Seitdem nimmt die Zahl der an Aids Erkrankten ständig zu, wenn auch weniger schnell als zunächst befürchtet. Bei einigen Menschen ist dadurch der Eindruck entstanden, Aids sei keine Gefahr mehr. Dies ist falsch. In der Bundesrepublik Deutschland sind seit dem ersten Auftreten von Aids bis Ende 1993 etwa 11.000 Menschen an Aids erkrankt, von denen etwa 6.000 bereits verstorben waren. Die Zahl der seit Anfang der 80er Jahre HIV-angesteckten Menschen wird auf 50.000 bis 70.000 geschätzt.

WAS JEDE/R ÜBER AIDS WISSEN SOLLTE

➤ **Was jede/r über Aids wissen sollte.**

Selbst wenn sich ab heute jede/r vor Ansteckung schützt, wird die Zahl der Kranken wegen der langen Zeit zwischen Ansteckung und möglichem Ausbruch der Krankheit Aids noch für Jahre weiter steigen.

Jede/r muß ausreichend über diese ansteckende Krankheit informiert sein. Nur dann kann er/sie seine/ihre eigene Gefährdung abschätzen, die möglicherweise notwendigen Schutzmaßnahmen ergreifen und unnötige Sorgen und Ängste abbauen.

Aids geht uns alle an: nicht weil jede/r Ansteckungsgefahren in demselben Maße ausgesetzt ist, sondern weil Unsicherheiten und Ängste noch immer weit verbreitet sind, und weil wir alle dafür verantwortlich sind, daß Menschen mit HIV und Menschen mit Aids ohne Ausgrenzungen in unserer Gesellschaft leben können.

WAS JEDE/R ÜBER AIDS WISSEN SOLLTE

BUNDESZENTRALE FÜR GESUNDHEITLICHE AUFKLÄRUNG

Fragen zum Thema AIDS beantwortet die persönliche Telefon-Beratung bei der Bundeszentrale für gesundheitliche Aufklärung 0221/892031

Arbeitsvorschlag

Starten Sie eine Meinungsumfrage: Wofür leben Sie?

Was tun?

Machen Sie eine Befragung in Ihrer Klasse. Thema: Was ist für Sie wichtig?

Wie?

Das Kapitel 1.2 beginnt mit der Frage: Arbeit – Familie – Freizeit: Wofür leben wir?

Ordnen Sie die drei Begriffe in der Reihenfolge ihrer Wichtigkeit für Sie und vergeben Sie die Plätze 1, 2, 3. Die (geheim) auf einen Zettel geschriebenen Wertungen werden eingesammelt und an der Tafel ausgewertet. Anschließend könnten Sie eine zweite Befragung durchführen: Was bedeuten für Sie Arbeit – Familie – Freizeit?

Wenn Ihre Klasse nicht sehr groß ist, können Sie auch offene Antworten bei der Auswertung bewältigen. Sie haben damit die Einschätzung Ihrer Klasse und können über das Ergebnis reden.

Danach fragen Sie auch andere.

Was fragen?

Ganz einfach: Sie wiederholen die 1. Aufgabe, die Sie selbst gelöst haben:
Arbeit – Familie – Freizeit: Wofür leben Sie? Stellen Sie bitte eine Rangordnung auf.

Die 2. Aufgabe ist für eine öffentliche Umfrage nicht geeignet. Denn wenn mehr Leute befragt werden sollen, dann wird es sehr kompliziert, offene Antworten auszuwerten. Daher werden bei Meinungsumfragen fast immer zu einer Frage eine begrenzte Zahl von Antworten vorgegeben, aus denen die Befragten auswählen sollen.

Unser Vorschlag: Am Anfang des Kapitels 1.2 finden Sie eine Frage und Auswahlantworten dazu. Nehmen Sie diese Befragung als Grundlage für eine eigene Frage und Antwortvorschläge. Sie sollten den Antwortenkatalog aber ergänzen; denn einige Bereiche, die vielleicht Ihnen oder den von Ihnen Befragten wichtig sein könnten, fehlen dort.

Hier ist ein weiteres Beispiel:

Frage: **Was ist für Sie wichtig?**

Auswahlantworten
- *Für mich spielt der Beruf die wichtigste Rolle, weil ich dort genügend Geld für meine Bedürfnisse verdienen kann.*
- *Wirklich zentral ist für mich meine Freizeit, weil ich dort machen kann, was ich will.*
- *Wirklich zentral ist für mich die Partnerschaft. Der Beruf ist lediglich ein Mittel, um Geld zu verdienen.*
- *Für mich sind Beruf und Partnerschaft gleich wichtig. Ich versuche in keinem Bereich Abstriche zu machen.*
- *Für mich spielt der Beruf die wichtigste Rolle. In meinem Beruf will ich mich selbst verwirklichen, meine Persönlichkeit einbringen können.*

Was weiter?

Stellen Sie zunächst die Frage und die möglichen Antworten zusammen.

Die Befragten müssen wissen, was sie mit den angebotenen Antworten anfangen sollen.

Dazu formulieren Sie die Aufgabe. Es gibt hier mehrere Möglichkeiten, z.B.:
- „Schreiben Sie hinter die Antwort die Ziffern 1-10" (wenn Sie zehn Antworten anbieten), „die 1 für die Antwort, der Sie am meisten zustimmen, die 10 für die Antwort, die Sie am wenigsten wichtig finden.")
- „Unterstreichen Sie in der Liste die Antworten, denen Sie zustimmen." (Sie können bei dieser Aufgabe auch die Zahl der Unterstreichungen begrenzen – z.B.: „Unterstreichen Sie fünf Antworten.")

Was tun?

Erfragen Sie die Meinung Ihrer Klasse zur Probe, dann die Meinung von möglichst vielen Mitschülerinnen und Mitschülern an Ihrer Schule (z.B. alle Unterstufen und als Vergleich dazu alle Schülerinnen und Schüler, die kurz vor Abschluß ihrer Ausbildung stehen: ergeben sich Unterschiede?).

Und dann?

Jetzt führen Sie die Befragung in der Stadt durch.

Was soll dabei herauskommen?

Sie können feststellen, was andere denken. Falls Sie herausfinden wollen, ob unterschiedliche Gruppen (z.B. Männer/Frauen; Junge/Alte) sich in ihrem Bewußtsein unterscheiden, dann müssen Sie Geschlecht und Alter auf dem Fragebogen festhalten. Vermutlich werden Sie Leute mit unterschiedlichen Meinungen finden und vielleicht in heiße Diskussionen verwickelt werden.

Auswertung

Die Auswertung sollte gemeinsam in der Klasse an der Tafel stattfinden. Berichten Sie von Ihren Erlebnissen und Erfahrungen bei der Befragung (Was könnte man beim nächsten Mal besser machen?). **Diskutieren Sie Ihr Ergebnis.**

Arbeit als Freizeit?

Viel Freizeit ist das neue Status-Symbol in den USA – Deutsche sind realistischer

... Im übrigen verwischen sich die Unterschiede zwischen Freizeit und Arbeitszeit. Denn: immer mehr Deutsche wollen mit Spaß ihre Arbeit erledigen, während sie sich in der Freizeit zum Beispiel im Sozialbereich „arbeitsmäßig" betätigen. „Und genau das ist das neue Statussymbol in Deutschland." Nicht die Karriere beschere Ansehen, sondern die Leistung in der Freizeit.

(Lübecker Nachrichten, 27.03.1991)

Freizeit als Arbeit?

(Das Parlament, 19./ 26.01.1990)

1.3 Die industrielle Revolution:
Maschinen verändern Produktion und Gesellschaft

Könnte es sein, daß Sie sich ein falsches Bild von der guten alten Zeit machen?

Träumen Sie auch manchmal von der guten alten Zeit auf dem Lande? Als der Bauer noch neben Pferd und Wagen herlief, das Getreide mit der Sense gemäht und die Milch mit der Hand gemolken wurde?

Warum die gute alte Zeit gar nicht so gut war:
Ernten, die vernichtet waren, bevor sie eingefahren werden konnten, und Viehbestände, die durch Seuchen dahingerafft wurden, das ist es, woran unsere Bauern heute denken, wenn von der guten alten Zeit die Rede ist. Und sie entsinnen sich an harte körperliche Arbeit, 16 Stunden am Tag, an ein entbehrungsreiches Leben. Hungersnöte, noch im letzten Jahrhundert an der Tagesordnung, gehören dank des Fortschritts in der Landwirtschaft heute in Deutschland der Vergangenheit an.

Erst Wissenschaft brachte tägliches Brot:
Und Ingenieure brachten schließlich den Fortschritt mit Maschinen, die den Bauern die Arbeit erleichterten. Profitiert haben wir alle davon. ...Denn unsere Landwirte sind gut ausgebildete Unternehmer, die mit moderner Technik und modernem Know-how dafür sorgen, daß die gute alte Zeit nie wiederkommt.

Unsere Landwirtschaft. Wir brauchen sie zum Leben.

Eine Information der Centralen Marketinggesellschaft der deutschen Agrarwirtschaft mbH (CMA)

(Anzeige in Der Spiegel 45/1991)

Bis vor etwa 200 Jahren lebten die meisten Menschen auf dem Lande von der Landwirtschaft. Es gab einige Handwerker, vor allem in den Städten, aber nur wenig Dienstleistungsberufe. Die Wirtschaft war darauf ausgerichtet, die Menschen mit dem Allernötigsten zu versorgen. Selbst das gelang nicht immer. Nach einer Mißernte starben die Ärmsten vor Hunger im kalten Winter.

Bäcker und Töpfer, Holzschuhmacher und Fleischer stellten ihre Waren her und konnten mit sicherem Absatz rechnen. Die meisten Handwerker jedoch arbeiteten auf Bestellung nach den Wünschen und Maßangaben ihrer Kunden. Das Kleid, der Tisch, das Bett waren Einzelanfertigungen, entsprechend teuer. Wer kein Geld hatte, und das waren die meisten, mußte sein Kleid selbst nähen. In den engen Wohnstuben war ohnehin nur Platz für einen selbstgebauten Tisch, eine Bank und ein Bord an der Wand.

Die Handwerker waren in **Zünften** zusammengeschlossen. Diese bestimmten bis ins einzelne, wie, mit welchem Material, zu welchem Preis etwas hergestellt werden durfte. Wer abwich von der Zunftordnung, wurde hart bestraft.

Von der alten zur Neuen Sozialen Frage

Im 18. Jahrhundert wurden **Maschinen** erfunden: die Dampfmaschine als Antriebsmaschine für mechanische Webstühle, Druckmaschinen, Dampfhämmer...

Unternehmer kauften die Maschinen, stellten sie in Werkshallen auf, stellten **Arbeiter** ein. Die Arbeit an den neuen Maschinen war laut, aber einfacher und daher leichter zu erlernen als der Handwerksberuf. Für den Unternehmer war die Fabrik sein **„Kapital"**. Er hatte dafür Geld bezahlt, und Geld – Gewinn – sollten die hergestellten Waren bringen.

Die Arbeiter standen an einer ganz bestimmten Stelle an der Maschine und bedienten sie dort. Die Arbeit war aufgeteilt. In der Druckerei z. B. schaffte einer das Papier heran, einer legte es in die Maschine; die Maschine druckte, ein weiterer Arbeiter nahm den bedruckten Bogen aus der Maschine.

Die Organisation der Arbeit – **Arbeitsteilung** – und die Maschinen ermöglichten zum ersten Mal die billige **Massenproduktion**. In den Fabriken wurde nicht mehr auf Bestellung gearbeitet. Der gleiche Artikel wurde zigtausendmal hergestellt und dann erst verkauft.

Die **„Gewerbefreiheit"** wurde ausgerufen. Sie war das genaue Gegenteil der bisher geltenden Bestimmungen: Alle hatten gleiche Rechte. Jeder konnte herstellen, was, wie, zu welchem Preis er wollte.

Ein neues Problem tauchte auf: Der Handwerker früher kannte seine Kunden. Er wußte, was sie brauchten. Er produzierte für „seinen" überschaubaren Markt. Der Fabrikherr produzierte erst, hoffte dann auf Absatz auf einem großen unüberschaubaren, für ihn **anonymen Markt**. Auf diesem Markt tummelten sich viele. Die **Konkurrenz** – so etwas hat es früher nicht gegeben – war groß.

1.3
M 1-3
Marktgesetze

Woher wußte der Unternehmer, daß nicht ein anderer, oder vielleicht sogar mehrere, den gleichen Artikel herstellten wie er?

Das grundsätzliche Problem: Wie kann erreicht werden, daß genau so viel hergestellt wie gebraucht wird, nicht zuviel aber auch nicht zu wenig. Die Antwort der Wirtschaftswissenschaftler: Das Problem löst sich im Prinzip von selbst: auf dem Markt. Dort treffen sich Verkäufer und Käufer. Die einen präsentieren ihre Ware (ihr **Angebot**), die anderen äußern ihre Wünsche (sie fragen nach der Ware, daher nennt man das **„Nachfrage"**). Sie handeln miteinander und einigen sich schließlich auf einen Preis, mit dem beide zufrieden sind. Wenn das nicht gelingt, wenn der Preis für den Verkäufer zu niedrig ist oder für den Käufer zu hoch, dann wird jeder für sich seine Konsequenzen ziehen. Auf jeden Fall wissen beide Bescheid. Sie sind informiert über Angebot, Nachfrage und Preis. Weil das auf dem „Markt" geschieht, nennt man dieses System **„Marktwirtschaft"** und weil die Wirtschaftswissenschaftler der Meinung waren, daß diese Regelung am besten funktioniert, wenn sich kein Fremder einmischt – vor allem der Staat nicht, nannten sie das System **„freie Marktwirtschaft"**.

Viele witterten die Chance ihres Lebens. Gesellen machten sich selbständig, Lehrlinge und Ungelernte versuchten ihr Glück. Viele scheiterten. Denn so einfach war das nicht, auf dem freien Markt gegen die Konkurrenz zu bestehen.

Das Elend der Massen: „die soziale Frage" im 19. Jahrhundert

Die wirtschaftlichen Veränderungen blieben nicht ohne Auswirkungen auf das Leben der Menschen:

Zu Beginn der Industrialisierung konnte der „Fabrikherr" ganz alleine über Löhne, Arbeitszeiten und andere Arbeitsbedingungen entscheiden. Es gab viel zu viele Menschen, die Arbeit suchten, und sich den Bedingungen der Unternehmer unterwerfen mußten. Allein war jeder auf sich gestellt. Wer aufmuckte, wurde entlassen. Es gab ja genügend andere, die gerne an seine Stelle treten würden.

In der ersten Hälfte des 19. Jahrhunderts verschärfte sich die soziale Lage der Bevölkerung ganz erheblich. Das Elend in den Städten unter der arbeitenden Bevölkerung war unbeschreiblich. Am schlimmsten aber wurde die Not, wenn jemand arbeitslos oder infolge von Krankheit, Unfall oder Alter arbeitsunfähig war. Da gab es keinen Schonraum in der Großfamilie, kein Gnadenbrot. Die Kleinfamilie, Vater, Mutter und Kinder, mußte allein ums Überleben kämpfen.

Arbeiterbewegung und Staat entschärfen den Konflikt zwischen „Kapital und Arbeit"

1.3
M 4
Gewerkschaft

„Nur gemeinsam sind wir stark!" erkannten die Arbeiter bald.

Um 1848 entstanden die ersten Arbeiter-**„Verbrüderungen"**, die Vorläufer unserer heutigen Gewerkschaften. Die Stärke dieser Vereinigungen war der Zusammenhalt aller, die Gegenseitigkeit – Solidarität: „Einer für alle, alle für einen" ist der Wahlspruch.

Arbeitgeberverbände entstanden erst nach den Gewerkschaften. Denn für die Unternehmer war zuerst der Zwang nicht vorhanden. Jeder konnte sich alleine gegenüber seinen Arbeitnehmern durchsetzen. Und: Unternehmer verstanden sich gegenseitig eher als Konkurrenten, nicht als Schicksalsgefährten mit gleichen Interessen.

1881 – Geburtsstunde unserer Sozialversicherungen

Großgrundbesitzer und Fabrikherren fürchteten um ihre führende Stellung in Gesellschaft und Staat. Die ersten **Arbeitsschutzgesetze** wurden erlassen, Kinderarbeit eingeschränkt. Gegen das Massenelend konnte das alles nichts bewirken.

Bismarck, Reichskanzler und damit Regierungschef unter Kaiser Wilhelm I, suchte für das große Problem – die soziale Frage – eine große Lösung. Zunächst brachte er 1878 das „Gesetz gegen die gemeingefährlichen Bestrebungen der Sozialdemokratie" im Reichstag durch (abgekürzt „Sozialistengesetze" genannt). Damit wurden alle Gewerkschaften und Arbeiterparteien verboten. Bismarck wollte damit die weitere Ausbreitung „revolutionärer Gedanken und Umtriebe" stoppen und Zeit gewinnen für seine soziale Gesetzgebung.

Bismarcks Grundgedanken: Der Sprengstoff, der in der sozialen Frage steckt, kann nur entschärft werden, wenn der Klassengegensatz zwischen Arbeiterschaft und Unternehmern in ein Miteinander umgewandelt wird.

Nach Abschluß der gesamten Sozialgesetzgebung sollte die Arbeiterschaft mit dem Staat versöhnt sein und gleichzeitig sich der Staat zu einem „Sozialstaat" gewandelt haben. Damit wären dann Sozialismus, Kommunismus und Revolution – und natürlich auch Arbeiterparteien und Gewerkschaften – überflüssig geworden.

Im Oktober 1881 wurde ein neuer Reichstag gewählt. Bei seiner ersten Sitzung wurde eine „Kaiserliche Botschaft" verlesen. Sie ist die Geburtsurkunde der Sozialversicherungen. In den folgenden Jahren wurden Gesetzentwürfe eingebracht, wurde diskutiert, beraten, abgelehnt, geändert und wurden schließlich Gesetze beschlossen. Es waren

1. die Krankenversicherung 1883,
2. die Unfallversicherung 1884,
3. die Invaliden- und Altersversicherung für Arbeiter 1889.

Sie wurden erst viel später ergänzt durch

4. die Rentenversicherung für Angestellte 1911,
5. die Arbeitslosenversicherung 1927,
6 die Pflegeversicherung 1995.

Sozialversicherungen heute: Zustand und Probleme

Das soziale Netz ist geknüpft durch die **Solidarität der gesamten Gesellschaft.** Die Unterstützung und Hilfe, die z.B. die Sozialversicherungen gewähren können, werden aufgebracht durch die aktiven Beitragszahler. Wenn es um staatliche Hilfen geht, außerhalb der Versicherungen, dann stammt das Geld von den vielen Steuerzahlern, also von uns allen. Das soziale Netz besteht aus Geben und Nehmen, das der Staat organisiert. Das System der sozialen Sicherung funktioniert allerdings nur so lange, wie die Solidarität bestehen bleibt.

„Den trägst du ... wenn du groß bist!"

Die soziale Situation heute: ist der Konflikt zwischen Kapital und Arbeit gelöst?

Die Interessengegensätze zwischen Arbeitnehmern und Arbeitgebern bestehen auch weiterhin. Auf beiden Seiten gibt es mächtige **Interessenverbände**, die fest in Gesellschaft und Staat verankert sind. Sie gehören zu den „gesellschaftlich wichtigen Gruppen" und erfüllen auch „öffentliche" Aufgaben, um die sich sonst der Staat kümmern müßte. Zunächst aber vertreten Interessenverbände ihre Mitglieder.

Die Gewerkschaften vertreten die Interessen ihrer Mitglieder insgesamt, wenn es um die Verbesserung der Arbeitsbedingungen allgemein geht. Sie setzen sich im Einzelfall für die Interessen eines einzelnen Mitgliedes ein, z.B. bei ungerechtfertigter Kündigung. Die Gewerkschaften können immer nur für ihre Mitglieder sprechen und handeln. Die Stärke jeder Interessenvertretung ist die Zahl ihrer Mitglieder.

Arbeitgeberverbände sind Vereinigungen von Arbeitgebern. Sie bilden das Gegengewicht zu den Gewerkschaften.

Gewerkschaften und Arbeitgeberverbände: Partner oder Gegner?

Gewerkschaften und Arbeitgeberverbände legen für Millionen von Arbeitnehmern die Löhne und Arbeitsbedingungen fest. Sie wirken damit direkt auf die allgemeine wirtschaftliche Entwicklung ein.

Sie sind Partner – Sozialpartner –, weil sie als Vertreter der Arbeitnehmer und der Arbeitgeber in vielen Bereichen gemeinsam wirken: Bei den Sozialversicherungen sitzen sie an einem Tisch; zu allen Gesetzesvorhaben auf sozialen Gebieten werden sie befragt; in den Ausschüssen der Kammern regeln sie gemeinsam die Berufsausbildung; in Prüfungsausschüssen entscheiden sie bei Zwischen-, Abschluß- und Meisterprüfungen.

1.3
M 11
Tarifverträge

Sie sind **Tarifpartner**, weil sie gemeinsam Verträge abschließen und einhalten. Korrekter bezeichnet man sie als **„Tarifvertragsparteien"**. Denn „Parteien" haben unterschiedliche Vorstellungen und Interessen: Der Vertrag, den sie schließen, ist der Kompromiß, der zum Ausgleich der Interessen führt – auf Zeit.

Gewerkschaften und Arbeitgeberverbände sind Gegner. Sie sind Vertreter unterschiedlicher gesellschaftlicher Gruppen mit gegensätzlichen Interessen. Sie kämpfen gegeneinander und fügen sich gegenseitig Schaden zu. Manchmal schlagen sie aufeinander ein, als seien sie Feinde.

1.3
M 12
Tarifverhandlungen

Trotzdem sind sie gezwungen, Frieden zu schließen. Denn die Arbeitnehmer können nicht ohne Arbeitgeber und die Unternehmer nicht ohne Arbeitskräfte existieren. Der Friedensschluß nach dem Kampf wird besiegelt durch den **Tarifvertrag**. Dort steht auch, wie lange der Friede dauern soll. Für die Geltungsdauer des Vertrages besteht eine „Friedenspflicht". Die Partner dürfen während der Laufzeit des Vertrages keine Kampfhandlungen durchführen. Erst wenn nach fristgerechter Kündigung ein neuer Vertragsabschluß gescheitert ist, darf der Kampf erneut beginnen. Die Tarifvertragsparteien tragen große Verantwortung. Denn mit ihren Abschlüssen beeinflussen sie auch andere Teile der Wirtschaft.

Sinnvoll sind Tarifverträge aus zwei wichtigen Gründen:

1. Nicht jeder Arbeitnehmer kann mit seinem Arbeitgeber alle Einzelheiten eines Arbeitsvertrages allein aushandeln. Der Tarifvertrag ist ein **„Kollektivarbeitsvertrag"** (Kollektiv = Gruppe). Er gilt für alle Mitglieder der Tarifvertragsparteien. Im Einzelarbeitsvertrag, dem „Individualvertrag" (Individuum = Einzelperson) werden dann nur ganz persönliche und betriebliche Einzelheiten zusätzlich festgehalten.

2. Die Regierung ist nicht in der Lage, die wirtschaftlichen Voraussetzungen aller einzelnen Wirtschaftszweige zu überblicken. Was „gerechter Lohn" ist, läßt sich kaum objektiv beurteilen. Das sollen die Beteiligten unter sich selbst abmachen. Deshalb besteht **Tarifautonomie**.

Diese Interessenvertretung funktioniert nicht immer: Wenn die Arbeitnehmer nur vereinzelt in „ihre" Gewerkschaft eintreten, die große Mehrzahl sich aber nicht organisiert, kann die Gewerkschaft nicht als Interessenvertretung dieser Arbeitnehmergruppe auftreten. Sie wird als Verhandlungspartner nicht anerkannt.

Für einige Bereiche – meist handelt es sich um Handwerksberufe – wird z.B. in der Innungsversammlung (in der nur Meisterinnen und Meister vertreten sind) über Löhne und Arbeitsbedingungen beraten. Das Ergebnis wird den Mitgliedern als „Empfehlung" mitgeteilt. Die meisten Betriebe halten sich – freiwillig – an diese Empfehlungen.

Die Industrielle Revolution hat vor über 100 Jahren stattgefunden. Die Probleme von damals sind für uns heute die „*alte* soziale Frage". Viele Rechte, die damals hart erkämpft wurden, sind heute selbstverständlich. Sind damit alle sozialen Probleme gelöst?

 **Materialien**

Der „homo oeconomicus", eine Erfindung der Wirtschaftswissenschaftler

Sie alle kennen den „homo sapiens", das ist unser Vorfahre: der Mensch (griech.: homo), der sich von den anderen Lebewesen unterscheidet durch seinen Verstand (lat.: sapiens = der weise, mit Verstand begabt). Der heute lebende Mensch hat – zur Unterscheidung von den ersten Menschen – den Namen „homo sapiens sapiens" erhalten. Wenn man sich ansieht, wozu der Mensch so fähig ist, kommen Zweifel, ob er diesen Namen verdient hat (aber das ist ein anderes Thema!).

Aus der Sicht der Wirtschaftswissenschaftler ist der Mensch ein **homo oeconomicus**; ein Mensch, der sich wirtschaftlich verhält (Ökonomie, griech.: der Haushalt, die Wirtschaft / ökonomisch = haushaltend, wirtschaftlich, planend ...)

Das ist also der Mensch, der in der Wirtschaft zurechtkommt, oder noch genauer: der geschaffen ist für die Marktwirtschaft.

Die Wirtschaftswissenschaftler haben den „homo oeconomicus" als „Modell" erfunden, weil sie damit das Verhalten des Menschen in der Wirtschaft erklären wollten. Auf diesem Modell begründen sie ihre Theorie von der Marktwirtschaft, und das funktioniert so:

Der Mensch hat viele Bedürfnisse. Seine Bedürfnisse sind unbegrenzt.

Zur Befriedigung seiner Bedürfnisse braucht der Mensch „Mittel". Diese Mittel sind jedoch begrenzt, sie sind „knapp". Weil das so ist, muß der Mensch wirtschaften; denn er will mit seinen knappen Mitteln ein Höchstmaß an Bedürfnisbefriedigung erreichen.

Das gelingt ihm, wenn er nach dem **„ökonomischen Prinzip"** handelt.

Da gibt es für ihn zwei Möglichkeiten.

- Er hat eine bestimmtes Ziel (z. B.: zwei Brötchen einkaufen). Dann versucht er, dieses Ziel mit **möglichst wenig** Einsatz von Mitteln zu erreichen (also die beiden Brötchen möglichst billig einzukaufen.). Wenn er dies tut, handelt er nach dem **„Minimalprinzip"**.
- Er hat begrenzte Mittel zur Verfügung. Dann wird er versuchen, damit möglichst viel zu erreichen. Wenn Sie versuchen, sich mit Ihrer Ausbildungsvergütung möglichst viel zu leisten, dann handeln Sie nach dem **„Maximalprinzip"**.

1.3
M 1
Marktgesetze

---

1. Suchen Sie Beispiele für „Mittel" (das ist nicht nur Geld, denn von Geld kann niemand satt werden),
2. Überlegen Sie auch Beispiele für wirtschaftliches (oder auch unwirtschaftliches Verhalten) aus Ihrem persönlichen Leben und aus Ihrem Betrieb. Ordnen Sie diese Beispiele dem Mini- oder dem Maximalprinzip zu.

Wenn Sie mehr über die Grundbegriffe der Betriebswirtschaft wissen wollen, dann müssen Sie sich in entsprechenden Fachbüchern orientieren. Da können Sie viel lesen z. B. über „Bedürfnisse", „Güter", „Produktionsfaktoren".

Eine Broschüre „Haushalten im Haushalt" erhalten Sie kostenlos beim:
Bundesministerium für Wirtschaft, Referat Öffentlichkeitsarbeit, 53107 Bonn

Der homo oeconomicus diktiert die Marktgesetze

1.3
M 2
Marktgesetze

Auf dem Markt tritt der homo oeconomicus in zwei Rollen auf: als **Verkäufer** und als **Käufer**; denn:

Auf dem Markt treffen Angebot und Nachfrage zusammen. Beide haben nur eins im Sinn, ihrer Rolle gerecht zu werden (also nach dem ökonomischen Prinzip zu handeln). Da beide das gleiche wollen – nämlich ihren Vorteil, besteht ein Interessengegensatz zwischen Verkäufer und Käufer.

Verkäufer wollen möglichst viel verdienen (das nennt man „Gewinnmaximierung")

Käufer wollen für ihr Geld möglichst viel gute Ware (Fachausdruck: „Nutzenmaximierung")

Beide merken, daß ihre Vorstellungen unrealistisch sind, denn sie können ihre Forderungen nicht durchsetzen. Sie handeln miteinander, kommen sich entgegen und einigen sich schließlich auf einen Kompromiß. Das ist der Preis, den der Käufer bereit ist, für die Ware zu zahlen, und mit dem auch der Verkäufer zurecht kommt. Beide haben Abstriche machen müssen – so ist das nun mal, wenn ein Kompromiß ausgehandelt wird – trotzdem sind beide zufrieden.

Daraus läßt sich der allgemeine Grundsatz ableiten: **Angebot und Nachfrage bestimmen den Preis.**

Normalerweise haben sich Angebot und Nachfrage eingependelt. Wenn beide im Gleichgewicht sind, dann hat sich der „Marktpreis" gebildet, das ist der Preis, zu dem normalerweise die meisten Waren einer Art verkauft werden. Lebendig wird es am Markt, wenn aus irgendeinem Grunde das Gleichgewicht gestört wird. Dann reagiert „der Markt".

Wenn z. B. der Verkäufer unzufrieden nach Hause geht, weil er auf dem Markt für sein Produkt nur einen Preis erzielt hat, der gar nicht seinen Vorstellungen entspricht, dann wird er ins Grübeln geraten und sich sagen müssen, daß da irgend etwas nicht stimmt. Wenn er klug ist – und das ist er als homo oeconomicus ja – wird er sich was einfallen lassen, eventuell mit diesem Produkt nicht mehr auf dem Markt erscheinen, oder doch wenigstens weniger anbieten.

Wenn der Käufer auf einen Preis trifft, der ihm besonders günstig erscheint, wird er eventuell mehr kaufen, als ursprünglich geplant. Wenn ihm etwas zu teuer erscheint, wird er seinen Plan ändern und weniger kaufen oder gar nichts.

Das ergibt die Umkehrung des ersten Marktgesetzes: **Der Preis regelt Angebot und Nachfrage.**

Die beiden „Marktgesetze" lassen sich jeweils in vier Einzelsätze zerlegen.

1. Vervollständigen Sie bitte die Sätze und nennen Sie jeweils zwei Beispiele
Grundsatz: Angebot und Nachfrage bestimmen den Preis. Wie verändert sich jeweils der Preis?
Wenn das Angebot zunimmt, ...
Wenn das Angebot zurückgeht, ...
Wenn die Nachfrage zunimmt, ...
Wenn die Nachfrage abnimmt, ...

2. Für den anderen Grundsatz können Sie jetzt das Gleiche tun:
Der Preis reguliert Angebot und Nachfrage. Wie verändern sich Angebot bzw., Nachfrage, wenn der Preis sich ändert?

Der Marktmechanismus

Nehmen wir an, aus irgendeinem Grund nimmt plötzlich die Nachfrage ab, dann ist das Gleichgewicht zwischen Angebot und Nachfrage gestört und der Markt gerät in Bewegung. Was jetzt abläuft ist

Der „Marktmechanismus":

Warum läuft das so ab?

Der einzelne Unternehmer, ob Produzent oder Händler, kann nicht ständig den gesamten Markt im Auge haben. Er beobachtet den Marktpreis, denn er will verdienen. **Gewinnmaximierung** ist sein Motiv. Sinkt der Marktpreis, dann sinkt auch sein Gewinn. Für einige Unternehmer wird das Geschäft uninteressant, sie steigen aus. Dadurch geht das Angebot auf dem Markt zurück, und zwar so lange, bis irgendwann das Angebot kleiner ist als die Nachfrage. Das merken zuerst die Verkäufer. Die Kunden wollen eine bestimmte Ware, und sie können sie nicht bedienen. Ihre erste Reaktion: neue Preisschilder schreiben; denn das ist das einfachste und geht ganz schnell. Dann werden sie sofort neue Ware bestellen, denn sie haben auf einmal wieder Spaß an dem Geschäft, weil sie noch mehr verdienen wollen. Die Produzenten wittern ebenfalls ihre Chance und produzieren mehr... So geht die Entwicklung weiter. Bald kommt dann, was kommen muß: Das Angebot ist größer als die Nachfrage, und der Kreislauf geht von neuem los.

In Gang gesetzt und in Bewegung gehalten wird das Marktgeschehen durch das Gewinnstreben der Unternehmer. Diese Erkenntnis wird ausgedrückt in dem Satz: **Der Gewinn ist der Motor der Marktwirtschaft.**

Versuchen Sie, den „Marktmechanismus" mit einem konkreten Beispiel nachzuvollziehen und geben Sie für jeden Schritt die Begründung, also z B.: Die Preise sinken, weil ...

Tip: Die Wirtschaftswissenschaftler haben diesen Mechanismus zuerst bei der Beobachtung des Marktes für Schweinefleisch entdeckt. Deshalb wird der Kreislauf in der Fachliteratur auch der „Schweinezyklus" genannt.

Wenn Sie das als Beispiel nehmen wollen, dann sind an der Entwicklung viele beteiligt: die Fleischer, Schlachthöfe, Schweinezüchter, -mäster, ... und natürlich die Schweine. Nehmen wir also an, aus irgendeinem Grund läßt plötzlich der Appetit auf Schweinefleisch nach. Das merken zuerst...

1.3
M 4
Gewerkschaft

> *Gewerkschaftsbewegung, älteste Lebenswurzel der Demokratie*
>
> *... Auf ihrem Weg hatte sich die deutsche Arbeitnehmerbewegung immer wieder mit dem Konflikt zwischen zwei Richtungen auseinanderzusetzen: dem Weg des Umsturzes oder des friedlichen Wandels. Mit Nachdruck wurde sie zur Revolution und zur Gewalt aufgerufen. Aber sie ist diesem Appell nicht gefolgt. ...*
>
> *Der Respekt vor dieser Leistung liegt gerade darin begründet, daß sie alles andere als naheliegend war. Karl Marx hatte ja recht, als er die kapitalistische Gesellschaft in der Mitte des vorigen Jahrhunderts als Ausbeutergesellschaft beschrieb. Die erste industrielle Revolution hatte die Technik geliefert, aber eben nur die Technik, dagegen nicht die menschlichen und die sittlichen Haltungen, die nötig sind, um mit der Technik richtig zu leben.*
>
> *Auf dem Weg zu unserem heutigen Wohlstand liegen nicht nur Tüchtigkeit und Leistung, sondern auch Fron und Not, Leid, Krankheit und Tod. Das sollten wir nicht vergessen.*
>
> *Es gab also damals genügend Grund für die Arbeiterschaft, nicht nur ein ausbeuterisches Wirtschaftssystem zu bekämpfen, sondern gegen eine ganze Gesellschaftsordnung aufzustehen, die menschliches Leid und Ungerechtigkeit allzu lange teilnahmslos geschehen ließ. Um so größer war die Leistung, den Weg der Gewalt zu meiden.*
>
> *Der sozialen Ungerechtigkeit begegnete die Arbeiterbewegung mit ihrem Einsatz für eine Gesellschaft, in der alle ihren gerechten Anteil an dem gemeinsam erwirtschafteten Gesamtergebnis erhalten sollen. Der politischen Entmündigung stellte sie ihr Konzept der parlamentarischen Demokratie gegenüber, in der jeder erwachsene Bürger gleichberechtigt Einfluß nehmen kann. Der vorgefundenen Moral, die die Menschen in Klassen einteilte, setzte sie eine Moral entgegen, die die Würde jedes einzelnen Menschen gleichermaßen respektiert.*
>
> *Die Gewerkschaften haben gekämpft, ohne zügelloser Gewalt zu verfallen. Sie haben auf die geschichtsverändernde Kraft des sich selbst überwindenden Menschengeistes gesetzt. Für unser Verständnis vom modernen Staat und von der sozialen Gesellschaft ist die Leistung und Wirkung der Gewerkschaften zentral und unersetzlich ....*
>
> (Richard v. Weizsäcker, Bundespräsident (1984-94): auf dem 13. Ordentlichen DGB-Bundeskongreß)

Beschreiben Sie mit eigenen Worten – auch mit Hilfe des „Autorentextes"
1. *die soziale Situation zu Beginn der Industrialisierung,*
2. *die gegensätzlichen Lösungsvorschläge zur Bewältigung der sozialen Frage,*
3. *die Leistung der Gewerkschaft.*

1.3
M 5
Sozialstaat heute

Das soziale Netz: Grundsätzliches

1. Grundsätzlich ist jeder für sein eigenes Wohlergehen verantwortlich. Die Lebensrisiken: Krankheit, Unfall, Arbeitslosigkeit, Alter, Tod trägt jeder selbst. Diese Verantwortung kann keine Gemeinschaft, auch nicht der Staat, übernehmen.
2. Mit Sicherheit steht fest: Keiner ist sicher vor Krankheit, Unfall, Arbeitslosigkeit. Alle möchten nach einem Leben voller Arbeit ihren Lebensabend in Ruhe genießen.
Alle werden – der eine früher, der andere später – einmal sterben.
3. Keiner darf in Not und Elend zugrunde gehen.
Wenn schon jeder sein Lebensrisiko selbst tragen muß, dann muß die Gesellschaft dafür sorgen, daß das Leben der Bürger immer menschenwürdig bleibt. Wenn jemand krank wird, arbeitslos oder alt, dann gibt es ein eng gespanntes „soziales Netz", das den einzelnen vor dem Absturz in Elend und größte Not bewahren soll.

Prinzipien der sozialen Sicherung

Prinzip Eigenverantwortung: Hilf Dir selbst, dann hilft Dir Gott! Wer viel verdient, kann und soll selbst für sich sorgen. Es gibt nur wenige Bürger, die so viel verdienen, daß sie mit allen Nöten des Lebens normalerweise selbst zurechtkommen können: Zu ihnen zählen Selbständige, Ärzte, Rechtsanwälte, Architekten, Unternehmer ... Sie können für persönliche Notzeiten und ihr Alter so viel zurücklegen oder private Versicherungen abschließen, daß sie keinem anderen zur Last fallen. Um sie kümmert sich bei uns keine staatliche Einrichtung.

Prinzip Solidarität: Einer für alle, alle für einen! Wer weniger verdient: Arbeiter, Angestellte, Auszubildende, wird durch Gesetz in die Sozialversicherungen gezwungen. Hier muß man Beiträge zahlen, solange man verdient. Dafür hat man einen Anspruch auf Leistungen durch die Gemeinschaft der Versicherten, wenn man krank wird ... Gesunde zahlen für Kranke, Starke für Schwache, Leute mit Arbeit für Arbeitslose und für Rentner. Sozialversicherung heißt: Ausgleich unter den Versicherten. Der Beitrag dazu ist soziale Pflicht.

Hilfe zur Selbsthilfe: den Schwachen stützen und wenn möglich, ihm wieder auf die Beine helfen.

Denn so steht es im Grundgesetz:

„Die Würde des Menschen ist unantastbar. Sie zu achten und zu schützen ist Verpflichtung aller staatlichen Gewalt." (Artikel 1 GG)

„Jeder hat das Recht auf die freie Entfaltung seiner Persönlichkeit . . ." (Art. 2 GG)

Welche praktische Bedeutung hat das für das Leben des einzelnen Bürgers?
Wer nur ganz wenig oder nichts verdient, der braucht die Hilfe von anderen, wenn er sich selbst nicht helfen kann.

Prinzip Subsidiarität: Der Grundgedanke ist im Sozialgesetzbuch zum Thema „Sozialhilfe" dargelegt.

Sozialgesetzbuch (SGB): dort ist die Verpflichtung von Regierung und Verwaltung näher festgelegt:

Hilfe für ein menschenwürdiges Leben: § 9 Sozialhilfe

„Wer nicht in der Lage ist, aus eigenen Kräften seinen Lebensunterhalt zu bestreiten oder in besonderen Lebenslagen sich selbst zu helfen, und auch von anderer Seite keine ausreichende Hilfe erhält, hat ein Recht auf persönliche und wirtschaftliche Hilfe, die seinem besonderen Bedarf entspricht, ihn zur Selbsthilfe befähigt, die Teilnahme am Leben in der Gesellschaft ermöglicht und die Führung eines menschenwürdigen Lebens sichert."

Gemeint ist folgendes: Jeder trägt für sich die Verantwortung und soll sich selbst helfen. – Also arbeiten und Geld verdienen oder vom Ersparten leben, oder .... Wenn jemand aus eigener Kraft nicht zurecht kommt, dann tritt die nächste Stufe der Verantwortlichkeit ein: Eltern müssen für ihre Kinder sorgen, oder (erwachsene) Kinder für ihre Eltern. Erst wenn nirgendwo Hilfe gewährt wird, dann greifen staatliche Stellen ein mit „Hilfe". Die Sozialhilfe ist nach diesem Prinzip geregelt, auch die Arbeitslosenhilfe.

1. Welches Prinzip gilt für die Sozialversicherung, welches für die Sozialhilfe?
2. Was bedeuten diese Prinzipien?

Sozialversicherungen heute

	Versicherungsträger	Beiträge	Versicherungsleistungen
Rentenversicherung RV	Landesversicherungsanstalt LVA in Lübeck; Bundesversicherungsanstalt für Angestellte BfA in Berlin	Bundeseinheitlich: 18,6 % vom Bruttolohn (ab 1.1.95 im Westen) Arbeitnehmer u. Arbeitgeber zahlen je 50%.	Altersrenten, Erwerbsunfähigkeitsrenten, Kuren, Heilbehandlungen, Umschulungen
Krankenversicherung KV	Krankenkassen z.B. AOK, Innungskrankenkasse, Technikerkasse	Jede Kasse setzt den Beitrag eigenständig fest. z.Zt. etwa 12 - 13 % vom Bruttolohn, Zahlung wie RV.	Arzt-, Zahnarzt-, Krankenhausbehandlung Medikamente, Prothesen, Entbindungskosten, u.a.
Unfallversicherung UV	Berufsgenossenschaften der einzelnen Branchen	Beiträge zahlt der Arbeitgeber allein. Wird von jeder BG nachträglich errechnet.	Bei Unfällen bei der Arbeit und auf dem Weg zur Arbeit und nach Hause und bei Berufskrankheiten: Heilbehandlung; Kuren, Umschulungen, Renten
Arbeitslosenversicherung AV	Bundesanstalt für Arbeit in Nürnberg: Ausführung Arbeitsämter vor Ort	Bundeseinheitlich: 6,5 % Zahlung wie RV.	Arbeitslosengeld und Arbeitslosenhilfe, Umschulungen, ABM, Berufsberatung, Berufsausbildungsförderung, Stellenvermittlung
Pflegeversicherung PfV	Krankenkassen	Bundeseinheitlich: 1 % ab 1.1.95, 1,7% ab 1.7.96, Zahlung wie RV.	Zuschüsse für die häusliche Pflege für ambulante Plegedienste oder Angehörige, ...

1. *Bei welchen Versicherungsträgern sind Sie versichert? Wo ist die nächste Geschäftsstelle?*
2. *Wie hoch ist der Beitragssatz Ihrer Krankenkasse?*
3. *Wieviel Beiträge zahlen Sie, wieviel Ihr Arbeitgeber insgesamt für Ihre Sozialversicherungen? (Wer unter 610 DM verdient, ist beitragsfrei, der Arbeitgeber muß die gesamten Beiträge zahlen.)*
4. *Wie werden in Ihrem Beruf die Beiträge zur Berufsgenossenschaft berechnet? – Fragen Sie bei Ihrer Berufsgenossenschaft nach. Fragen Sie auch Ihren Chef, wieviel er für Sie zahlen muß.*

Wenn Sie mehr wissen wollen, fordern Sie bei Ihrer Versicherung Informationsmaterial an.

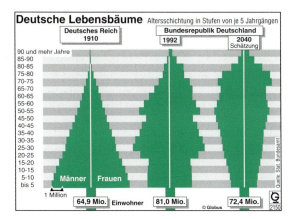

1.3

M 8

Sozialstaat morgen

Als die Sozialversicherungen gegründet wurden, gab es in Deutschland eine „Bevölkerungspyramide", wie sie noch 1910 bestand. Der veränderte Bevölkerungsaufbau bringt neue Probleme.

1. Suchen Sie in den Darstellungen der Bevölkerung jeweils die Jahrgänge (männlich bzw. weiblich) von sich selbst / Eltern / Großeltern / Kindern / Enkeln.
2. Welche Folgen ergeben sich? Nennen Sie Beispiele.

(Aus: druck und papier 24/1988)   (Aus: druck und papier 23/1986)

1.3

M 9

Gewerkschaft heute

Die zwei Zeichnungen waren abgedruckt in der Mitgliedszeitschrift der IG Medien (damals hieß sie noch IG Druck und Papier).

1. Beschreiben Sie, was dargestellt ist.
2. Fassen Sie die Aussage der beiden Zeichnungen in Worte.

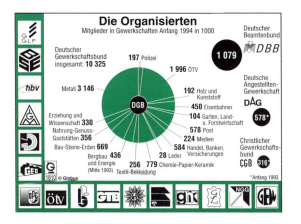

1.3

M 10

Gewerkschaft heute

1. Welche Gewerkschaft(en) sind in dem Wirtschaftszweig aktiv, in dem Sie arbeiten?
2. Welches ist die entsprechende Arbeitgebervertretung?
3. Ist Ihr Betrieb (Ihr Chef / Ihre Chefin) Mitglied im Arbeitgeberverband?
4. Sind Sie Mitglied in „Ihrer" Gewerkschaft? Warum / warum nicht? (Fragen Sie doch mal In Ihrem Betrieb nach den Vor- und Nachteilen einer Mitgliedschaft im entsprechenden Verband.)

1.3 M 11 Tarifverträge

Wer setzt eigentlich die Löhne fest?

Wer eine Arbeit oder Ausbildung beginnt, muß nicht um Lohn, Arbeitszeiten, Urlaub feilschen. Später läßt sich vielleicht mal ein Lohnzuschlag mit dem Chef aushandeln. Am Anfang aber steht das alles fest. Wer schreibt vor, was gezahlt wird: die Regierung, der Chef?

Die Löhne werden nicht von der Regierung festgesetzt, sondern von den Tarifpartnern.

„Tarif" heißt soviel wie „Verzeichnis".

Lohntarif: Verzeichnis der Löhne, Gehälter, Ausbildungsvergütungen.

Manteltarif: dort werden Arbeitszeit, Urlaub, Zuschläge für Überstunden ... niedergelegt.

„Autonomie" bedeutet „Selbständigkeit".

„Tarifautonomie" oder **„Tarifhoheit":** Die Tarifpartner können in eigener Verantwortung Löhne, Urlaubsdauer, Arbeitszeit aushandeln, ohne daß der Staat sich einmischt.

Arbeitsschutzgesetze, z. B. Bestimmungen über den Mindesturlaub, den Jugendarbeitsschutz, den Mutterschutz, Kündigungen ... müssen von den Tarifvertragsparteien eingehalten werden. Sie dürfen nur Leistungen vereinbaren, die günstiger für die Arbeitnehmer sind.

Auszubildende sind Arbeitnehmer.
1. *In einigen Bereichen bestehen extra Tarifverträge für Auszubildende, in den meisten sind die Arbeitsbedingungen und Vergütungen Bestandteil der allgemeinen Tarifverträge. Wie ist das für Ihren Beruf geregelt?*
2. *Besorgen Sie sich die für Sie geltenden Tarifverträge. Sie sollten im Betrieb an „geeigneter, für alle zugänglichen Stelle" ausgelegt sein. Wenn sie dort nicht zu finden sind, fragen Sie beim Betriebsrat oder direkt bei ihrer Gewerkschaft oder bei der Innung. Informieren Sie sich über die für Sie gültigen Bestimmungen.*
3. *Vergleichen Sie die für Sie geltenden Vereinbarungen mit den Leistungen (z. B. Lohn, Urlaub) in anderen Branchen. Können Sie Begründungen für die Unterschiede vermuten?*

1.3 M 12 Tarifverhandlungen

25 Millionen Schaden pro Tag

Hamburg. Der Streik im öffentlichen Dienst kostet 25 Millionen Mark pro Tag. Diesen volkswirtschaftlichen Schaden errechnete der Bund der Steuerzahler aus den Arbeitsausfällen durch Verspätungen. Berechnungsgrundlage: Pro Stunde erwirtschaftet ein Erwerbstätiger statistisch 50 Mark. Kommen 100 000 durch den Streik eine Stunde zu spät zur Arbeit, ergibt sich ein Produktionsausfall von fünf Millionen.

(Lübecker Nachrichten vom 06.05.1992)

Arbeitsvorschlag

Gruppenarbeit

Was tun?

Erarbeiten Sie sich selbständig ein Thema aus dem in diesem Kapitel behandelten Bereich, über das Sie mehr wissen möchten (oder müssen).

Warum das?

In diesem Buch fehlen z. B. genauere Angaben über die Sozialversicherungen.

Zur Schülervertretung gibt es nur am Rande einen Hinweis (Was macht die an Ihrer Schule?)

Die Mitbestimmung im Betrieb ist nur als Mittel zur Lösung der sozialen Frage erwähnt ...

Mehr geht hier leider nicht. Wenn Sie mehr erfahren wollen, können Sie sich auf eigene Faust Informationen beschaffen.

Wie?

- Bilden Sie in der Klasse Gruppen (3 bis 4 Leute)
- Entscheiden Sie sich für das Ziel Ihrer Arbeit (ein Thema).
- Planen Sie den Verlauf: Beratschlagen Sie, wie Sie vorgehen wollen.
- Schaffen Sie sich einen Arbeitsplatz. (Wenn Sie längere Zeit zusammenarbeiten wollen, dann kann das auch ein Platz außerhalb des Klassenraumes sein: Medienraum, Bibliothek...) Es ist gut, wenn Sie möglichst ungestört arbeiten können.
- Wenn Sie soweit sind, treffen Sie sich im Plenum: Die einzelnen Gruppen stellen ihre Pläne vor (Plenum: lat. plenum = voll, damit ist hier die Gesamtklasse gemeint).
- Dann fangen Sie in der Gruppe mit der Bearbeitung Ihres Themas an: Beschaffen und Sichten von Informationsmaterial (Dazu siehe Kapitel 1.1: „Richtig fragen muß gelernt sein").
- Führen Sie während Ihrer Arbeit ein kurzes Protokoll, in dem Sie festhalten, was Sie gemacht haben (z. B. wer wo welche Informationen beschafft hat). Halten Sie auch eventuelle besondere Erfolge oder Schwierigkeiten fest. Das Protokoll ist für Sie Erinnerungshilfe – vor allem, wenn Sie längere Zeit und mit Unterbrechungen arbeiten. Zugleich ist es Rechenschaftsbericht Ihrer Gruppe.
- Beratschlagen Sie, in welcher Form Sie Ihr Ergebnis dem Plenum vorstellen wollen (z. B.: Referat, Wandzeitung, Grafik, kurzer schriftlicher Bericht, Informationsblatt ...).
- Wenn Sie soweit sind, halten Sie ein weiteres Treffen im Plenum ab. Die Gruppen informieren sich über den Stand ihrer Arbeit und über die geplante Präsentation (Vorstellung) der Ergebnisse. Gemeinsam legen Sie den Zeitpunkt für das Abschlußtreffen fest.
- Schicken Sie während Ihrer Arbeit Ihre Lehrerin oder Ihren Lehrer nicht nach Hause! Sie sollen sich zwar zurückhalten, aber immer bereit sein, Sie mit Rat und Tat zu unterstützen.

Warum Gruppenarbeit?

Begründungen gibt es viele. Sie haben selbst auch bisher schon in der Schule in Gruppen gearbeitet, deshalb können Sie sicherlich selbst einige Antworten auf die Frage geben.

Wesentliche Antworten ergeben sich aus den Anforderungen der zukünftigen Berufswelt (einige können Sie aus dem Material M 1.4 6 ableiten).

Und hier finden Sie die wissenschaftliche Erklärung:

Qualifizierung für die Arbeitswelt der Zukunft

Die geforderten Qualifikationen lassen sich folgendermaßen erklären:
Sozialkompetenz bedeutet die Fähigkeit, mit anderen Menschen kommunikativ und kooperativ zusammenzuleben und zusammenzuarbeiten: bedeutet gruppenorientiertes Verhalten und gemeinschaftsorientierte Verantwortungsübernahme.

Methodenkompetenz bedeutet .. ⎯ *(die Erklärung haben Sie bereits*
Fachkompetenz bedeutet, .. ⎯ *am Ende des Kapitels 1.1 nachlesen können.)*

Der gemeinsame Nenner für diese Kompetenz ist die Handlungskompetenz, die Handlungslernen voraussetzt. Daher muß der berufliche Lernprozeß so angelegt sein, daß er schon in jedem Lernvorgang beim Lernenden eigenes Handeln im Sinne von Selbständigkeit auslöst.

(Gerhard P. Bunk, Reinhard Zedler: Neue Methoden und Konzepte beruflicher Bildung, Köln 1986. zitiert nach iwd: Wirtschaft und Unterricht, 21.02.1991)

Wenn Sie nachher mehr über Ihr Thema wissen, haben Sie Ihre Fachkompetenz erweitert. Durch das selbständige Beschaffen und Bearbeiten von Materialien, stärken Sie Ihre Methodenkompetenz. Beim gemeinsamen Reden, Streiten, Arbeiten, beim Ringen um die Sache, erwerben Sie Sozialkompetenz.

Arbeitsvorschlag

Diskutieren

Was heißt das?

Im dritten Abschnitt der meisten Kapitel dieses Buches werden Sie aufgefordert zu diskutieren. Wir schlagen Ihnen ein Thema vor und bieten Ihnen dazu einige Materialien an. Wenn Ihnen der Vorschlag gefällt, können Sie das Thema „erörtern" und sich mit den Meinungen anderer **„auseinandersetzen"**. Voraussetzung dafür ist, daß Sie sich zusammensetzen. Das klingt nach Wortspielerei, sagt aber etwas aus über das Wesen von Diskussionen:

Man kann sich nur auseinandersetzen, wenn es Meinungsverschiedenheiten gibt. Wenn sich alle einig sind, braucht man nicht zu diskutieren.

Man muß sich soweit einig sein, daß man miteinander reden will. Die Teilnehmer müssen gesprächsbereit sein.

Die Diskussion ist eine Technik, Meinungsverschiedenheiten auf friedlichem Wege auszutragen.

Warum?

Die Gegner wollen
- ihre Position (Meinung) darstellen und verständlich machen,
- wenn möglich die andere Seite mit ihren Argumenten (Beweismitteln) überzeugen.

Diskussionen werden in unserer Gesellschaft oft vor Publikum (und nur für das Publikum) geführt. Ganz deutlich wird das bei „Podiumsdiskussionen". Sinn und Zweck solcher Veranstaltungen ist es, der Öffentlichkeit die unterschiedlichen Standpunkte deutlich zu machen und die Zuschauer möglichst von der Richtigkeit der Argumente zu überzeugen. Nach Abschluß der Diskussion entscheidet dann das Publikum, z.B. „das Volk", in einer Wahl.

Unsere Gesellschaft wird als „pluralistische Gesellschaft" bezeichnet. Pluralismus kommt von „Plural" und das bedeutet Mehrzahl. Gemeint ist, unsere Gesellschaft wird gebildet aus einer Mehrzahl von Personen und Gruppen mit einer Vielzahl von Vorstellungen und Meinungen. Daher sind Meinungsverschiedenheiten normal. Es kommt eigentlich nie vor, daß sich alle einig sind.

Die Diskussion ist das angemessene Instrument, Streit auszutragen in der pluralistischen Gesellschaft. Wenn es nur um Meinungen geht, reicht die Diskussion aus. Denn jeder kann für sich entscheiden, welche Argumente er für überzeugend hält und welche nicht.

Wenn trotz unterschiedlicher Meinungen gehandelt werden muß, dann hat man sich auf folgendes Vorgehen geeinigt:
- zuerst diskutieren: also seine Meinung vorstellen und die anderen zu überzeugen versuchen,
- dann abstimmen. Gemacht wird, was die Mehrheit will. Die Minderheit fügt sich.

Das ist die Methode der Demokratie.

So ist die Demokratie die angemessene Herrschaftsform einer pluralistischen Gesellschaft und die Diskussion gehört unbedingt zur Demokratie.

Auch wenn Sie nicht in die „große Politik" einsteigen wollen, ist es wichtig, diskutieren zu können. Das sollen Sie hier lernen und immer wieder üben.

Im übrigen: Manchmal macht es auch Spaß, sich mit anderen so richtig zu streiten.

Wie?

Damit das gelingt, muß es Regeln geben, wie dieser Streit ablaufen soll.

Diese Regeln sollten Sie sich selbst geben. Schaffen Sie sich eine „Geschäftsordnung" – so würde man das in einem Verein oder in einer Partei nennen.

> *Sie haben alle schon mal diskutiert und waren nachher mal mehr mal weniger zufrieden.*
>
> *Stellen Sie aufgrund Ihrer Erfahrungen Diskussionsregeln auf. Diese Regeln müssen nicht vollständig und perfekt sein. Sie sollten die Regeln allerdings ständig überprüfen, das heißt korrigieren und ergänzen.*

Wie weiter?

Anfangen! Unseren Vorschlag finden Sie auf der nächsten Seite.

D Diskussion

Unsere Gesellschaft vergreist. Was ist zu tun?

**Die „alte soziale Frage"
ist vor mehr als 100 Jahren gelöst worden.
Heute funktioniert der
Ausgleich nach dem Prinzip der Solidarität – noch.
Für die Zukunft brauchen wir eine neue Lösung.**

Zu wenig Jugend

Die Tatsache ist bekannt, wissenschaftlich unumstritten und für jeden tagtäglich erlebbar,... Die Gesellschaft der Senioren. Dieser Trend läßt sich nicht mehr umkehren....

Seit 1972 kommen weniger Kinder zur Welt, als Menschen sterben. Die Zahl der Erwerbstätigen, die gerade noch zunimmt, wird noch in diesem Jahrzehnt zu sinken beginnen und im Jahr 2035 um 60 Prozentpunkte gefallen sein. Dann werden auf 100 Schleswig-Holsteiner, die arbeiten, 78 Rentner und 31 Jugendliche kommen. Der Staat nimmt weniger Steuern ein und weniger Rentenbeiträge – er wird arm, wie seine Städte es schon sind. Dafür explodieren die Kosten für Betreuung und Pflege. Was wir da gerade erleben und schon Notstand nennen, ist nur ein Anfang. Wenn in einem Staat die erdrückende Mehrheit erst einmal über 65 Jahre alt ist, verkrustet das kulturelle und politische Klima. Die Nation wird konservativ ohne Erneuerungspotential. Die Jugend, die nachwächst, ist ihren Großvätern an Zahl und Ausbildung weit unterlegen. Das sind die Perspektiven. Gegensteuern bedeutet eine Familienpolitik, die Eltern nicht mehr bestraft, sondern den Kinderwunsch fördert. Daneben eine Bildungsoffensive, die in diese Jugend alles investiert, was immer sie aufbringen kann und eine Arbeitsmarktpolitik, die den Jungen Zeit läßt zum Lernen und die den Alten einen schrittweisen Abschied ermöglicht.

Zudem braucht Deutschland eine aktive Einwanderungspolitik – und zwar nicht nur unter dem kurzsichtigen Aspekt der Rentenfinanzierung und des Bruttosozialproduktes. Aus der multikulturellen Gesellschaft, die durch eine planbare Zuwanderung entsteht, erwächst jene Kraft zur geistigen Erneuerung, zu der eine überalterte, behäbig und gemütlich gewordene Nation schon allzubald nicht mehr fähig sein wird.

(Lübecker Nachrichten, 04.08.1993)

in **4.3** finden Sie den Vorschlag „Bürgergeld"

Es gibt zwar Vorschläge, aber noch keine Lösung.

Welche Lösung schlagen Sie vor?

1.4 Strukturwandel: neue Techniken ändern das Leben

Wer heute Entwicklungen prägt, ist auch morgen vorn.

Unsere Welt ist im Wandel. Veränderungen vollziehen sich mit immer größerer Dynamik. Gefragt sind Lösungen, die neue Wege aufzeigen und Entwicklungen mitbestimmen. In Zeiten des Wandels führt Stillstand zum Rückstand.

(Text aus einer Anzeige der debis Daimler-Benz InterService, ein Unternehmen im Daimler-Benz-Konzern)

Struktur, damit ist ganz allgemein der Aufbau, das Zusammenwirken, das Gefüge einer größeren Einheit gemeint: die Struktur eines Blattes, eines Baumes, eines Waldes, einer Landschaft ist ein Beispiel aus der Natur.

Strukturwandel, dieser Begriff wird in den letzten Jahren meist auf die Wirtschaft bezogen: dort gehen Veränderungen vor sich.

Der Wandel hat Ursachen – eine davon liegt in den neuen Techniken, und er hat Folgen, z. B. der Umbau der gesamten Arbeitsgesellschaft.

Im 19. Jahrhundert gelang in Deutschland der Durchbruch zur Industrialisierung mit dem **Eisenbahnbau.**

Das wachsende Schienennetz machte es möglich, Güter billig zu transportieren. Bau und Betrieb der Eisenbahnen kurbelten die Produktion in anderen Wirtschaftsbereichen an: im Strecken- und Fahrzeugbau, vor allem in der Eisen- und Kohleerzeugung. Der Gleisbau für die Eisenbahn gab vielen Menschen Arbeit. Die Eisenbahn war damit entscheidend für die Entwicklung der Wirtschaft. In den letzten Jahren des 19. Jahrhunderts bis zum Ersten Weltkrieg wurde die weitere wirtschaftliche Entwicklung getragen von modernen Wirtschaftszweigen, die erst mit der Industrialisierung entstanden: dem **Maschinenbau,** der **chemischen Industrie** und der **Elektroindustrie.** In den 100 Jahren seit 1800 hat tatsächlich eine Revolution stattgefunden: Aus einem rückständigen Agrarland ist eine hochentwickelte Industriegesellschaft geworden. Mit der „industriellen Revolution" hat ein Umbau der gesamten Gesellschaft stattgefunden. Denn auch die Landwirtschaft entwickelte sich weiter. Die Arbeitskräfte, die dort nicht mehr gebraucht wurden, fanden „Arbeit und Brot" in den Fabriken.

1.4 M 1+2 Neue Techniken

Von der industriellen zur postindustriellen Gesellschaft

Industriegesellschaft: Wohlstand am laufenden Band

1.4 M 3+4 Neue Techniken

Die Industrieproduktion setzte sich durch. Ihre Hauptmerkmale sind Maschinen und Arbeitsteilung. Die Produktivität (Leistung im Betrieb) wurde ständig gesteigert:

1. durch bessere Maschinen: Die technische Entwicklung ging weiter. Jede neue Maschine war besser als die alte. Zusätzlich wurden grundsätzlich neue Erfindungen gemacht: Die elektrische Energie nahm Einzug in die Betriebe. Viele kleine Elektromotoren ersetzten eine riesige Dampfmaschine.

2. durch Verbesserung der Arbeitsorganisation: zunächst durch die Einführung der **Fließbandarbeit.**

Heute stehen wir mitten in einer weiteren qualitativen Veränderung der Industrieproduktion. Der „Arbeiter" – so wie er vor Jahrzehnten aussah: „im Schweiße seines Angesichts sein Brot verdienend" – wird durch die neuen Techniken aus der Produktion verdrängt. Seine Arbeit übernehmen immer intelligentere Maschinen. Sie werden von Spezialisten eingerichtet und überwacht. Diese neuen Maschinen stecken voller elektronischer Bauteile und kleiner Elektromotoren. Sie sind flexibel und lernfähig. Sie können daher schnell umgestellt werden für die Fertigung neuer Muster und auch neuer Produkte.

Moderner Industrie-Gruppenarbeitsplatz

1.4 M 5 Lean Produktion

Lohnten sich früher große Fertigungsanlagen nur, wenn in großen Massen immer das gleiche Produkt hergestellt wurde, so können jetzt kleinste Serien oder sogar Einzelstücke kostengünstig – nach Maß und Wunsch des Kunden – produziert werden.

Auch die Arbeitsorganisation wird umgestellt: In modernen Betrieben ist Fließbandarbeit weitgehend abgeschafft: Der heutige Arbeitneh-

1.4 M 6+7 Neue Organisation

mer ist gut ausgebildet. Er versteht etwas von seiner Sache. Wenn ihm Verantwortung übertragen wird, kann dieses Wissen und Können produktiv genutzt werden. Produktion findet in **Arbeitsgruppen** statt. Jede Gruppe organisiert, fertigt und kontrolliert ihr Produkt selbständig in eigener Verantwortung. Diese Organisation ist produktiver, auch weil sie dem Bedürfnis des modernen Arbeitnehmers mehr entspricht.

Das ändert nichts an der Tatsache, daß wir in der Industrie immer weniger Arbeitskräfte brauchen. Dabei werden die Produkte ständig besser und in einigen Branchen sogar billiger.

Der Strukturwandel ist in der Produktion noch im vollen Gange. Was tun mit den entlassenen Arbeitskräften? Geht der Gesellschaft die Arbeit aus?

Dienstleistungsgesellschaft: die „unsichtbare Industrie"

Die **„technologische Revolution"** wird die gesamte Gesellschaft ändern. Die Industrie produziert Waren, ausreichend für alle. Manche Kritiker meinen, sie produziert zu viel. Aber sie bestimmt nicht mehr unser Leben, so wie in den letzten 100 Jahren. Um diese Veränderung deutlich zu machen, bezeichnen einige unsere Gesellschaft als **„postindustrielle Gesellschaft"** (post: lat. = nach). Damit soll ausgedrückt werden, daß wir das Zeitalter der Industrie hinter uns haben, aber noch nichts neues, eigenes sich herausgebildet hat.

Der Weg führt weg von der Industrie, hin zu den **„Dienstleistungen"**.

Die Umstellung braucht Zeit. Neue Arbeitsplätze entstehen nicht sofort. Arbeitskräfte können nicht beliebig versetzt werden. Der heute in Rostock entlassene Werftarbeiter kann nicht morgen als Kreditberater in Stuttgart eingesetzt werden – auch wenn die Bank noch so gute Konditionen bietet.

In vielen Bereichen sind die Dienstleistungen neue Angebote, die es in früheren Zeiten nicht gab, oder die sich nur wenige leisten konnten. Heute werden immer mehr Dienstleistungen gefordert, nicht weil wir uns immer mehr Luxus leisten wollen, sondern weil sie dringend gebraucht werden.

Also den Werftarbeiter zum Altenpfleger umschulen? Warum nicht, wenn er dazu Lust hat und gut mit Menschen umgehen kann.

Informationsgesellschaft: Chancen für ein besseres Leben?

Die Entwicklung steht nicht still. Die neue Technik bringt immer neue Möglichkeiten: Größere Bedeutung gewinnt der Bereich der **Information** und der **Kommunikation.**

Wir haben uns schon immer informiert und sind auch schon immer mit anderen in Verbindung getreten und haben wechselseitig Informationen ausgetauscht – das meint der Begriff „Kommunikation". Die neuen Informations- und Kommunikationstechniken geben unserem Leben eine andere Qualität. Immer mehr Menschen werden in diesem Bereich arbeiten und von ihm leben: z. B. vom Fernsehen (Stichworte: Private Anbieter, Kabel, Satelliten), vom Ausdenken, Schreiben und Anwenden von Computerprogrammen (Stichworte: Software, weltweite Vernetzung, ...), vom Forschen, Lehren, Beraten, Telefonieren...

Dies sind alles Aufgaben, die im Bereich der Dienstleistungen angesiedelt sind. Einige Wissenschaftler sind der Auffassung, daß sie in Zukunft so bestimmend werden, daß nur ein neuer Begriff dies angemessen wiedergibt: Die Gesellschaft der Zukunft wird zur **„Informationsgesellschaft"** oder zur **„Kommunikationsgesellschaft"**.

Damit hat sich die Gesellschaft im Laufe ihrer Geschichte gewandelt von der Gesellschaft der Sammler und Jäger zur Agrargesellschaft (agrarisch = landwirtschaftlich) des Mittelalters, weiter zur Industriegesellschaft, von da zur Dienstleistungs- und schließlich zur Informations- oder Kommunikationsgesellschaft.

Entwicklung der Beschäftigung in der Bundesrepublik Deutschland

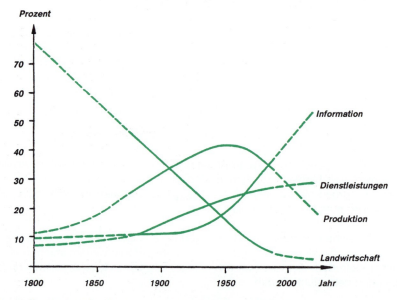

(Quelle: Abschlußbericht der 3. Projektgruppe der Denkfabrik Schleswig-Holstein)

1.4 M 8 Zukunft der Arbeit

Strukturwandel bedeutet auch, daß sich viele Bereiche ändern müssen, weil unsere Wirtschaft und unsere Gesellschaft eng miteinander verwoben sind. Wenn ein Teil sich wandelt, müssen andere, die abhängig sind, sich ebenfalls ändern. Schließlich ist nichts mehr, wie es früher war. Daher hat der „Strukturwandel" den Namen „Revolution" verdient.

M Materialien

Schöpferische Zerstörung?

1.4 M 1 Neue Techniken

... weil sich eine neue Struktur nur aus dem Untergang der alten ergeben kann. Jedes Mal, wenn sich eine neue Generation von Schlüsseltechnologien entfaltet, entsteht ein langfristiger Wirtschaftszyklus, der Verschiebungen großen Ausmaßes mit entsprechenden sozialen und wirtschaftlichen Reibungen verursacht. Dies kann zugleich Veränderungen im Leben der betroffenen Menschen zur Folge haben. Es ist daher nicht auszuschließen, daß auch mit wachsendem Vordringen der Mikroelektronik und der Telekommunikation erhebliche soziale und wirtschaftliche Probleme entstehen.

(Siemens-Zeitschrift 3/88)

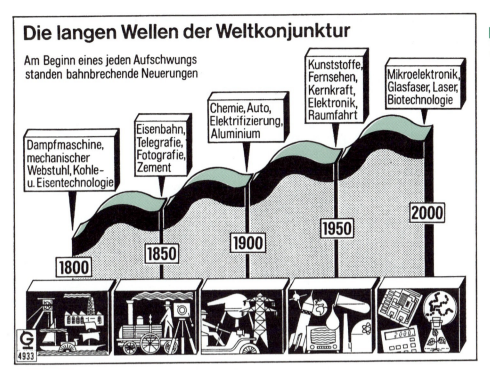

„Schöpferische Zerstörung" nennt der Artikel in der Siemens-Zeitschrift M1 den Untergang von alten Technologien durch neue Entwicklungen.
1. Können Sie dafür Beispiele in der Vergangenheit finden?
2. Wir befinden uns mitten in einem gewaltigen Strukturwandel. Welche sozialen und wirtschaftlichen Probleme sind schon heute zu erkennen?
3. Welche Technologien könnten diesmal auf der Strecke bleiben?

Bei der Telearbeit arbeitet man zu Hause. Man ist mit der Firma über die Telefonleitung verbunden.

Telearbeit: Den Weg zum Betrieb ersetzt das Kabel

Ganz oben auf der Positivliste der Telearbeit steht die erwartete Freizügigkeit. Wer wollte nicht seinen Arbeitsort frei wählen können? Wer würde nicht gern auf den Verkehrsstreß verzichten? Wer hätte nicht gern mehr Freizügigkeit bei der Aufgabenerledigung?
Der Berufsverkehr ist für viele unerträglich geworden. ... Telearbeit wäre ein Ausweg.

Die nächste Generation wird einen anderen Bezug zur Arbeit, zur Freizeit und zu den sozialen und gesellschaftlichen Strukturen haben. Diesen Strukturwandel hat es bisher in jeder Generation gegeben. Es ist nicht damit zu rechnen, daß er jetzt unterbleibt. Telearbeit in all ihren Varianten wird deshalb in ferner Zukunft Erwerbsarbeit und Gesellschaft prägen,...

(pc-profi, Beilage zu Kleiner Wirtschaftsspiegel, 5/88)

Versuchen Sie, sich diese neue Welt einmal auszumalen, in der viele Menschen in Telearbeit beschäftigt sein werden. Nicht nur die Arbeitswelt, auch viele andere Bereiche würden sich grundlegend ändern. Entwerfen Sie ein Bild dieser neuen Welt.

M 4 Neue Techniken

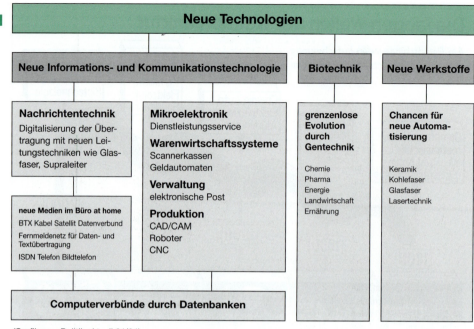

(Grafik aus: Politik aktuell 01/91)

1. Gehen Sie die in M3 und M4 genannten neuen Technologien im einzelnen durch: Klären Sie, was gemeint ist.
2. Nennen Sie Bereiche, in denen diese neuen Technologien bereits eingeführt sind (Können Sie auch Beispiele aus Ihren Betrieben nennen?).
3. Welche Auswirkungen der neuen Techniken werden in M3 aufgezählt? Was bedeuten sie?

M 5 Lean Produktion

Was ist das, Lean Production?

Die Idee stammt aus Japan, der Name aus den USA: Lean Production – zu deutsch: schlanke oder abgespeckte Produktion. Dahinter verbirgt sich ein hauptsächlich in der japanischen Autoindustrie angewendetes Herstellungssystem, das von allen Produktionsfaktoren weniger braucht als die herkömmliche Massenherstellung: die Hälfte an menschlicher Arbeit und Entwicklungszeit sowie weniger als die Hälfte der Lagerkapazitäten für Vorprodukte und Zulieferteile. Gleichzeitig werden mehr Waren in größerer Vielfalt und besserer Qualität angeboten.

Das Konzept der Lean Production kombiniert die Vorteile der handwerklichen Fertigung mit denen der Massenproduktion.

(iwd, 05.12.1991)

Vom Handwerk bleiben Flexibilität und Qualität, die Fließbandfertigung steuert sowohl Schnelligkeit als auch niedrige Stückkosten bei.

Der Erfolg der schlanken Produktion basiert auf Teamarbeit. Oft finden sich in den Arbeitsgruppen Mitarbeiter aus allen Abteilungen: Designer, Forscher, Techniker, Lagerverwalter, Konstrukteure und Verkäufer planen, kalkulieren und fertigen ein Produkt von der Idee bis zum Verkauf. Jeder Mitarbeiter trägt für seine Aufgabe die volle Verantwortung – Motivation und Identifikation steigen, die Fehlerquote sinkt. Über das Just-in-time-System werden auch die Zulieferer in die neue Fertigungsphilosophie einbezogen.

Hinweis: Dieser Text stammt aus einer Veröffentlichung „der deutschen Wirtschaft" (also von Unternehmerseite). Die neue Entwicklung ist hier eindeutig positiv dargestellt.
1. An welchen Formulierungen können Sie das erkennen?
2. Kritiker sehen nicht nur positive Folgen. Welche Nachteile können sich ergeben?
3. Versuchen Sie in einer Diskussion Vor- und Nachteile gegeneinander abzuwägen.

„IHR SEID WIEDER WER"

Mit einer Radikalkur ohnegleichen versuchen die deutschen Unternehmen, international wieder wettbewerbsfähig zu werden. Doch Kosten und Personal zu kappen reicht nicht: Die Betriebe müssen ganz neu organisiert werden, die Mitarbeiter auf allen Ebenen sollen mehr Verantwortung übernehmen.

Noch immer sind die meisten deutschen Unternehmen organisiert wie zu Beginn der industriellen Massenproduktion. Damals wurde, basierend auf den Erkenntnissen des amerikanischen Ingenieurs Frederick W. Taylor (1856 bis 1915), die Arbeit in viele kleine Einheiten zerlegt, der einzelne Arbeiter sollte möglichst schnell die immer gleichen Handgriffe erledigen.

Konsequent setzte Henry Ford dann Taylors Erkenntnisse in der Fließbandfertigung um. Für den Arbeiter wurde der Job immer stupider, aber große Mengen gleicher Produkte konnten nun kostengünstig wie nie gefertigt werden. So begann die zweite industrielle Revolution. Sie führte zu einem gewaltigen Wachstum der Wirtschaft und des Massenwohlstands.

Sie ist jetzt zu Ende. Ob die neue Ära vergleichbare Erfolge hervorbringen wird, muß sich erst noch zeigen. Sicher ist nur: Die Industrie der Zukunft braucht ganz andere Menschen – aber auch sehr viel weniger....

Überall werden nun Unternehmen völlig umgekrempelt, ...

„Die neue industrielle Revolution wird so einschneidend sein wie das Fließband", ... „Sie wird die Unternehmen radikal verändern."

Die alte Arbeitsteilung wird, bis hinauf in die Vorstandsetage, aufgehoben. Teams aus unterschiedlichsten Bereichen lösen nun die Probleme, für die vordem ein Manager zuständig war. Der Arbeiter, der bisher nur einfache Handgriffe verrichten durfte, bestimmt nun. mit den Kollegen seiner Arbeitsgruppe, wie die Fertigung am besten läuft. „Das Grundprinzip für die Behandlung des Menschen war bisher Mißtrauen", ... Nun ist plötzlich Kreativität gefragt und Mitdenken unumgänglich: Die Revolution in den Betrieben ist auch eine Kulturrevolution.

(Der Spiegel, 11/1994)

Revolution in den Betrieben

TRADITIONELLE UNTERNEHMEN		MODERNE UNTERNEHMEN
Starke Hierarchie	HIERARCHIE	Kleine Managementebenen, flache Führungspyramiden
Entscheidungen werden in zentralen Einheiten gefällt. Sehr bürokratisch	DELEGATION	Entscheidungen werden weitgehend auf die Ebene delegiert, wo sie anfallen. Jede Tätigkeit wird in Eigenverantwortung durchgeführt.
Klar abgegrenzte Aufgabengebiete. Extrem: Fließbandfertigung mit einfachen Handgriffen	ARBEITSTEILUNG	Aufgaben werden von Teams interdisziplinär und über Hierarchieebenen hinweg gelöst. Fertigung durch Arbeitsgruppen, die auch für früher zentralisierte Aufgaben, zum Beispiel Einkauf, verantwortlich sind.
Schwerfällig, keine unmittelbare Rückkopplung	FLEXIBILITÄT	Unternehmen reagiert auf jede Änderung, zum Beispiel des Kundenverhaltens. Ziel: das lernende Unternehmen
Technikorientiert. Beschränkt auf die dafür zuständige Abteilung	ENTWICKLUNG	Kundenorientiert. Alle betroffenen Abteilungen einschließlich der Zulieferer sind von vornherein und simultan in den Entwicklungsprozeß eingebunden.
In großen Sprüngen, zum Beispiel durch Einführung neuer Techniken	VERBESSERUNG	Ständig fortlaufender Prozeß unter Beteiligung aller Mitarbeiter (Kaizen).
Systemimmanent durch starke Bürokratie und geringe Verantwortung der Beteiligten	VERSCHWENDUNG	Wird kontinuierlich vermindert
Hoch, weil viele Puffer notwendig sind und weil auf Vorrat gefertigt wird. Viele unnötige Transportwege	LAGERHALTUNG	Gering. Geliefert wird nur, was sofort gebraucht wird (just in time). Gefertigt wird nur, was schon bestellt ist.
Endkontrolle: Fehler werden zu spät entdeckt. Die Beseitigung der Mängel kostet viel Geld.	QUALITÄT	Permanente Kontrolle während des gesamten Produktionsprozesses
Starr. Feste Arbeitszeiten	ARBEITSZEIT	Flexibel, im Extrem bestimmen die Mitarbeiter (in Abstimmung mit ihrer Gruppe) selbst, wann sie kommen oder gehen. Mehr- oder Minderarbeit wird über ein Zeitkonto ausgeglichen.

(Der Spiegel, 11/1994)

In M6 und M7 werden Techniken und vor allem Organisation „neuer" Betriebe geschildert. Gehen Sie die in der Grafik „Revolution in den Betrieben" dargestellten Bereiche im einzelnen durch:
1. *Was bedeutet die Umstellung im einzelnen für die Belegschaft / die Unternehmensführung / die Zulieferer / die Kunden?*
2. *Welche technische Einrichtung. d.h. welche Investitionen sind nötig, um die Umstellung zu verwirklichen?*
3. *Für die meisten Betriebe ist das noch Zukunftsmusik. Stellen Sie sich vor, Sie würden in einem solchen „modernen" Unternehmen arbeiten. Was würde sich ändern? Was würde das für Sie bedeuten?*

M 8 Zukunft der Arbeit

Zukunft der Arbeit: Auch die Dienstleistungsgesellschaft bietet nicht genügend Jobs –

Zeit für die dritte Revolution

Der Prozeß, der Arbeitswelt und Gesellschaft total verändern wird, hat bereits begonnen. An kleinen Beispielen kann man das schon heute erkennen: Die harmlos wirkenden Scanner, mit denen an Supermarktkassen die Warenpreise eingelesen werden, sorgen nicht nur für schnelle Abfertigung der Kunden und damit für weniger Kassierer, sondern vernichten zudem Tausende von Arbeitsplätzen in Rechnungswesen und Lagerhaltung...

...Vor knapp 200 Jahren lebten achtzig bis neunzig Prozent der Bevölkerung auf dem Lande und ernährten sich und den Rest der Menschen. Heute schaffen es fünf Prozent, ihre Landsleute ausreichend mit Nahrungsmitteln zu versorgen. Maschinen ersetzten alle diejenigen, die in die Fabriken zogen, um dort ihren Lebensunterhalt zu verdienen. Doch die rasche technische Entwicklung in den Produktionshallen zwang mittlerweile viele, einen neuen Job im Bereich der Dienstleistungen zu finden. Seit sich auch dort die Technik immer mehr breitmacht, erhebt sich die bange Frage: Was kommt danach? Die Antwort lautet: „New Work", ...

New Work ist nicht gleichbedeutend mit neuen Jobs. Fortschritt soll nicht bekämpft werden, sondern viel stärker als bisher in den Dienst der Menschen gestellt werden. Maschinen sollen die langweiligen, ständig zu wiederholenden Handgriffe übernehmen, die Arbeit oft so bedrückend und sinnlos machen. Dann könnten die Menschen sich auf den kreativen, anspruchsvollen Teil konzentrieren. „New Work", soll Menschen erlauben, wenigstens zeitweise etwas zu tun, was sie leidenschaftlich gern wollen und an das sie wirklich glauben.

Wir brauchen eine völlig neue Konstruktion der Arbeit, um uns mit neuen Instrumenten gegen die Vernichtung von Jobs zu wappnen und die Verteilung des Wohlstands zu unterstützen. Unser gegenwärtiges System beruht auf der Idee, daß Wohlstand durch Arbeit umverteilt wird. Unternehmer machen Gewinne, die den Beschäftigten zum Teil wieder zufließen, und deren Arbeit erhöht dann wieder den Wohlstand der Unternehmer. Mittlerweile aber kann ein Betrieb hohe Gewinne mit sehr wenigen Arbeitern erzielen – oder sogar ganz ohne ihre Hilfe.

(Die Zeit, 18.03.1994, Text leicht geändert)

Es geht hier um die Zukunft der Arbeit.
1. *Wie wird sie in dem Artikel beschrieben?*
2. *Was bleibt für die Menschen zu tun?*
3. *Welche Umstellung muß unsere Gesellschaft in Zukunft leisten?*

Arbeitsvorschlag

Führen Sie ein Interview

Was fragen?
Fragestellung: *Was ist heute anders als früher?*

Wie?
Nicht gleich loslaufen. Überlegen Sie zuerst, was Sie wissen wollen. Am besten formulieren Sie vorher konkrete Fragen. Denken Sie daran, daß Sie die Antworten irgendwie festhalten müssen. Wenn Sie zu zweit (höchstens zu dritt) losgehen, kann einer fragen, der andere protokollieren. Ganz professionell wird Ihr Interview, wenn Sie mit einem Tonaufnahmegerät (oder einem Camcorder) arbeiten (aber dann werden Sie einige mögliche Interviewpartner verschrecken). Wenn Sie technische Geräte einsetzen, empfiehlt es sich, vorher untereinander zu üben, z. B. wie man das Mikrofon hält.

Was noch?
Überlegen Sie zunächst in Ihrer Klasse: Weil die Frage so allgemein ist, setzen Sie Schwerpunkte und stecken Sie bestimmte Lebensbereiche ab.

z.B.: bei der Arbeit / in der Familie / in der Freizeit / in der Schule ...

Vorschlag: Sie bilden in Ihrer Klasse Gruppen und bearbeiten unterschiedliche Bereiche.

Wen fragen?
Nachdem Sie alles zu Ihrem Thema zusammengetragen haben, was Sie selbst wissen, fragen Sie Ältere:

Versuchen Sie schrittweise möglichst weit in die Vergangenheit einzudringen. Halten Sie das Alter Ihrer Interviewpartner fest, damit Sie nachher noch feststellen können, von welcher Zeit erzählt wurde.

Interviewen Sie Menschen aus der Generation vor Ihnen (Eltern, Lehrer, Meister, Altgesellen) und aus der Großelterngeneration. Wenn Sie noch weiter zurück wollen: wie wärs mit einem Besuch in einem Altenheim? Dort müssen Sie sich auf jeden Fall vorher anmelden. Im übrigen: alte Leute tun nichts lieber, als jüngeren von früher erzählen.

Warum?
Blicken Sie zurück in die Vergangenheit, um die Gegenwart zu erfassen:

Der Begriff Wandel sagt aus, daß sich etwas ändert, nicht auf einmal, plötzlich, sondern langsam, schrittweise, allmählich. – Wer selbst mittendrin steckt, bemerkt den Wandel oft gar nicht. Erst im Rückblick über einen längeren Zeitraum entdeckt man im Nachhinein, daß vieles anders ist als früher. Darüber kann man dann, je nach persönlicher Einstellung, erfreut oder erschrocken sein. Fest steht: unsere Gesellschaft ändert sich ständig.

Versuchen Sie auch, die Ursachen für den Wandel zu erfragen.

Was weiter?
Tragen Sie Ihre Ergebnisse zunächst in der Gruppe zusammen. (Läßt sich das Ergebnis in einer Tabelle darstellen?) Berichten Sie dann vor der Klasse. Versuchen Sie eine Bewertung.

D

Diskussion 1

Gentechnik – Segen oder Fluch?

Gentechnik kann Erbkranke heilen

... mit einem winzigen genchirurgischen Eingriff ... Der Träger einer solchen Erbkrankheit kann geheilt werden, unter Umständen sogar seine Nachkommenschaft.

Wollen wir ihm diese Behandlung zuteil werden lassen? Oder soll der Eingriff verboten bleiben, weil gentechnische Manipulationen an der Keimbahn des Menschen aus prinzipiellen ethischen Erwägungen nicht zulässig sind und bleiben sollen?

... Ich kann aber sofort einen anderen Fall konstruieren, bei dem mit denselben Methoden an einem Kind beim Gen für einen Wachstumsfaktor eine gezielte Veränderung vorgenommen wird, damit es schneller wächst, mehr Muskulatur ansetzt, um ein berühmter Gewichtheber oder Basketballspieler zu werden. ...

In beiden Fällen wird mit den gleichen Verfahren das gleiche getan...

(Jens Reich, in Die Zeit, 25.03.1994)

Der Bundestag diskutiert **die Risiken der neuen Techniken**

...meint die Regierung
Der Mensch muß die Kontrolle über technische Entwicklungen behalten. Es darf nie eine umgekehrte Abhängigkeit entstehen...

(Das Parlament, 10.11.1989)

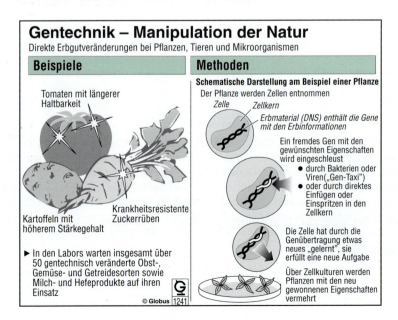

„Wann wir AIDS besiegen werden, weiß ich nicht.
Aber ich bin sicher:
Ohne Gentechnik hätten wir den Kampf bereits heute verloren!"

Gentechnik ist eine Schlüsseltechnologie der Zukunft.

Der Wert der Gentechnik im Kampf gegen wichtige Menschheitsprobleme wie Hunger, unheilbare Krankheiten, Epidemien oder Umweltschäden kann gar nicht hoch genug eingeschätzt werden.

In Deutschland haben übertriebene Ängste und eine gentechnikfeindliche öffentliche Auseinandersetzung leider dazu geführt, daß wir bei dieser Fortschrittstechnologie viel an Boden verloren haben.

Die Initiative Pro Gentechnik veröffentlicht hier Ansichten von Experten, die den interessierten Bürgern helfen können, sich eine objektive Meinung zu bilden.

(Ausschnitt aus einer Zeitungsanzeige der Initiative Pro Gentechnik [der Deutschen Chemischen Industrie])

Eingriffe in das Erbgut sollen viele Lebensmittel verbessern. Wer's glaubt, ißt selig

Die Früchte der Gentechnik

(Die Zeit, 01.04.1994)

Genmanipulation – Verbrauchermanipulation

Betreff: Werbekampagne der Chemie-Industrie

...

Weshalb, meine Herren, sollten wir Verbraucher ausgerechnet Vertrauen in Ihre Kompetenz, in Ihr Verantwortungsbewußtsein und in ihre edlen Motive haben?

SIE sind es doch gerade, die zwar von „Kompetenz und Verantwortung" sprechen, aber bis heute nicht die „tote" Materie der konventionellen Chemie auch nur annähernd risikolos beherrschen. SIE sind doch die Hauptverantwortlichen der Verseuchung unserer Atmosphäre mit Chemiegiften!

Uns Verbraucher sollen als Ihre „blinden" Versuchskaninchen die riskanten, genmanipulierten Produkte beim täglichen Einkauf untergeschoben werden:

Dagegen protestieren wir!

Die Verbraucher-Initiative Bonn e.V. fordert deshalb ...

(Ausschnitt aus einer Zeitungsanzeige der Verbraucher-Initiative Bonn e.V.)

D Diskussion 2

Probleme und Chancen der technischen Revolution

Die Probleme, die mit der industriellen Revolution entstanden sind, sind damals mit großen Anstrengungen bewältigt worden. Sie sind zwar nicht für immer gelöst, aber die große gesellschaftliche Katastrophe ist verhindert worden. Mehr noch: nachher ging es allen besser.

Die technologische Revolution, in der wir heute stecken, hat andere Probleme gebracht. Noch können wir das ganze Ausmaß nicht abschätzen.

Diskutieren Sie zum Abschluß dieses Kapitels

Probleme und Chancen
damals und heute

Vorschlag: Gliedern Sie Ihre Diskussion nach folgenden Punkten

- Wie war der Zustand vor der technologischen Revolution?
- **Probleme:** Welche mußten damals / müssen heute vordringlich gelöst werden? Wie wurden die Probleme damals bewältigt? Wie haben sich diese Lösungen von damals bis in unsere Zeit entwickelt? Wie gehen wir heute mit ihnen um? Probleme?
- **Ausblick:** Chancen für ein besseres Leben: damals und in Zukunft.
  und: Folgerungen für Ihr Leben: Womit müssen Sie rechnen? Wie können Sie Ihre Zukunft mitgestalten?

„Wertewandel"

In allen Industrieländern ist mit steigendem materiellen Lebensstandard, zunehmendem Bildungsgrad und freiheitlicher oder gewährenlassender Erziehung ein sogenannter „Wertewandel" in der Bevölkerung zu postmateriellen[1] Werten zu beobachten. Die Einstellung zur Erwerbsarbeit ändert sich in Richtung auf mehr individuelle Entfaltung, Mitwirkung und Zeitsouveränität. Zu einem Gutteil dürften diese Tendenzen lediglich eine Art Gegengewicht dazu bilden, daß mit der Integration von immer mehr Männern und Frauen in die Zwänge des gewerblichen Arbeitslebens andere individuelle Freiheitsspielräume verloren gegangen sind und sich Rollenkonflikte verschärft haben. Bietet der berufliche Bereich diese Möglichkeiten der individuellen Entfaltung nicht, so kommt es vermehrt zur Verlagerung des Leistungswillens in den Freizeitbereich, dem auch unabhängig davon wachsende Bedeutung beigemessen wird. Ferner wächst der Wunsch nach Wahrung nicht nur ökonomischer, sondern auch ökologischer und kultureller Lebensgrundlagen. Diese Tendenzen dürften bei weiter steigendem Lebensstandard und Bildungsgrad ein immer größeres Gewicht erlangen.

Die Industrieländer befinden sich also in der Anfangsphase eines grundlegenden Strukturwandels der gesamten Wirtschafts- und Arbeitswelt, wie er vielleicht nur mit dem Übergang von der Agrar- zur Industriegesellschaft zu vergleichen ist.

[1] post (lat.) = nach / materiell: hier konsumbetont.

(B 3/90 Beilage zu Das Parlament)

2

Der Mensch als Teil der Umwelt

...denn wir haben
nur die eine Welt

2.1 Wir produzieren und konsumieren

Wir wollen Konsum und kaufen ... Was bleibt, ist Müll

2.1 M 1-5 Kaufrausch?

Die Menschen haben unendlich viele Bedürfnisse. Das jedenfalls behaupten die Wirtschaftswissenschaftler. Alle Bedürfnisse, nach materiellen Gütern oder nach bezahlbaren Dienstleistungen, versucht die Wirtschaft zu befriedigen. Die Unternehmen produzieren und bieten an. Wir – als Verbraucher – kaufen. Das ist Sinn und Zweck der Wirtschaft.

2.1 M 6+7 Verpackung

Wir gehen also los und kaufen ein - soweit wir das Geld dazu haben. Und schleppen alles nach Hause. Aber nicht nur das, was wir haben wollten, sondern außerdem viel viel Verpackung. Wir packen aus und werfen weg, zuerst die Verpackung und später auch – das eine bald, das andere später – das, wofür wir heute richtiges Geld ausgegeben haben. Schließlich wird alles Abfall, alles wird Müll: Verpackungsmüll, Hausmüll, Sondermüll, Sperrmüll.

Der Müll, das ist die andere Seite von Produktion und Konsum. Versorgung und Entsorgung heißt das in der Sprache der Profis. Der Berg der Güter wird immer höher. Das freut alle, die teilhaben an diesem Reichtum. Die schmutzige Seite verdrängen wir: den Müll will keiner. Oder stimmt da vielleicht was nicht an unserem Konsumverhalten, an unserem Lebensstil? Die Müllhalden werden jährlich höher, der Müll immer gefährlicher. Ersticken wir bald im eigenen Müll?

2.1
M 8-14
Abfall

Wir betrachten hier nur einen Bereich aus diesem riesigen Haufen: Verpackungen.

Es werden viele Dinge verpackt, doppelt und dreifach und ganz überflüssig.

Wie war das früher?

Landfrauen, die früher in Lübeck Butter verkauften, waren umweltfreundliche Verpackungskünstlerinnen. Die Butter wickelten sie in Meerrettich- oder Kohlblätter ein – so kam die immer frisch und kühl zu den Kunden.

Getränke z.B. kann man nicht lose verkaufen. – Oder etwa doch?

Es gibt viele unterschiedliche Möglichkeiten, Getränke zu verpacken. Die Verpackungsindustrie ist technisch zu vielem fähig. Die ideale Verpackung soll leicht sein an Gewicht, möglichst kostengünstig in der Herstellung, einfach zu handhaben bei Transport und Verkauf, und zudem möglichst umweltschonend.

Wer trifft die Entscheidung, z.B. wenn es um die „Verpackung" von Apfelsaft geht: die Hersteller, die Verbraucher? Oder soll die Verpackung im Interesse der Umwelt durch Gesetze vorgeschrieben werden?

2.1
M 15+16
Gesetze:
Verwertung
Vermeidung

Vieles bewegt die Bürgerinnen und Bürger, macht Angst und bereitet Sorgen. Um die Umwelt sorgen wir uns auch. Manchmal mehr, im Herbst 1994 weniger. Woran mag das liegen?

Materialien

2.1 M 1 Kaufrausch?

Die Jugend lebt im Kaufrausch
Studie: Kleidung als Statussymbol

Hamburg. Die heutige Jugend lebt vor allem nach dem Grundsatz „born to shop" – zum Kaufen geboren. Das ist das Ergebnis einer repräsentativen Trendanalyse des Hamburger BAT-Freizeit Forschungsinstituts. „Outfit und Klamotten" seien gegenwärtig bei Jugendlichen ...„das" Statussymbol.

Shopping bedeutet nach der Studie für die Jugend immer zweierlei: Lebenslust und Langeweileverhinderung. Einkaufszentren und Passagen seien auch Fluchtburgen, um der Vereinsamung zu entfliehen. Jeder fünfte Westdeutsche gebe mittlerweile zu: „Manchmal kaufe ich wie im Rausch". Bei diesem Kaufrausch werde von den jungen Leuten erst dann Ruhe gegeben, wenn eine bestimmte Sache gefunden und erworben sei – unabhängig davon, ob sie sie gebrauchen oder sich leisten können.

(Lübecker Nachrichten, 11.11.1993)

2.1 M 2 Kaufrausch?

Kauft, Leute, es wird produziert.
Produziert, Leute, es wird gekauft.

Ganz egal was. Denn kaufst Du was – bist Du was. Und die Wirtschaft wächst und wächst. Das ist Fortschritt. Das ist Leben. Finden Sie, daß es das heute wirklich noch ist? Wachstum ist gut, kommt nur darauf an, was wächst. Wir meinen, wir müssen umdenken. Denn was nutzen uns immer mehr Autos, wenn unsere Städte in Lärm und Abgasen ersticken? Was nutzen uns immer reichere Obsternten, wenn die Früchte immer giftiger werden? Und was nutzen uns immer weißere Waschmittel, wenn unsere Seen und Flüsse sterben?

Wir werden lernen müssen: Konsum ist nicht länger gleich Lebensqualität. Wie gut wir leben, hängt zunehmend von der Qualität unserer Umwelt ab. ...

(Anzeige der SPD im Wahlkampf 1973)

1973 warnt die SPD.
1. *Lesen Sie kritisch jede einzelne Aussage. Was ist gemeint?*
2. *Könnte der gleiche Text im nächsten Wahlkampf wiederverwendet werden? Was könnte bleiben? Was müßte geändert werden?*

2.1 M 3 Kaufrausch?

Nicht jedermann leidet an materieller Übersättigung ...

Im übrigen ist es sicherlich so, daß auch heute noch längst nicht jedermann in diesem Lande an materieller Übersättigung leidet. Schließlich sollen immer mehr ältere Menschen, die nicht mehr im Erwerbsleben stehen, versorgt werden. Sollte unter diesen Umständen wirklich Wachstum gebremst werden, wenn doch deutlich erkennbar ist, daß die Fortentwicklung der Wirtschaft nicht mehr wie früher zwangsläufig zunehmende Umweltbelastungen mit sich bringt?

(Nordhandwerk 4/90)

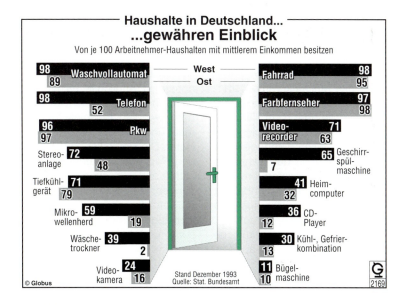

M 4 Kaufrausch?

Beurteilen Sie die Situation:
Besteht Übersättigung, ja oder nein?

1. In welchen Bereichen scheint – auch nach Ihrer Erfahrung – eine Sättigung erreicht?
2. Wo besteht – bei wem – Unterversorgung und daher Bedarf?
3. Fragen Sie auch nach dem Sinn: Muß denn jeder alles haben?
4. Wie beurteilen Sie Ihre eigene Situation?

Weg mit dem Billigkram

M 5 Luxus

Ich behaupte: Viele Menschen wohnen heute nicht nur schlecht – mehr noch, wir leben in vielen Bereichen schlecht, und deshalb verbrauchen wir einfach auch viel, zu viel Energie.. Gute Produkte, gute Planung oder gute Architektur – sie halten lange, stellen zufrieden und sind ökonomisch und ökologisch erfolgreich. Sie wären also kein Verzicht, sondern eine Errungenschaft, für die gar mancher einige Mark mehr bezahlen würde. Unsere Gesellschaft ist eben nicht durch Luxus gekennzeichnet, auf den verzichtet werden müßte, sondern durch eine Vielzahl von Billigkram, der schnell kaputtgeht und weggeworfen wird und der nicht gekauft werden sollte... Dabei ist vor allem nur ein Prinzip wichtig: Ware, die ökologisch günstig zu bewerten ist, muß vor allem aus der Nähe des Verbrauchsortes kommen. Denn der hohe Energieaufwand für den Transport der Lebensmittel stellt die entscheidende Belastung der Umwelt dar. Ware aus der eigenen Region braucht auch noch weniger Verpackung und Konservierung, um den Transport zu überstehen. Und sie schmeckt dazu noch besser.

(Die Zeit, 11.03.1994)

Sie kaufen Dinge: Verbrauchsgüter und Gebrauchsgüter: Billigkram? oder Luxus?
1. Stellen Sie eine Liste der Dinge auf, die Sie von Ihrem letzten Monatslohn gekauft haben.
2. Schreiben Sie bei allen Gebrauchsgütern die voraussichtliche Lebensdauer dazu.
3. Was wird danach aus ihnen? Wo landen sie?
4. Für welche Artikel hätte es eine umweltverträglichere Alternative gegeben?

Verpackung ist heute ein vieldiskutiertes Thema.

...Im Mittelpunkt der Auseinandersetzung steht das Klischee von der Verpackung, die angeblich keiner will, die umweltbelastend sei und das Müllaufkommen ständig steigere und die man mitbezahlen müsse, ob man wolle oder nicht. Die Hersteller von Verpackungen aus Papier, Karton und Pappe verweisen demgegenüber zunächst auf Vorbilder in der Natur, die seit dem ersten Schöpfungstag ihre Produkte „natürlich verpackt". Symbol ist das Ei, und die Redensart „Wie aus dem Ei gepellt" deutet plastisch darauf hin, welche idealen Eigenschaften natürliche Verpackung hat: Die Ware bleibt appetitlich und sauber, unverdorben und unberührt. Die Verpackung aus Papier, Karton und Pappe belastet die Umwelt nur wenig. Ähnlich ist es mit Bananen und Apfelsinen, mit Nüssen, Bohnen, Erbsen oder Zwiebeln, Beispiele für Einzel-, Sammel- und Mehrfachverpackungen in der Natur. Die Hersteller von Papier-, Karton- und Pappeverpackungen tun im Grunde nichts anderes, als diese Verpackungslösungen der Natur mit ihren ebenfalls umweltschonenden Packstoffen für die vielfältigen Produkte der modernen Konsum- und Industriegesellschaft nachzuempfinden.

(iwd Wirtschaft und Unterricht März 1989)

1. Was ist die Kernaussage des Textes?
2. Was meinen Sie dazu?

Bundesweiter Verbrauch an Verpackungen 1991 (in 1000 t)

	Verbrauch insgesamt	davon schadstoffh. Verp.	davon Mehrweg	davon Verkaufsverpackungen verbleib. Verbrauch	davon Umverp.	Transportverp.	Privat u. Kleingew.	Großgew. Industrie
1. Glas	4 636,8	4,7	819,3	3 812,8	–	–	3 812,8	–
2. Weißblech	793,1	77,1	–	716,0	–	1,8	703,4	10,8
3. Aluminium	124,0	1,3	–	122,7	–	–	122,7	–
4. Kunststoff[1]	1 606,5	60,1	172,4	1 374,0	9,5	314,4	927,6	122,5
5. Papier, Pappe, Karton	5 206,6	18,7	9,6	5 178,3	46,5	2 867,3	1 553,5	711,0
6. Verbunde	410,9	2,9	–	408,0	–	0,5	407,3	0,2
a. Flüssigkeitskarton	198,2	–	–	198,2	–	–	198,2	–
b. Sonst. Papierbasis	177,9	2,8	–	175,1	–	0,3	174,7	0,1
c. Kunststoff-Basis	28,0	–	–	28,0	–	0,2	27,7	0,1
d. Alubasis	6,8	0,1	–	6,7	–	–	6,7	–
1.-6. Quotierte Verp.	12 777,9	164,8	1 001,3	11 611,8	56,0	3 184,0	7 527,3	844,5
7. Feinblech	305,8	99,7	187,3	18,8	–	9,7	1,7	7,4
8. Holz und Kork	2 249,9	–	1 188,2	1 061,7	0,7	1 030,5	28,7	3,8
9. sonst. Verp.[2]	13,5	–	–	13,5	–	–	6,1	7,4
7.-8. Verp. ohne Quotierung	2 569,1	99,7	1 375,5	1 094,0	0,7	1 040,2	34,5	18,6
1.-8. alle Verpackungen	15 347,1	264,5	2 376,8	12 705,8	56,7	4 224,2	7 561,8	863,1

[1] incl. Kunststoff/Kunststoff-Verbunde
[2] Textil, Keramik, Stanniol, Kautschuk

(Daten zur Umwelt 1992/93, Umweltbundesamt Berlin)

Entsorgung: Ein Urproblem des Menschen

Psychologisch gesehen sind für den Menschen Abfall und Müll negativ mit dem Aspekt des Verdrängens und der Unreinheit behaftet. Das macht es uns auch heute schwer, den Müll als wertvollen Rohstoff und Energiebasis zu sehen. Grundlegendes Umdenken ist erforderlich, auch und gerade in den hochentwickelten Ländern...

Die Entsorgungskette Einsammeln, Behandeln und Deponieren muß den gleichen Stellenwert erhalten wie die Versorgungskette aus Gewinnen, Produzieren und Verwenden. Versorgung und Entsorgung sind die zwei Seiten ein und derselben Sache und müssen als Einheit gesehen werden...

Abfall ist das Ende einer offenen Nutzenkette: Derzeit entsorgt jeder Bürger in der Bundesrepublik pro Jahr durchschnittlich rd. 350 kg bzw. 2,4 m³ Abfall über seine Mülltonne und getrennte Sperrgutsammlungen. ...

In der Diskussion über Umsetzung moderner Entsorgungstechniken fehlt oft das Bewußtsein für Notwendigkeit und Dringlichkeit der Lösung der Müll- und Abfallprobleme.

Die Bürger bejahen zwar grundsätzlich die Notwendigkeit einer umweltverträglichen Abfallwirtschaft zur Abwendung eines andernfalls drohenden Entsorgungsnotstandes. Nur nutzt diese Einsicht nichts, wenn sie mit dem St.-Florians-Prinzip einhergeht: Der Bau von Anlagen zur Müllverwertung oder -beseitigung wird zwar als dringend erforderlich anerkannt, von den jeweiligen Anwohnern aber kategorisch abgelehnt.

Das mag zwar aus Sicht eines Einzelnen verständlich sein. Der Gemeinschaft als Ganzes hilft solch ein Standpunkt indessen nicht. Der Engpaß bei der notwendigen Entsorgung muß deshalb zwangsläufig zu einer Minderung der Versorgung führen.

(Text der Broschüre „Abfallwirtschaft – Fakten und Argumente" der VEBA AG, Juli 1990)

2.1 M 11 Entsorgung

Bürgerprotest gegen Deponien
Überall Enttäuschung und Wut

Lübeck – Heftige Reaktionen hat der Plan die Kieler Landesregierung ausgelöst, im Süden Schleswig-Holsteins – eventuell vor den Toren Lübecks – zwei neue Giftmüll-Deponien entstehen zu lassen.

Empört und erschrocken reagierten die Einwohner und Bürgermeister der betroffenen Gemeinden in den Kreisen Herzogtum Lauenburg, Ostholstein und Bad Segeberg auf diese Nachricht.

(Lübecker Nachrichten, 17.06.1994)

1. Vergleichen Sie die Angaben über den Verbrauch von Verpackungen in M7 mit dem Verpackungsmüll in M8+9
2. Geben Sie die Auffassung der Abfallwirtschaft (M10) zum Thema Müll kurz mit eigenen Worten wieder.
3. Vergleichen Sie M 10 und M11 und nehmen Sie Stellung.
4. Was würden Sie machen, wenn vor Ihrer Haustür eine Deponie geplant würde?

2.1 M 12 Grüner Punkt

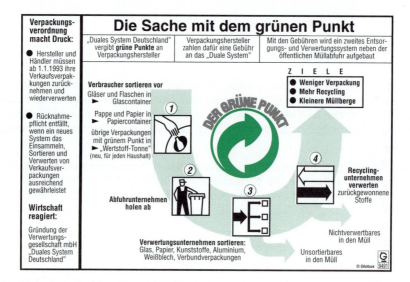

2.1 M 13 Abfall

Fernstraßen- und Autobahnnetze –... rote Blutbahnen

War es noch im Anfang die maximale Wurfweite, um die Tierknochen und die Pflanzenreste außerhalb des Zeltes und der Wohnstätte wegzuschmeißen, so war es über Jahrhunderte nur die menschliche oder tierische Muskelkraft, die durch Wagen eine weitere Entfernung zwischen den Verbrauch und den Müll schuf. ... Erst das Automobil und die Asphaltstraße schufen die Möglichkeit des Prinzips „Aus den Augen, aus dem Sinn". ...Die großen Beton- und Asphaltbänder transportieren ja erst die Ware zu uns hin, die dann als Müll wieder von uns weg transportiert wird. Die Fernstraßen- und Autobahnnetze –... rote Blutbahnen, die Konsumstränge unserer allumfassenden Müllsysteme. Hin zum Verbraucher sind sie Wachstum, Wohlstand, Luxus, Prestige, Wohlgeruch, Zivilisation – zusammengefaßt Zukunft, weg von ihm schon nach wenigen Tagen, Wochen, Monaten oder längstens nach 10 Jahren sind sie Abfall, Schmutz, Gestank, Rückschritt, Gift, Krankheit, kurz Vergangenheit.

(Werner Schenkel, (Hrsg.): Recht auf Abfall?, Berlin 1993)

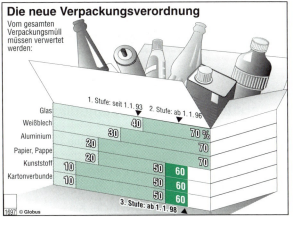

2.1 M 14 Hausmüll

2.1 M 15 Verwertung

Beschreiben Sie das Problem der Entsorgung mit eigenen Worten. Gliedern Sie in folgende Punkte:

1. Schilderung der Situation,
2. Ursachen des Problems: Warum ist Müll ein Problem in unseren Gesellschaften?,
3. Vorschriften und Lösungsansätze für das Problem,
4. Einwände gegen die augenblicklichen Entsorgungssysteme (nehmen Sie auch M 9 aus 2.3.1 dazu).

Kreislaufwirtschaft

Der Bundestag hat mit Zustimmung des Bundesrates das folgende Gesetz beschlossen:

Artikel 1

Gesetz zur Förderung der Kreislaufwirtschaft und Sicherung der umweltverträglichen Beseitigung von Abfällen

(Kreislaufwirtschafts- und Abfallgesetz -KrW-/AbfG)

Erster Teil. Allgemeine Vorschriften

§ 1 Zweck des Gesetzes

Zweck des Gesetzes ist die Förderung der Kreislaufwirtschaft zur Schonung der natürlichen Ressourcen und die Sicherung der umweltverträglichen Beseitigung von Abfällen.

§ 2 Geltungsbereich

(1) Die Vorschriften dieses Gesetzes gelten für

1. die Vermeidung,
2. die Verwertung und
3. die Beseitigung von Abfällen.

...

2.1 M 16 Vermeidung Verwertung

Dieses Gesetz gilt ab 1.1.1996. Es stellt eine Rangordnung auf.

1. Nennen Sie den Zweck des Gesetzes.
2. In welcher Rangordnung ist mit Abfällen zu verfahren? Was bedeutet das für die Praxis?
3. Nennen Sie Beispiele, welche „beweglichen Sachen" jeweils gemeint sein können.
4. Nennen Sie Abfälle aus Ihrem Betrieb und aus Ihrem Haushalt. Was muß mit diesen Abfällen geschehen?

Arbeitsvorschlag

Untersuchen Sie unterschiedliche Verpackungen für Getränke

Bringen Sie zum nächsten Unterrichtstag Getränkeverpackungen mit. Das beste wäre, wenn Sie alles mitbringen, was Sie in der Zeit bis zu Ihrem nächsten Schultag ausgetrunken haben. Ist dies nicht möglich, dann bringen Sie jeweils ein Muster mit, führen aber genau Buch über die Anzahl der von Ihnen verbrauchten Getränkeverpackungen.

Sortieren Sie die Verpackungen in der Klasse nach Verpackungsarten auf verschiedenen Tischen.

Tragen Sie die Summe der von allen ausgetrunkenen Verpackungen in eine Tabelle (Tafel oder OHP-Folie) ein.

Vorschlag für eine Tabelle

Verpackungen	Glasflaschen		Kunststoffflaschen		Dosen	Kartons
Getränke	Einweg	Mehrweg	Einweg	Mehrweg		
Orangensaft						
Cola						
Limonade						
Milch						

> 1. Unterstreichen Sie in der Tabelle bei jedem Getränk, welche Verpackung Sie am häufigsten gekauft haben.
> 2. Stellen Sie eine Rangfolge der von Ihnen verwendeten Verpackungen insgesamt auf.

Bilden Sie in Ihrer Klasse 4 Gruppen. Jede Gruppe soll eine bestimmte Position einnehmen:

Hersteller von Getränken – Einzelhändler – Käufer und Konsument – die Umwelt

> 1. Sammeln Sie Vor- und Nachteile der einzelnen Verpackungen jeweils aus der Sicht Ihrer Position.
> 2. Entscheiden Sie: Welche Verpackung ist aus Ihrer Sicht die ideale Lösung?

Wenn Sie in den Gruppen genügend Argumente gesammelt haben, dann stellen Sie Ihre Erkenntnisse dem Plenum (das heißt hier: der ganzen Klasse) vor.

Diskussion

Verpackungen = Verpackungsmüll?

Wenn unterschiedliche Interessenvertreterinnen und -vertreter gemeinsam vor die Öffentlichkeit treten, dann eignet sich dazu gut die Podiumsdiskussion.

Das könnte in diesem Fall so ablaufen:

Jede Gruppe

Hersteller von Getränken – Einzelhändler – Käufer und Konsument – die Umwelt

schickt eine Vertreterin oder einen Vertreter auf das Podium. Das Podium, das sind zusammengestellte Tische, an denen die Vertreterinnen und Vertreter Platz nehmen, mit dem Blick zum Publikum. In der Mitte zwischen ihnen sitzt die Diskussionsleitung.

Ablauf der Podiumsdiskussion:

- Der Diskussionsleiter oder die Diskussionsleiterin stellt die Teilnehmer und Teilnehmerinnen des Podiums vor, damit das Publikum weiß, wer welche Interessen vertritt.
- Die Podiumsteilnehmer geben nacheinander ein kurzes Statement ab (Redezeit begrenzen). Hier legen sie dem Publikum ihre grundsätzliche Meinung dar.
- Das Podium diskutiert unter sich.
- Die Diskussion wird für das Publikum eröffnet (bei großen öffentlichen Veranstaltungen stellen sich der oder die Diskussionsteilnehmer zunächst vor). Dann werden Fragen an die Experten auf dem Podium gerichtet.
- Der angesprochene Podiumsteilnehmer antwortet.
- Zum Abschluß der Veranstaltung erhalten die Teilnehmer des Podiums Gelegenheit zu einem kurzen Schlußwort.
- Die Diskussionsleitung faßt eventuell das Ergebnis zusammen, dankt den Teilnehmern auf dem Podium und dem Publikum und schließt die Veranstaltung.

2.2 Unsere Arbeit wirkt sich auf Natur und Umwelt aus

(Wirtschaftsspiegel 3/91)

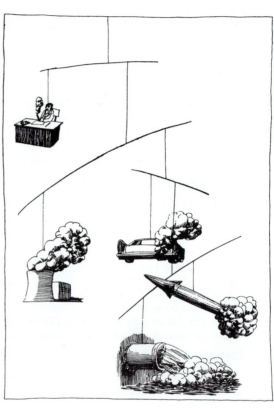

Der sichere Arbeitsplatz (Die Zeit, 26.10.1984)

Rohstoffe und Energie: Wir verbrauchen nichts, wir wandeln nur um

2.2
M 1-3
Energiebilanz

Bei unserer Arbeit verbrauchen wir Materialien und Energie. Stop, sagt der Physiker, das kann man so nicht sagen. Es gibt Naturgesetze. Ein bedeutendes besagt, daß die Summe der Materie gleich bleibt. Es geht also nichts verloren. Mit der Energie verhält sich das ebenso: **Energie wird immer nur umgewandelt**. Recht hat der Physiker. Seine Theorie stimmt. Unsere Erfahrung aus der Praxis sieht allerdings anders aus: Die Dauerwellflüssigkeit, die die Friseurin der Kundin aufs Haar aufträgt, ist weg. Das Steak, das der Gast verzehrt, ist verschwunden. Die Dachziegel, die der Dachdecker aufs Dach legt, können zwar Jahrzehnte dort liegenbleiben, aber auch sie sind irgendwann hinüber. Allerdings lösen sie sich nicht in Nichts auf: Vielleicht läßt sich der zerbrochene Ziegel zermahlen und zu Schotter für den Unterbau von Fahrradwegen verwenden. Aus Kohle kann im Kraftwerk Elektrizität erzeugt werden. Der elektrische Strom kann Maschinen antreiben oder Licht leuchten lassen. Immer wird umgewandelt, nichts geht wirklich verloren. Aber: aus dem Strom läßt sich keine Kohle zurückgewinnen, aus dem Licht kaum wieder Strom. Das, was bleibt, läßt sich nicht mehr nutzbar machen. Es wandelt sich ganz zuletzt in die unterste Stufe der Energie um, in Wärme. Für das Leben des Menschen stimmt also die Aussage: Bei unserer Arbeit verbrauchen wir Material und Energie und zusätzlich belasten wir bei den meisten Tätigkeiten – bewußt oder unbewußt – die Umwelt.

Zur Produktion braucht die Wirtschaft Rohstoffe und Energie. Ziel der Wirtschaft ist, den Bedarf der Bevölkerung zu decken. Da unsere Bedürfnisse nach der gängigen Lehre der Wirtschaftswissenschaftler unbegrenzt sind, soll die Wirtschaft möglichst immer mehr produzieren. Dafür braucht sie auch mehr an Rohstoffen und Energie! Das scheint eine zwingende Folge zu sein.

Ende der 60er Jahre begannen Wissenschaftler zu rechnen: Wenn wir so weiterleben und weiter unseren Wohlstand ausbauen und uns auch andere Staaten zum Maßstab nehmen, dann reichen unsere Rohstoffe nur noch ganz kurze Zeit. Nach diesen Schätzungen hätten wir heute kein Kupfer mehr. Die Überlegungen der Wissenschaftler waren richtig, ihre Rechnungen auch. Nur, die Vorhersagen sind nicht eingetroffen.

Warum nicht?

1. Es waren zum Zeitpunkt der Schätzung nicht alle Rohstoffvorkommen bekannt. Man hat inzwischen in einigen Bereichen neue Lagerstätten gefunden.

2. Die Entwicklung ist anders verlaufen. Das ist der wichtigere Grund. Viele Rohstoffe, die knapp und daher teuer sind, sind inzwischen durch andere ersetzt worden. Viele Metalle werden z.B. heute durch Kunststoffe ersetzt. Die chemische Industrie kann inzwischen Kunststoffe mit (fast) jeder Eigenschaft genau für den vorgesehenen Zweck nach Maß anfertigen, billiger und leichter als die früheren Werkstoffe aus Metall.

Die Berechnungen sind inzwischen überarbeitet worden. An der wesentlichen Tatsache ändern jedoch auch die neuen Ergebnisse nichts: Die Rohstoffe dieser Erde sind begrenzt, das heißt, irgendwann aufgebraucht. Unsere „Galgenfrist" ist nur um ein paar Jahre verlängert worden.

Auch im Energiebereich ist der Bedarf nicht so angestiegen, wie erwartet. Die Berechnungen sind immer wieder – nach unten – berichtigt worden.

2.2
M 4-6
Energieverbrauch

Woran lag das? Zum einen hatte man das Wirtschaftswachstum überschätzt. Als es mit der Wirtschaft bergab ging, wurde auch weniger Energie gebraucht. Als die Wirtschaft sich dann schließlich wieder erholte, wuchs der Energiebedarf trotzdem nicht. Die neue Technik hat uns in allen Bereichen intelligentere, das heißt hier, stromsparende Geräte, Maschinen, Produktionsanlagen gebracht.

M 7-9 Energiesparen!

Rohstoffverbrauch eines Menschen in einem Industriestaat während seines 70jährigen Lebens

Rohstoff	Menge (Tonnen)
Mineralische Rohstoffe	
Erdöl	166
Steinkohle	83
Braunkohle	45
Erdgas	60850 m^3
Torf	1,8
Sand und Kies	427
Kalkstein	99
Dolomitstein	3,5
andere Steine	147,8
Tone	29
Steinsalz	13
Gips	6
Industriesande	23
Rohphosphate	3,4
Kalisalz	1,6
Kaolin	1,2
Schwefel	1,9
Kupfer	1,0
Stahlveredler	1,0
Stahl	39
Nichtmineralische Rohstoffe	
Nahrungsmittel	50
Landwirtschaftliche Rohprodukte	720
Holz	90
Wasser	10000
Luft (zur Verbrennung)	9000

(Horst Eichler: Ökosystem Erde, Mannheim 1993)

So lange reichen die Rohstoffe noch – Beispiel Erdöl

Ölreserven reichen 43 Jahre

HAMBURG – Die weltweiten Ölreserven sind 1993 um 281 Millionen auf 135,71 Milliarden Tonnen gestiegen. Das entspreche bei der heutigen Förderung einem Vorrat von 43 Jahren, falls kein neues Öl gefunden würde, heißt es in einer gestern von der Esso AG (Hamburg) verbreiteten Mitteilung. Nicht nur einige ölreiche Länder wie Saudi-Arabien und Venezuela weisen größere Reserven aus, sondern auch Nordsee-Anliegerstaaten wie Großbritannien, Norwegen und Dänemark. Zu den sicheren Ölreserven wird nur das durch Bohrungen bestätigte, mit heutiger Technik und bei dem heutigen Preisniveau wirtschaftlich förderbare Öl gerechnet.

(Lübecker Nachrichten 07.10.1994)

Alles öko, alles gut?

Für die meisten Menschen ist Umweltschutz inzwischen zum echten Bedürfnis geworden. Soll man der Werbung glauben, so sind (fast) alle Produkte irgendwie besonders umweltverträglich. Tatsächlich hat sich in den letzten Jahren einiges getan. „Die Konkurrenz schläft nicht." Auch bei der Produktion hat ein verändertes Bewußtsein und haben staatliche Auflagen Umweltschutzmaßnahmen erzwungen, z. B. Filteranlagen, Katalysatoren. Sie kosten Geld. Firmen, die sich darauf spezialisieren, zeigen erhebliches Wachstum. Hat die Wirtschaft in den Anfängen gegen strengere Auflagen heftig protestiert, so werden diese Stimmen immer leiser. Weil sich herumspricht: Umweltschutz ist zwar teuer, aber das ist nur die eine Seite: Mit Umweltschutz läßt sich auch Geld verdienen! Umweltschutz ist ein weltweites Anliegen. Früher oder später werden auch andere Länder mehr für den Erhalt unserer Welt tun müssen. Unsere Wirtschaft rechnet dann mit einem großen Geschäft. Denn wer heute beginnt, hat dann, wenn der Umweltboom weltweit losgeht, die Nase vorn.

M Materialien

Ist die Wirtschaft ein Kreislauf?

Die Wirtschaft ist, wie alle wissen, ein Kreislauf. Arbeit und Kapital, Geld und Güter zirkulieren zwischen Unternehmen und Haushalten, wobei normalerweise alle immer reicher werden. ....

Aber ist die Wirtschaft wirklich ein Kreislauf?

Gibt es nicht versiegende Ölquellen, erschöpfte Rohstofflager, Umweltverschmutzung und wachsende Müllberge? Offensichtlich verschwindet im Zuge des Wirtschaftskreislaufs etwas Wertvolles, nämlich Rohstoffe, und der Müll, etwas Wertloses, nimmt zu. Zumindest aus Sicht der Natur ist der Kreislauf also gar keiner. ...

Nach dem ersten Hauptsatz der Thermodynamik kann Energie weder geschaffen noch zerstört werden: Ein Perpetuum mobile, also eine Arbeitsmaschine ohne Energiezufuhr, ist unmöglich.

Der zweite Hauptsatz besagt, daß der Nutzen einer bestimmten Energiemenge ständig abnimmt. Ein Teller heiße Suppe kühlt so lange ab, bis Suppe und Zimmerluft gleich lauwarm sind. Die in der Suppe enthaltene Energie ist zwar in Raum noch vorhanden, sie kann aber nicht mehr benutzt werden, etwa um Kaffee zu kochen. ... Als Maß für den Anteil zerstreuter und nicht mehr nutzbarer Energie (gilt der) Begriff „Entropie" (aus dem griechischen entrepein: umkehren)....

[Das Entropiegesetz ist inzwischen auf die Materie übertragen:] Bei jeder Arbeit entsteht Reibung, Materie wird dabei abgetragen und verstreut. Die etwa durch den Abrieb von Autoreifen verstreuten Moleküle sind zwar noch vorhanden, aber sie könnten nur mit unverhältnismäßig viel Zeit und Energie wieder eingesammelt werden, ...

Kein Produkt ist von diesem Phänomen ausgenommen. Selbst in so langlebigen Gütern wie Häusern steigt die Entropie laufend, wenn nicht regelmäßig niedrige Entropie hinzugefügt wird. Recycling ist möglich und sinnvoll, aber die Zunahme der Entropie wird dadurch nur begrenzt, nicht gestoppt. Ökologie und Ökonomie sind nicht wirklich zu versöhnen, ... Der Wirtschaftsprozeß besteht aus einer kontinuierlichen Umwandlung von niedriger in hohe Entropie, also in nicht wiederverwertbaren Abfall, oder, um einen geläufigen Begriff zu verwenden, in Umweltverschmutzung.

(Die Zeit, 26.02.1993)

2.2 M 1 Energiebilanz

1. Formulieren Sie den 1. und 2. Hauptsatz der Thermodynamik mit eigenen Worten. Nennen Sie Beispiele für Entropie aus Ihrem Berufsalltag.
2. Vergleichen Sie die beiden grafischen Darstellungen: Welche Informationen können Sie jeweils entnehmen? Beurteilen Sie die Aussagekraft der Abbildungen.
3. Vergleichen Sie den Text auf der Seite 72 mit der Zeichnung am Anfang dieses Kapitels: „Wirtschaftskreislauf = Naturkreislauf". Nehmen Sie Stellung.

2.2
M 2+3
Energiebilanz

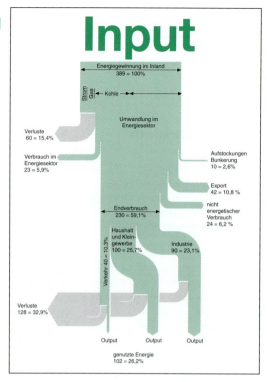

(Markus Fritz: klipp und klar 100 x Umwelt, Mannheim 1977)

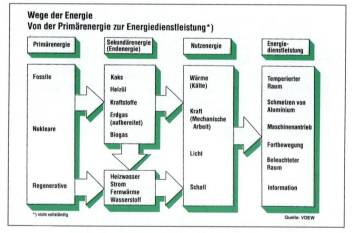

Energiehunger

2.2
M 4
Energieverbrauch

Allen guten Vorsätzen zum Trotz wird der weltweite Energieverbrauch nach Prognosen der Internationalen Energieagentur (IEA) bis zum Jahr 2010 fast um die Hälfte steigen. Die größten Zuwächse sind in Südostasien (+146%), im Nahen Osten (+140%) und in China (+114%) zu erwarten. Mit einem Mehrverbrauch von durchschnittlich 25% (z.B. USA +27%; Westeuropa +25%) werden die Zuwächse in den hochentwickelten Industriestaaten erheblich moderater ausfallen. Dennoch: Gemessen am absoluten Verbrauch haben die Industrieländer mit Abstand den größten Energiehunger und sind damit auch die größten Umwelt- und Klimasünder. Gut 50% des weltweiten Energieverbrauchs gehen auf ihr Konto.

(Schul/BANK 7/94)

Energieverbrauch im Vergleich:
(in GigaJoule (GJ) je Einwohner)

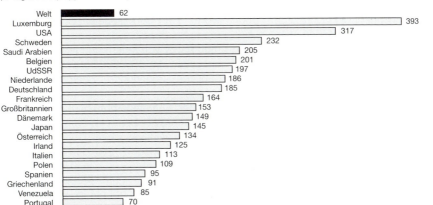

(Daten zur Umwelt 1992/93, Umweltbundesamt, Berlin)

2.2 M 5 Energieverbrauch

1. Was würde geschehen, wenn Inder und Chinesen genau so viel Energie verbrauchen würden wie die Luxemburger?
2. Sind wir die Vorbilder für die übrige Welt?

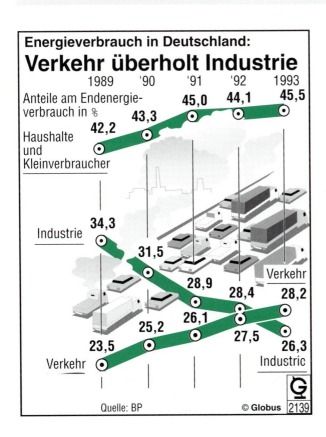

2.2 M 6 Energieverbrauch

1. Beschreiben Sie die Entwicklung des Energieverbrauchs.
2. Nennen Sie einige Ursachen für die Entwicklung des Energieverbrauchs (siehe auch M 6).
3. Wie läßt sich Energie einsparen? Erarbeiten Sie einige Energie-Spartips, die Sie selbst umsetzen können: für Haus und Haushalt, für die Arbeit im Betrieb, für Ihre Freizeit.

Weniger Kilowatt, aber mehr Intelligenz

2.2 M 7 Energiesparen

... Wenn wir in den reichen Industrieländern mit der bisherigen Wirtschaftsform und Lebensweise so weitermachen, werden die bereits heute sichtbaren Überschreitungen der natürlichen Belastungsgrenzen der Erd-Ökosysteme katastrophale Ausmaße annehmen: Hungersnöte, Völkerwanderungen, kriegerische Auseinandersetzungen um Rohstoffe (Krieg ums Öl), atomare Verwüstungen, verschärfte Verteilungskonflikte zwischen Nord und Süd, aber auch Ost und West sind die Folge. Wir brauchen neue Visionen, die Leben im Einklang mit der Natur, soziale Gerechtigkeit und nachhaltiges Wirtschaften verbinden.

Jeder und jede von uns trägt Mitverantwortung an den globalen Umweltproblemen und der Klimaänderung. Die Lösung muß daher von jedem und jeder einzelnen ausgehen. Im privaten Bereich gibt es erhebliche ungenutzte Energiesparpotentiale.
Weniger Energieverbrauch bedeutet kein schlechteres Leben – im Gegenteil. Brauchen wir wirklich soviel Geschwindigkeit und Überkonsum? Eine Hinwendung zu neuen Werthaltungen ... sichert die Chance für menschliche Entfaltung, auch zukünftiger Generationen. Dafür tragen wir heute Verantwortung.

(Auszug aus einem Tagungsergebnis: „Toblacher Thesen 1991 ". Veröffentlicht in der Frankfurter Rundschau, 23.09.1991)

2.2 M 8 Energiesparen

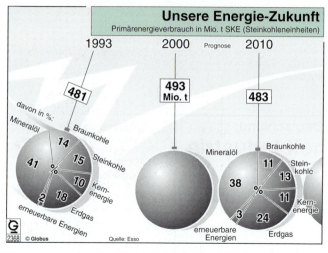

Negawatt statt Megawatt
so lautet das Motto

2.2 M 9 Energiesparen

Mehr Wohlstand, weniger Energie

Ein Beispiel aus Brasilien:

Beim Strom ließen sich durch Investitionen von zehn Milliarden Dollar bis zum Jahr 2000 für die Installation sparsamerer Kühlaggregate, Straßenlaternen, Beleuchtung kommerzieller Gebäude und Elektromotoren soviel Energie sparen, daß während des gleichen Zeitraums 44 Milliarden Dollar für neue Kraftwerke nicht benötigt würden. ...

(nach einer Buchbesprechung von Reinhard Spilker in Der Spiegel, 05.05.1986)

1. Warum ist die Energieversorgung ein Problem? Schildern Sie kurz die Situation heute und in Zukunft.
2. Erläutern Sie, was unter dem Motto „Negawatt statt Megawatt" gemeint ist.
3. Nennen Sie Möglichkeiten der rationellen Energieumsetzung durch moderne Techniken – im Betrieb, im Haushalt.

A Arbeitsvorschlag

Starten Sie ein Projekt

Wählen Sie aus den folgenden Problemfeldern das aus, das für Ihren Beruf besonders wichtig ist:

Abfall, Verkehr, Energie, Boden, Wasser, Luft

Entscheiden Sie sich jetzt für ein ganz konkretes Projekt:

Beispiel:
Sie arbeiten im Büro und haben sich für das Problemfeld Abfall entschieden.
Im Büro werden große Mengen von Schreibpapier verbraucht.
Sie wählen als Thema: Die Auswahl von Schreibpapier.

Wie Sie weiter vorgehen, sollen Sie selbst planen.

Sie können Ihr Vorgehen in folgende Schritte gliedern:

1. Bestandsaufnahme,
2. Ökologische Folgen,
3. Maßnahmen: ökologisch vertretbare Lösungen des Problems,
4. Strategien, das als richtig erkannte in die Praxis umzusetzen.

Wichtig:

- Sie brauchen Zeit für Ihr Projekt. Die Unterrichtszeit im Fach Wirtschaft/Politik allein wird nicht ausreichen.
- Nutzen Sie Ihre Kreativität. Viele Wege führen zum Ziel. Es gibt für ein Problem meistens mehrere Lösungen.
- Lassen Sie sich ruhig vom Thema ablenken. Gerade Nebenwege schaffen Verbindungen, können interessant sein und führen zu neuen Lösungen.

Was soll dabei herauskommen? Eine bessere umweltschonendere Lösung für ein konkretes Problem.

Viel Spaß – und Erfolg bei Ihrer Arbeit!

Diskussion

Wieviel Umweltschutz im Betrieb?

Umweltschutz:
zu teuer, kann sich keiner leisten?
oder
verbessert das Image, steigert den Umsatz?
oder was?

Was grün ist, wächst

Mit dem Umweltschutz reicher werden und noch mehr Beschäftigung schaffen, das könnten auch die Deutschen, wenn es ihnen gelänge, in Zukunft andere, intelligentere Umwelttechnik anzubieten. Bisher lebt die Ökobranche davon, daß in Fabriken und Haushalten viel Schmutz entsteht, der anschließend behandelt und beseitigt werden muß – ein gesamtwirtschaftlich teures Unterfangen mit begrenztem ökologischen Effekt. Denn erstens werden Umweltprobleme oft nur verlagert; Klärschlamm und Filterstäube müssen schließlich doch als Sondermüll deponiert werden. Und zweitens werden dadurch nicht die Ökoprobleme der Zukunft gelöst: die Verminderung des Rohstoff- und Energieverbrauchs. ... Nur Fabriken, Maschinen und Produkten, in denen der Umweltschutz bereits integriert ist, weil sie emissionsarm, rohstoffarm und energieeffizient arbeiten, gehört deshalb nach übereinstimmender Auffassung der Fachwelt die Zukunft... Fernwärme, industrielle Wärmetauscher, Isolation von Wohngebäuden, Gas-Wärmepumpen, Warmwasser-Solarkollektoren und Biogasanlagen. Dadurch würden nicht nur die Treibhausgefahren drastisch reduziert, es ergäben sich nicht nur Exportchancen für Energiespartechnik; das aufregendste Ergebnis: Es entstünden bis zu 400 000 neue Arbeitsplätze.

(Die Zeit, 01.04.1994)

Beim Umweltschutz gibt es im Prinzip zwei unterschiedliche Technologien: die „End-of-Pipe-Technologie" und den „integrierten Umweltschutz". Beide Arten des Umweltschutzes sind oben beschrieben.

1. Erklären Sie beide Begriffe mit eigenen Worten. Nennen Sie Beispiele aus Ihrem Arbeitsbereich.

2. Nennen Sie Vor- und Nachteile beider Verfahren.

3. Nennen Sie Möglichkeiten für integrierten Umweltschutz in Ihrem Betrieb und bei Ihrer Arbeit. Was würden Sie ändern, wenn Sie die Chefin oder der Chef wären?

2.3

Mobilität:

Wunschtraum Auto

Immer noch das liebste Spielzeug

(Karikatur aus den Lübecker Nachrichten zur Internationalen Automobil Ausstellung IAA in Frankfurt, 09.09.1993)

Was ist das?

Es macht krank und tötet, schürt Angst und Haß, zerstört die Umwelt, vernichtet Energie, frißt Geld, Raum und Zeit, und doch wächst seine Beliebtheit Jahr für Jahr. Natürlich: Das Auto. Es ist in Deutschland der größte Umweltverschmutzer, die häufigste Todesursache bei Kindern, der schlimmste Lärmbelästiger und größte Produzent von Kohlenmonoxid, Stickoxiden und Ozon, es gehört zu den wichtigsten Heizern im Treibhaus Erde.

Die Liste der Sünden ließe sich beliebig fortführen, doch unsere blecherne Form der Fortbewegung ist zudem eine schamlose Provokation der Dritten Welt: Wollten Afrikaner oder Chinesen den gleichen Autostandard erreichen wie wir, bräche in kürzester Zeit das Weltklima zusammen, von den Ölreserven ganz zu schweigen.

(Greenpeace Magazin, IV / 1991)

Der Deutschen liebstes Kind – als Monster enttarnt?

Unruhe treibt den Menschen an. Er ist ständig in Bewegung, immer unterwegs, von Fernweh geplagt. **Mobilität** – Beweglichkeit scheint ein Urbedürfnis des Menschen zu sein. Und dieses Bedürfnis ist so groß, daß die natürlichen Möglichkeiten sich fortzubewegen dem Menschen nicht genügen. Viele Hilfen hat er sich geschaffen, immer neue Fortbewegungsmittel erfunden. Das Auto war seine genialste Idee.

Das Automobil (autos = selbst / mobil = beweglich), das sich selbst Bewegende – ist ein spätes Kind der Industrialisierung. Nachdem in den Anfangszeiten die Eisenbahnen die Massenmobilität möglich gemacht hatten, wurde mit dem Auto der massenhafte Individualverkehr erfunden. Bezahlbar war das Automobil zuerst nur für wenige Reiche. Als das Auto seit den fünfziger Jahren für immer mehr Bundesbürger nicht nur Wunschtraum blieb, sondern Wirklichkeit wurde, galt die Liebe der ganzen Familie diesem teuren (meist) treuen Lieblingskind.

> 2.3
> **M 5-9**
> Leistungen/
> Transporte

Heute ist das Auto für (fast) alle selbstverständlich. Es gehört zu unserem Leben. Sind sich auch alle klar darüber, wie sehr wir – diesmal ohne Ausnahme – abhängig sind vom Auto?

Als das Auto zum Lieblingskind wurde, da erfüllte es seinen Zweck: es brachte Mobilität – ein Gefühl von Freiheit. Weil heute so viele ein Auto haben, wird das „Fahrzeug" in vielen Situationen zum „Stehzeug". Schlimmer noch: Das Lieblingskind hat seine Unschuld verloren. In den Augen seiner Kritiker hat es sich als Monster entpuppt.

> 2.3
> **M 10+11**
> Entwicklung/
> Kosten

Ob Lieblingskind oder Monster, fest steht: Wir sind alle abhängig vom Auto. Auch wer selbst keines besitzt, kann ohne seine Leistungen in unserer Gesellschaft nicht überleben. Denn unsere Welt ist organisiert für ein Leben mit dem Auto – auf jeden Fall mit dem LKW. In vielen Fällen geht es nicht ohne den privaten PKW.

Der Nutzen, den das Auto uns allen insgesamt bringt, ist nicht in Zahlen zu fassen, der Gewinn an Freiheit, den der einzelne aus seinem Auto zieht, genauso wenig. Für manche von uns scheint er unschätzbar hoch. Auch wenn das Autofahren immer teurer wird, ist die Liebe zum Auto ungebrochen.

> 2.3
> **M 12-14**
> Verkehrsopfer

Das Auto richtet Schäden an. Wir haben uns an die Staumeldungen im Radio gewöhnt, genauso an die Unfallberichte in den Zeitungen. Die Toten werden gezählt, die Zahl der Verletzten angegeben. Sachschäden sind Versicherungsschäden. Sie werden in DM erfaßt. Viele weitere Schäden, die Schmerzen der Verletzten, die Trauer der Hinterbliebenen, sind nicht zu fassen.

> 2.3
> **M 15-21**
> Luftver-
> schmutzung

Inzwischen wird das Auto von immer mehr Menschen sehr kritisch gesehen, von einigen als „Umweltfeind Nr. 1" bezeichnet.

Bürgerinitiativen kämpfen gegen die Verkehrsbelastung vor der eigenen Tür, demonstrieren für den Bau von Umgehungsstraßen, Betroffene gegen den Bau einer neuen Straße. Nicht immer ist klar zu erkennen, ob sich hier grundsätzlicher Protest gegen „das Auto" richtet oder nur gegen das „fremde" Auto.

Hansestadt Hamburg
Morgen größte Blockade
Straße zu. Auto tot
(Bild Hamburg, 30.10.1991)

Hansestadt Hamburg
Riesen-Blockade und die Folgen
Auto tot, Wirtschaft kaputt
(Bild Hamburg, 31.10.1991)

In vielen Einzelfällen wird nach „dem Staat" gerufen, er soll für die einen die Straße bauen, für die anderen die Natur bewahren – an der gleichen Stelle. Wie die Politiker auch entscheiden, wenn es um Straßen geht, entscheiden sie immer falsch. Entweder, weil sie die Straße bauen, oder weil sie sie nicht bauen.

Wäre das Auto nicht erfunden worden, was dann? Eine solche Frage bringt nichts. Es ist erfunden!

Was wäre aber, wenn ... wir plötzlich alle ohne Auto leben müßten? Darf man das fragen? Ein Leben ohne Auto können sich zwar einige für sich persönlich vorstellen, aber wir alle? Eine Gesellschaft ohne Auto als einziger Ausweg, wenn wir morgen überleben wollen?

Wie ernst ist die Lage mehr als 100 Jahre nach der Erfindung des Autos?

(Anzeige in Der Spiegel, 25.04.1994)

Materialien

2.3
M 1
Mobilität

Muß man die Mobilität des Menschen einschränken?
Der ADAC gibt ... konkrete Antworten: Wenn alle mitmachen, läßt sich das Problem entschärfen.

Wie mobil sind wir im Jahr 2000?

Mobil sein, sich ganz nach eigenen Wünschen und Notwendigkeiten bewegen zu können, ist ein Grundbedürfnis des Menschen. Mobilität ist die Fähigkeit, nicht nur räumliche Entfernungen, sondern auch geistige Grenzen zu überwinden und neue Lebensräume zu erschließen.

Mobilität hat in unserem Leben eine weit größere Bedeutung als im Bewußtsein vieler Politiker. Mobilität ermöglicht es, den Lebensunterhalt zu verdienen, Wissensdurst und Erlebnisdrang zu stillen.

Demokratien leben von der Kommunikation. Wer nicht mobil ist, muß auf Informationen aus erster Hand verzichten und kann eine Sache nicht von mehreren Seiten betrachten, bevor er sich entscheidet.

Ohne Mobilität von Gütern und Arbeitskräften gäbe es nicht die tiefgestaffelte volkswirtschaftliche Arbeitsteilung, die wir in unserem Land haben, gäbe es keine Marktwirtschaft, keinen Wohlstand.

Mobilität, das ist zum einen die Raumüberwindung von A nach B zur Erfüllung täglicher Grundbedürfnisse: Arbeiten, Lernen, Versorgen. Diese „Zweckmobilität" führt auf gewohnten Wegen zu bekannten Zielen und steht meistens unter Zeitdruck. Sie besitzt nur wenig Erlebniswert und wird oft als vergeudete Zeit empfunden.

Die „Erlebnismobilität" dagegen dient der individuellen Entfaltung, der Befriedigung von Neugier und Sehnsucht. Sie bietet viele Auswahlmöglichkeiten bei Zielen und Wegen. Im Spannungsfeld zwischen Langeweile und Streß ist der Aufbruch in eine neue Umgebung ein probates Mittel, um spontan den Erlebnishunger zu stillen. Zeit spielt keine große Rolle, die Freude am Reisen ist wichtiger.

Mobil sein heißt heute meistens: Automobil fahren. Die Folgen sind Umweltbelastung, Unfallrisiken und andere Probleme. Deshalb wollen manche Politiker die Mobilität einschränken. Vor allem die Erlebnismobilität ist ihnen ein Dorn im Auge: Lustgewinn.

(ADAC motorwelt 9/87)

1. Beginnen Sie jetzt eine Gegenüberstellung: **Pro und Contra Auto**.
2. Ergänzen Sie die Zusammenstellung fortlaufend, während Sie die folgenden Materialien durcharbeiten. Tragen Sie ständig eigene Gedanken mit ein.

Tip: Sie könnten in Ihrer Klasse so vorgehen: Stellen Sie zunächst fest, wer grundsätzlich gegenüber dem Auto eher positiv, wer eher negativ eingestellt ist. Wenn Sie unterschiedliche Einstellungen feststellen, dann lassen Sie von den „Auto-Freunden" die Argumente „Contra" und von den „Gegnern" die Argumente „Pro" sammeln.

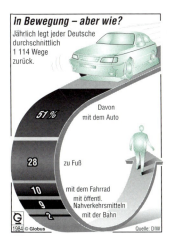
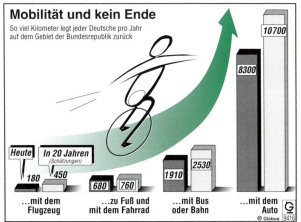

1. Überlegen Sie in Ihrer Gruppe gemeinsam: Welchen Gewinn bringt Mobilität? Welchen Einsatz muß man betreiben? Welche negativen Wirkungen erzeugt Mobilität? Fassen Sie das Ergebnis – vereinfacht – an der Tafel zusammen: als **pro und contra Mobilität**, oder als **Mobilität: Einsatz und Gewinn**.

2. Zählen Sie möglichst viele „Mobilitätsmittel" auf. Finden Sie mehr als 30?

3. Unterstreichen Sie die „alltagstauglichen", übrig bleiben die nur freizeittauglichen.

Egal ob Auto oder Rad, Bus oder Bahn: Hauptsache mobil. ADAC-Präsident Otto Flimm:

Jeder braucht Mobilität

Alle reden immer nur vom Auto, loben es, tadeln es, ... Und in der Tat sind eine ganze Reihe positiver Eigenschaften des Autos nicht zu leugnen:...

Daß auf der anderen Seite der Medaille auch einige Nachteile stehen, ist nicht zu leugnen... Doch konnten diese Nachteile die Beliebtheit des Autos nicht bremsen. Teils wohl, weil solche Mängel als unvermeidbar betrachtet werden, teils weil auch andere Verkehrsmittel ihre Fehler haben. Der Hauptgrund dürfte aber wohl darin bestehen, daß die Nachteile mehr genereller Natur sind, d.h. die Allgemeinheit betreffen, während die Vorteile individuell empfunden werden, also vom einzelnen tagtäglich direkt erlebt werden können.

Wir brauchen also das Auto – und werden es auch in der Zukunft brauchen –, so wie wir die Bahn brauchen und das Flugzeug, die öffentlichen Nahverkehrsmittel und das Fahrrad. Und da wir auf das Auto nicht verzichten können, ist es um so wichtiger, daß wir es so umweltverträglich wie nur irgend möglich konstruieren und benutzen... Wenn es gelingt – und es muß gelingen –, die derzeit zur Verfügung stehenden Verkehrsmittel sowohl den Mobilitäts- als auch den Umwelt-Bedürfnissen der Zukunft anzupassen, wird sich die Frage pro oder contra Auto von selbst erledigen. Dies deshalb, weil das Auto seine Nachteile nach und nach verlieren und seine Vorteile weiterentwickeln wird. Es wird dann noch mehr zu dem geworden sein, was es heute schon ist: ein unentbehrliches und zuverlässiges Hilfsmittel im täglichen Leben, das verantwortungsvoll zum Nutzen jedes einzelnen und der Gesellschaft eingesetzt wird.

(ADAC motorwelt 2/92)

Mobil sein heißt: beweglich sein, oder sich bewegen.
1. Stellen Sie eine Liste der Ziele auf (wohin bewegen Sie sich?).
2. Ordnen Sie die Ziele nach ihrer Dringlichkeit (welche Ziele sind die wichtigsten?).
3. Klammern Sie verzichtbare Ziele in Ihrer Liste ein.
4. Ordnen Sie den Zielen jeweils mögliche Verkehrsmittel zu.
5. Entscheiden Sie sich für die umweltschonendste Möglichkeit (in der Liste unterstreichen).

2.3
M 5
Leistungen

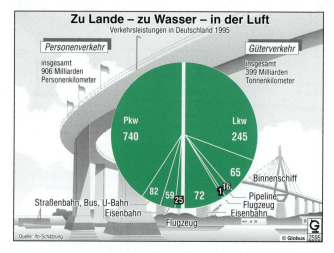

Personenverkehrsleistung in Deutschland 1975-1992 in Mrd. Pkm

2.3
M 6
Leistungen

	1975	1980	1985	1986	1987	1988	1989	1990	1991	1992
Eisenbahnen								62,6	55,4	57,3
	[39,2]	[41]	[43,5]	[42,1]	[40]	[41,8]	[42,0]	[44,6]	[45,2]	[47,5]
		(22)	(22,5)	(22,4)	(22,6)	(22,8)	(23,8)	(18)	(10,2)	(9,8)
Öffentlicher Straßen-								90,2	83,5	83,2
personenverkehr	[69,5]	[74,1]	[62,3]	[61,8]	[61,3]	[61,5]	[62,5]	[65,1]	[67,2]	[68,7]
		(30,0)	(29,6)	(30,0)	(30,3)	(30,8)	(30,5)	(25,1)	(16,3)	(14,5)
Luftverkehr								21,0	18,0	20,1
	[8,4]	[11]	[12,7]	[13]	[14,7]	[15,7]	[16,6]	[18,4]	[17,6]	[19,5]
		(2,1)	(2,5)	(2,6)	(2,8)	(3,2)	(3,3)	(2,6)	(0,4)	(0,6)
Individualverkehr								638,8	703,6	714,3
	[405,4]	[470,3]	[481,6]	[510,3]	[531,3]	[555,6]	[563,4]	[593,8]	[601,0]	[610,0]
		(55,7)	(69,7)	(72,7)	(75,7)	(79,2)	(84,4)	(90,0)	(102,6)	(104,3)
Verkehr insgesamt								860,2	863,3	877,8
	[522,5]	[598,6]	[602,1]	[629,2]	[649,4]	[676,8]	[686,8]	[724,5]	[733,5]	[748,3]
		(109,8)	(124,3)	(127,7)	(131,4)	(136,0)	(142,0)	(135,7)	(129,8)	(129,5)

Angaben in [ ]: seit 1990 früheres Bundesgebiet, in ( ): Gebiet der ehem. DDR

(Daten zur Umwelt 1992/93 Umweltbundesamt, Berlin)

1. „Verkehrsleistungen in Deutschland"? Fehlt da nicht etwas (Vergleichen Sie mit M2+3)?
2. Rechnen Sie die Leistungen der einzelnen Verkehrsträger pro Jahr in Prozentsätze um.
3. Vergleichen Sie die Entwicklung der einzelnen Verkehrsträger von 1975 bis 1994.
4. Nennen Sie mögliche Ursachen für das Anwachsen der Verkehrsleistungen (getrennt nach Personen- und Güterverkehr).
5. Nennen Sie mögliche Ursachen für die unterschiedliche Entwicklung der einzelnen Verkehrsträger.
6. Wie beurteilen Sie die Entwicklung?

Der Straßenverkehr richtet Milliarden-Schäden an, sagen die Gegner. Aber sie vergessen:

Der Nutzen ist fünfmal so groß

... warum wird immer geflissentlich vergessen, daß er auch sehr viel Gutes hat?
...Aber damit nicht genug. Noch nicht gerechnet ist nämlich der Nutzen, der dadurch entsteht, daß rund 1,2 Millionen Unternehmen mit 28 Millionen Arbeitsplätzen über die Straße erreichbar sind, daß 80 bis 90 Prozent der Güter und Dienstleistungen auf diesem Wege verteilt werden können. Dadurch werden die Produktionskosten gesenkt, große Märkte mit viel Wettbewerb senken die Preise und erhöhen den Wohlstand der Verbraucher. Alles in allem schätzen Wirtschaftsexperten diesen Nutzen auf 10 bis 20 Prozent des Sozialprodukts. Das sind insgesamt 225 bis 450 Milliarden Mark. Das ist der Nutzen des Straßenverkehrs, die Summe, die der „Allgemeinheit" zugute kommt. Anders ausgedrückt: Durch den Verkehr wird fünf- bis zehnmal mehr gewonnen als verloren.

(ADAC motorwelt 2/92)

Das Joghurt-Syndrom

- Erdbeeren kommen aus Polen, verarbeitet in Aachen, zum Produktionsort Stuttgart = insgesamt 1.246 km
- Joghurt-Kulturen aus Niebüll (S.-H.) = 920 km
- Quarzsand aus NRW wird in Bayern zu Glas = 806 km. Papier aus Elmshorn in Kulmbach zum Etikett = 948 km. Aluminium für Deckel aus NRW zum Prägewerk in Bayern = 864 km
- Transport-Stiege, Folie, der Etikettenleim aus Mais und Weizenpulver (holländische und belgische EU-Bestände) = insgesamt 1.587 km usw., usw.
- Nur die beiden Zutaten Milch (36 km) und Zucker (107 km) stammen aus der Region.

Summa summarum: 7.695 km Transportwege, fast alle mit dem LKW auf der Autobahn!

(Thema Verkehr, Hintergrundinformationen für Pädagogen, Informationsschrift der Volksbanken und Raiffeisenbanken, Wiesbaden 1993)

Irrsinn: Die lange Reise eines leeren Joghurt-Bechers

Der Grüne Punkt war gut gemeint, sollte der Umwelt helfen. Kunststoffe nicht einfach auf den Müll, sondern wiederverwerten. Aber es klappt nicht!
Fall-Beispiel: Der lange, irre Weg eines leeren Joghurt-Bechers. Joghurt gekauft, ausgelöffelt – der Becher mit dem grünen Punkt wurde von der Hausfrau sauber ausgewaschen und in die Sonder-Mülltonne geworfen. Bis dahin alles korrekt, ...Der Joghurt-Becher kommt zur Sammel-Stelle und landet auf einem riesigen Berg. Millionen Joghurt-Becher liegen da.... Wieder geht der Joghurt-Becher auf Reisen. Per Zug oder Brummi wird er in sogenannte Billig-Lohn-Länder transportiert. Nach Bulgarien, Rumänien. Und wenn der Joghurt-Becher Glück hat, macht er sogar eine Schiffs-Reise bis Indonesien. ...**Ein neues Wort wurde kreiert: Der Müll-Tourismus.**

In jenen Ländern liegt der Joghurt-Becher vielleicht lebenslänglich, vielleicht wird er aber zurückverwandelt in Granulat, in neuen Kunststoff. So könnte er als Plastik-Eimer wieder nach Hause kommen.

(Bild Hamburg, 25.05.1993)

2.3
M 10
Entwicklung

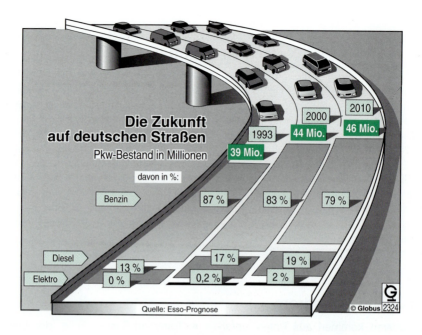

*Von manchen Kritikern werden die Leistungen des Verkehrs in Frage gestellt.
Formulieren Sie mindestens sechs Punkte der Kritik (Ergänzungen finden Sie auf den folgenden Seiten).*

2.3
M 11
Kosten

Der Staat treibt die Preise

Noch nie waren die Autokosten so hoch. Schuld sind die jüngsten Steuererhöhungen des Finanzministers.

Rechnet man alle Kosten zusammen, dann kostet 1 km Fahrt

mit dem Fiat Cinquecento 0.9i.e.	**35,8 Pf**
mit dem VW Polo-Fox	**39,7 Pf**
mit dem Golf GTI	**60,1 Pf**
mit dem Golf VR6	**86,4 Pf**
mit dem BMW 840 Ci	**167,8 Pf**

(Veröffentlicht in der ADAC motorwelt 4/94)

Der ADAC hat die Kosten ermittelt, die der Autohalter/Autofahrer zahlen muß. Greenpeace würde zusätzlich noch die Umweltschäden in die Rechnung einbeziehen. Das macht der ADAC nicht.
1. *Rechnen Sie aus, was Autofahren heute kostet: Fahrten mit den oben aufgeführten PKW: zur Arbeit, zur Schule, zum Freund / zur Freundin, in die Disco, nach Hamburg, München, Berlin... oder sonstwo hin.*
2. *Beurteilen Sie Ihr Ergebnis und nehmen Sie Stellung.*

1994 weniger Tote bei Autounfällen

WIESBADEN – Die Zahl der Todesopfer im Straßenverkehr war 1994 in den alten Bundesländern so niedrig wie nie zuvor. Sie sank um 2,0 % auf 6 786, so das Statistische Bundesamt gestern. In ganz Deutschland starben 9 777 Menschen bei Verkehrsunfällen, 1,7 % weniger als 1993. Das ist der zweitniedrigste Stand seit Einführung der Statistik im Jahr 1953. Besonders viele tödliche Unfälle ereigneten sich auf Landstraßen – auf Autobahnen und in Ortschaften deutlich weniger. Gestiegen ist 1994 die Zahl der Verletzten; sie nahm insgesamt um 1,9 % auf 515 413 zu, wobei der Anstieg im Osten mit 7,1 % viel höher lag als im Westen. AP

(Lübecker Nachrichten, 22.02.1995)

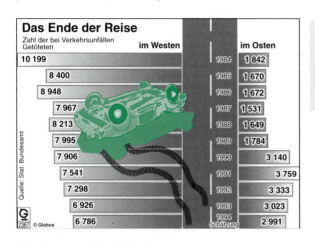

1. Zählen Sie die Toten der letzten zehn Jahre zusammen.
2. Vergleichen Sie Ihr Ergebnis mit Einwohnerzahlen von entsprechenden Städten.

Meinung: Unfallbilanz

Die Tragödie: 1993 wurden auf deutschen Straßen rund 10 000 Menschen im Verkehr getötet. Eine Kleinstadt, ausgerottet mit Waffen aus Blech und Motorkraft. Den Blutzoll zahlten über 400 Kinder und mehr als 1 300 Alte. Wer alle Unfallopfer des letzten Jahres zusammensammelte, müßte ganz Nürnberg oder Leipzig in ein Lazarett verwandeln. 512 000 VerkehrsteilnehmerInnen wurden beim Krieg auf den Straßen angefahren, umgefahren, verwundet, verkrüppelt. – Die Farce: Der ADAC titelt in seiner Mitgliederzeitung vom Januar: „Positive Unfallbilanz 1993".
Hinter der „guten Nachricht" des ADAC steckt die statistische Tatsache: Im letzten Jahr hat der Mobilitätswahn in Ost- und Westdeutschland 600 Menschen weniger umgebracht als 1992. ...

Ein aids- oder krebskrankes Kind ist der Öffentlichkeit schon mal ein Nachdenken wert. Doch welches gesellschaftliche Interesse wecken Kinder, die tagtäglich von Männern und Frauen in ihren gefährlichen Kisten bedroht sind? Der Tod eines Kindes wird verbucht als notwendiges Risiko der Autogesellschaft. ...

Blutopfer auf den Straßen sind uns keine Empörung wert. „Positive" Unfallbilanzen, die nichts anderes sind als Statistiken über Mord und Totschlag, Selbstmord, Körperverletzung, Bedrohung und Nötigung, nehmen wir gelassen hin. ...

(aus der Mitgliederzeitschrift des Allgemeinen Deutschen Fahrrad-Clubs ADFC Schleswig-Holstein 1/94)

Und was meinen Sie?
1. *In Urzeiten brachten die Menschen ihren Göttern Opfer dar – auch Menschenopfer. Sind die Autos die Götter der Industriegesellschaft und Verkehrstote und Verletzte die Opfer, die wir ihnen schulden und die wir als Schicksalsschläge erdulden müssen?*
2. *Nennen Sie mögliche Maßnahmen, die Zahl der Verkehrsopfer wesentlich zu senken.*
3. *Diskutieren Sie die Durchsetzbarkeit dieser Maßnahmen.*

2.3 Luftverschmutzung — M 15+16

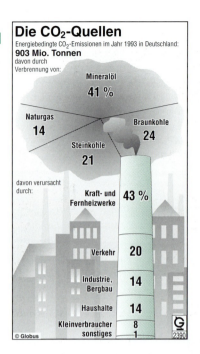

2.3 Luftverschmutzung — M 17

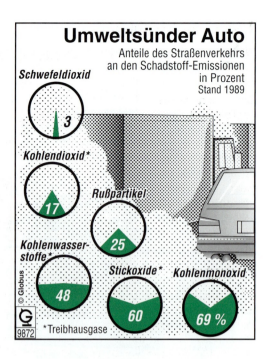

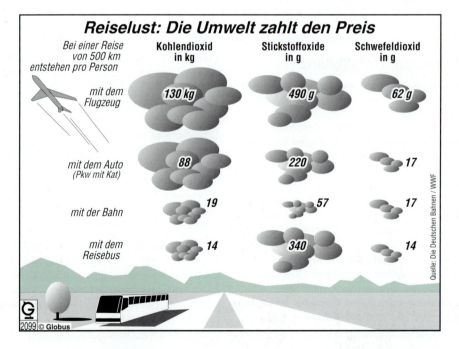

Problem Luftverschmutzung:
1. Schildern Sie die augenblickliche Situation (Nehmen Sie auch M25-27 dazu).
2. Stellen Sie eine Rangfolge der Verursacher auf – zuerst allgemein, dann für den Bereich des Verkehrs.
3. Nennen Sie Folgen der Luftverschmutzung (Nehmen Sie auch M21-24 dazu).
4. Gibt es Abhilfe? Diskutieren Sie Strategien zur Verminderung von Luftverschmutzung.

Tödliches Treibhaus

Wie es zu steigenden Temperaturen kommt:

Der sogenannte Treibhauseffekt entsteht durch die Zunahme wärmeisolierender Gase im unteren Stockwerk der Atmosphäre – in der Troposphäre oder der Wetterzone, die bis zu einer Höhe von 10 Kilometern reicht. ...

Gegenwärtig leiten die Menschen jährlich zwischen 16 und 29 Milliarden Tonnen dieses Stoffes in die Atmosphäre. Nur etwa die Hälfte davon kann durch Pflanzen, vor allem aber durch Aufnahme in den Weltmeeren abgebaut werden. Die andere Hälfte trägt dazu bei, die Atmosphäre zu erwärmen. Denn wie die Scheiben eines Treibhauses lassen die Treibhausgase das Sonnenlicht passieren, schlucken oder bremsen aber einen großen Teil der von der Erde zurückgestrahlten Wärme.

Wird die Erwärmung zu groß, entstehen höchst unerwünschte, für einen Teil der menschlichen Zivilisation womöglich tödliche Wirkungen – etwa durch Überflutung als Folge der durch übermäßige Erwärmung abschmelzenden Polkappen.

(Das Parlament, Nr. 25-26, 17./24.06.1988)

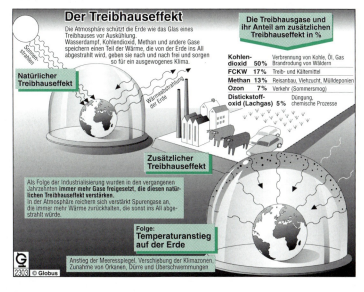

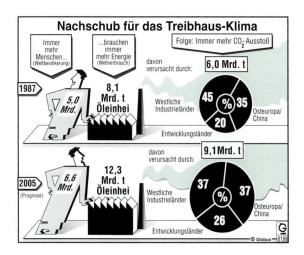

Der Erdball wird wärmer

um ein bis eineinhalb Grad in den nächsten 40 bis 50 Jahren. Sofortiges Umsteuern könnte wenigstens weiteren Schaden begrenzen. Denn Erderwärmung bedeutet Tod durch Hunger und andere Katastrophen. Die Industriestaaten, relativ günstig gelegen, glauben, noch glimpflicher davonzukommen als – beispielsweise – Bangladesch. Warum also umsteuern?

(Der Spiegel, 30/1994)

---

1. Schildern Sie Ursache und Wirkung des Treibhauseffektes.
2. Was können wir tun, um umzusteuern?

M 22
Ozon

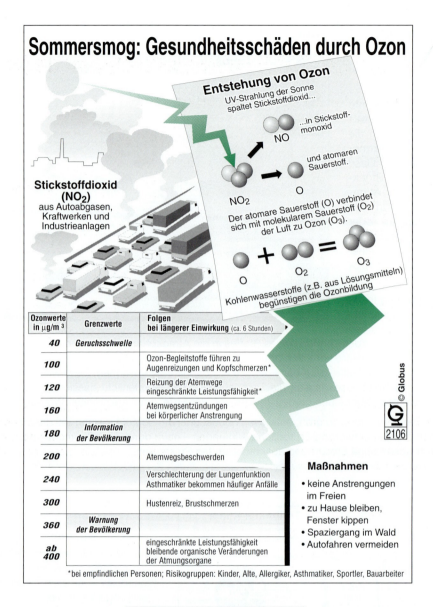

Sommersmog: Gesundheitsschäden durch Ozon

Entstehung von Ozon
UV-Strahlung der Sonne spaltet Stickstoffdioxid...
...in Stickstoffmonoxid NO
und atomaren Sauerstoff. O
NO_2
Der atomare Sauerstoff (O) verbindet sich mit molekularem Sauerstoff (O_2) der Luft zu Ozon (O_3).
O + O_2 = O_3
Kohlenwasserstoffe (z.B. aus Lösungsmitteln) begünstigen die Ozonbildung

Stickstoffdioxid (NO_2) aus Autoabgasen, Kraftwerken und Industrieanlagen

Ozonwerte in µg/m³	Grenzwerte	Folgen bei längerer Einwirkung (ca. 6 Stunden)
40	Geruchsschwelle	
100		Ozon-Begleitstoffe führen zu Augenreizungen und Kopfschmerzen*
120		Reizung der Atemwege eingeschränkte Leistungsfähigkeit*
160		Atemwegsentzündungen bei körperlicher Anstrengung
180	Information der Bevölkerung	
200		Atemwegsbeschwerden
240		Verschlechterung der Lungenfunktion Asthmatiker bekommen häufiger Anfälle
300		Hustenreiz, Brustschmerzen
360	Warnung der Bevölkerung	
ab 400		eingeschränkte Leistungsfähigkeit bleibende organische Veränderungen der Atmungsorgane

Maßnahmen
- keine Anstrengungen im Freien
- zu Hause bleiben, Fenster kippen
- Spaziergang im Wald
- Autofahren vermeiden

*bei empfindlichen Personen; Risikogruppen: Kinder, Alte, Allergiker, Asthmatiker, Sportler, Bauarbeiter

© Globus 2106

☼ ☼ ☼ ☼ ☼ ☼

Smog! Ozon! Smog! Ozon!

Müssen die Kinder in die Garage, damit Autos draußen spielen dürfen?

Smog! Ozon! Smog! Ozon!

1. Was kann man gegen Sommersmog tun?
2. Wie soll man sich bei hohen Ozonwerten im Sommer verhalten?

Arbeitsvorschlag

Untersuchen Sie das optimale Verkehrsmittel

	1	2	3	4	5	6	7	
fleißig								faul
weltoffen								provinziell
flexibel								starr
geschäftstüchtig								nicht geschäftstüchtig
ideenreich								ideenarm
bescheiden								überheblich
rücksichtsvoll								rücksichtslos
selbstlos								egoistisch
selbstbewußt								unsicher
zuverlässig								unzuverlässig
diszipliniert								disziplinlos
vertrauensvoll								mißtrauisch
selbständig								unselbständig
entschlußkräftig								entscheidungsfaul
tolerant								intolerant
	1	2	3	4	5	6	7	

Die hier in Gegensatzpaaren angeordneten Eigenschaften, werden dazu benutzt, „Persönlichkeitsprofile" von Leuten aufzustellen, z.B. von Politikern. Das Schema wird in einer Meinungsumfrage vielen Bürgerinnen und Bürgern vorgelegt. Sie sollen sich jeweils entscheiden zwischen 1 und 7. Zum Schluß werden alle Ergebnisse zusammengefaßt, der Durchschnitt ermittelt und das Ergebnis als Punkt jeweils in die Zeile eingetragen. Die Punkte werden miteinander verbunden. Es ergibt sich das „Persönlichkeitsprofil".

Funktionieren Sie das Schema so um, daß es sich für die Beurteilung von Verkehrsmitteln eignet.

Tauschen Sie zunächst – gemeinsam in der Klasse – die Begriffspaare aus.
Geben Sie Ihren Begriffen eine vernünftige Ordnung. Sie können z.B. Gruppen bilden nach Leistung, Kosten, Schäden, o. ä.

Beurteilen Sie nach diesem Schema einige Verkehrsmittel.

Bilden Sie in der Klasse Gruppen. Jede Gruppe übernimmt ein Verkehrsmittel. Erarbeiten Sie in Ihrer Gruppe gemeinschaftlich ein Profil. Bei Meinungsverschiedenheiten nicht abstimmen! Jede und jeder gibt dann die eigene Wertung ab und in der Gruppe wird der Durchschnitt ermittelt.

Nach Abschluß der Gruppenarbeit stellen Sie Ihr Ergebnis im Plenum der Klasse vor.

Zeichnen Sie Punkt für Punkt ihr Ergebnis in ein vorbereitetes Schema (Tafel oder Overhead-Folie). Andere Gruppenmitglieder können jeweils die Einstufung in der Klasse begründen.
Wenn Sie ein einziges Schema für mehrere Verkehrsmittel benutzen und mit unterschiedlichen Farben arbeiten, können Sie die Profile unmittelbar vergleichen.

Führen Sie eine Schlußdiskussion durch und eine anschließende Bewertung der Verkehrsmittel.

Kritische Schlußbetrachtung:

War Ihr Schema geeignet für eine aussagekräftige Beurteilung?
Ändern Sie eventuell Ihr Schema ab (Eigenschaften streichen, die nichts bringen; ergänzen, was fehlt)

Wenn Sie Lust haben, machen Sie eine Vergleichsuntersuchung mit anderen Gruppen, z.B. in einer Klasse Ihrer Schule mit Schülerinnen und Schülern anderer Berufsgruppen.

*„Das Auto paßt nicht mehr in diese Welt", meint ein hoher Polizeichef.
Trotzdem werden die Bürgerinnen und Bürger weiterhin ihr Auto kaufen und auch damit fahren wollen.*
1. Vervollständigen Sie Ihre Gegenüberstellung Pro und Contra Auto.
2. Welche Folgerungen werden (können) Sie persönlich aus der Situation ziehen?

Diskussion

Tempolimit? Fahrverbote?

Gegen den Sommersmog helfen nur noch Fahrverbote

Die Luft geht aus

Damit Kinder und Alte nicht im schützenden Heim bleiben müssen, griff Hessens Umweltminister Joschka Fischer zum Äußersten und verhängte – Reizthema der Nation – ein Tempolimit...
Seither geht ein Aufschrei durchs Land – freilich weniger bei den Autofahrern als bei jenen Politikern, die an dem Debakel selbst Schuld tragen. Bleifüßler dagegen hielten sich fast lammfromm an die Weisung des hessischen Umweltministeriums. Sie nahmen wirklich den Fuß vom Gas – so, als sähen sie ein, daß sie es zu weit getrieben ...hätten. ... Sind die Autofahrer einsichtiger als die meisten Politiker, die aus Furcht vor der Rache des Wahlvolkes davor zurückschrecken, das zu tun, was getan werden müßte – nämlich für halbwegs umweltverträgliche Autos zu sorgen und den Kraftverkehr auf ein menschliches Maß zurechtzustutzen? ...
Der Sommersmog ist allein ein Übel des Autoverkehrs... Deshalb: Im Land muß weniger Auto gefahren werden – nicht nur, wenn die Sonne scheint. Die Menschen haben Politiker verdient, die dafür sorgen.

(Die Zeit, 05.08.1994)

Straßenverkehr braucht weniger, als man denkt.
Weniger Steuern. Weniger Vorschriften. Weniger Staat.
Nicht noch mehr Steuern, sondern weniger Steuern heißt unser Konzept. ...
Nicht noch mehr Vorschriften, sondern weniger Vorschriften heißt unsere Antwort. Wir wollen kein allgemeines Tempolimit auf Autobahnen und keine Verschärfung der Promillegrenze....
F.D.P. Bundestagsfraktion

(Text einer halbseitigen Anzeige (gekürzt) in Die Zeit, 20.05.1994)

Diskutieren Sie **Pro und contra** Tempolimit und Fahrverbote.

2.4 Umbau zur öko-sozialen Marktwirtschaft

Alle müssen alles tun, was machbar ist – weltweit

Unsere Umwelt ist nicht mehr die „heile Welt". Auch wenn Sie manchmal noch ganz schön und heil aussieht. Wir können nicht warten, bis diese heile Welt nur noch in der Werbung und in unseren Träumen existiert.

Der **„homo oeconomicus"** hat mit seinem Streben nach Gewinn die Natur aus dem Gleichgewicht gebracht.

Umweltzerstörung ist nicht erst ein Problem unserer Zeit. Als die Jäger und Sammler vor etwa 5000 Jahren den Ackerbau entdeckten, da begannen sie Umweltzerstörung in großem Maßstab. Für die Äcker wurden Waldflächen gerodet. Rund um das Mittelmeer sind in der Antike ganze Landstriche kahl geschlagen worden. Bei uns im Norden setzte der Kahlschlag erst später ein. Im Mittelalter wurden Wälder abgeholzt für den Bau der Städte: zuerst die Eichen und als es keine mehr gab, Tannen, Fichten und Kiefern. Die Lüneburger Heide entstand, weil die Wälder für das Sieden der Salzlösung verheizt wurden.

Die Hauptursache der Naturzerstörung liegt im System: Die Umwelt zu benutzen kostet nichts oder doch zu wenig. Und was nichts kostet, ist nichts wert. Nach der Logik des homo oeconomicus kann man Natur und Umwelt benutzen, gebrauchen und verbrauchen soviel man will.

Die Umweltzerstörung nimmt in unserem Jahrhundert dramatisch zu:
- Die Menschen haben sich stark vermehrt. Sie beanspruchen mehr Platz und verdrängen durch ihre Überzahl andere Lebewesen aus ihren Lebensräumen.
- Sie haben das Wort aus der Bibel „Macht Euch die Erde untertan" als Aufforderung zur Ausbeutung mißverstanden. Wir Menschen sind mit der Natur umgegangen, als sei die Erde unerschöpflich und nur für den Menschen da. Obwohl das nicht stimmt und die meisten das seit langem wissen, leben wir weiter so. Wir verbrauchen die Rohstoffe dieser Erde, wir verbrauchen die Natur, als wenn es einen unendlichen Kreislauf gäbe und alles ganz von selbst wieder nachwachsen und ins Gleichgewicht kommen würde.

2.4 M 1 Ökonomie Ökologie

Der homo oeconomicus ist dabei, sich mit seiner scheinbar unbegrenzten Gier die Lebensgrundlagen selbst zu zerstören.

Ist der homo oeconomicus also ein auslaufendes Modell? Nein, das ist er nicht, wenn wir Menschen die ganze Wahrheit der Ökonomie beherzigen. Die heißt nämlich: Die Bedürfnisse des Menschen sind unbegrenzt, aber die Mittel sind knapp. Und weiter: Daher sind wir gezwungen zu wirtschaften. Es scheint, daß wir diese Wahrheit verdrängt haben.

2.4 M 2 ökologisches Diktat

Neu lernen müssen wir, daß die knappen Mittel für alle reichen müssen:
- für alle Menschen, die zur Zeit auf dieser Erde leben,
- für alle Menschen, die in Zukunft noch auf dieser Erde leben wollen, für unsere Kinder und Enkelkinder, für alle nachfolgenden Generationen der Menschheit.

Theoretisch ist das Überlebensproblem ganz einfach zu lösen: mit dem richtig angewandten ökonomischen Prinzip: Wenn man heute die gesamte Nachfrage nach Rohstoffen und Energie und nach „Natur" im weitesten Sinne mit berücksichtigt, dann ist das Angebot sehr sehr knapp. Die wirtschaftliche Konsequenz: Rohstoffe, Energie und „Natur" müssen so teuer sein, daß wir gezwungen werden, so sparsam mit ihnen umzugehen, daß sie für alle ausreichen. Ganz einfach also!

2.4 M 3 Naturentlohnen

Warum aber sind Rohstoffe und Energie dann so billig? Warum ist „Natur" immer noch fast zum Nulltarif zu haben? Auf dem Markt treffen sich Angebot und Nachfrage. Verteilt wird unter die, die auf dem Markt erscheinen. Da liegt der Fehler im System: Auf „dem Markt" heute treffen sich: das gesamte Angebot, das auf dieser Erde in vielen Jahrmillionen entstanden ist und heute (noch) vorhanden ist. Als Nachfrage treten nur die auf, die sich das heute leisten können: im wesentlichen die „hochentwickelten Industrienationen". Alle anderen erscheinen nicht auf dem Markt.

In Verantwortung für die Menschheit muß daher der Preis für Rohstoffe und Energie und für den Verbrauch der Natur künstlich so heraufgesetzt werden, wie es der zukünftigen Knappheit entspricht und dem Schaden, der durch den Verbrauch angerichtet wird. Die

Folge: Die Preise werden steigen müssen. Alles wird teurer. Manches wird für die meisten fast unbezahlbar werden.

Da der Markt das nicht leistet, muß die Gesellschaft insgesamt das Problem lösen. In demokratisch regierten Gesellschaften sind dafür die gewählten Volksvertreter verantwortlich.

Da liegen die nächsten Schwierigkeiten: Abgeordnete sind Vertreter des Volkes.
- Sie sind nicht besser und nicht schlechter als die Wählerinnen und Wähler, nicht einsichtiger und nicht opferbereiter.
- Sie wollen wiedergewählt werden. Sie richten sich oft nach der Meinung ihrer Wählerinnen und Wähler. Bei ihrem politischen Handeln denken Sie kurzfristig: an die nächste Wahl. Die Lösung unseres Überlebensproblems verlangt heute Entscheidungen, die jetzt Opfer fordern und daher unpopulär sind. Wie werden die Wählerinnen und Wähler reagieren?

Politiker fordern 1 Tag in der Woche ohne Auto

(Bild Hamburg, 22.07.1994)

Zur Zeit haben Ökonomie und Ökologie unterschiedliche Ziele. Die Versöhnung zwischen beiden ist für uns alle eine Überlebensfrage geworden.

2.4
M 4
Benzinpreis 5,– DM

In unserer sozialen Marktwirtschaft greift der Staat in das Wirtschaftsgeschehen ein, z. B. um die Schwachen zu schützen und zu stützen. Dazu gibt es Gesetze, die den Markt regeln. Dazu gibt es Zuschüsse (Subventionen) für Unternehmen und Sozialsubventionen für Bürger.

Weil wir – Unternehmen, Bürgerinnen und Bürger – nicht freiwillig umdenken und vor allem nicht vernünftig handeln, muß die (schwache) Umwelt unter staatlichen Schutz gestellt werden. Die soziale Marktwirtschaft muß ergänzt werden zur **sozialen** und **ökologischen Marktwirtschaft.**

Seit vielen Jahren gibt es Umweltgesetze und Technische Anordnungen z.B. für die Ausgestaltung von Industrieanlagen. Die Unternehmen haben diese Gesetze zuerst vor allem als Belastung empfunden, weil sie die Kosten steigern und damit die Gewinne reduzieren. Inzwischen hat sich ein Sinneswandel vollzogen; denn mit Umweltschutz kann man werben und sogar Geld verdienen.

Mit den bisher bestehenden Gesetzen und Verordnungen ist viel erreicht worden. Seit 1994 steht der Umweltschutz als Staatsziel im Grundgesetz. Damit sind die staatlichen Organe aufgefordert, bei allen Vorhaben den Schutz der Umwelt zu beachten.

Da nicht ausreichen wird, was einzelne heute schon freiwillig zum Erhalt der Natur tun, sind die Politikerinnen und Politiker gefordert. Sie sollten Umweltschädliches verteuern, erschweren oder verbieten, zum Beispiel Energie verteuern, illegale Müllbeseitigung erschweren, FCKW weltweit verbieten.

Umsteuern durch die ökologische Steuerreform

Steuern sollen Geld in die Staatskassen bringen, das ist ihr erster Zweck. Mit Steuern läßt sich aber auch wirtschaftliches Verhalten steuern. Durch Steuern werden Produkte und Dienstleistungen teurer. Der wirtschaftlich denkende Mensch kauft teure Güter weniger.

Die ökologische Steuerreform soll unser heutiges Steuersystem in wesentlichen Bereichen total umkrempeln: Energie und umweltschädliche Produkte werden durch diese neue Steuer belastet: z.B. Benzin und Elektrizität, Unkrautvernichtungsmittel und Kunstdünger. Wenn die Steuern so festgesetzt werden, daß sie erst niedrig sind und erst Jahr für Jahr steigen, können sich Produzenten und Verbraucher darauf einstellen. Beim Kauf eines neuen Autos werden alle Kunden nach dem Kraftstoffverbrauch fragen. Das Sparauto wird gekauft, Benzinfresser haben keine Chance mehr. Die Wirtschaft wird sich sehr schnell umstellen. Es beginnt ein Wettbewerb um das sparsamste, umweltfreundlichste Auto – wenn alle mitmachen – weltweit.

Im Gegenzug können andere Steuern gesenkt werden, z.B. die Lohnsteuern. Das freut alle. Zunächst die Arbeiter und Angestellten, weil sie von dem hart erarbeiteten Lohn nun wieder mehr ausgezahlt bekommen. Dann auch die Unternehmer. Die freut es sogar doppelt: Die nächsten Tarifabschlüsse können geringer ausfallen. Als Arbeitgeber haben sie dann weniger Lohn zu zahlen. Die in Deutschland produzierten Waren können billiger werden. Dadurch wächst die Konkurrenzfähigkeit auf dem Weltmarkt. Sie können sich freuen als Anbieter von Waren. Denn die Arbeitnehmer haben nun als Kunden wieder mehr Geld in der Tasche. Durch die geringeren Lohnabzüge ist die Kaufkraft gestiegen. Die Nachfrage wird steigen. Verkäufer können mehr verdienen, aber nur mit umweltfreundlichen Produkten! Das freut vor allem die Natur. Sie wird weniger ausgebeutet und weniger geschädigt.

Umweltschutz verlangt von uns Opfer. In vielen Bereichen müssen wir umdenken und unsere Gewohnheiten ändern. Bei manchen liebgewonnenen Bequemlichkeiten fällt der Abschied besonders schwer. Aber, wer sagt denn, daß wir nicht auch ganz anders und vielleicht viel besser leben könnten?

So viel steht fest: Wenn wir heute schon alles tun würden, was jede und jeder von uns für die Umwelt tun kann, dann würde das große Problem ein ganzes Stück kleiner.

Die Probleme sind Menschheitsprobleme

Sie betreffen alle und sind nur weltweit zu lösen. Das Problembewußtsein aber ist auf der Welt noch unterschiedlich entwickelt und die Lösungsvorstellungen auch. Alle sind sich in der Theorie einig, daß die Entwicklungspolitik weiter geführt werden muß. Einig sind sich die Regierungsvertreter auch, daß es nicht so weiter gehen kann wie bisher – nicht in den Ländern der Dritten Welt, aber auch nicht in den hochentwickelten Industrieländern. Bei allen zukünftigen Entwicklungsmaßnahmen soll darauf geachtet werden, daß die Natur als Lebensgrundlage für die künftigen Generationen erhalten bleibt. **„Nachhaltige Entwicklung"** heißt dieses neue Konzept.

1992 trafen sich Vertreter fast aller Staaten dieser Erde zur Weltklimakonferenz in Rio, 1994 zur Weltbevölkerungskonferenz in Kairo, 1995 zur 2. Weltklimakonferenz in Berlin. Wenn so viele Menschen miteinander reden, dann entsteht die Hoffnung, daß bald auch gemeinsam gehandelt wird. Ziel ist es, allen Bewohnern dieser Erde in Zukunft ein menschenwürdiges Überleben zu ermöglichen.

Einsichtige, zukunftsorientierte Politik braucht einsichtige Bürgerinnen und Bürger, weltweit!

Wir alle sind aufgefordert mitzumachen, denn: Es geht um unsere Welt. Wir sind Teil dieser Welt. Es geht deshalb auch um uns!

Materialien

Ökonomie und Ökologie

Ökonomie = die Lehre von der Wirtschaft. Ihr Prinzip ist:

- mit dem geringsten Aufwand einen bestimmten Nutzen erreichen, z. B. mit möglichst wenig Einsatz von Geld, Energie usw. die Stromversorgung sicherzustellen;
- mit einem bestimmten Aufwand möglichst viel erreichen, z. B. aus einem atomaren Brennelement – mit Wiederaufarbeitung, Wiedereinsatz – möglichst viel Strom zu gewinnen.

Das Verhältnis von Einsatz zum erzielten Nutzen ist das Maß des Erfolges.

Ökologie = die Lehre, die sich mit dem Naturhaushalt befaßt. Ihre Erkenntnis: Ökosysteme (z. B. der Wald) befinden sich in einem dynamischen, fließenden Gleichgewicht. Boden, Wasser, Pflanzen, Tiere sind aufeinander eingestellt. Veränderungen in einem Bereich bewirken Reaktionen in einem anderen. Sinkt z. B. das Grundwasser, dann sterben bestimmte Pflanzen ab, die auf ihnen lebenden „Schädlinge" haben keine Nahrung mehr, die Vögel finden keine Nahrung mehr. Ökologen beobachten Veränderungen in den Ökosystemen (z. B. Aussterben bestimmter Vogelarten). Sie versuchen, die Ursachen zu ergründen. Greift der Mensch in die Natur ein, wird dieses Gleichgewicht gestört.

Ökologen verstehen sich als Anwälte – Beschützer – der Natur. Ihr Ziel ist es, das Gleichgewicht der Natur zu erhalten.

---

1. Blättern Sie im Buch nach vorn: Im Kapitel 1.3 wird das ökonomische Prinzip ausführlich erklärt.
2. Wenn der Mensch in die Natur eingreift, wird das ökologische Gleichgewicht gestört, z.B. beim Straßenbau. Können Sie weitere Beispiele nennen?
3. Wenn durch die Versiegelung von Flächen Natur im großen Maße zerstört wird, dann sind Ausgleichsmaßnahmen gesetzlich vorgeschrieben. Nehmen Sie Kontakt auf mit dem für Ihr Gebiet zuständigen Umweltamt. Lassen Sie sich informieren über aktuelle Bauvorhaben und Ausgleichsmaßnahmen.

Jedes Jahrhundert der jüngeren menschlichen Geschichte hat ein eigenes Gesicht.

Wir treten in ein Jahrhundert der Umwelt ein

Unser Jahrhundert ist das Jahrhundert der Ökonomie. Wer Realist ist oder sich dafür hält, handelt ökonomisch ... Die Einteilung der Welt geschieht nach wirtschaftlichen Kriterien. Ob Länder „hochentwickelt" oder „unterentwickelt" sind, ist heute wichtiger als ihr Klima, ihre Staatsform oder ihre Religion... Selbst Weihnachten ist heute in erster Linie ein ökonomisches Ereignis, es ist das Schlußdatum des Weihnachtsgeschäfts. ...

Wenn die Tage des ökonomischen Jahrhunderts gezählt sind, was kommt danach? ... Wir treten, ob wir es wollen oder nicht, in ein Jahrhundert der Umwelt ein. In diesem wird jeder, der sich Realist nennen möchte, gezwungen, seine Handlungsweise als Beitrag zum Erhalt der Umwelt zu rechtfertigen. ... Religion und Kultur, Bildung, Recht und Wirtschaft (ja: Wirtschaft) werden im Jahrhundert der Umwelt vom ökologischen Diktat bestimmt sein.

(Ernst U. von Weizsäcker: Erdpolitik, Darmstadt 1992)

Können Sie Beispiele dafür finden, wie das ökologische Diktat heute schon wirkt?

Wir müssen die Natur entlohnen

Wie der Gegensatz zwischen Ökonomie und Ökologie überwunden werden kann

BERLIN. – Alle sind für den Umweltschutz. Aber in der direkten Konfrontation zwischen ökonomischen Interessen und ökologischer Rücksicht bleibt die Natur zumeist zweiter Sieger. Das gilt für das Konsumverhalten des einzelnen genauso wie für die Produktionsbetriebe. ... Das Dilemma ist nicht lösbar, solange Natur und Ökonomie in einen Gegensatz gestellt werden. ... So glauben viele, daß der Natur nur dann geholfen werde, wenn man sie vor der Ökonomie schützt. Daher werden weniger Produktion, weniger ökonomisches Wachstum und weniger Naturaneignung gefordert. Die beste Lösung sei eine von der Industrie unberührte Natur. Das aber würde das Ende allen menschliches Lebens bedeuten, weil menschliches Arbeiten, Produzieren und Konsumieren ohne Eingriff in die Ökosysteme überhaupt nicht denkbar sind. Arbeit und Leben sind immer Umwandlung von Materie. Ein Naturschutz, der auf den Gegensatz zur Ökonomie setzt, mag ökologischen Moralisten innere Befriedigung verschaffen, für die Gesellschaftspraxis dagegen wie für die Natur selbst bedeutet er eine große Gefahr. ... Die Ökologische Todsünde der modernen Industriegesellschaft besteht darin, daß zwar aller Reichtum aus der Natur gezogen wird, aber fast nichts für die Erhaltung der sprudelnden Wohlstandsquellen getan wird. ... Die industrielle Ökonomie bemißt und bewertet mit hoher Präzision die Gerätschaft, mit der sie auf Beutezug geht, aber sie kümmert sich nicht um die Erhaltung der Jagdgründe. Sie weiß viel vom Angler und seiner Angel und wenig von den Fischen. ... Was heißt das praktisch? Nicht Verzicht muß im Vordergrund stehen, sondern der den wahren Kosten entsprechende Umgang mit der Materie. ...Vor allem muß der Produktionsfaktor Natur entlohnt werden. ... Die Zeiten, in denen die Natur alles gratis gab, sind längst vorbei. Wenn wir ihren Reichtum länger genießen wollen, müssen wir für sie sorgen. Die Natur zu erhalten ist teuer, sie nicht zu erhalten ist unbezahlbar.

(Hans Immler, Professor für Sozialökologie, in Die Zeit, 10.05.1991)

Wenn ein Arzt einen Kranken behandeln soll, so stellt er zuerst die Diagnose: er untersucht den Patienten, stellt fest, woran er leidet und versucht die Ursachen zu ermitteln. Dann entscheidet er sich für eine angemessene Therapie.

1. Stellen Sie die Diagnose auf für die Krankheit unserer Umwelt: Schildern Sie das Problem. Nennen Sie Ursachen.
2. Die Therapie: Welche Lösungsvorschläge werden oben gemacht? Fallen Ihnen weitere Heilmittel ein?

Experten: Fünf Mark für einen Liter Benzin

Im Jahr 2005 soll ein Liter Benzin fünf Mark kosten. Das fordert der Sachverständigenrat für Umweltfragen der Bundesregierung im Interesse der Umwelt.

(Lübecker Nachrichten, 29.03.1994)

MEINUNG

Umweltrat: Fünf Mark für einen Liter Benzin

Mutiger Vorstoß

von ACHIM HAUENSCHILD

Der Umweltrat hat gestern Mut bewiesen – den Mut desjenigen, der nicht nach der Wählergunst schielen muß. Die Forderung nach einem Benzinpreis von fünf Mark je Liter ist sicherlich alles andere als populär. Aber sie ist sachlich zu begründen. Bundesumweltminister Klaus Töpfer sah sich denn auch prompt zu einem Dementi genötigt – im Namen all derjenigen, die um Wählers Stimme buhlen. Seine Begründung indes überzeugt nicht.

Es ist unbestritten, daß das Automobil trotz des Katalysators immer noch einen erklecklichen Beitrag zur Luftverschmutzung leistet und auch das Treibhausklima forciert. Je weniger gefahren wird, desto geringer ist natürlich der Verbrauch und damit der Schadstoff-Ausstoß, und wer das Benzin nicht mehr bezahlen kann, läßt sein Auto eben öfter stehen. Töpfer bezeichnet das als unsozial. Autofahren nur noch für Reiche? Das wäre in der Tat nicht erstrebenswert. Schlimmer noch: Es lähmte die Wirtschaft, denn die meisten Arbeitnehmer fahren nicht nur zum Vergnügen.

Der Ansatzpunkt liegt aber woanders: beim Sparmotor. Und da hat der Umweltrat durchaus realistische Vorstellungen. Schließlich hat die Autoindustrie die Fahrzeuge längst entwickelt, die mit drei Litern auf 100 Kilometer auskommen. Drei Liter à 5 Mark oder zehn Liter à 1,50 – das kommt finanziell aufs gleiche hinaus, beschert aber der Umwelt eine erhebliche Entlastung. Und bis zum Jahr 2005 bleibt Industrie und Verbrauchern noch genug Zeit für die Umstellung – auch in den Köpfen. PS-Protze sind dann hoffentlich die Dinos der Auto-Ära: Geschöpfe mit Mini-Hirn, mittlerweile fossil.

(Lübecker Nachrichten, 23.02.1994)

Die Erhöhung der Benzinsteuer wurde 1995 von Bündnis 90/den Grünen als Gesetzesvorlage im Bundestag eingebracht und wurde damit zum ersten Mal im Bundestag offiziell beraten. Andere Energiepreise sollen ebenfalls verteuert werden, z.B. auch der elektrische Strom.

1. Wie soll der Preis von 5,– DM pro Liter erreicht werden? Wen trifft die Erhöhung?
2. Welche Wirkung erhoffen die Befürworter dieser Steuer? Was befürchten die Gegner?
3. Was meinen Sie?

D Diskussion

Im Süden des Planeten wächst die Bevölkerung, im Norden der Luxus. Eine Vision vom neuen Wirtschaften soll nun den Sprengsatz entschärfen –

„Handele so, daß die Konsequenzen deines Tuns die Möglichkeiten eines lebenswerten Lebens auf der Erde nicht in Frage stellen!"

Nachhaltigkeit ... ist das neue Modewort aller Umweltbewegten... So viel Begeisterung überrascht. Das neue Leitbild verlangt nämlich geradezu eine Revolution im Denken und Handeln. Es geht um nicht weniger als um das Überleben der Menschheit, um die Versöhnung zwischen Ökonomie und Ökologie, um den Ausgleich zwischen Arm und Reich, zwischen Gegenwart und Zukunft – um Probleme also, die im Alltag allzugern verdrängt werden.

Ein Durchschnittsamerikaner mit einer Lebenserwartung von achtzig Jahren verbraucht beim gegenwärtigen Lebensstandard rund 200 Millionen Liter Wasser, 20 Millionen Liter Benzin, 10 000 Tonnen Stahl und das Holz von 1000 Bäumen. Würden alle mehr als fünfeinhalb Milliarden Menschen so ungeniert nach den natürlichen Reichtümern greifen, ... wäre der Planet „innerhalb einer Generation ausgeblutet".

Das Spiegelbild der Konsumorgie und des exzessiven Rohstoffverbrauchs sind die gigantischen Müllmengen, die von den Wirtschaftsmaschinerien der reichen Nationen Tag für Tag ausgespuckt werden. Würden alle Menschen so viel Kohlendioxid in die Atmosphäre jagen wie ein Amerikaner oder ein Deutscher, wäre der Klimakollaps längst grausame Realität – nur ein Beispiel von unzähligen. Allein der scheinbar wohlverdiente Flug in den Urlaub läßt mehr CO_2 entstehen, als zum Schutz des Erdklimas jedem Erdenbewohner in einem ganzen Jahr zugebilligt werden kann. „Wir bräuchten weitere zwanzig Planeten für Rohstoffentnahme und Schadstoffabgabe, wenn alle Menschen so leben und wirtschaften würden", lautet die erschreckende Bilanz.

(Die Zeit, 22.07.1994)

Versuchen Sie die folgenden beiden – sehr allgemeinen – Fragen zu beantworten:
1. Was muß Politik heute und in Zukunft leisten?
2. Was kann Politik wagen? Was können Politikerinnen und Politiker uns – den Wählerinnen und Wählern – zumuten?

Neues Denken – neues Handeln

Vor der Schwelle des dritten Jahrtausends liegt ein riesiger Haufen ungelöster Probleme. Kühne Pläne und verwegene Träume mischen sich mit den verheerenden Auswirkungen mißverstandenen Fortschritts und jahrzehntelangen Fehlverhaltens. Von der Erschaffung neuer Tier- und Pflanzenarten wird geträumt; auch davon, durch genetische Programmierung einen neuen Menschen zu konstruieren; daß aber derweil immer mehr natürliche Tiere und Pflanzen für immer vernichtet werden, daß unsere alte Welt immer unwohnlicher wird und unsere Umwelt immer artifizieller, das wird von vielen übersehen.

Das 20. Jahrhundert hat viel gesündigt – leichtfertig und gedankenlos. An der Schwelle des Jahrtausends ist es Zeit, innezuhalten und darüber nachzudenken, was für ein Leben wir in Zukunft führen wollen und wie wir leben möchten. So wie bisher kann es nicht weitergehen. Wenn wir nicht in einer Welt ohne Bäume enden wollen, von Ozonloch-Katastrophen gejagt, dann ist es Zeit, sich jetzt auf ein neues Denken zu besinnen und mit neuem Handeln zu beginnen.

(Marion Gräfin Dönhoff in Die Zeit, 08.01.1988)

3

Unser Weg
in die Gegenwart

Frankfurt am Main 1945

Berlin (Brandenburger Tor) 1989

3.1 Der lange Weg zur Freiheit für alle

Kinderarbeit in einem Berliner Arbeitshaus, 1857. Obdachlose Kinder fertigen Zigarrenkisten an.

Recht und Freiheit müssen erkämpft werden

Viele Freiheitskämpfe und Revolutionen waren notwendig, um die Menschenrechte durchzusetzen. Unser demokratisches und soziales Deutschland wäre nicht entstanden, wenn es nicht freiheitsliebende Männer und Frauen gegeben hätte. Diese wollten sich mit der Bevormundung durch die Herrschenden nicht abfinden und kämpften für die Freiheit. Wieso war das notwendig? Wie war es früher? Die folgenden sechs Beispiele zeigen, wie schrecklich es einmal war und heute zum Teil auch noch ist, wenn man nichts dagegen unternimmt:

1. Beispiel: Die Hexenprobe

Im Mittelalter und in der frühen Neuzeit wurden manchmal Frauen zu Hexen erklärt und dann verbrannt. Die Beweisführung hatte der Scharfrichter zu erbringen. Er bediente sich des christlichen Glaubens. Da Gott durch die Taufe Jesu Christi das Wasser geheiligt hat, stößt das Wasser die Sünder ab, sie können nicht untergehen. Auf diesem Glauben beruhte die Hexenprobe.

Die gängige Hexenprobe wurde folgendermaßen durchgeführt: Der Scharfrichter fesselte die Frau und warf sie in einen Fluß. Ging sie nicht unter, so war angeblich bewiesen, daß sie eine Hexe war. Dann wurde die Frau verbrannt. Ging sie unter, so war nach christlichem Glauben bewiesen, daß sie keine Hexe war. Ihr Tod war aber für sie angeblich nicht furchtbar, weil sie ja nun im Himmel war. So zynisch und menschenverachtend war die christliche Rechtsprechung im Mittelalter. Die unschuldigen Frauen – oft Witwen, die um ihr Vermögen gebracht werden sollten – wurden also dabei immer ermordet. Für sie gab es kein Entrinnen, egal, wie die Probe ausfiel. Ihr Vermögen fiel an ihre christlichen Erben, dies war oft die Familie des verstorbenen Ehemannes.

2. Beispiel: Das Bauernlegen

Im Stedinger Marschland an der Weser gab es um 1200 freie Bauern. Sie zahlten nur geringe Abgaben. Der Erzbischof von Bremen und der Graf von Oldenburg wollten aber von den Bauern viel mehr haben. Deshalb versuchten sie, die Stedinger zu Leibeigenen zu machen, denn der Erzbischof und der Graf wollten reich werden. Doch die Bauern wehrten sich. Nun stand der Papst seinem Bischof bei: ein Heiliger Krieg (Kreuzzug) wurde gegen die Bauern ausgerufen und ein Kreuzritterheer aufgeboten. Dieses Heer schlug viele Bauern tot. Das Land der toten Bauern gehörte von nun an Bischof und Graf.

Überfallene Bauern im Kampf mit Landsknechten

In Holstein vermaß Gutsherr Peter Rantzau das Land der Bauern gern neu. Die vielen Vermessungen hatten ein Ergebnis: Das Land des Gutsherrn Rantzau wurde groß und größer, das Land der Bauern immer kleiner. Da Rantzau auch Gerichtsherr war, waren Klagen der Bauern zwecklos.

3. Beispiel: Verkauf von Menschen

Wenn Landesherren in der Zeit des Absolutismus in Finanznot waren oder Investitionen wie den Bau eines Badeortes an der See planten, kam es häufiger vor, daß Herzöge ihre „Landeskinder" verkauften. Die Menschen brachten gutes Geld. Dies war möglich, denn unfreie Menschen stellten damals das Eigentum ihres Herrn dar.

4. Beispiel: Der Judenmord

Bei der Befreiung 1945 bot sich den alliierten Soldaten in fast allen Konzentrationslagern das gleiche Bild des Schreckens.

Nach der Machtübertragung auf Adolf Hitler wurden den deutschen Juden ihre Plätze in Schulen und Universitäten, ihre Arbeit zuerst als Beamte und dann in den privaten Unternehmen entzogen. Auch die deutsche Staatsangehörigkeit wurde ihnen aberkannt.

Nach dem Verlust dieser Rechte begann mit den planmäßig durchgeführten Brandanschlägen auf die Synagogen (Reichspogromnacht) 1938 eine weitere Verschlechterung ihrer Lage: Führerscheine und Schmuck, Wertpapiere und Radios wurden ihnen weggenommen. Der Besuch von Theatern, Kinos usw. wurde ihnen untersagt. Der Mieterschutz galt für sie nicht mehr. Das Verlassen ihres Wohnbezirks und das abendliche Ausgehen wurde ihnen verboten. Willkürliche Verhaftungen begannen.

Ab 1940 wurden die deutschen Juden in die Konzentrationslager gesperrt, ebenso die Juden in den von den Deutschen im zweiten Weltkrieg besetzten Ländern wie Polen, Sowjetunion oder Frankreich. In den KZs mußten sie bis zum Umfallen arbeiten und wurden systematisch umgebracht.

5. Beispiel: Die Mauermorde

Wenn ein Bürger der DDR in die Bundesrepublik fliehen wollte, wurde er an der innerdeutschen Grenze erschossen. Einigen wurde die Ausreise gestattet, sie mußten aber ihre Häuser und ihr sonstiges Vermögen weit unter Preis vorher „verkaufen". Das paßte vielen Menschen nicht, sie riskierten ihr Leben, um in Freiheit leben zu können – um von Deutschland nach Deutschland zu kommen.

Blumen für die Opfer der Berliner Mauer

6. Beispiel: Brandanschlag auf Türken

In den letzten Jahren hat es in Deutschland zahlreiche Angriffe auf Ausländer gegeben. Rechtsradikale Jugendliche verübten im Mai 1993 aus Haß auf Ausländer einen Brandanschlag auf ein von Türken bewohntes Haus in Solingen. Fünf türkische Frauen starben einen qualvollen Tod in den Flammen. Zehn weitere Bewohner wurden lebensgefährlich verletzt.

Man könnte viele andere Beispiele für Willkür und Menschenverachtung anfügen. Die obigen Beispiele sollten aber genügen. Durch sie wird deutlich, wie wertvoll Freiheit und Recht

Im November 1992 verüben Rechtsradikale einen Brandanschlag auf ein von Türken bewohntes Haus in Mölln.

für uns alle sind. Dies merken wir oft erst dann, wenn an die Stelle des Rechts die Willkür und an die Stelle der Freiheit die Knechtschaft getreten ist.

In Deutschland fanden viele Aufstände gegen ungerechte Herrschaft und wirtschaftliche Ausbeutung statt. So kämpften viele Menschen im **Deutschen Bauernkrieg** (1524/26) gegen den Adel und die Fürsten. Sie forderten in 12 Artikeln frei zu sein, im Wald jagen und Holz schlagen zu dürfen. Ihre Dienste für die Herren sollten auch bezahlt werden und das Erbe sollte ihren Nachkommen und nicht den Grundherren gehören. Aber die Bauern verloren diesen Aufstand.

Im **Dreißigjährigen Krieg** (1618-48) wurde Deutschland in vielen Gebieten entvölkert. Produktion und Handel wurden um viele Jahrzehnte zurückgeworfen. Von Deutschland sprach man nun bis zur Reichsgründung 1871 selten. Dagegen wurden Teile des Deutschen Reichs bedeutend und stark: Österreich, Preußen, Bayern, Sachsen, Hannover und andere Staaten. In England, Frankreich und Rußland dagegen setzten sich die Zentralstaaten durch. Auch auf einem zweiten Gebiet unterscheidet sich Deutschland von anderen Ländern: Erfolgreiche Revolutionen fanden bei uns nicht statt.

Die **Frankfurter Paulskirchenversammlung** versuchte 1848/49 vergeblich, demokratische Regeln in Deutschland einzuführen. Aber es gewannen die Könige und der Adel, sie verteidigten ihre Vorherrschaft. Erst nach dem unter Führung von Kaiser Wilhelm II verlorenen Ersten Weltkrieg wurde in Deutschland die Demokratie eingeführt. Die Mehrheit der Deutschen wählte dann aber bald antidemokratische Parteien. Die Zeit des Faschismus begann. Nach dem verlorenen Zweiten Weltkrieg unter Führung des Diktators Adolf Hitler wurde in Deutschland die Demokratie endgültig eingeführt.

3.1
M 1-5
Verfassungen

Die Nationalversammlung in der Frankfurter Paulskirche

Freiheitliche Traditionen entwickelten sich stärker in England, in den USA und in Frankreich. Zuerst waren die Reichen (Adel und Großbürger) erfolgreich. Sie erkämpften am Anfang für sich Rechte. Erst später gelang es dem Volk, sich an der politischen Herrschaft zu beteiligen.

In der **„Großen Urkunde" (Magna Charta)** um 1215 ertrotzten sich die englischen Freien vom König das Recht, daß sie nur von ihresgleichen gerichtet werden konnten. Auch die Kontrolle des Königs durch den Adel wurde festgeschrieben. Nichts sagt die Magna Charta dagegen über den Schutz der Bauern vor ihren Herren aus. Sie schützte lediglich Adel und bürgerliche Freie.

In der **„Schrift der Rechte" (Bill of Rights)** von 1689 wurde das Gesetz über die Krone gestellt. Der König wurde zu einem Staatsorgan, abhängig vom Parlament (konstitutionelle Monarchie). Wenig später wurde die Vorzensur für Bücher und Zeitungen abgeschafft, die Nachzensur aber erst 1792. Aber immerhin gab es nun in England die Pressefreiheit. Das Wahlrecht für Reiche wurde nur langsam in ein Wahlrecht für alle Männer (1916) über mehrere Stufen umgewandelt.

Auch in den USA setzte sich zuerst die soziale Oberschicht durch. Nachdem 13 englische Kolonien an der Ostküste Nordamerikas 1776 ihre Unabhängigkeit erklärt hatten, erhielten in den USA zunächst die Besitzbürger d.h. ca. 10 % der Männer das Wahlrecht. So war die amerikanische Republik zuerst eine Timokratie (Herrschaft der Reichen), ab 1830 aber schon eine Demokratie (Herrschaft des Volkes). Sklaven und Frauen blieben aber noch lange ohne Wahlrecht.

Die **Französische Revolution** von 1789 entfaltete über mehrere Stufen eine eigene Dynamik und endete in der Kaiserherrschaft Napoleons. Zuerst entmachteten Adel, hohe Geistliche und die Großbürger (die drei Stände) den allein herrschenden König Ludwig XVI. Dann führte der dritte Stand (die Großbürger) ein Wahlrecht für sich ein: nur die Reichen hatten politischen Einfluß (Zensuswahlrecht). Später erhob sich das Volk gegen die Großbürger. Alle Männer sollten wählen dürfen. Dies blieb aber Theorie, da Frankreich im Bürgerkrieg versank. Trotzdem blieben die Ideale der französischen Revolution (Freiheit, Gleichheit und Brüderlichkeit) bis 1919 Vorbild für viele Länder in Europa.

Gewaltenteilung

Durch die Gewaltenteilung wird die Staatsgewalt an Recht und Gesetz gebunden. Willkür und diktatorische Herrschaft werden durch gegenseitige Kontrolle vermieden.

Gewaltenteilung in der Bundesrepublik Deutschland

legislative (gesetzgebende) Gewalt	exekutive (ausführende) Gewalt	judikative (rechtsprechende) Gewalt
Bundestag Bundesrat Länderparlamente	Bundesregierung: Bundeskanzler und -minister	Bundesverfassungsgericht

Charles de Secondat Montesquieu ist der Begründer der Gewaltenteilung und damit der geistige Wegbereiter für die Abschaffung des Absolutismus (Herrschaft eines einzelnen Menschen)

Wird auf die Gewaltenteilung bewußt verzichtet, will man keine Kontrolle. Man riskiert Willkür und diktatorische Herrschaft. So schaffte z.B. der deutsche Reichstag mit dem Ermächtigungsgesetz vom 24. März 1933 die Grundlage für die Herrschaft des damaligen Reichskanzlers Adolf Hitler (NSDAP).

Das Bundesverfassungsgericht in Karlsruhe ist heute die Hüterin unserer Verfassung

Kampf der Frauen

Frauenrechtlerinnen fordern das Wahlrecht für Frauen, London 1910

Lange wurden Frauen diskriminiert. Der 1865 in Leipzig gegründete *Allgemeine Deutsche Frauenverein* vertrat die gesellschaftliche **Gleichberechtigung von Mann und Frau.** Eine bessere schulische und berufliche Ausbildung von Mädchen und Frauen wurde gefordert.

In Großbritannien erreichte die Frauenbewegung schon früh eine breite Zustimmung unter den gebildeten Frauen. Im Sommer des Jahres 1908 demonstrierten in London über eine Viertelmillion Menschen, für das Stimmrecht der Frauen bei Wahlen. Einige Frauen arbeiteten auch mit den Mitteln der Gewalt. Sie sprengten 1913 das neuerbaute Landhaus des englischen Schatzkanzlers in die Luft und brannten 1914 den Pavillon im feudalen Londoner Lawn-Tennis-Club nieder.

Erst in der Zeit von 1918 bis 1920 erhielten die Frauen in Großbritannien, USA, Frankreich und Deutschland das Wahlrecht. Damit war die gesellschaftliche Gleichberechtigung noch nicht erreicht. Das Leitbild für die Stellung der Frau war noch lange das der Hausfrau. Erst 1977 wurde in der Bundesrepublik Deutschland das Recht der Ehefrau, genauso wie der Ehemann berufstätig sein zu können, in das Bürgerliche Gesetzbuch (BGB § 1356) übernommen. Seitdem sollen die Ehegatten einvernehmlich regeln, wie die Arbeit im Haushalt aufgeteilt wird.

Auch wenn Gesetze geändert worden sind, blieb ihr Inhalt oft Theorie. Gleiche Bezahlung für gleiche Arbeit und gleiche Möglichkeiten für den beruflichen Aufstieg sind noch nicht überall erreicht.

Von der Paulskirchenversammlung 1849 vorgeschlagene Verfassung für Deutschland

(nicht in Kraft getreten, da der preußische König die von der Versammlung ihm angebotene Kaiserkrone ablehnte)

3.1 **M 1** nichtrechtliche Verfassung 1849

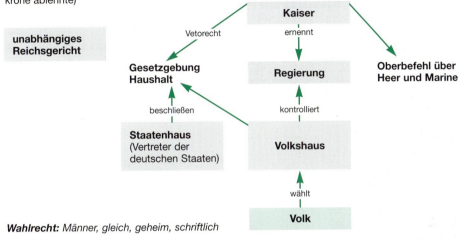

Wahlrecht: Männer, gleich, geheim, schriftlich

Vom preußischen König erlassene („oktroyierte") Verfassung von 1850

(blieb für Preußen bis 1919 in Kraft)

3.1 **M 2** Verfassung 1850

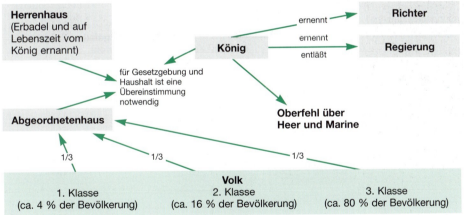

Das gesamte Steueraufkommen wurde gedrittelt. Daraus ergaben sich die obigen %-Anteile für die drei Klassen. 1/3 des Steueraufkommens bedeutete 1/3 der Stimmen (Dreiklassen-Wahlrecht).

Wahlrecht: Männer, ungleich, öffentlich, mündlich

Vergleichen Sie das Wahlrecht der beiden Verfassungen:
1. *Wer durfte wählen, wer nicht? Welches Gewicht hatten die einzelnen Stimmen?*
2. *Wer war durch Geburt mit Macht ausgestattet?*
3. *Entsprechen die beiden Verfassungen heute unserem Verständnis für Politik? Welche Verfassung ist Ihrer Ansicht nach fortschrittlicher?*

3.1
M 3
Verfassung 1919

Verfassung der Weimarer Republik 1919

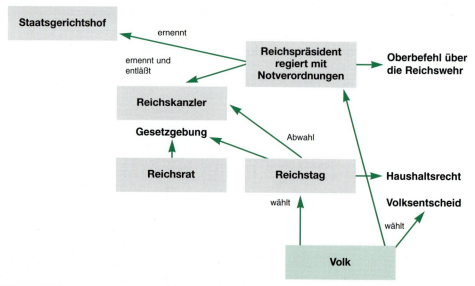

Wahlrecht: Männer und Frauen ab 20 Jahren, frei, gleich, geheim, allgemein, unmittelbar

3.1
M 4
Verfassung 1949

Verfassung der Bundesrepublik Deutschland seit 1949

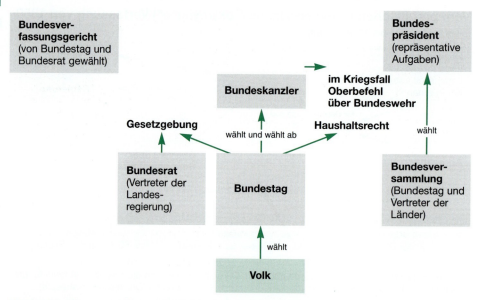

Wahlrecht: Männer und Frauen ab 18 Jahren, frei, gleich, geheim, allgemein, unmittelbar

> Die Verfassung der Weimarer Republik stellt eine präsidiale Demokratie dar, die Bonner Republik eine parlamentarische.
> 1. Begründen Sie diese Aussage.
> 2. Vergleichen Sie hierbei die Macht des Reichspräsidenten mit der des Bundespräsidenten sowie die Macht von Reichstag und Reichsrat mit der von Bundestag und Bundesrat.

Verfassung der Europäischen Union, Stand 1995
(Sie wird laufend fortentwickelt)

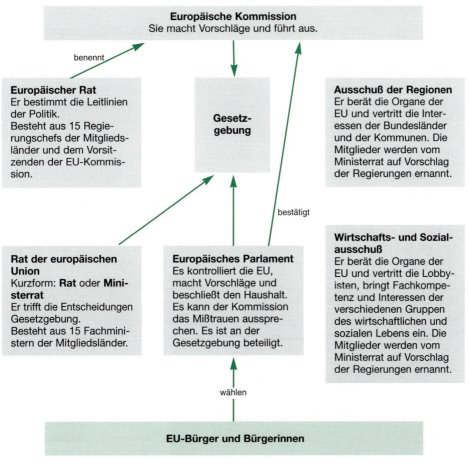

Wahlrecht: bisher jeweils nach nationalem Recht

---

1. Versuchen Sie, die einzelnen Organe den Gewalten nach Montesquieu zuzuordnen.
2. Diskutieren Sie – insbesondere am Beispiel des Ministerrates –, ob die Gewaltenteilung eingehalten worden ist. Berücksichtigen Sie hierbei auch die Ämter der einzelnen Mitglieder in ihren jeweiligen Ländern.

Vorgeschichte, Ablauf und Ergebnis der Französischen Revolution

Ein Staat mit starken Ständen

Über mehrere Jahrhunderte hinweg hatten sich in Frankreich der König und die drei Stände (Adel, Kirche und Großbürgertum) die Macht geteilt. So konnten z.B. die Einnahmen des Staates nur mit ihrer Zustimmung (Steuerbewilligungsrecht der Stände) festgelegt werden.

Der Absolutismus

Im Jahre 1614 gelang es dem französischen König, das Steuerbewilligungsrecht der Stände zu brechen. König Ludwig XIV (1661-1715) sagte: „Der Staat bin ich!" (L'Etat c'est moi). Der französische König vereinigte nun die gesamte Staatsgewalt in seiner Person: ausführende, gesetzgebende und richterliche Befugnisse. Adel, Kirche und Großbürger waren politisch entmachtet, Adel und Kirche aber sozial privilegiert (mit Vorteilen ausgestattet): Sie mußten z.B. kaum Steuern entrichten, erhielten bäuerliche Abgaben und Dienste.

Die alten Stände entmachten den König (Vorrevolution der Privilegierten)

König Ludwig XVI gab zuviel Geld aus. Rauschende Feste, große Jagdgesellschaften und der teure Hofstaat von Versailles ruinierten den französischen Staat finanziell. Es gelang dem König nicht mehr, Steuererhöhungen gegen die Großbürger (Bourgeoisie) durchzusetzen. Adel, Kirche und Großbürger wollten wieder einen Staat mit starken Ständen. Ludwig XVI berief nun eine verfassunggebende Nationalversammlung (bestehend aus den drei Ständen) ein. Hierdurch wollte er Autorität für sich und neue Finanzkraft für den Staat erringen. Tatsächlich beseitigte er dadurch seine eigene absolute Herrschaft.

Das Großbürgertum setzt sich durch

Zum 5. Mai 1789 hatte König Ludwig XVI feierlich die Nationalversammlung einberufen. Nun lag die Macht im Staat nicht mehr beim König, sondern bei den Ständen. Während Adel und Kirche auf ihren alten Privilegien beharrten, forderten die Großbürger die Abschaffung der Steuerfreiheit der beiden anderen Stände. Die reichen Kaufleute, Manufakturbesitzer und Anwälte wollten einen modernen, kapitalistischen Staat haben. Der wirtschaftliche Erfolg sollte als Maßstab für politischen Einfluß durchgesetzt werden. Deshalb erklärte sich der III. Stand zur Nationalversammlung, Adel und Kirche wurden als Stände abgeschafft. Das Volk stand noch weitgehend abseits, hatte sich durch den **Sturm auf die Bastille** (königliches durch

Der „Ballhausschwur" am 20. Juni 1789. Die Vertreter des Dritten Standes erklären sich zur Nationalversammlung.

Soldaten bewachtes Gefängnis) aber Respekt verschafft. Die Großbürger – nun an der Macht – schützten sich gegen die Ansprüche der besitzlosen Massen in Paris, indem sie ein Bündnis mit dem entmachteten König eingingen: Nach der Verfassung von 1791 konnte er den Regierungschef ernennen und entlassen. Die Gesetzgebung lag beim gewählten Parlament (Nationalversammlung). Bei den Wahlen zur Nationalversammlung besaßen etwa 70 % der Männer über 25 Jahre das Wahlrecht. Die Reichsten (ca. 1 %!) konnten als Volksvertreter gewählt werden.

Das Volk fordert Demokratie

Das Volk hatte die Entmachtung von König, Adel und Kirche begrüßt und die Großbürger unterstützt. Nun sah es, daß nur die ganz Reichen wählbar waren und die Unterschicht noch nicht einmal wählen durfte. Der Rechtsanwalt **Robespierre** hatte schon die Verfassung von 1791 abgelehnt: Er wollte den König ganz entmachten und ein demokratisches Wahlrecht einführen. Das Volk lief nun zu ihm, dem Führer der Jakobiner, über. Auch in der Nationalversammlung erhielt er jetzt immer mehr Zustimmung, im großen Paris (ca. 700.000 Einwohner) die eindeutige Mehrheit. Aber es war eine schwierige Zeit: Fast der gesamte europäische Adel versuchte, die Errungenschaften der Revolution rückgängig zu machen. So marschierten ausländische Truppen unter der militärischen Führung des Herzogs von Braunschweig mit Unterstützung monarchistischer Kreise nach Frankreich. Sie versuchten vergeblich, zur Hauptstadt Paris vorzudringen. Hier herrschten die Jakobiner und benutzten den Terror als Mittel der Politik: ohne Berufungsmöglichkeit konnten Anhänger von Adel und Kirche vom Gericht zur Guillotine (Fallbeil zum Köpfen von Menschen) geschafft und dort enthauptet werden. Dies geschah mit Tausenden, neben dem König und Adligen starben auch viele Bürgerliche. Die Wünsche der Jakobiner nach Gleichheit erfüllten sich in der Verfassung von 1793. Richtig eingeführt wurde diese Verfassung allerdings nie.

Die Großbürger setzen sich wieder durch

Die Schreckensherrschaft verprellte viele Menschen. Ihr Ziel, die Gegner der Demokratie zu vernichten, führte zum Sturz Robespierres. Auch er wurde mit vielen Anhängern enthauptet. Breite Bevölkerungskreise erkannten das Großbürgertum als Ordnungsfaktor an. Die Reichen setzten sich wieder durch. Nach der Verfassung von 1795 durften nur die Steuerzahler wählen. Gewählt werden durften die Reichen und Grundbesitzer (Zensuswahlrecht). So hatten die Kapitalisten (die Bourgeoisie) gesiegt und eine Republik geschaffen. Diese kam aber nicht zur Ruhe.

Napoleon bewahrt die bürgerlichen Rechte

Der populäre General Napoleon Bonaparte wurde 1799 durch einen Staatsstreich Konsul und 1804 Kaiser. Er bewahrte als Militärdiktator im Interesse des Bürgertums die Gleichheit der Bürger im wirtschaftlichen Sinne: Der Kapitalismus blieb bestehen. Kirche und Adel blieben die Verlierer, denn Privilegien wie die Steuerfreiheit erhielten sie nicht zurück. Die wirtschaftliche Gleichstellung war ein Erfolg für die Unternehmer. Ein gutes Gesetzbuch (Code Civil) gab den Menschen Rechtssicherheit. Die politische Mitwirkung im Staat, die Pressefreiheit usw. fielen aber der neuen Diktatur zum Opfer.

1. *Welche Wahlrechtsgrundsätze (gleich, ungleich, kein Wahlrecht) galten 1791, 1793, 1795 und 1799?*
2. *Welche politischen Ordnungen (Militärdiktatur, demokratische Republik, bürgerliche Republik, konstitutionelle Monarchie - die Rechte und Pflichten des Monarchen sind in einer Verfassung festgelegt -) gab es 1791, 1793, 1795 und 1799?*
3. *Welche Person und / oder soziale Schicht war 1791, 1793, 1795 und 1799 Sieger bzw. Verlierer?*

Arbeitsvorschlag

1. Gehen Sie in Ihre Bücherstube oder Bibliothek, in Ihr Heimatmuseum, zu Ihrem Geschichtsverein oder ähnlichem. Versuchen Sie zu erkunden, wann in Ihrer Heimat Aufstände von Bauern, Handwerkern, Kaufleuten oder Arbeitern stattgefunden haben.
   - Welche Forderungen wurden hierbei gestellt?
   - Welche Berufsgruppen stellten die Forderungen?
   - Welches Ergebnis hatten die Aufstände?
2. Auch in unserer heutigen Zeit gibt es religiös begründete Verletzungen der Menschenrechte. Schildern Sie Beispiele aus verschiedenen Ländern.
3. Nennen Sie Minderheiten, die verfolgt wurden bzw. noch werden. Weshalb werden Minderheiten verfolgt?

Diskussion

Recht im Absolutismus

König Friedrich Wilhelm I von Preußen, der „Soldatenkönig", regierte von 1713-1740. Zwischen ihm und seinem Sohn gab es kaum überbrückbare Gegensätze. 1730 versuchte der Kronprinz, später als König Friedrich II auch „der Große" genannt, zu fliehen.

„Der Fluchtplan scheiterte, der König, von Zorn übermannt, drang mit dem Degen auf seinen Sohn ein, ließ ihn nach Küstrin schaffen und wegen Desertion vor ein Kriegsgericht stellen. Das Kriegsgericht weigerte sich, über den Thronfolger zu befinden, dem der Kronprinzentitel und das Offizierspatent abgesprochen waren, verurteilte aber seinen Freund und Fluchthelfer, den Leutnant von Katte, ausgebildet im Halleschen Paedagogium, den mit Friedrich eine schwärmerische Jünglingsfreundschaft verband, zu lebenslänglicher Festungshaft. Der König verwandelte aber diesen Spruch – Kattes Großvater war immerhin preußischer Generalfeldmarschall gewesen – in ein Todesurteil und zwang den Sohn, der Hinrichtung mit dem Schwerte – ein Richtblock war auf dem Hof der Küstriner Festung aufgestellt worden – vom Fenster aus zuzusehen, worauf dieser in Ohnmacht fiel. Der König wollte offenbar mit dieser Exekution eine innere Erschütterung und Gesinnungsänderung des Thronfolgers herbeiführen."

(Hans-Joachim Schoeps, Preußen – Geschichte eines Staates, Berlin, 1968)

Warum weigerte sich das Kriegsgericht, über den Kronprinzen zu richten?
Weshalb wollte der preußische Soldatenkönig das Todesurteil gegen Leutnant von Katte?

Nehmen Sie Stellung zum Verhalten von König Friedrich Wilhelm I von Preußen.

3.2 Die Weimarer Republik

Die erste deutsche Republik – eine Demokratie mit wenig Demokraten

Der Erste Weltkrieg war von den Deutschen geführt worden, um Land zu erobern. Dies gelang nicht: Im November 1918 brach der Militärstaat zusammen. Das preußisch geführte Kaiserreich mußte seine Niederlage eingestehen. In dieser schwierigen Situation war Kaiser Wilhelm II. ins Ausland gegangen. Er stellte sich der Verantwortung nicht. Nachdem Philipp Scheidemann (SPD) am 09.11.1918 die Republik ausgerufen hatte, beauftragte Reichskanzler Prinz Max von Baden **Friedrich Ebert** (SPD) mit der Wahrnehmung der Geschäfte des Reichskanzlers. Ebert wurde damit Chef der Regierung. Er bildete am 10. November 1918 eine aus SPD und USPD zusammengesetzte Reichsregierung: **den Rat der Volksbeauftragten.**

3.2
M 1
Parteien

Die SPD strebte eine **parlamentarische Demokratie** an, Teile der USPD (Unabhängige Sozialdemokratische Partei Deutschlands) eine **Räterepublik** nach sowjetischem Vorbild. Hierdurch kam es zum Krach. **Karl Liebknecht** und **Rosa Luxemburg** lehnten als Wortführer des Spartakusbundes innerhalb der USPD eine parlamentarische Demokratie mit Gewaltenteilung ab. In ganz Deutschland sollten in Betrieben und in der Armee Arbeiter- und Soldatenräte gewählt werden. Sie sollten die örtliche Macht ausüben. Bis zur Bildung eines Arbeiter- und Soldatenrates auf Reichsebene sollten die Berliner Räte die Aufgaben von Reichstag und Reichsregierung übernehmen. Gesetzgebung und Verwaltung in der Hand der Räte – das war das Ziel der Spartakusgruppe in der USPD.

Die Anhänger der Räteherrschaft verlagerten ihren politischen Kampf mehr und mehr auf die Straße. Aufstände der Arbeiter- und Soldatenräte wurden von der neuen Regierung der Volksbeauftragten niedergeschlagen. Auf seiten der Regierung führte Gustav Noske (SPD) diesen Kampf mit Hilfe der Freikorps (rechtsradikale ehemalige Soldaten), wobei Rosa Luxemburg und Karl Liebknecht ermordet wurden. Daran zerbrach die Regierung des Rates der Volksbeauftragten. Die Vertreter der USPD verließen die Regierung. Von den Anhängern einer Räterepublik wurde Ende 1918 die KPD (Kommunistische Partei Deutschlands) gegründet.

Die Nationalversammlung

Eine neue Verfassung sollte von der Nationalversammlung ausgearbeitet werden. Diese wurde am 19.01.1919 vom ganzen Volk gewählt. In der Zeit der Weimarer Republik gab es linksradikale (USPD, KPD), demokratische (SPD, Zentrum und DDP) und rechtsradikale Parteien (DNVP, NSDAP). Erstmals durften auch die Frauen wählen. Die Anhänger einer parlamentarischen Demokratie – SPD, Zentrum und DDP – gewannen die Wahl. Sie bildeten die erste demokratisch legitimierte Regierung in Deutschland und arbeiteten die **Weimarer Verfassung** aus. Die linksradikalen Anhänger einer Räterepublik erhielten bei der Wahl nur 7 % der Stimmen, die monarchistische antijüdische DNVP immerhin 10 %. Eine starke Stellung erhielt der direkt vom Volk gewählte Reichspräsident: 1919 – 1925 Friedrich Ebert (SPD), 1925 – 1933 von Hindenburg (parteilos, konservativ).

Gegner der Demokratie

Die Regierung der Weimarer Republik übernahm die von der kaiserlichen Zeit geformten Beamten in Verwaltung, Justiz, Militär und Bildungswesen. Diese waren mehrheitlich keine überzeugten Demokraten. Sie standen den alten Mächten wie Monarchie und Adel wohlwollend gegenüber. Kurz nach dem ersten Weltkrieg waren sie aber für die Demokratie, weil dadurch eine Räterepublik verhindert werden konnte. Diese Beamten waren zwar bereit, hart und kompromisslos – auch militärisch – gegen Linksradikale vorzugehen, nicht aber gegen Rechtsradikale. Man nennt sie deshalb auch „Vernunftrepublikaner".

Die Putsche der Radikalen

Unter Führung des Deutschnationalen Kapp putschten im März 1920 die Rechtsradikalen. Kapp erklärte sich selbst zum Reichskanzler. Er fand viel Zustimmung bei den ostelbischen Gutsbesitzern und den Freikorps. Die Gewerkschaften hatten aber mit ihrem Generalstreik gegen den Putsch Erfolg. Beamtenschaft und Reichswehr folgten den Weisungen der Regierung. Sie weigerten sich aber, gegen die Putschisten militärisch vorzugehen. Der erfolgreiche Generalstreik ermutigte dann die Linksradikalen, Aufstände für eine kommunistische Räterepublik durchzuführen. Jetzt war die Reichswehr bereit, gegen die Radikalen mit Gewalt vorzugehen. Zusammen mit den rechtsradikalen Freikorps wurden die von USPD und KPD getragenen Aufstände (z.B. im Ruhrgebiet, Thüringen und Sachsen) im Auftrag der demokratischen Regierung niedergeschlagen. 1923 folgte dann der Hitler-Ludendorff-Putsch. Ludendorff (zusammen mit von Hindenburg im ersten Weltkrieg Mitglied der kaiserlichen Obersten Heeresleitung) und Hitler blieben erfolglos. Die Polizei stemmte sich diesmal gegen die rechtsradikalen Feinde der Demokratie.

Proklamation an das deutsche Volk!

Die Regierung der Novemberverbrecher in Berlin ist heute für **abgesetzt erklärt worden.**

Eine **provisorische deutsche Nationalregierung** ist gebildet worden, diese besteht aus

**Gen. Ludendorff
Ad. Hitler, Gen. v. Lossow
Obst. v. Seisser**

(Plakat aus: Anschläge – politische Plakate in Deutschland 1900 – 1980, 1985)

Schon 1920 Regierung ohne Mehrheit im Reichstag

Bei den ersten Reichstagswahlen verloren SPD, DDP und Zentrum viele Stimmen. Die breite Mehrheit aus der Nationalversammlung war verloren, da die rechten und linken Parteien erstarkten. Schon 1920 besaß die Reichsregierung keine Mehrheit im Parlament. Da der vom Volk direkt gewählte Reichspräsident eine starke Stellung besaß, wurde er immer mehr zum Zentrum politischer Entscheidungen – zum Nachteil von Regierung und Parlament. Der Wahlerfolg der Rechtsradikalen war auch mit der von Hindenburg, Ludendorff und Hitler verbreiteten sogenannten **„Dolchstoßlegende"** herbeigeführt worden:

Dem siegreichen deutschen Soldaten sei der Dolch von der Heimatfront in den Rücken gestoßen worden und somit sei die militärische Niederlage von Demokraten, Sozialisten und Juden zu verantworten.

Der Versailler Vertrag

Eine Gefahr für die erste Demokratie in Deutschland bildeten die **rechtsradikalen Tendenzen** im Bürgertum. Ob Offiziere der Reichswehr oder Verwaltungsbeamte, Einzelhändler oder Landwirte, sie alle standen der Demokratie meist skeptisch bis ablehnend gegenüber. Auch das Verhalten der Sieger des Ersten Weltkrieges war nicht gut für die junge Demokratie. Die Siegermächte hatten Deutschland an der Ausarbeitung des Versailler Vertrages, der den Ersten Weltkrieg beendete, nicht beteiligt. Deshalb wurde es fortan auch „Versailler Diktat" genannt.

Deutschland hatte nach dem Versailler Vertrag Gebiete abzutreten. Dies war noch erklärbar. Die Höhe der geforderten Reparationen (Zahlungen für entstandene Schäden) und die einseitige Verringerung des Militärs verstanden die Deutschen nicht. 1923 gerieten sie mit den Sachlieferungen in Rückstand. Nun wollten die Franzosen die Steinkohle für ihre lothringischen Stahlwerke selbst aus dem Ruhrgebiet herausholen. Deshalb marschierten französische und belgische Soldaten in das Rheinland ein und errichteten eine Militärverwaltung. Diese konnte sich aber nicht durchsetzen, da Gewerkschaften, SPD und andere erfolgreich zum Streik gegen die Besetzung aufgerufen hatten. Die **Besetzung des Rheinlandes** 1923 durch die Franzosen verletzte die Menschen stark. Die Streiks gegen die Besatzungsmacht führten zu hohen Produktionsausfällen. So mußten Deutsche und Franzosen Kohle importieren. Das kostete viel Geld. Und die Deutschen finanzierten während des Ruhrkampfes den Streik. Dies ruinierte die Währung. Zu Recht sahen fast alle Deutschen in dem Versailler Vertrag „ein Instrument, die Lebenskraft Deutschlands auf die Dauer der Geschichte niederzuhalten," wie es der Schriftsteller Thomas Mann 1930 formuliert.

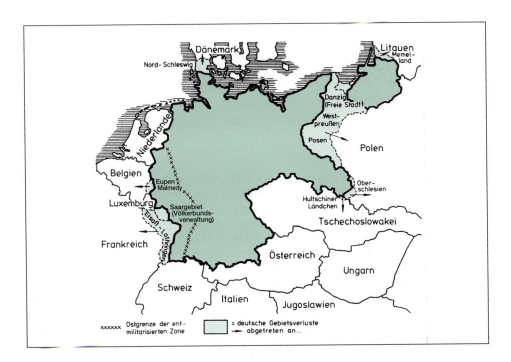

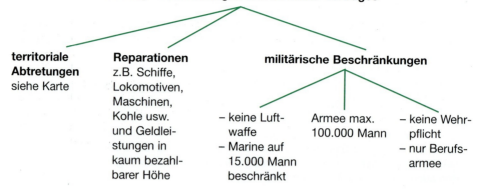

Wichtige Bestimmungen des Versailler Vertrages

- **territoriale Abtretungen** siehe Karte
- **Reparationen** z.B. Schiffe, Lokomotiven, Maschinen, Kohle usw. und Geldleistungen in kaum bezahlbarer Höhe
- **militärische Beschränkungen**
  - keine Luftwaffe
  - Marine auf 15.000 Mann beschränkt
  - Armee max. 100.000 Mann
  - keine Wehrpflicht
  - nur Berufsarmee

3.2 M 3 Inflation

Die Inflation

Die Inflation des Jahres 1923 machte die Menschen mit Sparguthaben arm. Grundbesitzer und Aktionäre dagegen „verloren" ihre Schulden, ihr Besitz blieb bestehen. Mit der Einführung der Rentenmark Ende 1923 begann dann eine sechsjährige Zeit der wirtschaftlichen Stabilität. Es kam aber nur zu einer geringen Verbesserung des Lebensstandards für breite Bevölkerungskreise. Deutschland und hier besonders Berlin erlebte allerdings eine kurze kulturelle Blüte: Wissenschaft und Kunst besaßen im Ausland hohes Ansehen, Deutschland stellte damals viele Nobelpreisträger.

Die Außenpolitik

Außenpolitisch waren die Reichsregierungen erfolgreich. Im Rapallo-Vertrag wurde 1922 die Verständigung mit der Sowjetunion erreicht, im Locarno-Vertrag 1925 die mit Frankreich. 1926 wurde Deutschland in den Völkerbund aufgenommen. Nach langen und schwierigen Verhandlungen konnten 1932 die Schlußzahlungen für die Reparationen in annehmbarer Höhe festgelegt werden. Die rechtsradikalen Gegner der Demokratie aus DNVP und NSDAP bekämpften nach Kräften diese außenpolitische Verständigung. Ihr Ziel war es, Deutschland gewaltsam zu vergrößern. Als Vorbild wurde hierbei oft die gegen Polen gerichtete preußische Expansionspolitik z.B. von Friedrich II (dem Großen) angeführt. Die späte Gründung des Deutschen Reiches 1871 ohne Österreich war ihnen zuwenig. Sie sollte durch Landgewinne ergänzt werden. Deutschland sollte „Verantwortung übernehmen" für eine „Menschheitssendung". So und ähnlich lauteten – wie schon zu Kaisers Zeiten – die völkischen Parolen.

Saalschlachten als politische Auseinandersetzung

Das politische Leben in der Weimarer Republik war insbesondere in den letzten Jahren von gewaltigen Aufmärschen, Straßen- und Saalschlachten geprägt. Die **Wehrverbände** (halbmilitärische Organisationen) beherrschten die Straßen. Dem rechtsradikalen **Stahlhelm** – bestehend aus ehemaligen Soldaten – sowie der **Sturmabteilung** (SA) der NSDAP stand der kommunistische **Rotfrontkämpferbund** gegenüber. Rechtsradikale und Kommunisten bekämpften sich zwar, waren sich aber in der Feindschaft zur Republik einig. Für die Demokratie trat das Reichsbanner „Schwarz-Rot-Gold" (SPD, auch Zentrum und DDP) ein. In der „Harzburger Front" vereinigten sich 1931 die rechtsradikalen Kräfte (Stahlhelm, SA und andere) und nahmen so die Koalitionsregierung aus NSDAP und DNVP vorweg.

Die Weltwirtschaftskrise

Der **Börsenkrach** Ende Oktober 1929 an der New Yorker Wallstreet führte zur Weltwirtschaftskrise. Diese Krise war hervorgerufen worden u.a. durch eine Überproduktion an Gütern. Die Amerikaner zogen daraufhin ihre Kredite aus dem Ausland – insbesondere aus Deutschland – ab. Dort fehlte daraufhin das ausländische Kapital. Die Banken mußten deshalb Kredite kündigen. Investitionen konnten nicht mehr ausgeführt werden. Produktion und Einkommen fielen rasch, 1931 brach sogar das Bankwesen zusammen. Millionen von Menschen wurden arbeitslos. 1932 waren 5,5 Millionen Menschen ohne Arbeit, das heißt 30,8 % aller Arbeitnehmer. Dies bedeutete damals oft Hunger. Im Winter fehlte Heizmaterial. Viele Menschen hungerten und froren. Armut und Verzweiflung ebneten NSDAP und DNVP den Weg zu den Wahlerfolgen.

Mittelstand wählt NSDAP

Der alte Mittelstand sah sich nicht nur ökonomisch, sondern auch in seiner sozialen Stellung bedroht. Er sah die KPD und auch die SPD als eine Gefahr für sich an und stemmte sich erfolglos gegen die Modernisierungsbestrebungen des Kapitalismus: Kaufhäuser ersetzten zunehmend die kleinen Läden und Industriebetriebe viele Handwerker. Hier und bei den Angestellten erzielten die Nationalsozialisten ihre größten Erfolge. Die alten liberalen Parteien des Mittelstands, DDP und DVP, lösten sich deshalb fast auf. Aber auch SPD und Gewerkschaften wurden geschwächt. Nur das vornehmlich katholische Zentrum hielt sich relativ gut. So traf die Weltwirtschaftskrise die Stützen der demokratischen Republik.

Präsidialkabinette als Vorstufe zum Faschismus

Die Wende zum autoritären Staat als Vorstufe zum Faschismus wurde 1930 mit der Ernennung des Reichskanzlers Heinrich Brüning (Zentrum) durch den Reichspräsidenten von Hindenburg vollzogen. Brünings Regierung und zwei weitere Präsidialkabinette (von Papen und von Schleicher) besaßen keinen Rückhalt im Parlament. Sie waren vom Reichspräsidenten abhängig. Diese drei Reichskanzler standen auch nicht vorbehaltlos zur Demokratie, sondern vertraten autoritäre Staatsauffassungen. Da die Deutschen antidemokratische radikale Parteien bevorzugten, konnten sich aus dem Parlament heraus keine politischen Mehrheiten mehr bilden. NSDAP und DNVP machten sich den über viele Jahrhunderte vom Christentum geschürten Haß gegen die jüdischen Bürger zunutze. Diese antisemitischen Strömungen wurden zum Thema der Wahlen gemacht.

Wahlsieger Hitler wird Reichskanzler

Rechts- und Linksradikale blockierten sich gegenseitig, kämpften aber gemeinsam gegen die verkleinerte demokratische Mitte. Während die linksradikalen Parteien USPD/KPD im Verlauf der Weimarer Republik nicht über ein Fünftel der Stimmen hinauskamen, erreichten die rechtsradikalen Parteien NSDAP und DNVP schon 1924 über ein Viertel und ab 1932 fast die Hälfte der Stimmen. So war es ein normaler Vorgang, daß der Reichspräsident von Hindenburg den Wahlsieger und Vorsitzenden der NSDAP Adolf Hitler zum Reichskanzler ernannte. Ein Wunsch vieler Deutscher, die ihre Hoffnung auf Hitler gesetzt hatten, war damit in Erfüllung gegangen.

(Plakat aus: Anschläge – politische Plakate in Deutschland 1900 – 1980, 1985)

Materialien

Parteien

M 1
Parteien

	National-versammlung 19.01.1919 %	1. Reichstag 06.06.1920 %	2. Reichstag 04.05.1924 %	3. Reichstag 07.12.1924 %	4. Reichstag 20.05.1928 %	5. Reichstag 14.09.1930 %	6. Reichstag 31.07.1932 %	7. Reichstag 06.11.1932 %	8. Reichstag 05.03.1933 %
NSDAP Nationalsozialistische Deutsche Arbeiterpartei	–	–	6,5	3,0	2,6	18,3	37,3	33,1	43,9
DNVP Deutsch-Nationale Volkspartei	10,3	15,1	19,5	20,5	14,2	7,0	5,9	8,3	8,0
DVP Deutsche Volkspartei	4,4	13,9	9,2	10,1	8,7	4,5	1,2	1,9	1,1
Z/BVP Zentrum/Bayerische Volkspartei	19,7	18,0	16,6	17,3	15,2	14,8	15,7	15,0	13,9
DDP Deutsche Demokratische Partei (ab 1939: Deutsche Staatspartei)	18,5	8,3	5,7	6,3	4,9	3,8	1,0	1,0	0,9
SPD Sozialdemokratische Partei Deutschlands	37,9	21,7	20,5	26,0	29,8	24,5	21,6	20,4	18,3
USPD/KPD Unabhängige Sozialdemokratische Partei Deutschlands/ Kommunistische Partei Deutschlands Spartakusbund	7,6	20,0	13,4	9,3	10,7	13,1	14,3	16,9	12,3
Sonstige	1,6	3,0	8,6	7,8	14,7	13,9	3,1	3,3	1,6

(Die Weimarer Republik in: Grundriß der Geschichte Band 16, München 1984)

1. Stellen Sie die Wahlergebnisse von KPD/USPD, SPD, DDP, Z/BVP, DVP und NSDAP graphisch dar.
2. Wieviel % der Stimmen erhielten die demokratischen (SPD, DDP, Z/BVP, DVP), die linksradikalen (USPD/KPD) und die rechtsradikalen (DNVP, NSDAP) Parteien am 19.01.1919, 07.12.1924, 20.05.1928, 31.07.1932 und am 05.03.1933?
3. Wann besaßen die demokratischen Parteien eine Mehrheit?
4. Wann besaß keine der drei Gruppierungen eine Mehrheit?
5. Mit welcher Wahl wurden die rechtsradikalen Parteien zur stärksten Gruppierung?

Reichsregierungen

Beginn	Koalition	Reichs-kanzler	Vize-kanzler	Außen-minister	Innen-minister	Reichs-wehrmin.	Wirt-schaftsmin.	Finanz-minister
10.11.1918	SPD-USPD (Rat d. Volksbeauftr.)	Ohne Ressorts: Ebert (SPD), Scheidemann (SPD), Landsberg (SPD), Haase (USPD), Barth (USPD)						
29.12.1918	SPD (Rat d. Volksbeauftr.)	Ohne Ressorts: Ebert, Scheidemann, Landsberg, Wissell, Noske						
13.2.1919	SPD-Ztr.-DDP (Weimarer Koalition)	Scheidemann (SPD)	Schiffer (DDP) ab 30.4.1919: Dernburg (DDP)	Graf Brockdorff-Rantzau (parteilos)	Preuß (DDP)	Noske (SPD)	Wissell (SPD)	Schiffer (DDP) ab 19.4.1919: Dernburg (DDP)
21.6.1919	SPD-Ztr. ab Okt. 1919 auch DDP	Bauer (SPD)	Erzberger (Ztr.)	H. Müller (SPD)	David (SPD)	Noske (SPD)	Wissell (SPD)	Erzberger (Ztr.)
27.3.1920	SPD-Ztr.-DDP	H. Müller (SPD)	Koch (DDP)	Köster (SPD)	Koch (DDP)	Geßler (SPD)	Schmidt (SPD)	Wirth (Ztr.)
21.6.1920	Ztr.-DDP-DVP	Fehrenbach (Ztr.)	Heinze (DVP)	Simons (parteilos)	Koch (DDP)	Geßler (DVP)	Scholz (DVP)	Wirth (Ztr.)
10.5.1921	SPD-Ztr.-DDP	Wirth (Ztr.)	Bauer (SPD)	Rosen (parteilos)	Gradnauer (SPD)	Geßler (SPD)	Schmidt (SPD)	Wirth (Ztr.)
26.10.1921	SPD-Ztr.-DDP	Wirth (Ztr.)	Bauer (SPD)	Wirth (Ztr.) 21.1.-24.6.1922: Rathenau (DDP)	Köster (SPD)	Geßler (SPD)	Schmidt (SPD)	Hermes (Ztr.)
22.11.1922	DVP-Ztr.-DDP	Cuno (parteilos)	–	von Rosenberg (parteilos)	Oeser (DDP)	Geßler (DVP)	Becker (DVP)	Hermes (Ztr.)
13.8.1923	SPD-Ztr.-DDP-DVP (Große Koalition)	Stresemann (DVP)	Schmidt (SPD)	Stresemann (DVP)	Sollmann (SPD)	Geßler (DDP)	v. Raumer (DVP)	Hilferding (SPD)
6.10.1923	SPD (bis 3.11.1923) Ztr.-DDP-DVP	Stresemann (DVP)	–	Stresemann (DVP)	Sollmann (SPD)	Geßler (DDP)	Koeth (parteilos)	Luther (parteilos)
30.11.1923	Ztr.-BVP-DVP-DDP	Marx (Ztr.)	Jarres (DVP)	Stresemann (DVP)	Jarres (DVP)	Geßler (DDP)	Hamm (DDP)	Luther (parteilos)
3.6.1924	Ztr.-DDP-DVP	Marx (Ztr.)	Jarres (DVP)	Stresemann (DVP)	Jarres (DVP)	Geßler (DDP)	Hamm (DDP)	Luther (parteilos)
15.1.1925	Ztr.-DDP-DVP-DNVP	Luther (parteilos)		Stresemann (DVP)	Schiele (DNVP)	Geßler (DDP)	Neuhaus (DNVP)	von Schlieben (DNVP)
20.1.1926	Ztr.-BVP-DVP-DDP	Luther (parteilos)	–	Stresemann (DVP)	Külz (DDP)	Geßler (DVP)	Curtius (DVP)	Reinhold (DDP)
17.5.1926	Ztr.-DVP-DDP	Marx (Ztr.)	–	Stresemann (DVP)	Külz (DDP)	Geßler (DVP)	Curtius (DVP)	Reinhold (DDP)
29.1.1927	Ztr.-BVP-DVP-DNVP	Marx (Ztr.)	Hergt (DNVP)	Stresemann (DVP)	v.Keudell (DNVP)	Geßler (parteilos)	Curtius (DVP)	Köhler (Ztr.)
29.6.1928	SPD-Ztr.-BVP-DDP-DVP	H. Müller (SPD)		Stresemann (DVP) ab 4.10.1929: Curtius (DVP)	Severing (SPD)	Groener (parteilos)	Curtius (DVP) ab 23.12.1929: Schmidt (SPD)	Hilferding (SPD) ab 23.12.1929: Moldenhauer (DVP)
30.3.1930	Präsidialkabinett	Brüning (Ztr.)	Dietrich (DDP)	Curtius (DVP)	Wirth (Ztr.)	Groener (parteilos)	Dietrich (DDP)	Moldenhauer (DVP)
9.10.1931	Präsidiales Fachkabinett	Brüning (Ztr.)	Dietrich (DDP)	Brüning (Ztr.)	Groener (parteilos)	Groener (parteilos)	Warmbold (parteilos)	Dietrich (DDP)
1.6.1932	Präsidialkabinett	von Papen (parteilos)	–	Frhr. von Neurath (parteilos)	Frhr.v.Gayl (DNVP)	von Schleicher (parteilos)	Warmbold (parteilos)	Graf Schwerin-v.Krosigk (parteilos)
3.12.1932	Präsidialkabinett	von Schleicher (parteilos)	–	Frhr. von Neurath (parteilos)	Bracht (parteilos)	von Schleicher (parteilos)	Warmbold (parteilos)	Graf Schwerin-v.Krosigk (parteilos)
30.1.1933	NSDAP-DNVP	Hitler (NSDAP)	von Papen (parteilos)	Frhr. von Neurath (parteilos)	Frick (NSDAP)	von Blomberg (parteilos)	Hugenberg (DNVP)	Graf Schwerin-v.Krosigk (parteilos)

(Bonner Schriften zur Politik und Zeitgeschichte, Band 22: Die Weimarer Republik 1918 – 1933, herausgegeben von Karl-Dietrich Bracher, Manfred Funke, Hans-Adolf Jacobsen, Düsseldorf, 1987)

1. Welche Partei war an allen Regierungen der Weimarer Republik beteiligt?
2. Welche Parteien stellten des öfteren den Reichskanzler und den Außenminister?
3. Stellen Sie mit Hilfe der Wahlergebnisse (siehe Seite 119) fest, welche Reichsregierungen eine Mehrheit im Parlament besaßen.
4. Wieviele Regierungen hat es von 1919 – 1933 gegeben?

Inflation

3.2 M 3 Inflation

Einer Reichsmark aus dem Jahr 1914 entsprachen:

am 20.07.1923	100.000 Reichsmark
am 15.10.1923	1.000.000.000 (1 Milliarde) Reichsmark
am 15.11.1923	1.000.000.000.000 (1 Billion) Reichsmark
am 16.11.1923	wurde die Rentenmark eingeführt: 1 RM = 1 Billion Reichsmark

1. Beschreiben Sie die Auswirkungen der Inflation für
   a) Besitzer eines Sparbuchs,
   b) Schuldner eines Hypothekendarlehns.
2. Wie wurden die wirtschaftlichen Beziehungen zwischen Fabrikanten, Großhändlern, Einzelhändlern und Konsumenten durch die Inflation beeinträchtigt?

Arbeitsvorschlag

Wahlplakate auswerten

1. Bilden Sie in Ihrer Klasse sechs Gruppen.

2. Jede Gruppe sucht sich ein Wahlplakat zur Bearbeitung aus.

3. Welche Gefühle werden angesprochen? Mit welchen Symbolen wird gearbeitet?
   – Wird die Einstellung zur Demokratie und zum Parlament sichtbar? Was will die Partei sagen (Ziele)?
   – Erkennen Sie den Stil der politischen Auseinandersetzung? Ist z.B. Toleranz, Gewalttätigkeit usw. erkennbar?
   – Wie entwickelte sich die betreffende Partei bei den Wahlen 1919 – 1933 (siehe hierzu M1)?

4. Die Gruppen tragen ihre Ergebnisse vor und tragen sie in eine Tabelle ein. Vorschlag für die Tabelle:

	KPD (Spartakusbund)	SPD	DDP	Z (BVP)	DNVP	NSDAP
angesprochene Gefühle						
Einstellung zur Demokratie, politische Ziele						
Stil des Plakats						
Entwicklung bei Wahlen 1919-1933						

Wahlplakate der Parteien der Weimarer Republik (1919 – 1933)

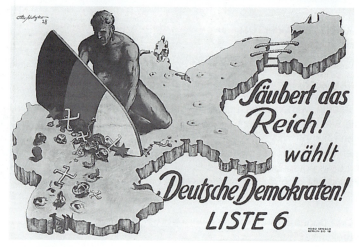

(Plakate aus: Anschläge – politische Plakate in Deutschland 1900 – 1980, Ebenhausen 1985, sowie Anschläge – politische Plakate in Deutschland 1900 – 1970, ebenda, 1972)

D Diskussion

Ist unsere Demokratie in Gefahr?

Die Extremisten wecken böse Erinnerungen: Scheitert auch die zweite deutsche Republik?

Von Weimar kann keine Rede sein

... Die erste deutsche Republik war der Versuch, einem anti-demokratisch gesonnenen Volk .... die parlamentarische Demokratie überzustülpen. Den Deutschen war der Parteienstaat damals ganz fremd. ...
Von Anfang an standen die politischen Kräfte von der Rechten bis zur Mitte der neuen Demokratie ausgesprochen feindlich gegenüber. Alle kritisierten den Parteienstaat: die Bürger, die Großindustrie, der Adel, auch die Bürokratie. Als 1922 Gerhart Hauptmanns 60. Geburtstag in der Berliner Universität gefeiert werden sollte, verlangten die Sprecher der Studentenschaft, Reichspräsident Eberts Anwesenheit möge verhindert und Reichstagspräsident Löbe wieder ausgeladen werden, denn zwei Sozialdemokraten seien zuviel für eine deutsche Universität.
Diese Grundstimmung war von vornherein verstärkt worden durch das unvernünftige Verhalten der Sieger in Versailles. Dort war in der Tat ein Diktat verhängt worden, denn die deutsche Unterschrift wurde durch Kriegsandrohung erzwungen. Für Hitler war dies ein ideales Agitationsthema. Die Nationalsozialisten wurden nicht müde, den „Schandvertrag von Versailles" anzuprangern – „das Diktat, das abgeschüttelt", „die Fesseln, die gesprengt werden" müßten. ....
Die Bürger haben ihren demokratischen Sinn bewiesen, aber wir müssen aufpassen, daß mißmutige, auf Protest, Gewalt und Selbstdarstellung erpichte Gruppen, die von echten Rechtsextremisten inspiriert werden, nicht weiter anwachsen. ...

(Marion Gräfin Dönhoff: „Von Weimar kann keine Rede sein" in: Die Zeit, Nr. 48, 20.11.1992)

- In welchem politischen Denken waren zu Beginn der Weimarer Republik nach Marion Gräfin Dönhoff die Deutschen verhaftet?
- Welche sozialen Gruppen standen der Demokratie feindlich gegenüber?
- Wie wurde die politische Grundstimmung vom Versailler Vertrag beeinflußt?

Diskutieren Sie: Wie stehen die Deutschen heute zur Demokratie? Hat sich unsere Demokratie gefestigt?

3.3 Nationalsozialismus

Das war der Anfang

... Hitler treu ergeben
Treu bis in den Tod,
Hitler wird uns führen
Einst aus dieser Not.

Das war das Ende

... Hitler treu ergeben
Treu bis in den Tod, ...

Nationalsozialistische Herrschaft

3.3 **M 1** Arbeitsfront

Der neue Reichskanzler Adolf Hitler erfüllte die Erwartungen seiner Wähler. An die Stelle politischer Diskussionen trat – wie im Absolutismus – der allein entscheidende Wille des politischen Führers. Die von der Mehrheit der Deutschen freudig begrüßte Machtübertragung drang sofort in alle Lebensbereiche der Bürger ein. Ob Schule oder Arbeitsplatz, Kirche oder Sportverein, politische Partei oder Gewerkschaft – sie alle wurden auf die nationalsozialistischen Ziele ausgerichtet. Dies nannten die Nationalsozialisten **Gleichschaltung.** Und diese Ausschaltung politischer Gegner war erfolgreich. Es herrschte nicht Meinungsfreiheit, sondern geistiger Gleichschritt nach der schrillen Pfeife des Führers.

3.3 **M 2** Konzentrationslager

War es den Nationalsozialisten nicht möglich, eine Organisation gleichzuschalten, wurde sie bekämpft bzw. verboten. Widersetzten sich einzelne Menschen, wurden sie ausgeschaltet. Manche erhielten Haftstrafen, andere kamen durch Folter und Mord in einem Konzentrationslager um.

Machtübertragung – Deutsche Juden als Sündenböcke

Reichspräsident Paul von Hindenburg und der Reichstag arbeiteten mit der neuen Koalitionsregierung aus NSDAP/DNVP gut zusammen. Sogar so gut, daß sie sich dem Reichskanzler Adolf Hitler und seiner Regierung zuliebe freiwillig entmachteten und Hitler diktatorische Vollmachten gaben. Begründet wurde dies mit angeblich kommunistischen und jüdischen Gefahren. Dabei war die KPD immer weit davon entfernt, Wahlen gewinnen zu können.

Die jüdischen Bürger mußten – wie schon in den Wahlkämpfen zuvor – als Sündenbock dienen. Sie wurden für alles Schlechte verantwortlich gemacht. Die verleumderische, bewußt mit den Mitteln der Lüge arbeitende Koalitionsregierung aus NSDAP/DNVP führte so Verbrechen, Arbeitslosigkeit usw. auf die Juden zurück. Diese wurden gleich nach der Machtübertragung am 30.01.1933 durch Einzelaktionen bedrängt, am 01.04.1933 gab es einen eintägigen Boykott jüdischer Geschäfte. Vom 07.04.1933 an wurden jüdische Beamte aus dem Dienst entfernt, den jüdischen Kindern wurde vom 25.04.1933 an die Aufnahme an Schulen und Hochschulen verboten bzw. erschwert. Und vom 14.07.1933 an wurde diesen Deutschen ihre Staatsangehörigkeit aberkannt.

Rechtliche Grundlagen für den Aufbau der Diktatur und für die Verfolgung andersdenkender Menschen bildeten im wesentlichen eine Verordnung des Reichspräsidenten Hindenburg und ein Gesetz des Reichstages.

Am 28. Februar 1933 beseitigte der Reichspräsident mit der Verordnung „Zum Schutz von Volk und Staat" **(Reichstagsbrandverordnung)** viele demokratische Grundrechte. Den Vorwand hierzu lieferte die Behauptung der Nationalsozialisten, die Kommunisten hätten den Reichstag angezündet. Die willkürliche Verhaftung politischer Gegner war nun an der Tagesordnung. So konnte der Terror insbesondere gegen Juden, Kommunisten und Sozialdemokraten durchgeführt werden.

3.3 M 3 Reichstagsbrandverordnung

Am 23. März 1933 fand die eigentliche Machtübertragung statt. Reichstag und Reichsrat entmachteten sich selbst. Die Regierung Adolf Hitler wurde ermächtigt, Gesetze alleine als Regierungsbeschluß zu verabschieden. Dies galt auch für die Einnahmen, Ausgaben und Kredite des Reichs (Haushaltsgesetze), für außenpolitische Verträge und sogar für verfassungsändernde Gesetze. Diese freiwillige Machtübertragung nannte die nationalsozialistische Propaganda später „Machtergreifung".

3.3 M 4 Ermächtigungsgesetz

Dem **Ermächtigungsgesetz** zugestimmt haben neben den Regierungsparteien NSDAP und DNVP alle anderen Parteien außer KPD und SPD. Die KPD-Abgeordneten und 1/5 der SPD-Abgeordneten waren aufgrund der Notverordnung des Reichspräsidenten vom 28.02.1933 verhaftet worden, sie konnten an der Abstimmung nicht mehr teilnehmen. Der SPD-Vorsitzende Otto Wels hielt eine würdige Rede für die Freiheit in Deutschland: „Freiheit und das Leben kann man uns nehmen, die Ehre nicht!" Doch vergebens. Das christliche Zentrum und die wenigen Liberalen stimmten dem Ermächtigungsgesetz zu.

Ausschaltung der Gegner – Wenig Widerstand

Die Machtübertragung auf Reichsebene durch das Ermächtigungsgesetz war der erste Schritt. Es folgte die **Auflösung der Landtage** (31.03.1933). An ihre Stelle wurden Reichsstatthalter – meist Gauleiter der NSDAP – gestellt. Sie waren nur noch ausführende Organe des Reichskanzlers Adolf Hitler. Diesen Vorgang der Ausschaltung der Länder nannte die NS-Propaganda „Gleichschaltung der Länder mit dem Reich".

Zur Steuerung und Kontrolle der Verwaltungen schuf die NSDAP besondere Parteiämter. So wurde die Staatspartei zum Entscheidungszentrum auch auf kommunaler Ebene. Diese neuen Parteiämter wie Personalamt, Amt für Erziehung, Rechtsamt usw. wurden in den Rathäusern untergebracht. So kontrollierte die NSDAP die Politik.

Politische Häftlinge beim Appell in einem der ersten Konzentrationslager Oranienburg bei Berlin im April 1933

Gewerkschaften und SPD wurden ebenfalls ausgeschaltet, beide mit Gewalt. Diese beiden eng verbundenen Gruppen und die KPD leisteten erheblichen Widerstand gegen die Machtübertragung. Ihre Mitglieder wurden verprügelt, verhaftet, gefoltert und in den KZs mißhandelt bzw. ermordet. Der Widerstand der SPD richtete sich gegen die Nationalsozialisten, er stellte aber auch ein Eintreten für Demokratie und Freiheit dar.

Das Verbot aller anderen Parteien wurde überflüssig. Sie lösten sich in vorauseilendem Gehorsam – etwa ein Viertel Jahr nach ihrer Zustimmung zum Ermächtigungsgesetz – selbst auf. So konnte Adolf Hitler unter breiter Zustimmung der Deutschen aufgrund des Ermächtigungsgesetzes am 14.07.1933 ein neues Gesetz verkünden: Die NSDAP wurde zur Staatspartei, die Bildung anderer Parteien wird unter Strafe gestellt. Damit war die **Selbstauflösung einer Demokratie** vollzogen.

3.3
M 5
christliche Kirchen

Außer den Organisationen der Arbeiterschaft gab es keine größeren sozialen Gruppen, die sich mehrheitlich der Errichtung und Festigung der faschistischen Diktatur entgegenstemmten. Vereinzelt gab es Widerstand in den Kirchen, bei Liberalen und Konservativen. Geheime Staatspolizei (Gestapo), Sturmabteilung (SA) und Waffen-SS (Sturmstaffel) versuchten mit Terror, Mord und Totschlag, den Widerstand dieser aufrechten Minderheiten zu brechen. Die Konzentrationslager füllten sich.

3.3
M 6
Widerstand

Die nationalsozialistische Politik war lange populär. Erst nach der Niederlage von Stalingrad Anfang 1943, als sich die Niederlage abzeichnete, änderte sich die Stimmung. Zwar hat es Widerstand von Anfang bis zum Ende der faschistischen Diktatur gegeben, er war aber vereinzelt, nicht aufeinander abgestimmt und deshalb unwirksam. Ehrenwert und vorbildhaft bleibt er trotzdem. So versuchte der mutige Schreiner **Johann Georg Elser** am 08. November 1939 im Münchner Bürgerbräukeller, Hitler zu töten. Es mißlang.

Ob in München die **Geschwister Scholl** mit ihrer Flugblattaktion an der Universität, im Rheinland die jugendlichen **Edelweißpiraten,** die zahllosen Gewerkschafter in Industriebetrieben mit ihren Informationsschriften oder die vielen Emigranten wie **Thomas Mann** und **Willy Brandt,** beide aus Lübeck – sie alle sind für uns bis heute Vorbild.

Am 20. Juli 1944 versuchte **Graf Stauffenberg** mit einer Bombe im Befehlszentrum „Wolfsschanze" in Ostpreußen, Hitler zu töten. Auch dieser Versuch eines Tyrannenmordes scheiterte. Graf Stauffenberg war bereit, sich selbst zu opfern. Wenn das Attentat gelungen und dadurch der Zweite Weltkrieg verkürzt worden wäre, hätte dies vielen Menschen das Leben gerettet.

Viele konservative preußische Militärs und Zivile (Kreisauer Kreis) waren an dem Attentat beteiligt. Als neuer Reichskanzler war Carl Goerdeler vorgesehen. Für ihn waren die jüdischen Bürger ein Problem. Diese wollte er nach Kanada oder Südamerika schicken, dem deutschen Volk die Führung in Europa sichern und Kolonien erwerben. Ein Gegner Hitlers, aber kein Vorbild für Demokraten.

Die deutsche Außen- und Kriegspolitik 1933–1945

Das Ziel des nationalsozialistischen Deutschlands – Ausweitung des Reiches nach Osten – hatte Adolf Hitler immer betont. Dies hatte er auch 1923 in seinem Buch „Mein Kampf" geschrieben. Die Eliten in Wirtschaft, Militär, Wissenschaft und den beiden großen christlichen Kirchen dachten mehrheitlich ähnlich.

Nach der Machtübertragung nannte Hitler vor Offizieren und Unternehmern die Kriegsziele: z.B. Lebensraum im Osten und Kampf um neue Exportmöglichkeiten. Der Öffentlichkeit und dem Ausland wurde dagegen eine Friedenspolitik vorgegaukelt. Taktik und am Anfang auch Vorsicht prägten die offizielle Außenpolitik. Diese läßt sich in vier Abschnitte einteilen:

Phase 1	Phase 2	Phase 3	Phase 4
Verschleierungspolitik	Expansion im Einklang mit dem Völkerrecht	Vorkriegsphase	Krieg
ab Januar 1933	ab März 1936	ab Oktober 1938	ab September 1939

Phase 1: Verschleierungspolitik (Januar 1933 – März 1936)

Deutschlands Diplomaten täuschten das In- und Ausland. Das Ziel der neuen Reichsregierung war es, das Deutsche Reich nach Osten zu erweitern. Durch Friedensbekundungen und Verträge wurde dies aber verschleiert.

So wurde Polen durch den **deutsch-polnischen Nichtangriffspakt** (Januar 1934) in Sicherheit gewogen. Ebenso Großbritannien. Im **deutsch-britischen Flottenabkommen** (Januar 1935) erkannte Deutschland die Überlegenheit des Inselreiches an. Großbritannien seinerseits gestand Deutschland den Aufbau einer Marine zu, aber nur bis zu 35 % der eigenen Größe. Deutschland durfte jetzt große Schlachtschiffe und U-Boote bauen, rüstete also auf. Damit brachen beide Länder den Versailler Vertrag. Auch die Wiedereinführung der allgemeinen Wehrpflicht in Deutschland ab 1935 stellte einen Bruch dieses Vertrages dar.

Mit dem Papst in Rom wurde 1933 ein Vertrag (Konkordat) geschlossen. Die Zusammenarbeit zwischen katholischer Kirche und Staat wurde für die Kirche vorteilhaft geregelt. Für Reichskanzler Hitler war der Vertrag noch vorteilhafter: Das faschistische Deutschland erhielt dadurch gleich zu Beginn Ansehen.

Phase 2: Expansionspolitik im Einklang mit dem Völkerrecht (März 1936 – Oktober 1938)

Deutschland und Japan schlossen 1936 einen Pakt, dem 1937 auch Italien beitrat. Damit stand die Koalition, die später den Zweiten Weltkrieg entfachte. Bei den **Olympischen Spielen** in Berlin 1936 erfreute sich die nationalsozialistische Regierung internationaler Anerkennung. Zwei Jahre später (März 1938) konnten deutsche Truppen in Österreich einmarschieren, ohne daß andere Mächte eingriffen. Die überwiegende Mehrheit der Deutschen und der Österreicher begrüßte den **Anschluß Österreichs**. Eine Minderheit wurde sofort gnadenlos verfolgt. So wurden in Wien sofort nach dem Einmarsch ca. 50.000 Menschen aus politischen und religiösen Gründen verhaftet.

Die Bevölkerung des **Sudetenlandes** – überwiegend Deutsche – wollte wie die Österreicher auch zum Deutschen Reich gehören. Auch hier setzte sich Hitler durch. Frankreich, Großbritannien und Italien – vertreten durch die Regierungschefs Daladier, Chamberlain und Mussolini – gaben den Forderungen Hitlers nach und gestanden den Sudetendeutschen das Selbstbestimmungsrecht der Völker zu. Im **Münchner Abkommen** (September 1938) beschlossen die vier Länder ohne Beteiligung der betroffenen Tschechoslowakei die Abtrennung des Sudetenlandes von der CSSR. Damit gehörten die sudetendeutschen Gebiete zu Deutschland.

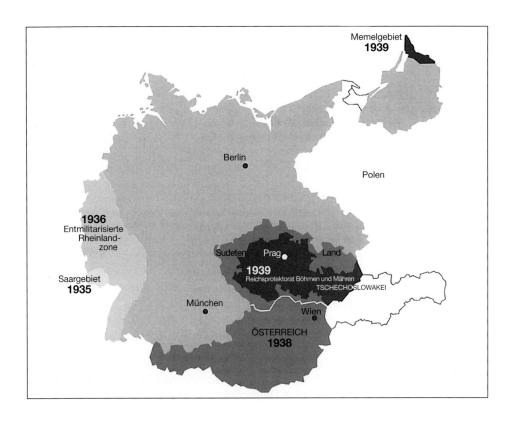

Reichskanzler Hitler war international angesehen. Für Deutschland hatte er viele Ziele erreicht, die auch der Mehrheit der Bevölkerung wichtig waren.

Phase 3: Vorkriegsphase (Oktober 1938 – September 1939)

Die Reichsregierung befahl der Wehrmachtführung die **Zerschlagung der Tschechoslowakei** (Oktober 1938). Nach dem Winter besetzten deutsche Truppen die Tschechei (März 1939). Die Slowakei wurde mit einem „Schutzvertrag" an das Reich angebunden. Nun erkannten Großbritannien und Frankreich die Machtgelüste Deutschlands. Sie sahen voraus, wer das nächste Opfer sein sollte: Polen. Deshalb garantierten die beiden Westmächte dem polnischen Staat seine Unabhängigkeit (Souveränität) und die Unverletzlichkeit seiner Grenzen (März 1939).

Darauf kündigte Hitler den deutsch-polnischen Nichtangriffspakt und das deutsch-britische Flottenabkommen. Das faschistische Deutschland fand für knappe zwei Jahre einen Partner: die Sowjetunion. Die Diktatoren Josef Stalin und Adolf Hitler verständigten sich über die Aufteilung Polens (August 1939): der Westen zu Deutschland, der Osten zur UdSSR. Darüber hinaus gestand das faschistische Deutschland der kommunistischen Sowjetunion Finnland, Estland, Lettland und Bessarabien (rumänisch) zu. So teilte der **Hitler-Stalin-Pakt** Europa vom Eismeer bis zum Schwarzen Meer auf. Zusätzlich hatte dieser Pakt einen unschätzbaren militärischen Vorteil: Durch die Freundschaft zur Sowjetunion hatte Deutschland keinen Zwei-Fronten-Krieg zu fürchten.

Phase 4: Krieg (September 1939 – Mai 1945)

Im September 1939 überfiel die Wehrmacht Polen, das nach kurzer Gegenwehr kapitulieren mußte. Gemäß dem Hitler-Stalin-Pakt marschierte die Sowjetunion im Osten Polens ein. Polens Bündnispartner Großbritannien und Frankreich erklärten nach dem Überfall Deutschland den Krieg. Damit war der Krieg gegen Polen zu einem europäischen geworden. Deutschland reagierte auf die englisch-französische Kriegserklärung schnell. In zwei Blitzkriegen wurden im Frühjahr 1940 Dänemark und Norwegen ganz und Frankreich zum größten Teil besetzt. Dort stationierte englische Truppen zogen sich nach kurzen Kampfhandlungen zurück. Frankreich war bereit, einen Waffenstillstand abzuschließen. Deshalb wurde der Süden Frankreichs nicht besetzt. Hier errichtete der französische Ministerpräsident Petain das **Vichy-Regime**. Kaum Widerstand, sondern willfährige Zusammenarbeit mit Deutschland wurde von dem vorübergehenden Regierungssitz Vichy ausgeübt.

Durch den Waffenstillstand mit Frankreich und dem Zurückweichen der ungeschlagenen englischen Truppen über den Kanal bei Dünkirchen hatte Hitler nun freie Hand für sein eigentliches Ziel: die **„Germanisierung" im Osten**. Nach den Soldaten sollten Bauern kommen und im Osten siedeln. Nachdem der Balkan und Griechenland erobert waren, griff Deutschland ohne Vorwarnung im Juni 1941 die bisher verbündete Sowjetunion an. Dies konnte Hitler wagen, da die Gefahr eines Zwei-Fronten-Krieges nicht bestand. Nach anfänglichen Siegen zeigte sich, daß der Gegner stärker war. Weder St. Petersburg noch Stalingrad konnten eingenommen werden. Moskau sahen die deutschen Soldaten nicht. Nach Niederlagen 1942 mußte die 6. Armee in **Stalingrad** im Januar 1943 kapitulieren. Jetzt leitete die Sowjetunion die Wende des Krieges ein. Schlecht ausgerüstete deutsche Soldaten erlitten im russischen Winter eine verheerende Niederlage.

Ebenso verheerend war die Niederlage des Afrikacorps unter Rommel in El Alamein.

Im Juli 1943 landeten die USA, die sich vom japanischen Überfall auf Pearl Harbour im Dezember 1941 erholt hatten, in Italien. Nun hatte Deutschland zum ersten Mal in diesem Krieg eine zweite ernstzunehmende Front. Als im Juni 1944 die Amerikaner und Engländer in der Normandie landeten, war das Ende endgültig abzusehen. Am **8. Mai 1945** kapitulierte die Wehrmacht, die Alliierten (USA, Großbritannien und UdSSR) befreiten Deutschland vom Faschismus. Doch davor mußten noch Millionen sterben: Kinder und Greise wurden als „Volkssturm" in die letzten Kämpfe geschickt und dadurch sinnlos geopfert. Die Wehrmacht und die Waffen-SS brachten noch in den letzten Monaten des Krieges viele Menschen um, auch Zivilpersonen. Die entsetzlichen Verbrechen an Juden wurden solange wie möglich fortgesetzt.

Über 20 Millionen Sowjetbürger starben im Zweiten Weltkrieg, über sieben Millionen Deutsche, ca. neun Millionen in Südosteuropa, insgesamt etwa **55 Millionen Menschen.**

Verfolgung und Ermordung jüdischer Bürger

Mit der Machtübertragung begann für die jüdischen Bürger eine Zeit der Schikanen, der Entrechtung und des Terrors. Der antijüdische Haß der Bevölkerung entlud sich auf der Straße, beim Einkaufen, in der Schule und am Arbeitsplatz. Mitglieder der NSDAP und ihrer Gliederungen taten sich hierbei besonders hervor. Diesen Haß hatte Adolf Hitler bewußt in seinen Wahlkämpfen benutzt, um Stimmen gewinnen zu können. Er bezeichnete diesen Haß als „Zement" der NSDAP.

Mit dieser Anzeige in der Kieler Zeitung (KZ) vom 29. März 1933 riefen die Nationalsozialisten (wie überall) zum Boykott „jüdischer" Geschäfte auf, die Liste solcher Geschäfte wurde ebenfalls veröffentlicht. Der Rechtsanwalt Friedrich Schumm geriet mit den SS-Leuten, die vor dem Geschäft seines Vaters den Boykott überwachten, in ein Handgemenge und verletzte einen SS-Mann mit einem Pistolenschuß schwer. Schumm wurde ins Polizeipräsidium gebracht. Die Auslieferung an die SS wurde zwar vom Polizeipräsidenten abgelehnt, der SS gelang es jedoch, in das Gefängnis einzudringen. „Um nicht das Leben der Gefängnisbeamten aufs Spiel zu setzen, gab er dann der „Empörung der nationalen Menge" Möglichkeit zur „Volksjustiz": Schumm wurde von 30 Schüssen niedergestreckt.

Nürnberger Gesetze

Das Programm der NSDAP wurde am 15.09.1935 durch die Nürnberger Gesetze zum Teil umgesetzt. In den Nürnberger Gesetzen – von den Nationalsozialisten „Rassengesetze" genannt – wurden die jüdischen Bürger entrechtet, systematisch ausgegrenzt und isoliert. Sie waren keine Reichsbürger mehr, durften nur noch unter sich heiraten, keine nichtjüdischen Hausangestellten unter 45 Jahren beschäftigen usw. Zur Begründung der „Rassengesetze" wurde – wie schon Ende des 19. Jahrhunderts – der Begriff „Arier" umgedeutet. Die Deutschen nichtjüdischer Herkunft bezeichneten sich selbst als Arier. „Arier" heißt in der Sprache der indogermanischen Bewohner Vorderasiens und Persiens „der Treue, Ergebene". Die Deutschen erfanden eine sogenannte „rassische Überlegenheit" und bildeten zum guten Arier einen Gegensatz: den bösen Juden.

Für die Nationalsozialisten stellten die deutschen Juden eine andere Rasse dar. Bei der Ausführung der Nürnberger Gesetze gingen die Nationalsozialisten aber auch von religiösen Gesichtspunkten aus. Als Jude wurde angesehen, wer der jüdischen Religion angehörte oder jüdischer Herkunft war. Auch zum Christentum übergetretene wurden

verfolgt. So haben die Nürnberger Gesetze auch eine Wurzel in der Geschichte der christlich-jüdischen Beziehungen.

Den jüdischen Bürgern war verboten, Beziehungen zu Nicht-Juden zu pflegen. Freundschaft und Heirat war nur noch untereinander erlaubt. Wer sich nicht daran hielt, wurde bestraft. Der nichtjüdische Partner kam glimpflich davon. Oft wurde er aber öffentlich – wie auf dem Bild – an den Pranger gestellt. Für den jüdischen Partner bedeutete ein Verstoß gegen die Gesetze mehr: Verhaftung und auch Tod.

3.3
M 8
NS-Justiz

Im Jahre 1938 war die Entrechtung abgeschlossen. Die jüdischen Betriebe waren aufgelöst, Schul- und Hochschulbesuch nicht mehr möglich. Besuche von Theater, Kino, Konzerten und Ausstellungen waren den Juden verboten. Ab 1939 durften sie abends ihre Wohnungen nicht mehr verlassen. Das Mietrecht galt für sie nicht mehr. Auch die Leistungen der jüdischen Bürger in Wissenschaft und Kultur nützten nichts. Ihre Orden für Tapferkeit und Leistung in der deutschen Armee des Ersten Weltkrieges waren nichts mehr wert.

Terror

Der Terror steigerte sich fortlaufend. Am 9.11.1938 wurden planmäßig 191 Synagogen zerstört, viele Geschäfte und Wohnungen geplündert und zahlreiche Friedhöfe geschändet. Diese Terroranschläge nannte die NSDAP **„Reichskristallnacht"**. Niedrige Instinkte und ein tiefer Haß wurden sichtbar. Verletzungen und Mißhandlungen wurden vom Staat gefördert. Wie schon bei der Einziehung jüdischer Betriebe, bereicherten sich Staat und Bürger an fremdem Vermö-

gen. Während immer mehr Juden in Konzentrationslagern eingesperrt wurden, bereicherten sich Staat und Bürger durch Diebstahl an ihren Häusern, Möbeln, Betrieben usw. Dieser Diebstahl wurde damals „Arisierung jüdischen Vermögens" genannt.

Holocaust

Das dunkelste Kapitel der deutschen Geschichte stellt die industriell durchgeführte Ermordung der Juden aber auch vieler Roma und Sinti dar. Mit der Vernichtung war die Waffen-SS beauftragt. Die Reichswehr und andere Verwaltungen beteiligten sich an diesen Verbrechen. Nur wenigen Verfolgten gelang die Flucht.

Die allgemeinen **Deportationen** (Zwangsverschickungen) begannen am 14.10.1941. Die verwaltungsmäßige Koordination für die Ermordung fand auf der **Wannsee-Konferenz** am 20.01.1942 statt. Etwa sechs Millionen wurden ermordet. Vor ihrem Tod mußten viele als Arbeitskräfte ohne oder gegen geringen Lohn arbeiten. Viele Firmen erzielten dadurch Gewinne. Angehörige der Waffen-SS und auch der Reichswehr füllten sich z.B. bei der Zuteilung von Arbeitskräften an die Firmen die Taschen mit Bestechungsgeldern.

Im Konzentrationslager Buchenwald nach der Befreiung (15.04.1945)

Es gab auch Menschen, die geholfen haben. So konnten wenige jüdische Bürger in Verstecken wie Kellern oder Dachböden überleben. Oskar Schindler z.B. half. Steven Spielberg hat dies in seinem Film „Schindlers Liste" festgehalten. Nach der Befreiung Deutschlands vom Nationalsozialismus wagten es die Helfer zum Teil nicht, darüber zu berichten. Während in der Nachkriegszeit die ins Ausland geflohenen Widerstandskämpfer oft als Vaterlandsverräter verleumdet wurden, wurden so manche im Inland gebliebene Helfer beruflich benachteiligt. Denn beide Gruppen hatten anders gehandelt als die Mehrheit.

Nationalsozialistische Alltagspolitik

Familienpolitik

3.3
M 9
Familie

Mann und Frau hatten in nationalsozialistischer Zeit eine Trennung ihrer Aufgaben vorzunehmen. Während der Mann in erster Linie Soldat sein sollte, war es Aufgabe der Frau, Kinder zu gebären und damit die Anzahl der Deutschen zu erhöhen. Aber es klappte mit dem Kindersegen nicht. Entgegen der NS-Propaganda gab es in der kurzen Vorkriegszeit viele Ehepaare ohne Kinder bzw. mit nur einem Kind. Hierüber erbost, erhob die nationalsozialistische Regierung ab Februar 1938 Strafsteuersätze für kinderlose Verheiratete. Wer mehr als fünf Jahre nach der Hochzeit keine Kinder hatte, wurde mit höheren Steuern belangt.

Panzer wichtiger als Wohnungen

Ziel nationalsozialistischer Politik war es, durch Krieg Land im Osten zu gewinnen. Deshalb hatte die Rüstungspolitik Vorrang. Bomben, Granaten und Panzer waren wichtiger als Wohnungen.

Euthanasie

Der planmäßige Mord an Behinderten wurde durch Rechenaufgaben in der Schule vorbereitet. Schon die Kinder sollten lernen, wie Nationalsozialisten über Behinderte denken. Als zu teuer, hinderlich und überflüssig wurden sie dargestellt. Die Nationalsozialisten bezeichneten sie als „lebensunwerte Existenzen". Diese systematische Vernichtung von Leben nannten sie fälschlich Euthanasie. Dieser Begriff ist eigentlich positiv. Euthanasie (griech.: schöner Tod) bedeutet nicht, daß das Leben verkürzt wird, sondern daß der Sterbende seine letzten Stunden in Würde leben kann. Der Tod soll möglichst leicht und schmerzlos werden.

Der einzelne Mensch ist nichts, der Führer ist alles

3.3
M 10
Führer

Der Rechtsstaat wurde durch das Führertum aufgehoben. Befehle Adolf Hitlers wurden sofort gültiges Recht. Der Führer war oberster Richter und Gesetzgeber. Oft wurden Andersdenkende mit dem Tode bestraft. Ohne Terror, ohne diese abschreckenden Todesurteile hätte sich die faschistische Diktatur ab 1943 kaum halten können.

Der Nationalsozialismus drang in alle Lebensbereiche ein. Nicht nur die politischen Parteien, sondern auch die unabhängigen Jugendorganisationen wurden aufgelöst. So wie die NSDAP zur Staatspartei wurde, erhob Hitler die HJ (Hitlerjugend) zur Staatsjugend. Vom 10. bis 18. Lebensjahr bestand Zwangsmitgliedschaft, Austritte waren nicht möglich. Gliederungen waren:

- Deutsches Jungvolk – DJ, Jungen, 10 – 14 Jahre,
- Deutsche Jungmädel – DJU, Mädchen, 10 – 14 Jahre,
- die eigentliche Hitlerjugend – HJ, Jungen, 14 – 18 Jahre,
- Bund Deutscher Mädel – BDM, Mädchen, 14 – 18 Jahre.

Da die Kinder dem Führer genauso gehörten wie den Müttern, wurde ein großer Teil der Erziehung von den NS-Gliederungen übernommen. Nachmittags HJ, in den Ferien HJ, als Erwachsene in NS-Gliederungen wie NS-Frauenschaft oder NS-Kraftfahrerkorps (NSKK) – die Bürger wurden beschäftigt. Eigenständiges Denken war unerwünscht. Märsche, Fackelzüge, Singen und Zeltlager waren Mittel der politischen Erziehung.

BDM-Zeltlager, 1938

Selbst Kinder hatten täglich 13 Termine im KLV-Lager (KLV = Kinderlandverschickung) einzuhalten.

Materialien

3.3 M 1 Arbeitsfront

Arbeitgeber und Arbeitnehmer zwangsweise vereint (Deutsche Arbeitsfront – DAF)

Das Führerprinzip wurde auf das Arbeitsleben übertragen. Der Unternehmer war jetzt der Führer des Betriebes, die Beschäftigten seine Gefolgschaft.

Eine alte Forderung der Gewerkschaften, den 1. Mai als gesetzlichen Feiertag einzuführen, wurde von der nationalsozialistischen Regierung erfüllt. Dies bedeutete aber nicht, daß die Gewerkschaften unterstützt wurden. Das Gegenteil war der Fall. Um die Arbeiter politisch zu entmachten, wurden am 02. Mai 1933 die gewerkschaftlichen Organisationen zerschlagen. Banden von SA und SS-Hilfspolizisten verhafteten Gewerkschaftler, verwüsteten und besetzten ihre Büros und zogen das Vermögen dieser Organisationen ein. Auch die Arbeitgeberverbände wurden aufgelöst.

In der DAF fanden sich Arbeitgeber und Arbeitnehmer zwangsweise vereint wieder. Die offizielle Aufgabe der DAF war es, einen Ersatz für die ehemaligen Unternehmerverbände und Gewerkschaften zu bilden. Da der Staat nun aber im Interesse der kriegsvorbereitenden Aufrüstung die Produktion lenkte und die Höhe der Löhne bestimmte, wurde die DAF zur innerbetrieblichen Bedeutungslosigkeit verurteilt. Außerbetrieblich wurde die DAF populär: „Kraft durch Freude" (KdF) organisierte Veranstaltungen am Abend und den Urlaub im Sommer. Preiswert – also für viele erschwinglich – sollte der Urlaub sein. Die Freuden waren nur kurz. Denn der Krieg war wichtiger.

1. Wie wurden Unternehmer und Arbeitnehmer genannt?
2. Welche Vorteile ergaben sich aus der DAF für die nationalsozialistische Regierung?

3.3 M 2 Konzentrationslager

Konzentrationslager – Ein Ort zur Ausschaltung politischer Gefangener

Gleich nach der Machtübertragung auf die Regierung Hitler/Hugenberg und ihre Parteien NSDAP / DNVP wurden in vielen Orten Deutschlands meist von örtlichen Stellen Konzentrationslager zur Ausschaltung der politischen Gegner errichtet. Die politischen Gefangenen entstammten größtenteils der Arbeiterschaft (KPD- und SPD-Mitglieder), aber auch anderen Bevölkerungsschichten. Sie hatten in den Arbeitslagern unter menschenunwürdigen Verhältnissen schwere Arbeiten (z.B. Straßen- und Wegebau, Entwässerungsmaßnahmen) zu leisten. Der Rechtsstaat war ausgeschaltet: Ohne Urteile und ohne Zeitbegrenzung wurden die Menschen in Gefangenschaft gehalten.

Ab 1934 wurde die Waffen-SS beauftragt, große Konzentrationslager zu errichten. Diese wurden zentral von Berlin aus geführt. Hier starben viele Juden, Roma und Sinti sowie politisch Verfolgte.

Der in Lübeck geborene Schriftsteller und sozialistische Politiker Erich Mühsam, ermordet im Konzentrationslager (KZ) Oranienburg am 12.07.1934

An den Gefangenen wurden auch medizinische Experimente ausgeführt – oft ein entsetzliches Morden – begangen von furchtbaren Ärzten.

Von 1941 an wurden Juden systematisch, d.h. planmäßig mit reichsweiter Organisation umgebracht. Das fabrikmäßige Vergasen und Verbrennen von Menschen ist ohne Beispiel in der Geschichte der Menschheit. Sechs Millionen Juden wurden ermordet.

Forschen Sie selbst: Stellen Sie fest, ob es in Schleswig-Holstein Konzentrationslager gegeben hat. Welche Arbeiten mußten von den Gefangenen verrichtet werden? Wieviele überlebten? Hierzu können Sie Informationen in Ihrem Heimatmuseum, ihrer Bibliothek usw. finden. Auch ältere Menschen wissen oft noch viel zu berichten.

1942 wurde diese polnische Frau im Konzentrationslager Ravensbrück an den Beinen operiert. Bei den Nürnberger Prozessen ist sie Zeugin bei der Verhandlung gegen die Lagerärzte.

Verordnung des Reichspräsidenten zum Schutz von Volk und Staat (Reichstagsbrandverordnung) vom 28.02.1933

Auf Grund des Artikels 48 Abs. 2 der Reichsverfassung wird zur Abwehr kommunistischer staatsgefährdender Gewaltakte folgendes verordnet: § 1 Die Artikel 114, 115, 117, 118, 123, 124 und 153 der Verfassung des Deutschen Reichs werden bis auf weiteres außer Kraft gesetzt. Es sind daher Beschränkungen der persönlichen Freiheit, des Rechts der freien Meinungsäußerung, einschließlich der Pressefreiheit, des Vereins- und Versammlungsrechts, Eingriffe in das Brief-, Post-, Telegraphen- und Fernsprechgeheimnis, Anordnungen von Haussuchungen und von Beschlagnahmen sowie Beschränkungen des Eigentums auch außerhalb der sonst hierfür bestimmten gesetzlichen Grenzen zulässig. Es folgen §§ 2 – 6.

M 3 Reichstagsbrandverordnung

1. Welche Grundrechte wurden eingeschränkt?
2. Nennen Sie Grundrechte aus dem Grundgesetz.
3. Finden Sie dort Bestimmungen über die Möglichkeit, Grundrechte einzuschränken?
4. Nehmen Sie Stellung.

Ermächtigungsgesetz

Durch das Ermächtigungsgesetz wurde die Machtübertragung von Reichstag und Reichsrat auf den Reichskanzler Adolf Hitler vollzogen. Es änderte die Verfassung. Das war nach Artikel 76 der Weimarer Verfassung möglich:

„Die Verfassung kann im Wege der Gesetzgebung geändert werden. Jedoch kommen Beschlüsse des Reichstages auf Abänderung der Verfassung nur zustande, wenn zwei Drittel der gesetzlichen Mitgliederzahl anwesend sind und wenigstens zwei Drittel der Anwesenden zustimmen. Auch Beschlüsse des Reichsrats auf Abänderung der Verfassung bedürfen einer Mehrheit von zwei Dritteln der abgegebenen Stimmen. ..."

M 4 Ermächtigungsgesetz

Wahlergebnis der achten Reichstagswahl vom 05.03.1933:

Kommunistische Partei Deutschlands KPD	81 Abgeordnete
Sozialdemokratische Partei Deutschlands SPD	120 Abgeordnete
Zentrum / Bayrische Volkspartei Z/BVP	92 Abgeordnete
Sonstige + Liberale	14 Abgeordnete
Deutschnationale Volkspartei DNVP	52 Abgeordnete
Nationalsozialistische Deutsche Arbeiterpartei NSDAP	288 Abgeordnete
	647 Abgeordnete

Alle 81 Abgeordneten von der KPD waren verhaftet worden, von der SPD 26. Tatsächlich waren 538 Abgeordnete an der Wahl beteiligt und 444 stimmten mit ja. Nur die anwesenden SPD-Abgeordneten stimmten gegen das Ermächtigungsgesetz.

Hitler hat die Ermächtigung zur Diktatur erhalten. Von Männern wie dem Präsidenten des Preußischen Staatsrates, Dr. Adenauer, dem späteren Bundeskanzler; von dem Abgeordneten Dr. Heuss, dem späteren Bundespräsidenten; vom späteren Bundesjustizminister Dr. Schäffer und anderen ehrenwerten Männern, die nicht in der Lage sind, vorauszusehen, was Hitler mit ihrer Ermächtigung anfangen wird. Wer aber wollte eine solche Voraussicht dann von den politisch ungebildeten Volksmassen erwarten?

(Kurt Zentner: Illustrierte Geschichte des Dritten Reiches, München, 1965)

1. Wieviele Stimmen wären notwendig gewesen, wenn niemand verhaftet worden wäre?
2. Wieviele Abgeordnete waren anwesend? Wieviel % der Gesamtmitglieder waren das?
3. Wieviele Stimmen waren für die Verfassungsänderung notwendig?
4. Wieviele Stimmen hatten die NSDAP und die DNVP?
5. Wäre das Ermächtigungsgesetz zu verhindern gewesen?

3.3
M 5
Christliche Kirchen

Die christlichen Kirchen

Die evangelische und die katholische Kirche haben die Machtübertragung an NSDAP/DNVP mehrheitlich begrüßt oder hierzu geschwiegen. Öffentliches und standhaftes Auftreten gegen die Diktatur war selten.

Viele evangelische Christen hatten sich schon vor 1933 als „Deutsche Christen" innerhalb der Kirche nationalsozialistisch organisiert. Die evangelischen Theologen **Martin Niemöller** und **Dietrich Bonhoeffer** z.B. beugten sich aber nicht. Sie leisteten ihren nationalsozialistisch gesonnenen kirchlichen Vorgesetzten Ungehorsam. Zentrum des evangelischen Widerstands wurde die „Bekennende Kirche". Ihre Mitglieder wurden oft von den NS-Machthabern in Konzentrationslager gesteckt und verloren im Kampf gegen die braune Herrschaft ihr Leben.

Die katholische Kirche schloß am 22.07.1933 mit der neuen nationalsozialistischen Reichsregierung einen Staatsvertrag (Konkordat). Die Rechte der Kirche wie Religionsunterricht und Jugendarbeit wurden hier geregelt. Mit dem Konkordat wertete der Papst die Regierung Hitler international auf.

Einzelne Geistliche leisteten trotzdem unerschrocken Widerstand. So predigte der Bischof **Clemens August von Galen** aus Münster mutig gegen den Nationalsozialismus. Von ihm wurden die Morde an körperlich und geistig zurückgebliebenen Menschen angeprangert.

Beschämend für beide Kirchen ist ihr Schweigen zu der Verfolgung und Ermordung der Juden. Nur ganz vereinzelt traten Christen dagegen auf.

1. Fragen Sie Ihren Pastor, ob in Ihrer Gemeinde Widerstand geleistet worden ist.
2. Wie haben sich die Kirchen zum Nationalsozialismus gestellt?

3.3
M 6
Widerstand

Über die Attentäter des 20. Juli

Die meisten Verschwörer waren Verächter der Weimarer Republik. Sie blieben deutschnational gesinnt und erhofften sich anfangs Ruhm und Größe fürs Vaterland von Hitler.

In der preußischen Tradition bedingungslosen Gehorsams gedrillt, durch Eid auf den Führer eingeschworen, folgten sie ihm, solange der Schlag auf Schlag erfüllte, was sie stets ersehnten: die Revision des Versailler Vertrages von 1919, den Wiederaufbau einer Militärmacht, schließlich Deutschlands Aufstieg... ."

Daß die Männer des 20. Juli den Anschlag gewagt haben, bleibt ihr Verdienst. Und hätten die Verschwörer Erfolg gehabt, wären den Deutschen zumindest viele Kriegsopfer erspart geblieben.

Bis zum Juli 1944 waren rund 2,8 Millionen deutsche Zivilisten und Soldaten umgekommen. Als Hitler zehn Monate später durch Selbstmord dem tausendjährigen Wahn ein Ende setze, hatte der Diktator noch einmal 4,8 Millionen Deutsche mit in den Abgrund gerissen."

(Rudolf Augstein in Der Spiegel, Nr. 28/1994)

Beantworten Sie folgende Fragen auch mit Hilfe des Textes auf S.127 und 128.
1. Zu welchen Zeiten wurde von wem Widerstand geleistet?
2. Fassen Sie die Aussage Rudolf Augsteins mit Ihren eigenen Worten zusammen.

3.3
M 7
Stellung der Juden

Stellung der deutschen Juden

Die Geschichte der Juden wurde seit der Entstehung des Christentums von der Auseinandersetzung mit diesem geprägt. Und da sich die christliche Religion aus dem jüdischen Glauben entwickelt hatte, grenzte sie sich von ihm ab. So machten die Christen z.B. statt des Sabbat (Sonnabend) den Sonntag zu ihrem Feiertag.

Nachdem die christliche Lehre im römischen Reich zur Staatsreligion erklärt worden war, wurden den Bürgern jüdischen Glaubens viele Rechte entzogen. Die Verfolgungen begannen. Als Konkurrenz zur herrschenden Religion wurden auch im deutschen Mittelalter die Juden verfolgt.

In Deutschland durften sie oft nicht in den Städten wohnen. Wenn doch, mußte der Aufenthalt meist von ihnen bezahlt werden (Schutzgelder). Ihre berufliche Tätigkeit war eingeschränkt. Großhandel und zünftiges Handwerk war verboten, Geld- und Kleinhandel erlaubt.

Die Kreuzzüge des 11. und 12. Jahrhunderts waren in Deutschland mit der Verfolgung der Juden verbunden. Hierbei wurden sie oft vor die Alternative „Tod oder Taufe" gestellt. Als im Mittelalter die Pest wütete, behaupteten die Christen, die Juden hätten die Brunnen vergiftet und dadurch sei die Pest ausgebrochen. Viele Juden wurden ermordet. Ganze jüdische Gemeinden gingen in den Pestprogromen von 1350 unter.

Im 17. Jahrhundert gewährte der dänische König als Herzog von Holstein den Juden in Altona bei Hamburg und Moisling bei Lübeck Schutz. Ihnen wurde „Freiheit in Handel und Wandel" zugesichert. In Lübeck vertrieb der Rat wiederholt Juden aus der Stadt (z.B. 1699, 1821/22). Einige erhielten aber den Status des Schutzjuden. Sie mußten in Lübeck eine bestimmte jährliche Abgabe für ihren Aufenthalt zahlen. Außer in Moisling und Altona gab es auch in Friedrichstadt, Glückstadt und Rendsburg-Neuwerk jüdische Gemeinden. Dort durften sie in Beträumen oder Synagogen Gottesdienst abhalten. Auch an anderen Orten wie Elmshorn und Wandsbek gab es Schutzjuden. Ihnen war wie in Lübeck der Gottesdienst verboten. Jüdische Schulen sind uns unter anderem aus Moisling und Stockelsdorf bei Lübeck bekannt.

Im Jahre 1811 wurden die Juden durch Napoleon gleichberechtigte Bürger. Viele zogen jetzt in die großen Städte. 1815 wurden sie wieder aus den Städten vertrieben. In Lübeck lebten 1824 nur acht Familien als Schutzjuden. Diese waren bereits vor 1810 in Lübeck ansässig gewesen.

Mit der bürgerlichen Gleichstellung 1848 bzw. kurz danach kehrten die Juden in die Städte zurück. Die Volkszählung von 1925 ergab für Schleswig-Holstein 4.781 jüdische Bürger. 1968 waren es nur etwa 100.

1. Erläutern Sie den Status des Schutzjuden.
2. Diskutieren Sie: Weshalb gewährte der dänische König den Juden Schutz?
3. Fragen Sie Ihren Religionslehrer, in welchem Zusammenhang die jüdische, die christliche und die islamische Religion stehen.

Einkauf in einem Judengeschäft gilt als Scheidungsgrund – ein wichtiges Gerichtsurteil

3.3
M 8
NS-Justiz

„Ein Amtswalter der Partei hatte gegen seine Gattin ein Ehescheidungsverfahren eingeleitet, weil es zwischen ihm und seiner Ehefrau dadurch zu Auseinandersetzungen gekommen sei, daß seine Ehefrau trotz ausdrücklichen Verbotes immer noch in jüdischen Geschäften einkaufe. Das Landgericht schied die Ehe aus alleinigem Verschulden der Ehefrau. In der Urteilsbegründung heißt es u.a.: ‚Wenn die Ehefrau eines Nationalsozialisten und erst recht eines nationalsozialistischen Amtswalters trotz Verbot ihres Mannes in Kaufhäusern und jüdischen Geschäften einkauft, so ist es dem Manne nicht zu verargen, daß seine eheliche Gesinnung erkaltet.'"

(„Der Stürmer", Kampfblatt der NSDAP, zitiert nach Kurt Zentner: Illustrierte Geschichte des Dritten Reiches, München 1965)

1. Überlegen Sie, wie die Auseinandersetzung zwischen den Ehepartnern abgelaufen sein könnte.
2. Wie sollten solche Urteile auf die Menschen wirken?
3. Aus welchen Gründen kann eine Ehe heute geschieden werden?

> **„Auf in die Geburtenschlacht"**
>
> ‚Was der Mann an Opfern bringt im Ringen eines Volkes, bringt die Frau an Opfern im Ringen um die Erhaltung dieses Volkes in den einzelnen Fällen. Was der Mann einsetzt an Heldenmut auf dem Schlachtfeld, setzt die Frau ein in ewig geduldiger Hingabe, in ewig geduldigem Leid und Ertragen. Jedes Kind, das sie zur Welt bringt, ist eine Schlacht, die sie besteht für das Sein oder Nichtsein ihres Volkes.'
>
> *(Adolf Hitler, aus Focke/Reimer: Alltag unterm Hakenkreuz, Reinbek 1979)*

Nordische Gattin gesucht

Witwer, 60 Jahre alt, wünscht sich wieder zu verheiraten mit einer nordischen Gattin, die bereit ist, ihm Kinder zu schenken, damit die alte Familie in der männlichen Linie nicht ausstirbt.

(Hamburger Fremdenblatt, 5.12.1935)

Zweiundfünfzig Jahre alter, rein arischer Arzt, Teilnehmer an der Schlacht bei Tannenberg, der auf dem Lande zu siedeln beabsichtigt, wünscht sich männlichen Nachwuchs durch eine standesamtliche Heirat mit einer gesunden Arierin, jungfräulich, jung, bescheiden, sparsame Hausfrau, gewöhnt an schwere Arbeit, breithüftig, flache Absätze, keine Ohrringe, möglichst ohne Eigentum.

(Münchner Neueste Nachrichten, 25.07.1940)

NS-Idealbild Familie

Eheschließungen	ohne Kinder	1 Kind
1929	bis 1934: 26 %	bis 1934: 36 %
1934	bis 1938: 31 %	bis 1938: 27 %

1. Welche Aufgaben sollten Mann und Frau erfüllen?
2. Beschreiben Sie das Idealbild einer Frau nach den Vorstellungen der Nationalsozialisten.
3. Welche Vorstellungen haben Sie von der Verteilung der Aufgaben zwischen Mann und Frau heute?
4. Diskutieren Sie, warum im Nationalsozialismus mehr Ehen kinderlos blieben als in der Endphase der Weimarer Republik.

3.3 M 10 Führer

> *Und sie werden nicht mehr frei ihr ganzes Leben*
>
> *Adolf Hitler 1938 in Reichenberg im Sudetenland:*
>
> *Diese Jugend, die lernt ja nichts anderes als deutsch denken, deutsch handeln. Und, wenn hier dieser Knabe, dieses Mädchen mit ihren zehn Jahren in unsere Organisationen hineinkommen und dort nun so oft zum erstenmal überhaupt eine frische Luft bekommen und fühlen, dann kommen sie vier Jahre später vom Jungvolk in die Hitler-Jugend. Und dort behalten wir sie wieder vier Jahre, und dann geben wir sie erst recht nicht zurück in die Hände alter Klassen- und Standeserzeuger (Lachen), sondern dann nehmen wir sie sofort in die Partei, oder in die Arbeitsfront, in die SA, in die SS, in das NSKK undsoweiter. Und wenn sie dort zwei Jahre oder anderthalb Jahre sind und noch nicht ganze Nationalsozialisten geworden sein sollten, dann kommen sie in den Arbeitsdienst und werden dort wieder sechs und sieben Monate geschliffen, alle mit einem Symbol, dem deutschen Spaten! (Beifall).*
>
> *Und was dann nach sechs oder sieben Monaten noch an Klassenbewußtsein oder Standesdünkel da oder da noch vorhanden sein sollte, das übernimmt dann die Wehrmacht zur weiteren Behandlung auf zwei Jahre (Jubel). Und wenn sie dann nach zwei oder drei oder vier Jahren zurückkehren, dann nehmen wir sie, damit sie auf keinen Fall rückfällig werden, sofort wieder in SA, SS, undsoweiter. Und sie werden nicht mehr frei ihr ganzes Leben!" (Heil-Rufe)*
>
> (Beiheft zum Tonband „Hitler und die Jugend", FWU, München 1962)

1. Ab welchem Alter waren Jungen und Mädchen Zwangsmitglieder?
2. Schildern Sie den Aufbau der genannten NS-Organisationen.
3. Mit welchen politischen Zielen besetzte die NSDAP die Freizeit der Bürger?
4. Versuchen Sie sich in eine ähnliche Situation zu versetzen. Wie würden Sie heute reagieren?

Beachten Sie auch den Text „Der einzelne Mensch ist nichts, der Führer ist alles" auf S. 135.

Arbeitsvorschlag

Vergleich von Texten – Außenpolitische Vorstellungen in Deutschland während der Weimarer Republik

Prof. Dr. Karl Haushofer, ein angesehener Historiker, formulierte im Jahr 1922:

– ... In der Tat stand ‚Weltmacht oder Niedergang' zur Wahl. ...
– ... Der Welteroberungsdrang mit dem ihm innewohnenden Verantwortungsgefühl für eine Menschheitssendung ...
– ... Nur in Europa sitzt die größte Volksdichte in einem Volk ohne Macht und Raum zentral, schlägt ein Herz blut- und drucküberfüllt; ...
– ... So stehen wir heute einem völlig geänderten Großmachtbegriff gegenüber, an dem nur eins als Kennzeichen bleibt, ...: der Wille zur Macht und ihrer Ausbreitung, da es Gleichgewichtszustände auf die Dauer nicht gibt. Wo dieser Wille zur Macht fehlt, da würde auch in raumweiten Landschaften der Großmachtgedanke wesenlos. ...

(Textstellen aus Kjellén: Haushofer, Die Großmächte vor und nach dem Weltkriege, Leipzig und Berlin 1930)

Adolf Hitler, Vorsitzender der NSDAP, schrieb 1923 in „Mein Kampf":

– ... Deutschland wird entweder Weltmacht oder überhaupt nicht sein. ...
– ... Demgegenüber müssen wir Nationalsozialisten unverrückbar an unserem außenpolitischen Ziele festhalten, nämlich dem deutschen Volk den ihm gebührenden Grund und Boden auf dieser Erde zu sichern. ...
– ... Damit ziehen wir Nationalsozialisten bewußt einen Strich unter die außenpolitische Richtung unserer Vorkriegszeit. Wir setzen dort an, wo man vor sechs Jahrhunderten endete. Wir stoppen den ewigen Germanenzug nach dem Süden und Westen Europas und weisen den Blick nach dem Land im Osten. ... Wenn wir aber heute in Europa von neuem Grund und Boden reden, können wir in erster Linie nur an Rußland und die ihm untertanen Randstaaten denken. ...
– ... Heute werde ich nur von der nüchternen Erkenntnis geleitet, daß man verlorene Gebiete nicht durch die Zungenfertigkeit geschliffener parlamentarischer Mäuler zurückgewinnt, sondern durch ein geschliffenes Schwert zu erobern hat, also durch einen blutigen Kampf. ..."
– ... Wenn die deutsche Nation den Zustand ihrer drohenden Ausrottung in Europa beenden will, dann hat sie nicht in den Fehler der Vorkriegszeit zu verfallen und sich Gott und die Welt zum Feind zu machen, sondern dann wird sie den gefährlichsten Gegner erkennen müssen, um mit der gesamten konzentrierten Kraft auf ihn einzuschlagen. ...

(Textstellen aus Adolf Hitler: Mein Kampf, München 1934)

Vergleichen Sie die beiden Texte:

1. Schreiben Sie nebeneinander auf:
   Formulierungen des Historikers Karl Haushofer / von Adolf Hitler zu folgenden Themen:
   a) die Alternative für Deutschland (Worum ging es im Prinzip?),
   b) die außenpolitischen Ziele,
   c) die Mittel zur Erreichung der Ziele.

2. Beurteilen Sie die Art der Formulierung (Ausdruck, Verständlichkeit, benutzte Begriffe ...).
3. Vergleichen Sie die „Theorie" und die „Praxis" nationalsozialistischer Außenpolitik (das heißt: die Texte aus „Mein Kampf" und die tatsächlich durchgeführte Politik 1933 – 1945, dargestellt in ihrem Buch auf S. 128-131).

Diskussion

Was haben wir mit der deutschen Vergangenheit zu tun?

Richard von Weizsäcker, Bundespräsident 1984–1994

> *Schwere Erbschaft*
>
> *Schuld oder Unschuld eines ganzen Volkes gibt es nicht. Schuld ist, wie Unschuld, nicht kollektiv, sondern persönlich. Es gibt entdeckte und verborgen gebliebene Schuld von Menschen.*
>
> *Es gibt Schuld, die sich Menschen eingestanden oder abgeleugnet haben. Jeder, der die Zeit mit vollem Bewußtsein erlebt hat, frage sich heute im stillen selbst nach seiner Verstrickung.*
>
> *Der ganz überwiegende Teil unserer heutigen Bevölkerung war zur damaligen Zeit entweder im Kindesalter oder noch gar nicht geboren. Sie können nicht eine eigene Schuld bekennen für Taten, die sie nicht begangen haben. Kein fühlender Mensch erwartet von ihnen, ein Büßerhemd zu tragen, nur weil sie Deutsche sind. Aber die Vorfahren haben ihnen eine schwere Erbschaft hinterlassen. Wir alle, ob schuldig oder nicht, ob alt oder jung, müssen die Vergangenheit annehmen. Wir alle sind von ihren Folgen betroffen und für sie in Haftung genommen. Jüngere und Ältere müssen und können sich gegenseitig helfen, zu verstehen, warum es lebenswichtig ist, die Erinnerung wachzuhalten. Es geht nicht darum, Vergangenheit zu bewältigen. Das kann man gar nicht. Sie läßt sich ja nicht nachträglich ändern oder ungeschehen machen. Wer aber vor der Vergangenheit die Augen verschließt, wird blind für die Gegenwart. Wer sich der Unmenschlichkeit nicht erinnern will, der wird wieder anfällig für neue Ansteckungsgefahren.*
>
> *Hitler hat stets damit gearbeitet, Vorurteile, Feindschaften und Haß zu schüren. Die Bitte an die jungen Menschen lautet: lassen Sie sich nicht hineintreiben in Feindschaft und Haß gegen andere Menschen, gegen Russen oder Amerikaner, gegen Juden oder Türken, gegen Alternative oder gegen Konservative, gegen Schwarz oder gegen Weiß. Lernen Sie, miteinander zu leben, nicht gegeneinander.*
>
> (Auszug aus der Rede Bundespräsident Richard von Weizsäckers am 08.05.1985 vor dem Deutschen Bundestag, in: Das Parlament Nr. 19, Bonn 1985)

Was sagt Richard von Weizsäcker über
– die Schuld, – die Bewältigung der Vergangenheit, – die Folgen für unser Leben heute?
Welche Gefahr besteht heute? Welche Lehre sollten wir daraus ziehen?

Nehmen Sie Stellung: Was haben Sie persönlich mit der deutschen Vergangenheit zu tun?

3.4 Kalter Krieg

Russische Panzer rollen durch Berliner Straßen

Die Nachkriegszeit

8. Mai 1945: Bedingungslose Kapitulation – Befreiung vom Nationalsozialismus

Im April und bis zur Kapitulation kämpften die deutschen Truppen – obwohl der Krieg längst verloren war – verbissen weiter. Insbesondere junge Deutsche, zum Teil noch Kinder, wurden von verantwortungslosen Offizieren, Waffen-SS-Angehörigen oder Lehrern noch dazu angehalten, ein sinnloses Opfer zu geben: ihr junges Leben.

In Berlin starben in den letzten Wochen und Tagen noch viele Soldaten und Zivilisten. Viele Gebäude wurden zerstört. Und dies nur, weil die Deutschen Haus für Haus gegen die sowjetischen Truppen verteidigten. Die Sowjetarmee machte hier 70.000 Gefangene.

Am 30. April 1945 verübte Adolf Hitler Selbstmord, am 8. Mai 1945 kapitulierten die deutschen Truppen in Berlin-Kahlhorst. Nun verließen die Deutschen ihre Keller. Ihre Wohnungen und Arbeitsplätze, ihre Schulen und Kirchen waren zum Teil zerstört. Viele hungerten – wie die Menschen in Leningrad oder Prag. Aber sie hatten überlebt. 55 Millionen Menschen wurden im Zweiten Weltkrieg getötet. Für die einen war der 8. Mai 1945 ein beschämendes Ereignis, nämlich die militärische Niederlage. Für die anderen war der 8. Mai 1945 der Tag der Befreiung vom Faschismus durch die Amerikaner, Briten und Sowjets. Und damit ein Tag der Freiheit und Menschlichkeit.

Die Siegermächte

Wer waren die Siegermächte? Was vereinte sie und was trennte sie?

- Die **USA**, demokratisch und wirtschaftlich erfolgreich, seit dem Ersten Weltkrieg die Weltmacht Nr. 1,
- **Großbritannien**, von den USA als führende Weltmacht abgelöst, mit langer demokratischer Tradition,
- und dann die **UdSSR**: wirtschaftlich rückständig, keine Demokratie, vom Diktator **Josef Stalin** mit Terror und Mord regiert, sozialistisch und zentralistisch und immer noch mit revolutionärem, ja missionarischem Elan für eine kommunistische Weltrevolution ausgestattet. Ganz das Gegenteil zu den kapitalistischen USA.

Arm in Arm gehend, symbolisieren Amerikaner und Sowjets die Vereinigung von Verbündeten, die fast vier Jahre lang an getrennten Fronten gekämpft hatten.

3.4
M 1
Die Veränderung der weltpolitischen Lage

Geeint wurden die Siegermächte durch ihren gemeinsamen Kampf gegen Hitler-Deutschland. Dies deckte lange ihre Gegnerschaft aufgrund der unterschiedlichen politischen und wirtschaftlichen Systeme zu. Auf der Kriegskonferenz von Teheran (Ende 1943) stimmte man zwar erfolgreich das militärische Vorgehen (Invasion in Frankreich) aufeinander ab, konnte sich aber über die Grenzen in Mitteleuropa nach Beendigung des Krieges nicht einigen. Der amerikanische Präsident **Franklin D. Roosevelt** und der englische Premierminister **Winston Churchill** waren sich einig, Deutschland in mehrere Staaten aufzuteilen. Ostpreußen sollte abgetrennt werden. Die größten Teile von Pommern und Schlesien (mit Breslau) sollten deutsch bleiben.

Auf der **Kriegskonferenz von Jalta** (Februar 1945) kamen die großen Drei (USA, Großbritannien und UdSSR) überein, Deutschland in Besatzungszonen aufzuteilen, die zukünftige Ostgrenze blieb umstritten.

Der englische Premierminister Winston Churchill warnte im Juni vor dem Vormarsch der Sowjetunion nach Westen. Er sah ganz deutlich, wie sich zwischen Ost und West ein **„Eiserner Vorhang"** senkte. Mit Unbehagen beobachtete er die kommunistische Machterweiterung in den osteuropäischen Staaten.

Auf der **Konferenz von Potsdam** (17. Juli bis 02. August 1945) setzte sich die Sowjetunion durch: Pommern, Schlesien und das südliche Ostpreußen wurden polnisch, das nördliche Ostpreußen wurde russisch. Im Osten mußte Polen Land an die Sowjetunion abgeben. Der nun amtierende amerikanische Präsident **Harry S. Truman** und der neue britische Premierminister **Clement Attlee** akzeptierten den sowjetischen Landgewinn. Sie klammerten sich an die Bestimmung des Potsdamer Abkommens, wonach die deutsche Ostgrenze endgültig erst auf einer Friedenskonferenz festgelegt werden sollte. Wie alle wußten, sah die Wirklichkeit anders aus: Die Vertreibung der Deutschen aus diesen Gebieten war längst weltbekannte Realität. Stalin hatte gewonnen.

Zum Entsetzen der Bevölkerung übergaben die Amerikaner und Briten im Vorfeld der Potsdamer Konferenz der Sowjetunion große Teile der heutigen Bundesländer Mecklenburg, Brandenburg, Sachsen-Anhalt, Thüringen und Sachsen. Wieder hatte Josef Stalin sich durchgesetzt.

Das Ergebnis von Potsdam

Potsdamer Konferenz.
Von links nach rechts: Churchill (Großbritannien), Truman (USA), Stalin (UdSSR)

Die USA, die UdSSR und Großbritannien kamen überein, Frankreich an der Besetzung Deutschlands zu beteiligen. So wurde das Deutsche Reich in **vier Besatzungszonen** und Berlin in **vier Sektoren** aufgeteilt. Die Gebiete östlich der **Oder-Neiße-Linie** wurden Polen und der Sowjetunion übergeben. In den einzelnen Zonen und Sektoren übten die jeweiligen militärischen Oberbefehlshaber der Besatzungsmächte die Regierungsgewalt aus. Für Deutschland als Ganzes bildeten die Oberbefehlshaber den **Alliierten Kontrollrat**. Dieser sollte für ganz Deutschland Entscheidungen treffen. Die Sowjets blockierten dies aber.

Folgen des Krieges

Im Krieg leidet auch die Zivilbevölkerung an Hunger, zerstörten Wohnungen, Flucht und Vertreibung. Als dies zu Beginn des Krieges die Polen und dann später besonders die Russen traf, wurde es den Deutschen noch nicht bewußt. Nach der militärischen Niederlage 1942/43 (Stalingrad) wurde diese Not offenbar. Die Bevölkerung im Westen, deren Städte zum Teil erheblich zerstört waren, nahm ab 1944 viele Flüchtlinge auf. Etwa acht Millionen Menschen fanden auf dem Gebiet der späteren Bundesrepublik Deutschland eine neue Heimat. In Schleswig-Holstein bestand die Bevölkerung sogar zu über 40 % aus Heimatvertriebenen.

3.4
M 2
Vertreibung

Flüchtlingstreck in Ostdeutschland 1945

Zuerst Entnazifizierung und Demontage, dann Hilfe für den Westen im Kalten Krieg

Die Bestrafung der Nationalsozialisten fiel milde aus. Zwar wurden in den **Nürnberger Prozessen** von den Alliierten 12 Hauptkriegsverbrecher verurteilt, vieles blieb aber ungesühnt. Auch die Entfernung ehemaliger NS-Funktionäre aus ihren Stellungen verlief bald im Sande.

Mit der Veränderung der weltpolitischen Lage, mit dem Entstehen des Kalten Krieges, setzten insbesondere die Amerikaner andere Schwerpunkte: die Bekämpfung des Kommunismus, Hilfe beim Wiederaufbau Deutschlands, Errichtung der Demokratie in Gemeinden, Kreisen und Ländern. So wurden auch viel weniger Industrieanlagen in den westlichen Zonen demontiert, als geplant.

In der sowjetisch besetzten Zone dagegen führten die Demontagen zu größeren wirtschaftlichen Nachteilen.

Die Beschaffung lebensnotwendiger Güter beschäftigte nach Kriegsende die Menschen fast den ganzen Tag. Brot und Wasser, Kohl und Margarine, Matratzen und Decken, Mäntel und Hosen, Kleider und Röcke wurden besorgt, d.h.: getauscht, gekauft, geklaut oder gegen Lebensmittelkarten erworben. Auch Heizmaterial war knapp. Deshalb zog man in die Wälder und Parks und fällte Bäume. Und wer als Flüchtling eine eigene, abschließbare Wohnung besaß, konnte sich glücklich schätzen.

Aus dem Alltag der Nachkriegsheit fünf Beispiele:

Kohlenfrei:
Ausfall des Unterrichts im Winter, wenn keine Kohlen zur Verfügung standen.

Fringsen:
Vom Kölner Kardinal Frings zum Überleben erlaubter Diebstahl von Nahrungsmitteln und Kohle.

Gasrationierung:
In Kleve durfte ein Vier-Personen-Haushalt 1946 nur 30 cbm Gas im Monat verbrauchen. Wer zwischen 0 und 10 % mehr verbrauchte, hatte den 100fachen Preis für den Mehrverbrauch zu zahlen. Wurde öfter oder über 10 % gegen die Gasrationierung verstoßen, erhielt man eine Liefersperre von 30 Tagen bzw. eine Gefängnisstrafe.

Lebensmittelkarten:
Jeder Bürger erhielt eine Lebensmittelkarte. Diese war aufgeteilt in Marken wie z.B. für 50 Gr. Brot, 5 Gr. Margarine. Die zugeteilten Lebensmittel entsprachen einem Kalorienwert von ca. 850 – 1.500 pro Tag. Der Mensch benötigt pro Tag etwa 2.200 Kalorien. Also mußte gehungert werden.

Zigarettenwährung:
Bis zur Währungsreform 1948 galt die „Zigarettenwährung". An ihr maßen sich die Preise auf dem von den Alliierten weitgehend tolerierten Schwarzmarkt. Ein einheitliches Preisgefüge gab es nicht, die Schwankungen waren hoch. So konnte man für 250 Gr. Butter 50 Zigaretten bekommen, für 40 Zigaretten 1 Flasche Wein und 1 Flasche Schnaps.

Marshall-Plan und Währungsreform

Im Frühjahr 1946 beendeten die Amerikaner ihre Politik der Zusammenarbeit mit der Sowjetunion. Sie engagierten sich ab 1947 finanziell für Europa (Marshall-Plan). Während die westlichen Staaten die Hilfe dankbar annahmen, verbot die Sowjetunion den Ländern ihres Einflußbereiches die Annahme dieser Schenkung.

Gefüllte Schaufenster nach der Währungsreform

Am 20. Juni 1948 erhielt in Westdeutschland jeder ein Kopfgeld von 40,00 Deutschen Mark. Bei Spareinlagen wurden für 100,00 Reichsmark rund 6,50 DM gutgeschrieben. Die DM war geboren, und mit ihr begann die rasche Abschaffung der Zuteilungswirtschaft.

Schon zu dieser Zeit setzte der Direktor der Verwaltung für Wirtschaft, Ludwig Erhard – später Wirtschaftsminister und Bundeskanzler – konsequent die soziale Marktwirtschaft durch. In der sowjetischen Besatzungszone wurde auch eine Währungsreform durchgeführt. Die Planwirtschaft wurde aber nicht ab-, sondern ausgebaut.

Soziale Marktwirtschaft

In einer Marktwirtschaft entscheiden Hersteller und Käufer von Gütern frei darüber, was produziert wird und welchen Preis ein Gut hat.

In einer sozialen Marktwirtschaft greift der Staat bei unerwünschten Ergebnissen wie zu hohen Mieten, Arbeitslosigkeit und ungerechter Einkommensverteilung ein. Er beeinflußt die Wirtschaft. Ziel ist es, sozial auszugleichen (Wohngeld, Sozialhilfe usw.) und die Macht der einzelnen Unternehmen zu beschneiden.

Ludwig Erhard, Wirtschaftsminister 1949 – 1963, Bundeskanzler 1963–1966, mit dem Symbol des deutschen Wirtschaftswunders der Nachkriegszeit: seiner Zigarre.

Berlin als Symbol der Freiheit

Der Alliierte Kontrollrat in Berlin war praktisch arbeitsunfähig. Zu groß waren die Unterschiede. Die westlichen Besatzungsmächte wünschten sich ein demokratisches und kapitalistisches Deutschland, die Sowjets ein kommunistisches Land. Im März 1948 verließ die Sowjetunion den Kontrollrat. Damit war für Deutschland als Ganzes und für Groß-Berlin keine gemeinsame Verwaltung mehr vorhanden. Ab April 1948 behinderten die Sowjets den Verkehr auf Straße, Schiene und Wasser zwischen den drei Westzonen und West-Berlin immer stärker. Ab Juni 1948 kam dies einer **Blockade** gleich: Pkws und Lkws, Interzonenzüge und Binnenschiffe konnten nicht mehr fahren. Berlin sollte ausgehungert werden. Das sowjetische Ziel: die westlichen Alliierten sollten sich aus Westberlin zurückziehen.

Die „Luftbrücke" während der Berliner Blockade 1948/49

Eine Zwei-Millionen-Stadt ohne Strom und Nahrungsmittel sollte sich der Sowjetunion beugen. Doch die Westmächte mit dem amerikanischen General Lucius D. Clay an der Spitze halfen. Eine **Luftbrücke** zwischen den westlichen Zonen und Berlin wurde eingerichtet. An 398 Tagen wurden mehr als zwei Millionen Tonnen Waren befördert, dafür über 170 Millionen km geflogen. Alle drei Minuten startete ein Flugzeug, im Volksmund „**Rosinenbomber**" genannt. Und die Berliner mit ihrem Oberbürgermeister Ernst Reuter hielten durch. Für Opfer und Entbehrung erhielten sie die Freiheit: Im Mai 1949 hoben die Sowjets die Blockade auf.

Zwei deutsche Staaten als Konsequenz des Kalten Krieges

Aus den befreundeten Siegermächten waren in kurzer Zeit politische Gegner, ja Feinde, geworden. So wurde das Potsdamer Abkommen immer unbedeutender für den politischen Alltag. Der Konkurrenzkampf der Systeme – freiheitlicher Kapitalismus und diktatorischer Sozialismus – wurden nun auch in Deutschland ausgetragen. Zwei Staaten entstanden.

Im Westen erarbeiteten 65 gewählte Vertreter der Landtage im **Parlamentarischen Rat** das Grundgesetz. Die Arbeit wurde laufend mit den drei Besatzungsmächten abgestimmt. Vorsitzender des Parlamentarischen Rates wurde **Konrad Adenauer** (CDU).

siehe auch
4.2
Staatsorgane

Das Grundgesetz und die Hauptstadt Bonn sollten nur ein Provisorium darstellen. In der Präambel zum Grundgesetz hieß es deshalb:

„Das gesamte deutsche Volk bleibt aufgefordert, in freier Selbstbestimmung die Einheit und Freiheit Deutschlands zu vollenden."

Im Osten waren viele Politiker aus CDU, SPD und LDPD (Liberal Demokratische Partei Deutschlands) von der politischen Entwicklung enttäuscht worden. Sie hatten einen demokratischen Aufbau erwartet und wollten sich an der Bildung eines neuen Unrechtsstaates nicht beteiligen. Deshalb waren viele aus der Ostzone in die Westzonen gegangen. Am 15./16. Mai 1949 wurde ein **Volkskongreß** gewählt. Es gab nur eine **Einheitsliste** aus SED, CDU, LDPD und anderen. Die Sitzverteilung war vor der Wahl festgelegt worden: 25 % SED, 15 % CDU, usw. Die Bürger konnten zur Einheitsliste nur mit ja oder nein stimmen. Am 7. Oktober 1949 beschloß der Volkskongreß die Gründung der **Deutschen Demokratischen Republik**.

> *SED = Sozialistische Einheitspartei Deutschlands. Sie war auf Druck der Sowjetunion zwangsweise aus KPD und SPD gebildet worden.*

Die Bundesrepublik gewinnt den Wettkampf in Sachen Wohlstand

Die Regierung der DDR bestimmte durch ihre zentral festgelegten Pläne, welche Produkte durch welche Firmen wo und zu welchen Preisen hergestellt werden sollten. Farben und Aussehen – also Mode und Design – spielten eine untergeordnete Rolle. Das Ziel der Betriebe war nicht, viel zu verkaufen, sondern den **Plan** zu erfüllen. Auch wenn z.B. Schnürsenkel auf Halde produziert wurden, bekam die Fabrik dafür Geld, weil der Plan eingehalten wurde. Kundenwünsche konnten nur über die Ostberliner Zentrale Eingang in die Pläne finden. Dies geschah nicht oft. So standen einfache und unmoderne Produkte oft zahlreich in den Regalen, während moderne Geräte und modische Artikel fehlten.

Auch die Verteilung der Waren klappte nicht, da es keinen eigenständigen, sich an Kundenwünschen orientierenden Groß- und Einzelhandel gab. Wenn Fleisch, Obst, gute Strümpfe, Kleider und Anzüge in großer Zahl angeliefert wurden, verließen die Arbeitnehmer oft ihren Arbeitsplatz (während der Arbeitszeit, die Produktion stand dann still) um einzukaufen. Gekauft wurde auch, was im Augenblick nicht gebraucht wurde, denn man wußte nicht, wann man dies wieder kaufen konnte.

3.4
M 3
Kaufkraft

Wenn man die Kaufkraft vergleicht, so zeigt sich, daß die **soziale Marktwirtschaft** der Bundesrepublik Deutschland der zentral verwalteten **Planwirtschaft** der Deutschen Demokratischen Republik überlegen war.

Freiwillige Westintegration – zwangsweiser Anschluß an die Sowjetunion

Die beiden deutschen Staaten waren schnell feste Bestandteile ihrer Blöcke. Die Integration in den Westen wurde in der Bundesrepublik offen und lange diskutiert, dann im Bundestag demokratisch entschieden. So sprach sich z.B. die SPD gegen die Wiederbewaffnung aus. Auch der Eintritt in die EWG (Europäische Wirtschaftsgemeinschaft, heute EU) war eine freie politische Entscheidung. Die Eingliederung der DDR in das östliche Militärbündnis (Warschauer Pakt) und das östliche Wirtschaftssystem (RGW = Rat für gegenseitige Wirtschaftshilfe) geschah zwangsweise.

In der Bundesrepublik Deutschland vollzog im wesentlichen Bundeskanzler Konrad Adenauer (1949 – 1963) die Westintegration, in der Deutschen Demokratischen Republik war Walter Ulbricht der führende Politiker (1950 Generalsekretär der SED, 1953 – 1971 Erster Sekretär der SED).

Kultureller Einfluß der Blöcke

Auf Essen und Trinken, Musik und Tanz, Literatur und Theater hatten die jeweiligen Führungsmächte Einfluß. Sowohl die USA (mit z.B. Coca Cola, Rock'n Roll, Hollywood-Filmen) als auch die UdSSR (mit z.B. Wodka, Soljanka, osteuropäischen Filmen) prägten den jeweiligen Teil Deutschlands.

Mit Panzern und Stacheldraht gegen das Volk

Die politische Unterdrückung in der DDR nahm zu. Verhaftungen, Spitzeldienste der Staatssicherheit (Stasi) und die schlechte wirtschaftliche Entwicklung verärgerten die Bürger. In der Bundesrepublik dagegen gab es harte politische Auseinandersetzungen (z.B. um die Wiederbewaffnung im Zuge des NATO-Beitritts), typisch für eine Demokratie. Und wirtschaftliche Erfolge. Die Wirtschaftsleistung verdreifachte sich zwischen 1950 und 1960. Bei unter 1 % Arbeitslosigkeit herrschte Vollbeschäftigung. Bürger anderer Länder wurden gebeten, in der Bundesrepublik zu arbeiten und den Wohlstand aller zu mehren. Vor diesem Hintergrund ist die Flucht aus der DDR zu verstehen. Von 1950 bis 1960 verließen über zwei Millionen ihr Land.

Nur mit russischen Panzern konnte am **17. Juni 1953** der Aufstand der Bevölkerung gegen die SED-Herrschaft, für Freiheit und Wohlstand, niedergeschlagen werden. 1961 baute die SED ein riesiges Gefängnis auf: Am **13. August 1961** wurde die Mauer in Berlin errichtet und ein Todesstreifen mit Minen durch Deutschland gezogen.

> Ueber die Stadt Halle ist der
>
> Ausnahmezustand
>
> verhängt. Demonstrationen, Versammlungen und Zusammenrottungen jeder Art sind verboten.
>
> Jeder Aufenthalt auf den Straßen ist von
>
> 21.00 bis 4 Uhr
>
> verboten.
>
> Im Falle von Widerstand wird von der Waffe Gebrauch gemacht!
>
> Halle, den 17. Juni 1953
>
> **Chef der Garnison und Militärkommandant der Stadt Halle (Saale)**

(Bekanntmachung aus: Hans Dollinger: Die Bundesrepublik in der Ära Adenauer, 1966)

Nach dem Mauerbau gab die SED unter Walter Ulbricht den **Schießbefehl:** Menschen wurden erschossen, weil sie von der DDR in die BRD wollten.

13. August 1961: Der Mauerbau beginnt. Die Ostberliner Bauarbeiter werden von Westberlinern angesprochen.

Kommunistische Diktatur

Delegierte des X. Parteitages der SED

DDR-Kinderlied

„Sie hat uns alles gegeben.
Sonne und Wind.
Und sie geizte nie.
Wo sie war, war das Leben.
Was wir sind, sind wir durch sie.

Sie hat uns niemals verlassen.
Fror auch die Welt, uns war warm.
Uns schützt die Mutter der Massen.
Uns trägt ihr mächtiger Arm.
Die Partei, die Partei, die hat immer recht!"

Die Deutsche Demokratische Republik war kein demokratischer Staat, sondern eine kommunistische Diktatur. Die politischen Entscheidungen wurden nicht vom Parlament (Volkskammer), sondern in der Sozialistischen Einheitspartei Deutschlands (SED) getroffen. Die Regierung (Ministerrat) war, wie das Parlament, lediglich ein Hilfsorgan für die SED. Diskussionen wie im Bundestag gab es in der Volkskammer nicht. Bereitwillig ließen sich die Abgeordneten vom Politbüro unter Leitung des Generalsekretärs der SED (1971–1989 Erich Honecker) führen.

In einer Demokratie stellt die Wahl den Bürger vor die Möglichkeit, zwischen mehreren miteinander konkurrierenden Parteien wie CDU, SPD, F.D.P., Grüne, PDS oder Republikaner wählen zu können. In der DDR dagegen gab es nur eine Einheitsliste – die Nationale Front unter Führung der SED mit den **Blockparteien** wie CDU und LDPD und Massenorganisationen wie FDGB (Freier Deutscher Gewerkschaftsbund) und FDJ (Freie Deutsche Jugend). Da die Einheitsliste vorgegeben war, stand die Zusammensetzung der Volkskammer schon vorher fest. Die SED nahm auf die Blockparteien Einfluß. Diese fragten in der Regel bei der SED nach, ob ihr die vorgesehenen Kandidaten genehm seien, bevor sie diese offiziell zur Wahl aufstellten.

Zur Begründung ihrer Herrschaft meinte die SED-Spitze: Jeder einzelne Arbeiter sei nicht fähig, das Ganze zu durchschauen. Er sehe nicht vollständig, was am Ende in seinem Interesse für ihn gut sei. Das aber könne die Partei. Sie sei der Vordenker der Arbeiterklasse. Sie habe den Staat, die Pläne der Planwirtschaft zu bestimmen. Es könne sogar Situationen geben, in denen gegen uneinsichtige Minderheiten massiv vorgegangen werden müsse. Dies geschehe dann im Interesse der Widerwilligen, denen das richtige Bewußtsein fehle. Denn nur auf diese Weise könne das Ziel, die kommunistische Gesellschaft, erreicht werden. Wenn sie erreicht sei, würde der Staat ganz von allein absterben. In der neuen klassenlosen Gesellschaft seien keine Zwangsmaßnahmen mehr notwendig.

Zentralismus

Für alle Parteiorgane der SED, die Volkskammer und auch für die Bezirke galt der Zentralismus. Gewählt werden konnte nur, wer als Kandidat von der SED bestätigt worden war. Dies galt auch für die Kandidaten der Blockparteien. Innerhalb der SED mußte man von der nächsthöheren Ebene als Kandidat bestätigt werden. Regionale Organe konnten nur vorschlagen. Die Auswahl der Politiker oblag der nächsthöheren Ebene, letztendlich dem Generalsekretär der SED als Leiter des Politbüros. So stellten in den 50er und 60er Jahren Walter Ulbricht und dann **Erich Honecker** Machtzentren dar – aufgrund des Zentralismus ohne Kontakt zum Volk.

Freie Deutsche Jugend (FDJ)

Grundlage der Kinder- und Jugendarbeit der DDR war eine „sozialistische Erziehung". Die angestrebte „sozialistische Persönlichkeit" sollte nicht nur den SED-Staat aktiv bejahen, sondern auch vom Haß gegen den „imperialistischen Westen" durchdrungen sein. Dazu gehörte auch die Wehrerziehung in den Schulen und in der FDJ.

Schon für den Kindergarten gab es verbindliche Lehrpläne im Rahmen der „sozialistischen Vorschulerziehung". Geländespiele und Wehrübungen für Pioniere und FDJ waren auch beliebt. Manche Eltern wußten ihre Kinder versorgt, sie waren zufrieden. So wird die Kinderkrippe heute von vielen ehemaligen DDR-Bürgern als eine gute politische Leistung angesehen. Viele Jugendliche empfanden die politische Erziehung als

Manipulation. Andere dagegen waren gerne Pioniere und FDJ-Mitglieder. Die Mitgliedschaften gaben auch sozialen Schutz (Nestwärme). Ihre Abschaffung und die Schließung vieler Jugendzentren nach der Wende in den Jahren 1990–92 führten oft zur Orientierungslosigkeit, Agressivität und Gewalt.

Früher Einfluß der Partei auf das Leben der jungen Menschen

Kinderkrippe	bis 3 Jahre
Kindergarten	bis 6 Jahre
Junge Pioniere	bis 10 Jahre
Thälmann Pioniere	bis 14 Jahre
FDJ	ab 14 Jahre

Überwachung des Bürgers als Staatsprinzip

Die DDR-Führung war sich der Zuneigung ihrer Bürger nicht sicher. Demokraten und Christen, überzeugte Sozialisten und nicht linientreue Kommunisten wurden beobachtet. Ein einfaches Abweichen von der Parteilinie konnte genügen, um planmäßig überwacht zu werden.

Das wichtigste Überwachungsinstrument war der Staatssicherheitsdienst (Stasi). Über 100.000 hauptamtliche Offiziere und fast 200.000 inoffizielle Mitarbeiter (IM) setzte die SED als Spitzel für die Regierung gegen das Volk ein. Ob Auszubildende oder Lehrer, Pfarrer oder Künstler, Sportler oder Werftarbeiter, ob Partei- oder Gewerkschaftssekretär: Vor Bespitzelung war niemand sicher.

3.4
M 4-5
Wohnungen/
Gesundheitswesen

Das soziale Netz der DDR

Für ehemalige Bürger der DDR stellt das soziale Netz im nachhinein den größten Vorteil der SED-Herrschaft dar. Miete und Heizung, Brot und Kartoffeln, ärztliche Versorgung und Kinderkrippen waren preiswert. Auch Arbeitslosigkeit gab es nicht. Denn beschäftigt wurden alle. Auch die, die eigentlich keine Arbeit hatten, denn so mancher Arbeitsplatz wurde doppelt besetzt. Dies geschah, damit alle Arbeit hatten.

> In zahlreichen Briefen äußerten sich Leser zu der am 19./20. März veröffentlichten „Antwort der DDR auf eine Umfrage des UNO-Generalsekretärs zu Bevölkerungsfragen".
> **Jeder lebt hier in sozialer Geborgenheit**
> Jeder Bürger der DDR weiß sich von der Kindheit bis zum Alter in sozialer Geborgenheit. Freilich, hinter der Bilanz steht fleißige Arbeit von Millionen, die auch künftig notwendig ist, wenn wir diesen Weg weiter beschreiten wollen. Hier ist jeder einbezogen und gefordert, ist Arbeitslosigkeit ein Fremdwort.
> Bernd Freitag, Ingenieur, VEB Starkstrom-Anlagenbau Leipzig/Halle

(Neues Deutschland, 28.03.1988)

Disziplinierung und Benachteiligung

Beförderung, Studium, einen guten Arbeitsplatz oder eine gute Ausbildung bekamen oft nur die Angepaßten. Man mußte Mitglied sein in SED oder Blockpartei, in der FDJ oder der Gesellschaft für deutsch-sowjetische Freundschaft. Wer nicht eintrat oder sogar austrat, wurde benachteiligt: Verweis von der Uni, keine Beförderung des Facharbeiters zum Meister, Ablehnung einer Ausbildung usw.

Wer öffentlich Kritik übte oder in kritischen Organisationen wie der IFM (Initiative Frieden und Menschenrechte) mitarbeitete, wurde bestraft oder auf vielfältige Weise terrorisiert. Nach dem DDR-Strafgesetzbuch gab es für politische Delikte bis zu zwölf Jahre Haft.

Materialien

Veränderung der weltpolitischen Lage

3.4 **M 1** weltpolitische Lage

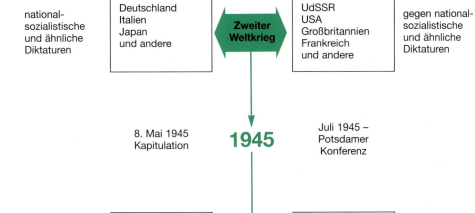

* Kalter Krieg: Die politischen Gegner schossen nicht aufeinander. Die Lage war aber so gespannt und militärische Zwischenfälle gab es so häufig, daß mit dem Ausbruch eines Dritten Weltkrieges oft gerechnet wurde.

Bilden Sie in Ihrer Klasse Gruppen zu je vier bis fünf Schülern bzw. Schülerinnen. Jede Gruppe stellt dann – nach eingehender Diskussion – die heutige weltpolitische Lage dar. Sehen Sie hierzu auch im Kapitel 5.5 „Friedenssicherung nach dem Ost-West-Konflikt" nach. Die Sprecher der Gruppen tragen die Ergebnisse der Gruppen dann im Plenum der Klasse vor und diese diskutiert die Ergebnisse.

Sonderbefehl
für die deutsche Bevölkerung der Stadt Bad Salzbrunn einschliesslich Ortsteil Sandberg.

Laut Befehl der Polnischen Regierung wird befohlen:

1. Am 14. Juli 1945 ab 6 bis 9 Uhr wird eine Umsiedlung der deutschen Bevölkerung stattfinden.
2. Die deutsche Bevölkerung wird in das Gebiet westlich des Flusses Neiße umgesiedelt.
3. Jeder Deutsche darf höchstens 20 kg Reisegepäck mitnehmen.
4. Kein Transport (Wagen, Ochsen, Pferde, Kühe usw.) wird erlaubt.
5. Das ganze lebendige und tote Inventar in unbeschädigtem Zustande bleibt als Eigentum der Polnischen Regierung.
6. Die letzte Umsiedlungsfrist läuft am 14. Juli 10 Uhr ab.
7. Nichtausführung des Befehls wird mit schärfsten Strafen verfolgt, einschließlich Waffengebrauch.
8. Auch mit Waffengebrauch wird verhindert Sabotage u. Plünderung.
9. Sammelplatz an der Straße Bhf. Bad Salzbrunn-Adelsbacher Weg in einer Marschkolonne zu 4 Personen. Spitze der Kolonne 20 Meter vor der Ortschaft Adelsbach.
10. Diejenigen Deutschen, die im Besitz der Nichtevakuierungsbescheinigungen sind, dürfen die Wohnung mit ihren Angehörigen in der Zeit von 5 bis 14 Uhr nicht verlassen.
11. Alle Wohnungen in der Stadt müssen offen bleiben, die Wohnungs- und Hausschlüssel müssen nach außen gesteckt werden.

Bad Salzbrunn, 14. Juli 1945, 6 Uhr.

Abschnittskommandant
(-) Zinkowski
Oberstleutnant.

(Plakat aus: Anschläge – politische Plakate in Deutschland 1900 – 1980, Ebenhausen 1985)

1. Wie lange hatten die Deutschen in Bad Salzbrunn (Niederschlesien) Zeit, sich auf die Umsiedlung vorzubereiten?
2. Was durften sie mitnehmen?
3. Was mußten sie zurücklassen?
4. Was hatten die Menschen zu erwarten, die in ihrer Heimat bleiben wollten?

Kaufkraftvergleich zwischen den beiden deutschen Staaten

M 3 Kaufkraft

Ware bzw. Dienstleistungen	Benötigte Arbeitszeit in Stunden und Minuten	
	BRD	DDR
Industriewaren:		
Herrenoberhemd	1:22	7:19
Herrenstraßenschuhe	5:26	24:01
Herrenanzug	10:49	69:38
Damenfeinstrumpfhose	0:12	2:49
Damenkleid	4:44	31:10
Bettwäsche	2:43	21:20
Radio- und Kassettengerät	13:36	207:09
Farbfernsehgerät	81:34	1.008:56
Waschvollautomat	59:09	491:04
Kühlschrank	29:54	272:19
Bodenstaubsauger	13:32	82:09
Personenkraftwagen	694:33	4.375:00
1 l Benzin	0:06	0:18
Dienstleistungen:		
Elektrischer Strom	2:00	1:20
Straßenbahn-, Busfahrt	0:08	0:02
Briefporto	0:03	0:02
Tageszeitung, Abo	1:17	0:39
Herrenhaarschnitt	0:46	0:20
Besohlen von Herrenschuhen	1:54	2:09
Nahrungs- und Genußmittel:		
Mischbrot	0:12	0:07
Weizenmehl	0:03	0:11
Butter	0:36	1:39
Margarine	0:16	0:43
Eier	0:10	0:36
Vollmilch	0:05	0:07
Käse (Gouda)	0:52	1:43
Schweineschnitzel	1:01	1:47
geräucherte Makrele	0:36	0:37
Kartoffeln	0:18	0:10
Äpfel	0:09	0:15
Zitronen	0:16	0:54
Nußschokolade	0:04	0:41
Bohnenkaffee	0:21	4:28
Bier	0:03	0:10
Deutscher Weinbrand	0:57	5:21
Filterzigaretten	0:14	0:34
Mieten:		
2-Zimmer-Wohnung, Kaltmiete	26:32	13:24

(Tabelle nach: Zahlenspiegel der Bundesrepublik Deutschland/Deutsche Demokratische Republik – ein Vergleich, Bundesministerium für innerdeutsche Beziehungen 1988)

1. Nennen Sie einige Waren, bei denen a) die BRD und b) die DDR günstiger abschneidet.
2. Nennen Sie einige Waren, bei denen die Bundesrepublik in gravierender Form günstiger abschneidet.
3. Diskutieren Sie, welche Bedürfnisse von welchem Land besser befriedigt wurden.

Situation der Wohnungen am 01.01.1986

BRD		DDR
444	Anzahl je 1.000 Einwohner	411
84 qm	durchschnittliche Größe	64 qm
37 qm	Wohnfläche je Einwohner	26 qm
	Alter der Wohnungen (Fertigstellung)	41 % nach 1945
		17 % 1919–1945
67 % nach 1948		
14 % 1919–1948		
19 % vor 1919		42 % vor 1919

(Tabelle nach: Zahlenspiegel Bundesrepublik Deutschland/Deutsche Demokratische Republik – ein Vergleich, Bundesministerium für innerdeutsche Beziehungen)

Daten aus dem Gesundheitswesen

(Die Zahlen beziehen sich auf je 1.000 Einwohner)

BRD		DDR
25,6	Ärzte	22,2
5,7	Zahnärzte	6,8
2,9	Apotheken	1,2
111,0	Krankenhausbetten	102,0
9,6	Säuglingssterblichkeit	10,0
1,1	Müttersterblichkeit	1,9

(Tabelle nach: Zahlenspiegel Bundesrepublik Deutschland/Deutsche Demokratische Republik – ein Vergleich, Bundesministerium für innerdeutsche Beziehungen)

1. Wie aus dem Kaufkraftvergleich hervorgeht, war der Wohnraum in der DDR billiger. Wie sah die Situation bei der Anzahl, Größe und Qualität der Wohnungen aus?
2. Vergleichen Sie das Gesundheitswesen der Bundesrepublik und der DDR mit Hilfe der Statistik.

Arbeitsvorschlag

Wahlen in der DDR

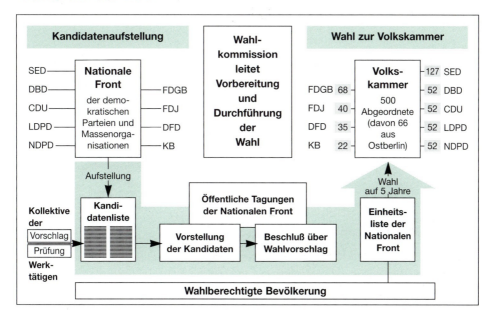

Bericht über die Kommunalwahlen am 07.05.89 in der DDR

Wolfgang Glatki ließ sie alle gewähren und schickte zwei Helfer mit der sogenannten fliegenden Wahlurne zu Alten und Kranken, um dort die Stimmen jener abzuholen, die nicht selbst ins Wahllokal kommen konnten. Da es in der DDR aus verständlichen Gründen keine Briefwahl gibt, muß jeder, der am Wahltag verhindert ist, entweder im Verlaufe von vier Wochen vorher in einem Sonderwahllokal seine Stimme abgeben oder aber gewärtig sein, daß die fliegende Urne am Wahltag zu ihm ins Haus kommt – ob er dies ausdrücklich wünscht oder nicht. Schon die Wahlberechtigungskarten werden jedem einzelnen Bürger persönlich, zumeist sogar von einem ihm wohlbekannten Nachbarn, ausgehändigt, so daß die Hemmschwelle zum demonstrativen Wahlverzicht hoch ist. Wer nicht wählt, muß hinterher mit Repressalien rechnen. So ist es nicht verwunderlich, wenn die Wahlbeteiligung, wie dieses Mal, bei 98,77 Prozent liegt (...)

Schmu ist auch gar nicht nötig, um Wahlsiege von beinahe hundert Prozent in der DDR zur Normalität zu machen.
Das Geheimnis liegt in der Wertung der Neinstimmen. Es ist für einen Wähler in der DDR gar nicht leicht, seine Ablehnung auf dem Stimmzettel auszudrücken. Ein wütendes Kreuz über den gesamten Zettel mit dem Kandidatenvorschlag wird als Jastimme gewertet. Nur jene Kandidatennamen, die zufällig direkt durchgekreuzt sind, gelten als gestrichen. Ähnlich wird mit Stimmzetteln verfahren, auf denen einer oder mehrere Kandidaten waagerecht durchgestrichen sind, wobei auch hier darauf zu achten ist, daß dieser Strich nicht zu weit nach unten gerät, denn dann gilt der Kandidat als unterstrichen und damit ausdrücklich als gewählt. Insgesamt gelten auch all diese Zettel als Jastimmen, wenn nicht sämtliche Kandidaten einzeln gestrichen wurden.

(Frankfurter Allgemeine Zeitung vom 09.05.1989)

Arbeiten Sie heraus, welche Unterschiede zwischen den Wahlen in der Bundesrepublik Deutschland und den Wahlen in der DDR bestanden. Berücksichtigen Sie hierbei den Text auf Seite 154.

3.5 Die Auflösung des Ost-West-Konfliktes

Ein historischer Augenblick: erste gesamtdeutsche Gespräche auf Regierungsebene zwischen Bundeskanzler Willy Brandt und dem DDR-Ministerratsvorsitzenden Willi Stoph am 19. März 1970 in Erfurt (damalige DDR).

Von der Entspannungspolitik zur Deutschen Einheit

Die Mauer wird einen Spalt geöffnet

Im Jahre 1963 war es dem Berliner Senat unter dem regierenden Bürgermeister Willy Brandt in Verhandlungen mit der DDR gelungen, ein **Passierscheinabkommen** zu erreichen. Nun konnten an Feiertagen wie Ostern und Weihnachten die auseinandergerissenen Familien wieder gemeinsam feiern. In Härtefällen, z.B. bei dringenden Familienangelegenheiten wie Geburt und Tod, wurden ebenfalls Passierscheine zum Betreten Ostberlins ausgestellt.

SALT verändert die Welt: Der Kalte Krieg wird beendet

Die USA (Präsident Richard Nixon) und die Sowjetunion (Generalsekretär Leonid Breschnew) redeten jetzt miteinander. Die **S**trategic **A**rms **L**imitation **T**alks (Gespräche über die Begrenzung hauptsächlich atomarer Waffen) ab 1969 hatten Erfolg. Aus politischen Feinden wurden Vertragspartner. SALT hatte zum Inhalt, daß die atomare Aufrüstung begrenzt wird. Spätere Verhandlungen (SALT 2) führten dann 1979 zum ersten Mal zu einem Rüstungsabbau. USA und UdSSR wurden Partner einer weltweiten Sicherheitspolitik.

Regierungswechsel in Bonn

Die Zeit von Bundeskanzler Konrad Adenauer (unterstützt von CDU/CSU + F.D.P.) war geprägt vom Kalten Krieg. Kanzler Ludwig Erhard 1963 – 1966 (CDU/CSU + F.D.P.) und die Große Koalition unter Kurt-Georg Kiesinger 1966 – 1969 (CDU/CSU + SPD) stellten eine Übergangszeit dar. Der Kalte Krieg wurde beendet, die Entspannungspolitik zwischen NATO und Warschauer Pakt begann langsam. Mit Kanzler **Willy Brandt** 1969 – 1974 (SPD + F.D.P.) beteiligte sich die Bundesrepublik aktiv am Abbau der Konflikte zwischen Ost und West. Aufbauend auf der erfolgreichen Westintegration unter Adenauer, öffneten Brandt und sein Außenminister Walter Scheel die deutsche Politik nach Osten. Die sozialliberale Bundesregierung wollte damit ein weiteres Auseinandergleiten Deutschlands verhindern.

Die Verträge von Moskau und Warschau 1970

Bundeskanzler Willy Brandt beim Staatsbesuch in Polen: der historische Kniefall. Eine neue Periode der Ost-Politik wird eingeläutet.

Im Potsdamer Abkommen (1945) waren die deutschen Gebiete östlich der Oder-Neiße-Linie Polen und der UdSSR zur Verwaltung übergeben worden. Tatsächlich waren diese Gebiete seitdem polnisch und sowjetisch. Die Bundesregierung begann 1969 eine neue Ostpolitik: Anerkennung der Unverletzlichkeit der polnischen und russischen Westgrenze. Der Verzicht auf Gebietsansprüche, auf die Anwendung von Gewalt, schaffte Vertrauen bei unseren östlichen Nachbarn. Insbesondere hierfür erhielt Willy Brandt 1971 den Friedensnobelpreis. Die deutsche Entspannungspolitik war eingebettet in die neue weltpolitische Konstellation. Die SALT-Abkommen zwischen den USA und der UdSSR hatten den Kalten Krieg beendet.

Viermächteabkommen und Grundlagenvertrag

Die vier Siegermächte des Zweiten Weltkrieges schlossen 1971 das **Viermächteabkommen** über Berlin. Den drei westlichen Siegermächten gelang es hierbei, die Zufahrtswege von der Bundesrepublik nach Westberlin zu sichern. Auch die besonderen Beziehungen Westberlins zur Bundesrepublik wurden jetzt von der Sowjetunion akzeptiert.

Artikel 1 des Grundlagenvertrages zwischen der Bundesrepublik Deutschland und der Deutschen Demokratischen Republik vom 22.12.1972

Die Bundesrepublik Deutschland und die Deutsche Demokratische Republik entwickeln normale gutnachbarliche Beziehungen zueinander auf der Grundlage der Gleichberechtigung.

Im Grundlagenvertrag erkannten sich die Bundesrepublik Deutschland und die Deutsche Demokratische Republik als Staaten in Deutschland gegenseitig an. Um die spätere Wiedervereinigung zu ermöglichen, stellte dies keine völkerrechtlich normale Anerkennung dar. Statt Botschaften wurden in den Hauptstädten Bonn und Ostberlin „Ständige Vertretungen" eingerichtet. Die DDR akzeptierte jetzt ganz, daß die Bundesrepublik Westberlin international in allen Verträgen mit vertrat. Die Mauer wurde durchlässiger. Besuche wurden erleichtert, die Sportvereine aus Ost und West trugen viele Wettkämpfe aus. Die Entspannungspolitik Willy Brandts und seines Nachfolgers Helmut Schmidt (Bundeskanzler 1974 – 1982) brachte die Deutschen stärker zueinander. Durch mehrmals erhöhte Gebühren verschaffte sich die DDR hierbei die begehrte D-Mark.

Ein Blick in die sich verändernde Bundesrepublik: Die Autoritäten werden in Frage gestellt

Für Väter und Mütter, Abteilungsleiter und Handwerksmeister, Lehrer und Pastoren, Professoren und Politiker begann Ende der 60er Jahre eine schwere Zeit: Ihre Autorität kraft Amtes wurde nicht mehr hingenommen. Lehrlinge fragten, warum sie für die Gesellen immer das Bier holen müßten. Studenten buhten ihre Professoren aus, wenn sie politisch eine andere Meinung hatten. Eltern mußten ihren Kindern ihr Handeln erklären. Erziehung im Elternhaus sollte nun ohne Strafen durch Überzeugung der Kinder erfolgen. Der christliche Glaube wurde weiter von der Kanzel verkündet, aber auf Gemeindeversammlungen und Kirchentagen wurde um den richtigen Glauben öffentlich und ausdauernd gerungen. Auch für die Lehrer begann eine neue Zeit: Schüler stellten viele Lerninhalte in Frage. Anstatt zu pauken wurde mehr diskutiert. Kurz ausgedrückt: Die Autoritäten wurden in Frage gestellt. Die Politik im Bundestag war geprägt von der Großen Koalition (CDU/CSU + SPD) und einer kleinen Opposition (F.D.P.). Politische Auseinandersetzungen fanden nun auch auf der Straße statt: Die **außerparlamentarische Opposition (APO)** lehnte den Vietnamkrieg und die Notstandsgesetze ab, kritisierte die oft einseitige Berichterstattung der Zeitungen aus dem Springer-Konzern und verlangte mehr Geld für die Bildung der Kinder aus Unter- und Mittelschicht. Einige Gedanken der APO setzten sich durch und wurden von der sozialliberalen Koalition umgesetzt. Ein Ergebnis dieser Zeit war das Aufkommen der **Bürgerinitiativen.**

Demonstranten auf dem Kurfürstendamm in Berlin (Oktober 1967).

Der Kommunismus bricht zusammen

Wirtschaftliche Schwierigkeiten prägten Mitte der 80er Jahre die Sowjetunion. Gemessen an der Wirtschaftskraft gab die Sowjetunion fünfmal soviel für Rüstung aus wie die Bundesrepublik Deutschland und war damit ein diktatorisch regiertes Land, dessen arme Bewohner den Rüstungswettlauf durch wirtschaftliche Opfer ermöglichen mußten. Die Mehrheit der sowjetischen Führung sah 1985 die Notwendigkeit von Reformen und wählte **Michail Gorbatschow** zum Vorsitzenden des Politbüros der KPdSU.

Glasnost und Perestroika

Statt der in der Sowjetunion bis dahin üblichen geheimen Treffen abseits der Bevölkerung führte Gorbatschow einen neuen Stil ein: öffentliches Eintreten für politische Ziele, Informationen für alle Bürger und sogar Diskussionen über Ziele und Informationen. Diese Offenheit wurde *Glasnost* genannt.

Auch die notwendigen Reformen begann Gorbatschow bald: Die einzelnen Betriebe erhielten mehr Spielraum für eigene Entscheidungen, über die auf Betriebsversammlungen zum Teil sogar diskutiert wurde. Dadurch entstand Konkurrenz zwischen den Betrieben, die die Löhne von ihren Ergebnissen abhängig machen konnten. Diesen Beginn eines Umbaus der Wirtschaft und der Gesellschaft nannte man *Perestroika*.

Die Zeichen des Wandels in der Sowjetunion wurden im Ostblock (z.B. Polen und Ungarn) schnell erkannt. Man machte mit auf dem Weg zu mehr Demokratie und Marktwirtschaft. Die DDR blieb aber – wie China – hart auf kommunistischem Kurs. Die NATO-Staaten des Westens wirkten einige Zeit orientierungslos, viele glaubten Gorbatschow nicht. Außenminister Hans-Dietrich Genscher setzte dagegen auf die Glaubwürdigkeit Gorbatschows: Er förderte eine Zusammenarbeit zwischen Ost und West, um Glasnost und Perestroika zu unterstützen. Langsam setzte sich die Position des deutschen Außenministers in Deutschland und dann im gesamten Westen durch.

Ungarn öffnet den Eisernen Vorhang – Die Einheit Deutschlands wird möglich

Die Entspannungspolitik setzte sich durch. Schnell ging es in Polen, in der Tschechoslowakei und vor allem in Ungarn. Nachdem dieses Land den Eisernen Vorhang für seine Bürger geöffnet hatte, reisten im Sommer 1989 viele DDR-Bürger als Urlauber dorthin – voller Hoffnung auf die Möglichkeit einer Ausreise in den freien Westen. Sie besetzten die Botschaft der Bundesrepublik Deutschland. Ebenso geschah es in den Botschaften in Warschau und Prag, außerdem in der Ständigen Vertretung in Ostberlin. Als immer neue Flüchtlinge kamen und außerdem viele über die „Grüne Grenze" zwischen Ungarn und Österreich in den Westen fliehen konnten, kündigte Ungarns Außenminister Gyula Horn einseitig das Reiseverkehrsabkommen mit der DDR auf: In der Nacht vom 10. zum 11. September 1989 wurde auch für die DDR-Bürger die Ausreise aus Ungarn in den Westen möglich. Im selben Monat gelangten so 25.000 Menschen in die Freiheit, waren der Zwangsherrschaft von SED und Stasi entkommen. Ohne viel eigenes Zutun hatte sich für die Deutschen 1989 die Welt verändert. Die Deutschen in der DDR – 28 Jahre durch Mauer und Stacheldraht eingesperrt – wollten in Freiheit leben und verließen nun scharenweise ihre Heimat. War die DDR-Führung früher sicher gewesen, daß sowjetische Panzer bei freiheitlichen Bestrebungen wie am 17. Juni 1953 die Bürger mit Waffen unter die kommunistische Herrschaft zwingen würden, war es jetzt anders. Michail Gorbatschow hatte dem Westen gegenüber Wort gehalten.

Der Weg zur Deutschen Einheit

Eine friedliche Revolution beginnt

Jahrelang war die offene und risikobehaftete Opposition in der DDR in erster Linie eine Sache der evangelischen Kirche, die sich für Friedensgebete und politische Versammlungen geöffnet hatte. Auch kritische Sozialisten und Bürgerrechtler waren gegen den kommunistischen Staat aufgetreten. Die Blockparteien wie CDU und LDPD waren den Kommunisten ergeben – die SED hatte sie fest im Griff.

1989 war es anders. Jetzt wagten mehr Menschen zu protestieren. Ein Zentrum der neuen Opposition war neben Ostberlin Leipzig. An dieser Stadt läßt sich gut aufzeigen, wie sich die Opposition in der DDR entwickelte:

- 80er Jahre:
  Kirchliche Friedensbewegung: „Schwerter zu Pflugscharen"
- ab 1988:
  Demonstrationen außerhalb der Kirchen: für Umweltschutz und gegen Umweltzerstörung
- 1989:
  Demonstranten fordern ihre Ausreise aus der DDR. Erste öffentliche Proteste gegen die in der DDR üblichen Fälschungen der Wahlen
- 04.09.1989:
  Nachdem im Sommer viele Menschen von Ungarn über Österreich in die Bundesrepublik geflohen waren, begannen in Leipzig die „Montagsdemonstrationen": Nach dem Gottesdienst in der evangelischen Nikolaikirche strömten über 1.000 Menschen durch die Straßen und forderten „Reisefreiheit statt Flucht", „Stasi raus" und „Wir bleiben hier".

Nach der Öffnung der Grenze zwischen Ungarn und Österreich durch den ungarischen Außenminister Gyula Horn am 10.9.1989 schwoll die Zahl der Demonstranten an: bis auf 400.000 Teilnehmer am 06. November 1989. Nun hatten sich die politischen Ziele der Demonstrationen geändert, und auch die Teilnehmer waren zum Teil andere. Nicht mehr der

Ruf nach Reformen in der DDR stand obenan, sondern die Abschaffung des sozialistischen Staates und die Einheit Deutschlands. Der seit vielen Jahren bestehende Wunsch nach westlichem Wohlstand wurde ausgedrückt in der Forderung nach Einführung der D-Mark. Nun beteiligten sich auch die Mitglieder der Blockparteien stärker als bisher an den öffentlichen Diskussionen.

Gorbatschow gegen Honecker: Die Mauer fällt

Der Anfang vom Ende der DDR wurde vom sowjetischen Regierungschef Michail Gorbatschow eingeleitet: Die Sowjetunion hörte auf, die SED-Diktatur von Honecker, Krenz und Modrow zu unterstützen. Glasnost und Perestroika sollten nicht nur in der Sowjetunion gelten, auch die Führung der DDR sollte Freiheit und Demokratie zulassen.

Am 07. Oktober 1989 fanden in Ostberlin die Feiern zum 40jährigen Bestehen der DDR statt.

Wie üblich bei ähnlichen Anlässen, wurden aus dem ganzen Land die Menschen nach Berlin gebracht. Dort mußte dann auf Bestellung vor Erich Honecker und seinen Ehrengästen wie Michail Gorbatschow gejubelt werden.

Über 100.000 Menschen hatten der DDR – meist über Ungarn – schon den Rücken gekehrt. Eine Woche vor den Feierlichkeiten waren etwa 8.000 Menschen über die Botschaften in Warschau und Prag mit Sonderzügen in die Bundesrepublik gebracht worden. Und da sprach der SED-Generalsekretär Erich Honecker von der DDR als einem Beispiel für „Stabilität und Sicherheit in Europa". „Gorbi" sah es anders und sagte (in freier Übersetzung): *„Wer zu spät kommt, den bestraft das Leben."* Damit meinte er, daß Reformen in der DDR überfällig seien. Honecker meinte dagegen: *„Totgesagte leben länger!"*

Nun standen keine sowjetischen Panzer mehr bereit, um auf Wunsch der SED auf Bürger der DDR zu schießen.

Die Nachbarn der DDR waren dem Beispiel der Sowjetunion gefolgt und hatten mit dem Umbau der Gesellschaft begonnen. Die Grenzen zu Polen und zur Tschechoslowakei hatten sich geöffnet. Stacheldraht und Mauer durch Deutschland wurden nun umgangen. Der große Bruder in Moskau half nicht mehr. Immer mehr Menschen verließen ihr Land.

Die SED war nicht mehr Herr der Lage. Sie war sich nicht mehr sicher, ob ihre Soldaten und Polizisten auf die Bürger schießen würden. Der politische Druck der Opposition war groß. Immer öfter wurde die Ablösung der Regierung gefordert. Schließlich trat Erich Honecker zurück. Der jüngere Egon Krenz wurde sein Nachfolger als Generalsekretär der SED. Neuer Ministerpräsident wurde Hans Modrow. Aber auch das half nichts mehr: Die Bürger der DDR hatten ihren „real existierenden Sozialismus" satt. Sie wollten nicht mehr.

Eine Entscheidung zum Öffnen der Mauer ist wahrscheinlich nie getroffen worden. Am Abend des 09. November 1989 kündigte das SED-Politbüromitglied Schabowski vor laufenden Fernsehkameras die Möglichkeit von Westreisen für alle an. Das war das Signal. Die Menschen warteten nicht ab. So strömten Hunderttausende DDR-Bürger einfach durch die Mauer und von Lübeck bis Hof über die Staatsgrenzen in die Bundesrepublik.

Die verunsicherten Grenzpolizisten waren ohne klare Weisungen. Die Berliner diskutierten anfangs mit ihnen. Sie wollten nach drüben, und sie gingen nach drüben.

M 1 Das Ausland zur Wiedervereinigung

Deutschland feiert

Ob in Berlin am Brandenburger Tor oder in Lübeck am Kohlmarkt: Die Begeisterung der Deutschen aus Ost und West war groß. Freunde und Verwandte schlossen sich in die Arme, fremde Menschen tanzten miteinander. Die Trabis und Wartburgs eroberten die grenznahen Städte.

Viele Bürger fuhren spontan nach Berlin, um die nationale Einheit zu feiern. An den vielen Übergängen zur ehemaligen Staatsgrenze der DDR begrüßten Westdeutsche ihre Landsleute mit Sekt und guter Laune. Die Freude, ja Euphorie war groß. Hinter vielen Scheibenwischern von Trabis und Wartburgs steckten zur Begrüßung Geldscheine. Die Menschen aus Ost und West kamen sich näher. In den Städten entlang der Grenze zwischen Lübeck und Hof kam es nicht nur zu spontanen Feiern auf den Plätzen der Innenstädte, sondern auch zu spontanen Einladungen. In den überfüllten Restaurants wurde zünftig gefeiert, und viele private Kontakte wurden geknüpft. Bei gegenseitigen Besuchen lernte man sich kennen. Die Menschen merkten dabei aber auch, wie weit man sich in Ost und West auseinandergelebt hatte. Trotzdem galt der Satz von Altkanzler Willy Brandt: *„Jetzt wächst zusammen, was zusammengehört."*

Schnelle Vereinigung

Die Bundesregierung mit Kanzler Helmut Kohl an der Spitze hatte, wie fast alle Deutschen, die Öffnung der Mauer zu diesem Zeitpunkt nicht erwartet. Keiner hatte fertige Pläne für die deutsche Einheit in den Schubläden. Am 28. November 1989 legte Helmut

Kohl dem Deutschen Bundestag sein 10-Punkte-Programm eines allmählichen Zusammenwachsens der beiden deutschen Staaten vor. Noch war offen, wie lange die beiden deutschen Staaten nebeneinander bestehenbleiben sollten. Sollte es einen losen Zusammenschluß (einen Staatenbund) geben? Oder sollte es eine Vereinigung geben oder die DDR der Bundesrepublik beitreten? Die DDR-Bürger wünschten einen schnellen Zusammenschluß, weil ihre Wirtschaft schneller als erwartet zusammenbrach und auch ihre Verwaltung mehr und mehr an Autorität verlor. Deshalb verfolgte vom Dezember 1989 an die Regierung Kohl/Genscher das Ziel, die Vereinigung der beiden deutschen Staaten als Beitritt der DDR zur Bundesrepublik so schnell wie möglich zu vollziehen.

Bei der ersten freien Volkskammerwahl in der DDR am 18. März 1990 machte die CDU den schnellen Beitritt zu ihrem Programm. Insbesondere auf diese Wahlaussage ist der hohe Sieg der CDU-nahen Allianz für Deutschland (48,1 %) zurückzuführen. Bundeskanzler Helmut Kohl trat aufs Gaspedal. Zielbewußt wurde die große historische Aufgabe angepackt. Schon am 01. Juli 1990 wurde die D-Mark in der DDR im Rahmen einer Wirtschafts-, Währungs- und Sozialunion eingeführt. Damit war ein Wunsch der Ostdeutschen erfüllt.

3.5 M 2 Währungsunion

Zwei + Vier-Vertrag

3.5 M 3 2+4-Vertrag

Zum Beitritt der DDR zur Bundesrepublik war die Zustimmung der Siegermächte des Zweiten Weltkrieges notwendig. So wie der Kalte Krieg Deutschland geteilt hatte, so wurde nun im Zeichen der Entspannungspolitik die Einheit in Freiheit vollzogen. Die beiden deutschen Staaten handelten – oft nach der Regie des damals dienstältesten Außenministers der Welt, Hans-Dietrich Genscher – mit den vier Siegermächten des Zweiten Weltkrieges den lange ersehnten Friedensvertrag aus. Er wurde „Vertrag über die abschließende Regelung in bezug auf Deutschland" genannt. Die Sowjetunion hatte erst nach einem Besuch von Bundeskanzler Kohl, Außenminister Genscher und Finanzminister Waigel zugestimmt.

Die Einheit wird vollzogen: der Beitritt der DDR

> *Bundespräsident v. Weizsäcker am 3. Oktober 1990:*
> *„Unsere Einheit wurde niemandem aufgezwungen, sondern friedlich vereinbart. Sie ist Teil eines gesamteuropäischen geschichtlichen Prozesses, der die Freiheit der Völker und eine neue Friedensordnung unseres Kontinents zum Ziel hat."*

Nach der Volkskammerwahl am 18. März 1990 war die DDR zum ersten Mal ein demokratischer Staat. Beide deutsche Staaten handelten zielstrebig den Beitritt der DDR zur Bundesrepublik aus. Schon am 31. August 1990 wurde der Einigungsvertrag unterschrieben.

Der Einigungsvertrag besteht aus 46 Artikeln und umfaßt mit den Ausführungsbestimmungen und Erläuterungen 1.000 Seiten. Alle Fragen im Zusammenhang mit dem Beitritt der DDR am 3. Oktober 1990 sind hier geregelt worden.

Aus dem Einigungsvertrag:

**Artikel 1
Länder**

(1) Mit dem Wirksamwerden des Beitritts der Deutschen Demokratischen Republik zur Bundesrepublik Deutschland gemäß Artikel 23 des Grundgesetzes am 3. Oktober 1990 werden die Länder Brandenburg, Mecklenburg-Vorpommern, Sachsen, Sachsen-Anhalt und Thüringen Länder der Bundesrepublik Deutschland. ...

(2) Die 23 Bezirke von Berlin bilden das Land Berlin.

Die Zusammenführung eines demokratischen und kapitalistischen Landes mit einem diktatorisch regierten sozialistischen stellte und stellt eine große historische Aufgabe dar. Die unterschiedlichen Systeme hatten die Deutschen geprägt. Auf vielen Gebieten hatten sie sich auseinandergelebt: auf der einen Seite Bürger, die es seit langem gewohnt waren, Risiken einzugehen und Entscheidungen selbst zu treffen, auf der anderen Seite Bürger, die nicht arbeitslos werden konnten und in den Lebensbereichen Schule, Ausbildung, Beruf und Arbeitsplatz vom Staat mehr oder weniger geleitet worden waren. Zusammengeführt wurden wettbewerbsfähige, am Weltmarkt orientierte Industrien mit Unternehmen, die nach den Bedürfnissen der ehemaligen Sowjetunion hatten arbeiten müssen. Hinzu kam, daß die ehemaligen Ostblockländer als Abnehmer für die Industrie der neuen Bundesländer weitgehend ausfielen. Eine gewaltige Aufgabe war auf die Deutschen zugekommen.

So wurden z.B. die staatlichen, planwirtschaftlich geführten Unternehmen **privatisiert.** Und die Bürger in den neuen Bundesländern sahen sich plötzlich auf allen Ebenen einem für sie neuen Lebensumfeld gegenüber: Krankenkassen oder Rentenversicherung, freier Wohnungsmarkt oder hohe Preise für Grundnahrungsmittel, niedrige Preise für Autos und Elektroartikel, vieles war neu und ungewohnt – eben anders. Die Zusammenführung der Deutschen mußte und muß immer noch finanziert werden, denn insbesondere die Modernisierung der ostdeutschen Wirtschaft kostet viel. So beträgt z.B. der **Solidaritätszuschlag** für den Aufbau Ost für die Arbeitnehmer bei der Lohn- und Einkommensteuer 7,5 % der Steuerschuld, bei der Körperschaftsteuer (Besteuerung der Unternehmensgewinne) ebenfalls 7,5 %. Durch den Finanzausgleich der Bundesländer erhalten die ärmeren von den reicheren Ländern Finanzmittel.

3.5
M 4
Wirtschaftskraft der Bundesländer und der EU-Mitgliedstaaten

Hilfe kam aber auch von der **Europäischen Union**. Alle neuen Bundesländer werden von der EU im Rahmen des Europäischen Fonds für regionale Entwicklung finanziell gefördert. Dies ist möglich, weil die Länder mit ihrer wirtschaftlichen Leistungsfähigkeit weit unter EU-Durchschnitt liegen und damit rückständige Regionen darstellen. Ob Modernisierung der Werften in Mecklenburg-Vorpommern oder Bau einer neuen Pkw-Fabrik in Thüringen – die EU ist dabei und finanziert mit.

Die Europäische Union hat sich langsam, aber kontinuierlich entwickelt. Sie wird immer größer. Viele wichtige Entscheidungen fallen deshalb nicht mehr in Bonn, sondern in Brüssel. Die Zukunft des geeinten Deutschland liegt in Europa.

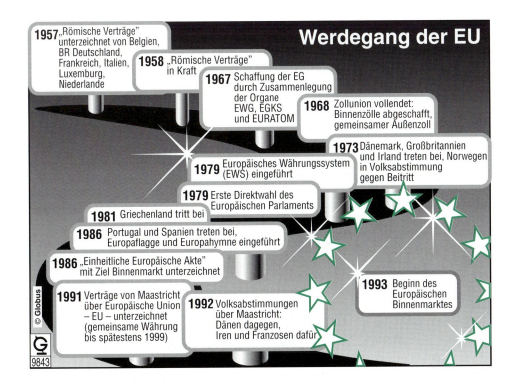

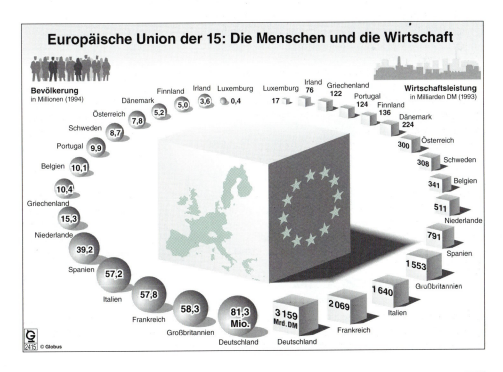

Materialien

Stimmen aus dem Ausland

3.5
M 1
Das Ausland zur Wiedervereinigung

Die kanadische Zeitung „Montreal Gazette"

Die französische Zeitung „Le Monde"

„Maggie, Liebling, bist du nicht doch zu pessimistisch wegen der deutschen Wiedervereinigung?"
Der englische Karikaturist MAC

(Karikaturen aus: Berliner Illustrierte, Sonderausgabe, 3. Oktober 1990)

So sahen ausländische Karikaturisten 1990 die Deutsche Einheit.
1. Beschreiben Sie die drei Karikaturen.
2. Was sagen sie aus?

Staatsvertrag zur Währungs-, Wirtschafts- und Sozialunion

WÄHRUNGSUNION

- D-Mark einzige Währung
- Deutsche Bundesbank alleine Zentralbank
- Umtauschkurse
  DDR-Mark : D-Mark
  1 : 1 für Löhne und Gehälter, Renten, Mieten, Pachten, Stipendien
  1 : 1 für Guthaben von natürlichen Personen bis zu bestimmten Höchstgrenzen
  2 : 1 für alle übrigen Forderungen und Verbindlichkeiten

WIRTSCHAFTSUNION

Die DDR schafft die Voraussetzungen für die Soziale Marktwirtschaft:

- Privateigentum
- Freie Preisbildung
- Wettbewerb
- Gewerbefreiheit
- Freier Verkehr von Waren, Kapital, Arbeit
- ein mit der Marktwirtschaft verträgliches Steuer-, Finanz- u. Haushaltswesen
- Einfügen der Landwirtschaft ins EG-Agrarsystem

SOZIALUNION

Die DDR schafft Einrichtungen entsprechend denen in der Bundesrepublik Deutschland:

- Rentenversicherung
- Krankenversicherung
- Arbeitslosenversicherung
- Unfallversicherung
- Sozialhilfe

Die DDR schafft und gewährleistet nach dem Vorbild der Bundesrepublik Deutschland:

- Tarifautonomie
- Koalitionsfreiheit
- Streikrecht
- Mitbestimmung
- Betriebsverfassung
- Kündigungsschutz

(Politik – Informationen aus Bonn, Nr. 2/3, 28.06.1990)

Wesentliche Bestandteile des 2 + 4-Vertrages

Der Vertrag wurde am 12. September 1990 in Moskau zwischen den beiden deutschen Staaten sowie USA, Großbritannien, Frankreich und der UdSSR abgeschlossen:

- Das vereinigte Deutschland reduziert die Bundeswehr auf 370.000 Mann.

- Im Gebiet der fünf neuen Bundesländer dürfen ausländische NATO-Truppen nicht stationiert werden.

- Deutschland bestätigt seinen Verzicht auf Herstellung und Besitz von atomaren, chemischen und biologischen Waffen.

- Die Bundesrepublik bestätigt die polnische Westgrenze (Oder-Neiße-Linie) als deutsche Ostgrenze.

1. Was wird im Staatsvertrag geregelt?
2. Vergleichen Sie die Inhalte des Potsdamer Abkommens mit denen des 2+4-Vertrages.

Wirtschaftskraft der Bundesländer und der EU-Mitgliedstaaten

Bruttoinlandsprodukt

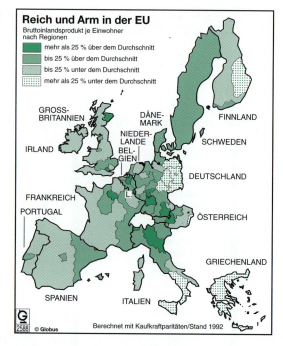

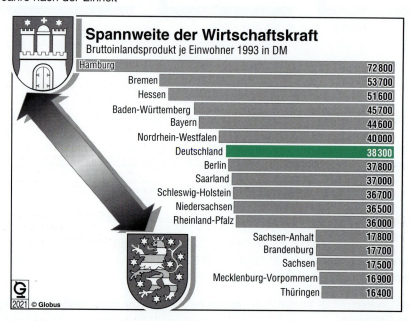

1. Welche Gebiete der EU weisen eine Wirtschaftskraft von weniger als 75 % auf?
2. Welche Gebiete weisen eine Wirtschaftskraft von über 125 % auf?
3. Welche Wirtschaftszweige sind für Hamburg und Schleswig-Holstein bedeutend?
4. Weshalb ist das Bruttoinlandsprodukt in Hamburg etwa doppelt so hoch wie in Schleswig-Holstein?

A Arbeitsvorschlag

Anzeige der Bundesregierung zur Einheit

Die Einheit wird kommen

„ Wir sind bereit, *konföderative Strukturen* zwischen beiden Staaten in Deutschland zu entwickeln mit dem Ziel, eine Föderation, das heißt eine bundesstaatliche Ordnung in Deutschland zu schaffen. Das setzt zwingend eine demokratisch legitimierte Regierung in der DDR voraus.

Dabei könnten wir uns bald nach freien Wahlen folgende Institutionen vorstellen:
- einen gemeinsamen Regierungsausschuß zur ständigen Konsultation und politischen Abstimmung,
- gemeinsame Fachausschüsse,
- ein gemeinsames parlamentarisches Gremium.

Die bisherige Politik gegenüber der DDR mußte sich im wesentlichen auf kleine Schritte beschränken, die die Folgen der Teilung für die Menschen mildern und das Bewußtsein für die Einheit der Nation wachhalten und schärfen sollten. Wenn uns künftig eine demokratisch legitimierte, das heißt frei gewählte Regierung als Partner gegenübersteht, dann eröffnen sich völlig neue Perspektiven.

Stufenweise können neue Formen institutioneller Zusammenarbeit entstehen und ausgeweitet werden. Ein solches Zusammenwachsen liegt in der Kontinuität der deutschen Geschichte. Staatliche Organisation in Deutschland hieß immer Konföderation. Wir können uns auch jetzt wieder diese historischen Erfahrungen zunutze machen.

Wie ein wiedervereintes Deutschland schließlich aussehen wird, weiß heute niemand. *Daß* **aber die Einheit kommen wird, wenn die Menschen in Deutschland sie wollen – dessen bin ich sicher.** "

Bundeskanzler Helmut Kohl
am 28. November 1989 vor dem Deutschen Bundestag

Presse- und Informationsamt der Bundesregierung
5300 Bonn 1

(Anzeige aus: Berliner Illustrierte, Sonderausgabe, Dezember 1989)

- Wie stellte sich Bundeskanzler Helmut Kohl den Weg zur Einheit Deutschlands vor?
- Schreiben Sie aus der Anzeige die einzelnen Schritte zur Einheit heraus.
- Vergleichen Sie den geplanten Weg mit dem tatsächlich eingeschlagenen.

Erarbeiten Sie sich den zeitlichen Ablauf der deutschen Einheit, indem Sie den Daten die richtigen Ereignisse zuordnen:

Daten:	Ereignisse:
10.09.1989	Die DM wird in der DDR eingeführt
09.11.1989	Abschluß des Einigungsvertrages
28.11.1989	Ungarn öffnet die Grenzen
18.03.1990	Abschluß des 2+4-Vertrages
01.07.1990	Beitritt der DDR zur Bundesrepublik
31.08.1990	Die Mauer ist offen
12.09.1990	Zehn-Punkte-Programm der Bundesregierung
03.10.1990	1. freie Volkskammerwahl in der DDR

D Diskussion

Umfrage: Heimat – wo ist das? Als was fühlen Sie sich?

Führen Sie in Ihrer Klasse eine Umfrage durch. Diese sollte geheim sein. Womit identifizieren Sie sich am meisten?

- Europäische Union
- Schleswig-Holstein (oder ein anderes Bundesland)
- Bundesrepublik Deutschland
- der Ort, in dem Sie wohnen

Es sind bis zu zwei Antworten möglich. Jeder schreibt seine Antworten auf ein Blatt ohne Namen.

Sammeln Sie die Wahlzettel ein. Werten Sie diese noch nicht aus. Führen Sie ein zweites Mal die Umfrage durch. Jeder Schüler / jede Schülerin darf diesmal aber nur eine Antwort geben. Werten Sie beide Umfragen getrennt aus.

Fragen zu Ihrem Ergebnis:

- Gibt es zwischen der Umfrage 1 und der Umfrage 2 Unterschiede?
- Falls Sie Lust haben, begründen Sie gegenseitig Ihr Wahlverhalten.
- Was meinen Sie, wie hätten Ihre Eltern und Großeltern abgestimmt?

Leben und Mitwirken im demokratischen Staat

Das Reichstagsgebäude in Berlin

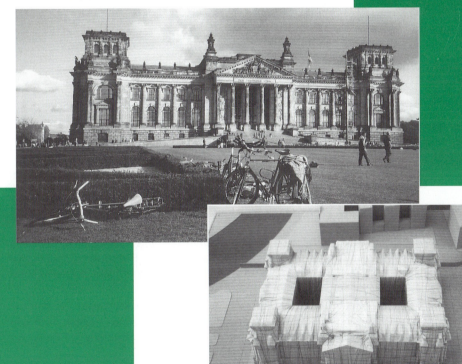

„Verhüllter Reichstag"
(Modell des Verpackungskünstlers Christo)

4.1 Demokratie lebt vom Mitmachen

Friedliche Bürgerinitiative

Alle Staatsgewalt geht vom Volke aus

Vorstellungen ändern sich...

Zur Erinnerung 3.1
Der lange Weg zur Freiheit

Das waren schlimme Zeiten. Der Herrscher bestimmte, das Volk mußte gehorchen. Wenn jemandem etwas nicht paßte, mußte er sich trotzdem fügen. Beschweren konnte man sich nur beim Herrscher selbst. Er war der oberste Gerichtsherr. Wie solche Richtersprüche ausfielen, wußten alle.

Die Herrschenden leiteten ihre Macht von Gott ab. Sie war ihnen als Gnade von Gott verliehen und nur ihm waren sie Rechenschaft schuldig. Alle Menschen mußten nach dem Tode vor ihren himmlischen Richter treten, auch die Herrscher. Aber hier auf Erden war Kritik an der Herrschaft für das gemeine Volk tabu.

Die Gesellschaft lebte in einer starren Ordnung, auch Ständestaat genannt. Jeder war durch Geburt an seinen Platz gestellt und hatte seine Aufgabe im Werk Gottes zu erfüllen. Keiner konnte ausbrechen aus dieser gottgegebenen Ordnung. Die Kirche verkündete diese Lehre. Die Untertanen mußten glauben und gehorchen. Die Herrschenden befahlen. Glücklich war das Volk, wenn sich der Herrscher selbst an die Gebote Gottes hielt. Wenn er dies nicht tat, war das Leben schrecklich.

Macht verführt zum Mißbrauch. Wenn der Herrscher meinte, er müsse sich vor den anderen hervortun, so gab er die Anweisung, ein neues Schloß zu bauen. Er holte sich einen berühmten Baumeister, den er fürstlich bezahlte. Die Bauarbeit leistete das Volk. Dazu waren die Untertanen verpflichtet, auch wenn sie dabei ihre eigene Arbeit vernachlässigen mußten und so manchmal nicht dazu kamen, ihre Felder zu bestellen. Wir bewundern heute solche Burgen und Schlösser. Der Name des Herrschers wird bei Führungen genannt. Nur wenige denken beim Bestaunen all der Pracht an das Elend der wirklichen Erbauer.

Das Leben der Menschen war einfach: Alle mußten sich fügen. Das Leben war sicher nicht leicht, aber wer so recht nach Gottes Gebot – und dem Willen des Herrschers – gelebt hatte, der kam nach dem Tod in den Himmel und erhielt dort den Lohn für die erlittenen Übel auf Erden. Ein Trost blieb den Unterdrückten: Sie konnten darauf hoffen, daß ihre irdischen Peiniger zur Strafe in die Hölle kamen und dort ewige Qualen erleiden mußten.

Zweifel an dieser gottgewollten Ordnung tauchten auf. Eifrige Astronomen stellten fest, die Erde dreht sich. Mutige Seefahrer entdeckten, daß die Erde keine Scheibe ist, von der man herunterfällt, wenn sich das Schiff zu weit herauswagt. Die Erde steht nicht im Mittelpunkt des Weltalls, sondern ist selbst nur ein winziger Stern im großen Meer der Sterne. Die Kirche verbot diese neue Lehre und bekämpfte sie mit aller ihr zur Verfügung stehenden Macht und mit Gewalt. Denn sie sah sehr deutlich die Gefahr: Wenn die Lehre der Kirche erst einmal an einer Stelle erschüttert ist, dann gerät das ganze komplizierte Gebäude der Glaubenslehre ins Wanken. Und schließlich wird die Autorität der Kirche selbst in Frage gestellt. So geschah es dann auch. Die Herrschenden konnten allerdings noch Jahrhunderte ihre Macht verteidigen und sogar steigern. Der Ausspruch des Sonnenkönigs, Ludwig XIV., macht das sehr deutlich: **„Der Staat bin ich."**

3.1
M 5
Absolutismus

In Deutschland ging die autoritäre Herrschaft erst 1918 zu Ende. Die Ausrufung der Republik und die Einführung einer Verfassung 1919 durch die gewählte Nationalversammlung in Weimar gab den Menschen zum ersten Mal demokratische Freiheiten.

Zur Erinnerung
3.2

Weimarer Republik

Wenn heute jemand fragt: Was ist der Staat? Dann antworten wir mehr oder weniger stolz und etwas unsicher: **„Der Staat sind wir."** Unsere Gesellschaft wird an vielen Stellen von Zweifeln geplagt. Die Glaubenssicherheit ist verflogen. Statt des einen Weltbildes früher gibt es heute viele Weltanschauungen. Jeder und jede von uns muß sich selbst orientieren und selbst entscheiden. In dieser komplizierten Welt gibt es nur selten einfache Lösungen, die alle einsehen und mit denen alle einverstanden sind. Wenn mehrere Menschen zusammen sind, gibt es auch mehrere Meinungen. Und damit das Ganze noch komplizierter wird: Wir ändern auch noch ständig unsere Meinung. Weil es in unserer Gesellschaft so viele unterschiedliche Leute und Gruppen gibt mit so unterschiedlichen Anschauungen, nennen wir die Gesellschaft eine „pluralistische Gesellschaft" (Plural = Mehrzahl). Zu dieser Gesellschaft paßt kein Staat, in dem nur einer als Diktator sagt, was richtig ist und was getan werden soll. Es gibt den weisen und klugen Menschen nicht, dem alle glauben und dem sich alle unterwerfen wollen. Der Staat muß trotzdem regiert werden. Das gelingt in der pluralistischen Gesellschaft nur, wenn alle sich an dieser Herrschaft beteiligen können. Das geht nur in einer **Demokratie.**

Direkte Demokratie

Demokratie bedeutet: Die Betroffenen entscheiden selbst über ihre Angelegenheiten. In Urzeiten versammelten sich die Germanen zum Thing. Dort wurde geredet, beschlossen und auch Gericht abgehalten. Heute findet Demokratie z.B. statt, wenn die Familie über ihre Urlaubsreise berät oder der Ruderverein über den Kauf eines neuen Bootes entscheidet.

4.1
M 1
Demokratie

Der Prozeß der Entscheidung läuft dabei im Prinzip immer so ab:
- Über das Problem wird geredet (diskutiert); jede oder jeder kann mitreden.
- Dann wird abgestimmt: Was die Mehrheit will, wird beschlossen; die Minderheit akzeptiert den Beschluß.

Eine solche **„direkte Demokratie"** ist nur in kleinen überschaubaren Gruppen möglich.

Direkte Demokratie in der Schweiz:
Landsgemeinde Glarus

Parlamentarische Demokratie

Demokratie in großen Gruppen ist **„indirekte Demokratie"**. Das Volk herrscht nicht selbst. Das geht schon rein technisch gar nicht anders; denn wo und wann soll sich das gesamte Volk versammeln?

Aber: „Alle Staatsgewalt geht vom Volke aus" – so steht es im Grundgesetz Art. 20 (2). Das Volk vergibt durch Wahlen den Auftrag (das **Mandat** auf Zeit) zu diskutieren und zu beschließen an **Abgeordnete**. Die Abgeordneten vertreten (repräsentieren) das Volk. Sie versammeln sich und bilden damit das **Parlament**. Daher nennt man diese Art der Demokratie: parlamentarische oder repräsentative Demokratie.

Wahlen: Bürgerinnen und Bürger vergeben den Auftrag zum Handeln

Zur Erinnerung
3.1
M 2
Drei-Klassen-Wahlrecht

Das Recht, durch Wahlen auf politische Entscheidungen Einfluß zu nehmen, mußte hart erkämpft werden. Früher hatten z.B. die Frauen und die Armen kein Wahlrecht. Davor wurde überhaupt nicht gewählt. Heute haben wir die Möglichkeit, selbst mitzubestimmen, welche Politik gemacht wird.

Durch Wahlen überträgt das Volk seine Macht auf das Parlament, jedesmal begrenzt für eine bestimmte Zeit. Daher ist es wichtig, daß Wahlen nach demokratischen Grundsätzen verlaufen. Denn nur dann besteht auch die Garantie, daß das Parlament so zusammengesetzt ist, wie das Volk dies will.

Wahlgrundsätze:

Demokratische Wahlen müssen nach ganz bestimmten Grundsätzen ablaufen. Das Grundgesetz bestimmt: „Die Abgeordneten ... werden in allgemeiner, unmittelbarer, freier, gleicher und geheimer Wahl gewählt." Art 38 (1)

Allgemein: Jeder darf wählen, Männer und Frauen, Arme und Reiche, informierte und nicht informierte Bürgerinnen und Bürger. Allerdings: Wahlberechtigt ist nur, wer die deutsche Staatsangehörigkeit besitzt, mindestens 18 Jahre alt ist und mindestens seit drei Monaten im Wahlgebiet wohnt. Außerdem dürfen sich EU-Bürger an Kommunalwahlen beteiligen; sie müssen ihr Wahlrecht aber beantragen. Alle anderen Ausländer dürfen nicht wählen, auch wenn sie viele Jahre hier leben und vielleicht sogar hier geboren sind. Sie können daher die Politik nicht mitbeeinflussen.

Unmittelbar: Die Abgeordneten werden direkt gewählt – und nicht indirekt über Wahlmänner oder Wahlfrauen.

Frei: Die Bürgerinnen und Bürger entscheiden selbst, ob sie wählen gehen oder nicht und wem sie ihre Stimme geben. Es findet kein Zwang statt. Allerdings: Zur freien Entscheidung gehört auch die freie Information über die Kandidaten und Parteien, die gewählt werden wollen. Nach dem Grundgesetz hat jedermann freien Zugang zur Information.

Gleich: Jede Stimme zählt gleich viel.

Geheim: Niemand soll wissen, was jemand gewählt hat. Deshalb muß die Wählerin /der Wähler (einzeln) in der Wahlkabine das Kreuz auf den Stimmzettel machen. Der Stimmzettel muß in der Kabine in einen Umschlag gesteckt werden. Er darf nur im Umschlag in die Wahlurne geworfen werden.

Warteschlange vor einem Wahllokal in Südafrika bei der ersten freien Wahl, Soweto, am 27. April 1994

Parlamente auf allen Ebenen

In unserer Gesellschaft gibt es viel zu beschließen. Daher gibt es auf allen Ebenen Parlamente. Und immer wieder muß gewählt werden, weil die Parlamente – als Volksvertretung – auf demokratische Art ihr Mandat vom Volk erhalten müssen.

Parlamente gibt es

- in den Gemeinden: z.B. die Gemeindevertretung oder die Stadtvertretung (in einigen Städten „Bürgerschaft" genannt); in den Kreisen den Kreistag. Beide Parlamente gehören der untersten Ebene an. Sie werden als **„Kommunalparlamente"** bezeichnet. Kommune, das ist die (politische) Gemeinde. Gewählt werden die Parlamente in der Kommunalwahl. Für die Gemeindevertretung und für den Kreistag gibt es je einen eigenen Stimmzettel. Sie diskutieren über die Probleme vor Ort, z.B. über eine Fußgänger-Ampel vor dem neuen Einkaufscenter.

- In jedem der 16 Bundesländer gibt es einen **Landtag** – gewählt in der Landtagswahl. Für diese Wahl hat jedes Bundesland sein eigenes Wahlgesetz und legt den Wahltermin selbst fest. Das Landesparlament tagt in der Landeshauptstadt, der Landtag von Schleswig-Holstein in Kiel. Hier wird über Themen gestritten, die die unterste Ebene nicht bewältigen kann, z.B. über die Ausstattung der Polizei mit neuen Schlagstöcken.

- Für die Bundesrepublik Deutschland zuständig ist der **Deutsche Bundestag** mit Sitz in Bonn, bald in Berlin (dort tagt er auch heute manchmal schon). Er beschließt Gesetze, die alle angehen, z.B. die Höhe des Erziehungsgeldes.

- Die Bürger der Europäischen Union wählen das **„Europäische Parlament"**. Es tagt in Straßburg, manchmal auch in Brüssel. Das Europäische Parlament berät über Bereiche, die nur europaweit zu bewältigen sind, z.B. über die Einfuhr von Bananen aus Südamerika.

Es wird deutlich, daß das Volk nicht alles selbst diskutieren und beschließen kann. Dafür haben wir ja gewählt. Diese Arbeit sollen die Parlamente für uns machen. Und zwar immer die Stelle, die dem Problem am nächsten ist und daher auch eine angemessene Lösung findet.

Der Grundsatz gilt: Entschieden werden soll möglichst vor Ort. Erst wenn die unterste Ebene ein Problem nicht lösen kann – weil es zu umfassend ist –, muß die nächsthöhere Ebene entscheiden. Dieses Prinzip nennt man **„Subsidiarität"**.

Viele machen mit

Weil es so viele Parlamente gibt, gibt es auch sehr viele Abgeordnete. Es stimmt daher eigentlich nur im Prinzip, daß in der parlamentarischen Demokratie das Volk seine Macht an die „Mandatsträger" abgegeben hat. Viele Tausende Bürgerinnen und Bürger sind selbst Mitglieder in Parlamenten und daher direkt an wichtigen Entscheidungen beteiligt. Und noch viel mehr machen mit:

- Die Kommunalparlamente bilden Ausschüsse für bestimmte Aufgaben, z.B. den Schul- oder den Umweltausschuß. Dort arbeiten auch einige Frauen und Männer mit, die von den Parteien benannt werden, aber nicht zur Gemeindevertretung gehören. Auch in den Dorfvorständen ist der Einsatz der Bürgerinnen und Bürger groß.

- Der Bundestag veranstaltet vor großen Gesetzesvorhaben Anhörungen. Hierzu werden Expertinnen und Experten geladen, die ihre Meinung vortragen. Das Parlament entscheidet zwar nachher allein, aber das Wort der Fachleute hat großes Gewicht.

- Bei manchen Problemen melden sich auch Bürgerinnen und Bürger selbst unmittelbar zu Wort. Wenn z.B. eine Bürgerinitiative eingreift, hat das Einfluß auf die Entscheidungen der Abgeordneten.

In der Bundesrepublik Deutschland leben gegenwärtig mehr als 80 Millionen Menschen. 60 Millionen Bürgerinnen und Bürger sind wahlberechtigt. Dieses Wählervolk ist keine gleichförmige Masse mit einer einheitlichen Meinung. Es sind Interessierte und Nicht-Interessierte. Viele sind Mitglieder von Interessenverbänden, Kirchen, Vereinen, sozialen Organisationen wie DLRG und Deutsches Rotes Kreuz.

Die Parteien wirken bei der politischen Willensbildung des Volkes mit.
(GG Art. 21)

Bürgerinnen und Bürger haben unterschiedliche Meinungen. Damit kann kein Bürgermeister oder Bundeskanzler etwas anfangen. Er muß wissen, was ausgeführt werden soll. Wie wird aus vielen unterschiedlichen Meinungen, z.B. über die Verkehrsführung, ein brauchbares Ergebnis? Wenn Einzelhändler und Anwohner, Spediteure und der Allgemeine Deutsche Fahrradclub ADFC, Fußgänger und ADAC ihre Interessen durchsetzen wollen, wenden sie sich an die politischen Parteien. Diese sollen Stellung nehmen. Deshalb wird die Verkehrsführung in der Mitgliederversammlung diskutiert. Auch hier gibt es unterschiedliche Standpunkte. Am Ende der Diskussion entsteht ein Beschluß der Partei: die Art der Verkehrsführung, die die Mehrheit der Mitgliederversammlung für richtig hält.

In dem Parlament der Gemeinde treffen dann die unterschiedlichen Auffassungen der Parteien aufeinander. Selten kann sich eine Partei alleine durchsetzen. Um eine Mehrheit zu erreichen, muß ein **Kompromiß** gefunden werden. Dies ist nicht einfach, weil alle etwas nachgeben müssen. Aber jetzt kann ein Beschluß gefaßt werden. Diesen muß der Bürgermeister ausführen.

Eine Demokratie lebt von der Konkurrenz verschiedener Meinungen und Anschauungen. Als das Volk im 18./19. Jahrhundert verstärkt politische Mitbestimmung forderte, schlossen sich Bürger mit ähnlichen Meinungen zusammen. Daraus entwickelten sich die unterschiedlichen Parteien. Mit ihnen entstand die moderne Demokratie.

Die Medien

Wählerinnen und Wähler wollen sich ein Bild machen von den Parteien und ihren Kandidaten. Wahlplakate, Wahlanzeigen und Werbespots sind einseitig, sie genügen nicht. Verlangt wird möglichst objektive Information.

Das sollten die **Medien** leisten:
Ob Fernsehen oder Radio, ob Zeitschrift oder Zeitung, ob Buch oder Anzeigenblatt, sie alle sollten sauber informieren. Sauber heißt, daß nichts bewußt weggelassen wird. Auch, daß Information von Meinung und Kommentar getrennt wird.
Medien sollten die unterschiedlichen gesellschaftlichen Gruppen wie Parteien, Unternehmen, Gewerkschaft und Kirchen kontrollieren. Je durchschaubarer diese werden, desto besser für die Demokratie! In Wirklichkeit ist heute vieles anders.

Wer hat Einfluß? Bei Zeitungen, insbesondere bei kleinen und Anzeigenblättern, haben die großen Anzeigenkunden – wie Kaufhäuser – oft einen Einfluß auf die veröffentlichte Meinung des Blattes. So werden z.B. bei der Verkehrsführung in der Innenstadt und bei Parkplätzen einseitige Interessen durchgesetzt. Besitzt der Eigentümer einer Zeitung gleichzeitig einen Fernsehkanal, dann unterstützt die Zeitung mit positiven Hinweisen und Kommentaren einseitig seinen Sender. Die Zuschauer können diese Manipulation nicht erkennen.
Wird ein Fernsehkanal von einem politisch ehrgeizigen Besitzer geführt, so hat dieser Macht: für sich selbst und für seine politischen Freunde.

Parteien stellen ihre Kandidatinnen und Kandidaten zur Wahl

Lange Zeit vor der nächsten Wahl beginnt in den Parteien die Diskussion: Wer soll als Kandidatin oder als Kandidat aufgestellt werden? Die Bewerberinnen und Bewerber müssen der Parteibasis bekannt sein. Wer neu einsteigen will, muß sich profilieren. Die politische Karriere beginnt für die meisten ganz unten: im Ortsverein der Partei. Hier ist viel zu tun: beim Seniorennachmittag Kaffee einschenken, am Info-Stand in der Fußgängerzone stehen, Handzettel verteilen und Plakate kleben. Dazu gehören selbstverständlich auch gute Redebeiträge in der Mitgliederversammlung, sowie die Bereitschaft und die Fähigkeit, Anträge für die Kreisparteiversammlungen zu formulieren.

Die Mitgliederversammlung der Partei wählt dann rechtzeitig vor der Wahl ihre Kandidaten. Zuständig ist immer das Gremium der Partei, in deren Bereich die Wahl stattfindet. Bei der Kommunalwahl ist dies der **Ortsverein** der Partei. Bei der Bundestagswahl beschließt der **Kreisparteitag** über den Wahlkreiskandidaten, der **Landesparteitag** entscheidet über die Besetzung der Landesliste. Auf solchen Parteitagen wird hart gekämpft. Die einzelnen Gruppen oder Flügel innerhalb der Partei versuchen, ihre Vertreter möglichst günstig zu plazieren. Oft finden in der Versammlung parteiinterne Absprachen statt: Auf Platz eins kommt der Spitzenkandidat, dann folgt ein Vertreter der Landwirte, dann will die Jugendorganisation eine Bewerberin plazieren, die Parteisenioren wollen auch vertreten sein usw. Das alles muß allerdings streng nach demokratischen Regeln verlaufen, sonst ist die Kandidatenaufstellung ungültig. Die Listen werden beim Wahlleiter eingereicht. Sie gelten dann für die gesamte Wahlperiode des Parlamentes. Scheidet ein Abgeordneter aus dem Parlament aus, so wird sein Sitz über die Liste neu besetzt. Es rückt der nächste – oder die nächste – von der Liste nach.

In den Wahlkreisen können sich auch einzelne unabhängige Kandidaten ohne Mitwirkung einer Partei beim Wahlleiter melden. Sie müssen dazu eine Reihe von Unterschriften einreichen von Leuten, die ihre Kandidatur unterstützen. Bei der Bundestagswahl haben allerdings solche Kandidaten keine Chance. Tatsächlich entscheiden bei uns also die

Parteien, wer kandidiert. Wenn die Wähler einer Partei ihre Stimme geben, dann akzeptieren sie damit die von der Partei aufgestellten Kandidatinnen und Kandidaten. Weil die Parteien einen so großen Einfluß in unserem politischen Leben haben, nennt man unser System auch **Parteien-Demokratie**.

Kandidatinnen und Kandidaten der Parteien bitten um das Mandat

Stimmzettel zur Bundestagswahl am 16.10.1994

Die **Erststimme** gilt für den Wahlkreis vor Ort.

Gewählt ist die Kandidatin oder der Kandidat, der in seinem Wahlkreis die meisten Stimmen erhält.

Prinzip Mehrheitswahl: Wer die Mehrheit hat, gewinnt, alle anderen Stimmen gehen verloren.

Alle mit der Erststimme direkt gewählten Abgeordneten ziehen in den Bundestag ein. Das sind 328, weil es 328 Wahlkreise gibt.

4.1
M 5–9
Wahlen

Die **Zweitstimme** entscheidet darüber, wieviel Abgeordnete eine Partei insgesamt in den Bundestag schicken kann: Die Anzahl der Sitze (insgesamt sind es 656) richtet sich nach dem Verhältnis der für die Parteien abgegebenen Stimmen:

Prinzip Verhältniswahl:

4.1
M 10–12
Abgeordnete

Wenn einer Partei mehr Sitze zustehen, als sie bereits mit Direktkandidaten besetzt hat (das ist in der Regel so), dann werden die Sitze mit den Kandidatinnen und Kandidaten besetzt, die auf der Landesliste der Partei stehen.
Dabei wird genau die Reihenfolge auf der Liste eingehalten – die ersten Namen der Liste sind hier auf dem Stimmzettel abgedruckt.

Nach der Wahl bilden die gewählten Abgeordneten das Parlament: den Bundestag.

M Materialien

Zur Theorie der Demokratie

M 1 Demokratie

*Demokratie (griech.) Volksherrschaft: demos = Volk; kratein = herrschen
im Gegensatz z.B. zur Diktatur (lat.) Alleinherrschaft; z.B. Adolf Hitler
Timokratie (griech.) Herrschaft der Besitzenden; z.B. Dreiklassenwahlrecht in Preußen.*

Wie ein jeder weiß, heißt „Demokratie" auf deutsch „Volksherrschaft" oder „Volkssouveränität", im Gegensatz zu „Aristokratie" (Herrschaft der Besten oder der Vornehmsten) und „Monarchie" (Herrschaft eines einzelnen). Aber der Wortsinn hilft uns nicht weiter. Denn nirgends herrscht das Volk: Überall herrschen die Regierungen (und leider auch die Bürokratie, das heißt die Beamten, die nur schwer oder gar nicht zur Verantwortung gezogen werden können). Außerdem sind Großbritannien, Dänemark, Norwegen und Schweden Monarchien und gleichzeitig sehr gute Beispiele von Demokratien ....

Worauf kommt es denn wirklich an? Es gibt eigentlich nur zwei Staatsformen: Solche, in denen es möglich ist, die Regierung ohne Blutvergießen durch eine Abstimmung loszuwerden, und solche, in denen das nicht möglich ist. Darauf kommt es an, nicht aber darauf, wie man diese Staatsform benennt. Gewöhnlich nennt man die erste Form „Demokratie" und die zweite Form „Diktatur" oder „Tyrannei"....

Jede Regierung, die man wieder loswerden kann, hat einen starken Anreiz, sich so zu verhalten, daß man mit ihr zufrieden ist. Und dieser Anreiz fällt weg, wenn die Regierung weiß, daß man sie nicht so leicht loswerden kann.

Karl Popper, Philosophieprofessor, gestorben 1994. Er gilt als einer der wichtigsten Theoretiker und Sozialwissenschaftler.
(Er schrieb den Text für den SPIEGEL, Nr. 32/1987)

Demokratie heißt nicht Volksherrschaft, das ist Quatsch. Demokratie heißt: Es gibt keine Schicht mehr, die bevorzugt ist zu regieren. Und wenn es das nicht geben soll, bleibt nichts anderes übrig als Volkswahlen. Die Parteien sollen die Sortierapparate der politischen Meinungs- und Willensbildung sein.

(Theodor Eschenburg - Politikwissenschaftler und Kritiker - kurz vor seinem 90. Geburtstag in einem Interview in Die Zeit 1.10.1994)

1. Schildern Sie das demokratische Prinzip. Wie wird Demokratie begründet? Was soll sie bewirken?
2. Welche Vorteile und welche Nachteile hat sie im Vergleich mit anderen Herrschaftsformen?

M 2 Parteien

Die Parteien

Die Parteien wirken bei der politischen Willensbildung des Volkes mit. Ihre innere Ordnung muß demokratischen Grundsätzen entsprechen. Art. 21(1) GG

Im Artikel 21 des Grundgesetzes steht die Theorie. Beispiele aus der politischen Praxis haben Sie auf den vorhergehenden Seiten gelesen.
1. Welchen Auftrag haben politische Parteien in der Bundesrepublik Deutschland?
2. Die Stadt hat die Verkehrsführung geändert: Der ADFC ist sauer. Der ADAC tobt. Die Anwohner sind enttäuscht... Warum findet eine einzelne Interessengruppe selten ihre Vorstellung im politischen Beschluß wieder?

Eine neue, sehr handgreifliche Gefahr droht

angesichts der wachsenden Konzentration im Pressewesen; in Deutschland gibt es zwei große Mediengruppen, Kirch/Springer und Bertelsmann/RTL, die den Medienmarkt beherrschen. Sie haben heute schon spürbaren Einfluß auf die öffentlich-rechtlichen Systeme ARD und ZDF. ... hier fällt einem ... Italien ein. Dort sind meist Industrielle die Eigentümer der Zeitungen, was automatisch dazu führt, daß die Industrie eher schonend behandelt wird.

Seit der Medien-Tycoon Berlusconi[1] Regierungschef geworden ist, droht der Einzug dieser spezifischen Korruption auch in die Politik. Berlusconi hat einmal die Forderung gestellt, das staatliche Fernsehen dürfe nicht gegen die Generallinie der Regierung sein. Da ihm die drei wichtigsten italienischen Fernsehanstalten gehören, kann man sich leicht vorstellen, wohin solche Richtlinien führen können.

In Deutschland sind in jüngster Zeit mancherlei Klagen aus ähnlichen Gründen laut geworden. Wie es heißt, bevorzugt der erfolgreiche Sender Sat 1, an dem Springer 20 Prozent und Leo Kirch – ein Freund von Helmut Kohl – 43 Prozent besitzt, sehr deutlich die CDU und auch den Kanzler selbst, sowohl durch Kommentare wie auch mit Hilfe privilegierter Sendungen („Zur Sache Kanzler").

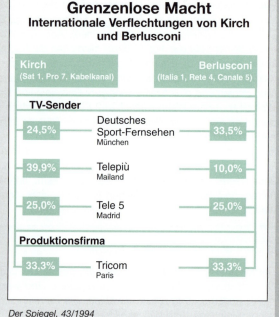

Grenzenlose Macht
Internationale Verflechtungen von Kirch und Berlusconi

Kirch (Sat 1, Pro 7, Kabelkanal)		Berlusconi (Italia 1, Rete 4, Canale 5)
TV-Sender		
24,5%	Deutsches Sport-Fernsehen, München	33,5%
39,9%	Telepiù, Mailand	10,0%
25,0%	Tele 5, Madrid	25,0%
Produktionsfirma		
33,3%	Tricom, Paris	33,3%

Der Spiegel, 43/1994

(Marion Dönhoff, in Die Zeit 28.10.1994)

Programm für den Kanzler

...der FDP-Ehrenvorsitzende Otto Graf Lambsdorff hat dem privaten Fernsehsender Sat 1 vorgeworfen, politisch „sehr einseitig" für die Union und Bundeskanzler Helmut Kohl Partei zu ergreifen. Dies zeige sich nicht nur an der Sendezeit, die dem Kanzler zur Verfügung gestellt werde, sondern auch an der Art, wie Kohl gefragt werde. Es gebe eine Zusammenarbeit von Zeitungen und Fernsehen, die unserer Demokratie nicht guttue.

(Lübecker Nachrichten, 20.08.94)

---

[1] Berlusconi, einflußreicher Geschäftsmann und Besitzer mehrerer privater Fernsehsender, beschloß, selbst in die Politik einzusteigen. Mit Hilfe seiner Medien führte er einen massiven Wahlkampf und hatte Erfolg: 1994 wurde er Regierungschef in Italien – und bekam damit auch Einfluß auf die staatlichen Medien. Nach nur wenigen Monaten mußte er allerdings zurücktreten.

Achten Sie beim Fernsehen auf einseitige Berichterstattung.
1. Werden politische Parteien oder einzelne Politiker einseitig positiv oder negativ dargestellt?
2. Lassen sich bei bestimmten Sendungen oder Sendern oder bei einzelnen Moderatoren einseitige Darstellungen feststellen?

Medien
Demokratische Kontrolle oder Manipulation durch Meinungsmache?

In den privaten Fernsehanstalten ist der Profit oberstes Gebot. In den USA z.B. werden für Fernsehnachrichten Szenen nachgestellt, wenn echtes Dokumentationsmaterial nicht vorhanden ist.

„Kritiker halten dies für journalistisch unsauber und gefährlich, weil sich dadurch beim Zuschauer der Unterschied zwischen echter und simulierter (gespielter) Berichterstattung verwischen könnte. Aber es könnte sich auch etwas verwischen - die Trennungslinie zwischen Nachrichten und Unterhaltung, die schon jetzt gelegentlich an Schärfe zu wünschen übrig läßt. Im Kampf um höhere Einschaltquoten arbeiten Nachrichtensendungen und Magazine seit langem mit Showelementen, angefangen bei den hoch bezahlten Moderatoren bis hin zu den Wetterberichten, die in der Regel entweder von verhinderten Bühnenkomikern oder Showgirls präsentiert werden."...

(Lübecker Nachrichten, 02.08.1989)

Vorteil Mehrheitswahl

Mehrheitswahl: ungerecht, aber es funktioniert

In Großbritannien entsendet jeder Wahlkreis einen Repräsentanten ins Parlament: den, der die meisten Stimmen bekommen hat. Welcher Partei und ob er einer Partei angehört oder nicht, wird offiziell nicht zur Kenntnis genommen. Seine Pflicht ist es, nach bestem Wissen und Gewissen die Interessen jener zu vertreten, die in seinem Wahlkreis wohnen, ob sie einer Partei angehören oder nicht. Natürlich gibt es Parteien, und sie spielen eine große Rolle bei der Regierungsbildung. Aber wenn der Repräsentant eines Wahlkreises glaubt, daß es im Interesse seines Wahlkreises ist (vielleicht auch des ganzen Volkes), gegen seine Partei zu stimmen oder sogar mit ihr zu brechen, so ist er verpflichtet, es zu tun. Winston Churchill, der größte Staatsmann unseres Jahrhunderts, war niemals ein Gefolgsmann, und er hat zweimal die Partei gewechselt.

Ganz anders ist die Lage im kontinentalen Europa. Der Proporz (= das Verhältnis) besagt, daß jede Partei so viele Vertreter im Parlament – etwa im Bundestag – bekommt, daß die Zahl der Abgeordneten der verschiedenen Parteien in möglichst genauem Verhältnis zu den für die Parteien abgegebenen Stimmen steht...

Der Glaube, ein nach dem Proporz gewählter Bundestag oder ein Parlament sei ein besserer Spiegel des Volkes und seiner Wünsche, ist falsch. Er repräsentiert nicht das Volk und seine Meinungen, sondern lediglich den Einfluß der Parteien (und der Propaganda) auf die Bevölkerung am Wahltag. Und er macht es schwieriger, daß der Wahltag zu dem wird, was er sein könnte und sollte: ein Tag des Volksgerichts über die Tätigkeit der Regierung...

(Karl Popper, Der Spiegel; 32/1987)

Die lupenreine Demokratie bringt sich um

ZEIT: Sie sind also gegen das Verhältniswahlrecht?

Eschenburg: Ich bin ein Todfeind davon! Das Verhältniswahlrecht ist das weitaus gerechteste Wahlrecht, das es gibt. Aber es ist funktionsstörend bis zum Exzeß. Das ist ein typisches Beispiel für meine These. Die Demokratie muß funktionsfähig sein. Die lupenreine Demokratie bringt sich um.

Das ist das Wunderbare am Mehrheitswahlrecht in England: Die Drittparteien scheiden aus, daraus ergibt sich die Einparteienregierung, und aus der Einparteienregierung ergibt sich die Regierungssolidität.

ZEIT: Empfinden Sie es als gerecht, daß in England eine neue Partei dreißig Prozent der Stimmen bekommt und gleichwohl nur wenige Sitze?

Eschenburg: Es ist das ungerechteste Wahlsystem, aber das bestfunktionierende. Das eine ist ungerecht, aber funktioniert, das andere ist gerecht, aber funktioniert nicht.

(Theodor Eschenburg - Politikwissenschaftler und Kritiker - kurz vor seinem 90. Geburtstag in einem Interview in Die Zeit vom 21.10.1994)

---

1. Stellen Sie Vor- und Nachteile der beiden Wahlsysteme (Verhältniswahl - Mehrheitswahl) nebeneinander.
2. Welches Wahlsystem halten Sie für das bessere? Begründen Sie Ihre Meinung.
3. Wie wäre das Mehrheitsverhältnis im Bundestag nach dieser Wahl, wenn nur nach dem Prinzip der Mehrheitswahl mit einer Stimme (der Erststimme) in den Wahlkreisen gewählt worden wäre?
4. Wie wäre das Ergebnis, wenn nach dem Prinzip der Verhältniswahl nur die Zweitstimmen gezählt worden wären (M 8)?
5. Vergleichen Sie das Ergebnis mit der Einschätzung der Wahlsysteme in M 5 und nehmen Sie Stellung.

Nach der Wahl wird ausgerechnet, wieviel Sitze den Parteien zustehen. Bei der Bundestagswahl werden dafür die Zweitstimmen verwendet und nach dem System von **Hare-Niemeyer** ausgerechnet.

M 6
Stimmenauszählung nach Hare-Niemeyer

Nur solche Parteien werden berücksichtigt, die mindestens 5% der gültigen Stimmen erhalten haben (5%-Hürde), oder die mindestens 3 Wahlkreise direkt über die Erststimme erobert haben (Direktmandate).

Nehmen wir an, es sind 24 Sitze zu vergeben:

Formel: $\dfrac{\text{Gesamtsitze} \times \text{Stimmen für die Partei}}{\text{Gesamtstimmen (der zu berücksichtigenden) Parteien}}$ = Sitze für die Partei

Partei	Stimmen		Sitze	davon aus den Wahlkreisen direkt	über die Liste
CDU	702 273	$\dfrac{24 \times 702.273}{1.639.033}$ = 10,28 = **10**		9	1
SPD	670 536	$\dfrac{24 \times 670.536}{1.639.033}$ = 9,82 = **10**		2	8
B90/Grüne	140 231	$\dfrac{24 \times 140.231}{1.639.033}$ = 2,05 = **2**		0	2
FDP	125 993	$\dfrac{24 \times 125.993}{1.639.033}$ = 1,84 = **2**		0	2
Gesamtstimmenzahl	1.639.033		**24**	11	13

Bei anderen Wahlen, z.B. bei der Landtagswahl in Schleswig-Holstein, werden die Sitze nach dem Höchstzahlenverfahren des Mathematikers d'Hondt ausgezählt. Das wird so gemacht:

M 7
Stimmenauszählung nach d'Hondt

Die Stimmen für die Parteien werden nacheinander geteilt durch 1, 2, 3... Dann werden die Sitze in der Reihenfolge der Zahlen vergeben (die höchste Zahl erhält den 1. Sitz, die nächsthöchste den 2.), bis alle Sitze vergeben sind.

Und so sieht das Ergebnis aus, wenn beim gleichen Wahlergebnis die Sitze nach d'Hondt verteilt werden:

Teiler	CDU	Rangordnung der Sitze	SPD	Rangordnung der Sitze	B90/Grüne	Rangordnung der Sitze	FDP	Rangordnung der Sitze
:1	702 273	1.	670 536	2.	140 231	10.	125 993	12.
:2	351 137	3.	335 268	4.	70 116	22.	62 997	
:3	234 091	5.	223 512	6.	46 744			
:4	175 556	7.	167 634	8.				
:5	140 455	9.	134 107	11.				
:6	117 046	13.	111 756	14.				
:7	100 325	15.	95 791	16.				
:8	87 784	17.	83 817	18.				
:9	78 030	19.	74 504	20.				
:10	70 227	21.	67 054	23.				
:11	63 843	24.	60 958					
Sitze gesamt	11		10		2		1	

Das gleiche Wahlergebnis. Aber die Sitze nach unterschiedlichen Verfahren verteilt.
Vergleichen Sie die Ergebnisse:
1. Wer wird durch welches Verfahren begünstigt?
2. Verallgemeinern Sie Ihre Erkenntnisse.
3. Beide Verfahren werden in der politischen Praxis angewandt. Welches setzt Ihrer Meinung nach das Wahlergebnis besser in Abgeordnetensitze um?

4.1
M 8
letztes Wahlergebnis

Wahlergebnis der Bundestagswahl vom 16.10.1994
Wahlberechtigt: 60 396 272   gewählt haben: 47 743 597   Wahlbeteiligung: 79,1 %

Parteien	Stimmen	Anteil	Sitze im Bundestag (Abgeordnete) nach		+ Überhangmandate	gesamt
			Erststimmen (Wahlkreise direkt)	Zweitstimmen		
CDU/CSU	19 516 619	41,5%	221	282	+ 12	294
SPD	17 141 319	36,4%	103	248	+ 4	252
B90/Grüne	3 423 091	7,3%		49		49
FDP	3 257 864	6,9%		47		47
PDS	2 067 391	4,4%	4	30		30
andere	1 698 292					
zusammen:			328	656	+ 16 =	672

Die PDS hatte in Berlin 4 Wahlkreise direkt gewonnen. Damit wurden alle anderen Wählerstimmen ebenfalls mit berücksichtigt.

Überhangmandate entstehen, wenn eine Partei in einem Bundesland mehr Direktmandate gewinnt, als ihr nach dem Anteil der Zweitstimmen zustehen. Die direkt gewählten Abgeordneten behalten ihr Mandat. Wer gewählt ist, ist gewählt. Ausgleichsmandate für die anderen – zu kurz gekommenen – Parteien sind im Bundeswahlgesetz nicht vorgesehen.

Wahlergebnis in Schleswig-Holstein

4.1
M 9
letztes Wahlergebnis

1994 wurden die Sitze, die dem Land **Schleswig-Holstein** zustanden, so berechnet:
Wahlberechtigte: 2 113 279   gewählt haben: 1 708 851   Wahlbeteiligung: 80,9%

Schleswig-Holstein entsendet 22 Abgeordnete in den Deutschen Bundestag. Diese Anzahl ist aufgrund der Bevölkerungszahl festgelegt. Die Hälfte der Abgeordneten wird direkt gewählt. Daher ist das Land Schleswig-Holstein in 11 Wahlkreise eingeteilt.

Und diese Abgeordneten wurden mit der Erststimme in ihrem Wahlkreis gewählt:

Wahlkreis 1	Flensburg-Schleswig	Wolfgang Börnsen CDU
Wahlkreis 2	Nordfriesland-Dithmarschen-Nord	Harry Carstensen CDU
Wahlkreis 3	Steinburg-Dithmarschen-Süd	Dietrich Austermann CDU
Wahlkreis 4	Rendsburg-Eckernförde	Gerhard Stoltenberg CDU
Wahlkreis 5	Kiel	Norbert Gansel SPD
Wahlkreis 6	Plön-Neumünster	Helmut Lamp CDU
Wahlkreis 7	Pinneberg	Gerd Willner CDU
Wahlkreis 8	Segeberg/Stormarn-Nord	Peter Kurt Würzbach CDU
Wahlkreis 9	Ostholstein	Rolf Olderog CDU
Wahlkreis 10	Lauenburg/Stormarn-Süd	Michael v. Schmude CDU
Wahlkreis 11	Lübeck	Reinhold Hiller SPD

Nach der Wahl wird zunächst neu festgestellt, wieviel Sitze dem Bundesland zustehen. Grundlage sind jetzt die gültigen Zweitstimmen. Da in Schleswig-Holstein die Wahlbeteiligung über dem Bundesdurchschnitt lag, wurden dem Land zwei Sitze mehr zugeteilt als ursprünglich vorgesehen (Mecklenburg-Vorpommern und das Saarland z.B. haben je einen Sitz verloren).

Die 24 Sitze wurden aufgrund der Zweitstimmen den Parteien zugewiesen:

	Stimmen	Sitze gesamt	davon aus den Wahlkreisen direkt	über die Liste
CDU	702 273	10	9	1
SPD	670 536	10	2	8
Bündis 90/Grüne	140 231	2	0	2
FDP	125 993	2	0	2
gesamt	639 033 (22+2)	24	11	13

Zur Erläuterung: Die Wählerinnen und Wähler hatten bereits 9 Direktkandidaten der CDU aus den Wahlkreisen in den Bundestag geschickt. Insgesamt stehen ihr 10 Sitze zu, also wurde noch 1 Sitz über die Landesliste besetzt. FDP und B 90/die Grünen hatten keinen Wahlkreis gewinnen können. Bei diesen beiden Parteien können Sie vom Stimmzettel ablesen, wer jetzt für die FDP bzw. für Bündnis 90 /die Grünen im Bundestag sitzt. Die übrigen Parteien gingen leer aus. Ihr Ergebnis in Schleswig-Holstein:
PDS 18 960, Rep. 17 727, Graue 8 182, Naturgesetz 4 858, ÖDP 3 496, MLPD 326

Die Abgeordneten des Deutschen Bundestages...

Die Stellung der Abgeordneten

Sie sind Vertreter des ganzen Volkes, an Aufträge und Weisungen nicht gebunden und nur ihrem Gewissen unterworfen. GG Art. 38 (1, 2. Satz)

4.1
M 10
Bundestagsabgeordnete

In der Theorie unserer Verfassung bedeutet das: Abgeordnete sind dem Wohl aller verpflichtet, nicht nur ihren Wählerinnen und Wählern oder ihrer Partei.

In der parlamentarischen Praxis finden die offenen Auseinandersetzungen hinter den verschlossenen Türen der Fraktionen statt. Hier wird um den Standort gerungen. Am Ende der Meinungsbildung steht oft ein Kompromiß. Mit Mehrheit wird der Beschluß gefaßt. Dann tritt im Bundestag die Fraktion geschlossen auf. Die Minderheit fügt sich meistens. Diese gängige Praxis nennt man **Fraktionsdisziplin,** der Druck, der manchmal auf mögliche Abweichler ausgeübt wird: **Fraktionszwang.**

Schutz für die Abgeordneten

Abgeordnete müssen frei reden und frei entscheiden können. Das ist selbstverständlich. Damit dies gewährleistet ist und sie daran nicht gehindert werden, erhalten sie einen besonderen Schutz.

Sie dürfen wegen einer Äußerung oder einer Abstimmung nicht vor Gericht gestellt werden. (Idemnität: GG Art. 46 (1). Sie dürfen auch nicht einfach verhaftet werden (Immunität: GG Art. 46 (2). Auch können sie nicht gezwungen werden, die Namen von Personen preiszugeben, die ihnen politisches Material zugespielt haben (Zeugnisverweigerungsrecht: GG Art. 47).

4.1
M 11
Bundestagsabgeordnete

Entschädigung und Büroausstattung

Die Abgeordneten haben Anspruch auf eine angemessene, ihre Unabhängigkeit sichernde Entschädigung... (GG Art. 48 (3).
Hierzu hat der Bundestag beschlossen: Die Abgeordneten erhalten
- ein Einkommen von 10 337,60 DM im Monat, das sie versteuern müssen,
- eine steuerfreie Pauschale von 5 978,00 DM im Monat, z.B. für Zweitwohnung in Bonn, Büro im Wahlkreis (Mieten, Telefon usw.)
- Fahrten in Deutschland mit Flugzeug und Bahn sind gratis,
- für die Kosten des Bonner Büros kommt der Bundestag auf,
- Die Personalkosten in Bonn und im Wahlkreisbüro bezahlt die Bundestagsverwaltung bis zu einem Höchstbetrag von 13 616,00 DM.

Dazu der SPD-Abgeordnete Norbert Gansel 1992 in einem Brief an seine Wählerinnen und Wähler in Kiel: „Wer als Parlaments- oder Regierungsmitglied seine ganze Arbeitskraft einbringen muß, muß dafür auch angemessen bezahlt werden. Die sogenannte MdB-Entschädigung ist nicht zu hoch, wenn dafür in der Woche meist mehr als 80 Stunden gearbeitet wird."

Das Arbeitspensum der Bundestagsabgeordneten je Woche in Stunden

Was verdienen andere? - Ein Vergleich

4.1
M 12
Was verdienen andere?
Weitere Informationen in 4.4
M 10
6.1
M 12

Sekretärin (31) aus Hamburg: 1 800,00 DM brutto
Zimmermädchen (49) aus Köln: 2 100,00 DM brutto
Klempner (59) aus Hamburg: 4 200,00 DM brutto
Hotelmanager (29) aus Köln: 7 000,00 DM brutto
Daimler-Benz-Chef (66): 200 000,00 DM brutto
Steffi Graf (24), Tennisprofi: 1 300 000,00 DM brutto
HSV-Trainer (39): 25 000,00 DM brutto
(Zahlen aus Bild HH, 15.04.1993 und 23.03.1994)

> 1. Schildern Sie die besondere Stellung der Abgeordneten in der Gesellschaft und ihre Privilegien (Sonderrechte).
> 2. Abgeordnete sind Vertreter des Volkes. Wieviel sollten sie verdienen? So viel wie die Mehrzahl der Leute, die sie vertreten? So viel wie andere in vergleichbaren Positionen und mit ähnlichen Belastungen?
> 3. Diskutieren Sie die Auswirkungen (Vorteile und Nachteile) einer niedrigen oder einer hohen Bezahlung von Abgeordneten. (Denken Sie auch daran, wie die Höhe der Bezahlung im übrigen Erwerbsleben geregelt wird und welche Wirkungen sich ergeben.)

Arbeitsvorschlag

Suchen und finden: Alles über die Parteien

Wie?

An vielen Stellen in diesem Buch stehen Informationen über Parteien. Sie finden manches, wenn Sie sich vorne im Buch das Inhaltsverzeichnis vornehmen: In welchem Kapitel könnte etwas über Parteien stehen?

Wo suchen?

Die bessere Möglichkeit in diesem Fall: Schlagen Sie hinten im Buch nach. Dort finden Sie das **Stichwortverzeichnis** – es wird auch das Register genannt. Unter dem Stichwort Parteien, oder auch unter den Namen der Parteien, finden Sie die Zahlen der Seiten, auf denen irgend etwas über das Stichwort steht. Mal eine Erklärung, etwas über die Geschichte, über ihre Aufgabe, Stellungnahmen, Abstimmungsverhalten und vieles mehr. Manchmal ist die Information versteckt und steht in einem Nebensatz. Sie müssen also auch auf den Seiten suchen, bevor Sie etwas finden.

Günstig ist es, wenn Sie vorher Gruppen bilden und bestimmte Schwerpunkte oder Themenbereiche absprechen.

Was dann?

Schreiben Sie Stichpunkte auf. Ordnen Sie die Informationen und stellen Sie alles so zusammen, daß Sie in der Klasse darüber berichten können.

Wenn Sie mehr wissen wollen:

Bei den Parteien direkt erfahren Sie viel mehr. Dazu müssen Sie in das nächste Büro der Parteien gehen und um Informationsmaterial bitten. In den Grundsatzprogrammen der Parteien oder ihren Wahlprogrammen finden Sie die Ziele der Parteien. Alle Informationen sind auch Werbung für die Partei. Das liest sich oft recht gut. Beurteilen kann man das erst, wenn man es mit den Wahlprogrammen anderer Parteien vergleicht. Denn manchmal ist auch das interessant, was nicht drinsteht.

Vor Wahlen findet man auch von anderen Stellen Zusammenschnitte der Parteiaussagen zu bestimmten Bereichen in der Gegenüberstellung. Beachten Sie, wer da am Werk war: die Gewerkschaften oder der ADAC, ein Unternehmerverband oder eine neutrale Stelle, z.B. die Bundeszentrale für politische Bildung.

Im übrigen: Längst gibt es auch Computer-Programme, in denen Sie alles über die Parteien finden: von den Programmen über die Wahlergebnisse bis zu den Fotos der Abgeordneten.

Zurück zum Stichwortverzeichnis:

Immer wenn Sie in Büchern etwas suchen: Sehen Sie auch hinten im Register nach.

Alle soliden Sachbücher haben ein solches Verzeichnis (sicher auch z.B. Ihr Mathe-Buch) ...

D Diskussion

Sind Politiker verliebt in die Macht?

Ich weiß natürlich, daß man Parteien braucht...

Die Parteien sind damit von der Verfassung des Staates anerkannt und im Grundrecht verankert. Und der individuelle Abgeordnete wird ganz offiziell als Repräsentant seiner Partei gewählt. Daher kann er nicht die Pflicht haben, unter Umständen gegen seine Partei zu stimmen: Er ist, ganz im Gegenteil, moralisch an seine Partei gebunden, da er ja nur als Repräsentant dieser Partei gewählt wurde. (Und sollte er das nicht länger mit seinem Gewissen vereinbaren können, so hätte er wohl die moralische Pflicht, zurückzutreten; auch dann, wenn die Verfassung das nicht vorschreibt.)

Ich weiß natürlich, daß man Parteien braucht: Niemand hat bisher ein demokratisches System erfunden, das ohne Parteien auskommt. Aber politische Parteien sind keine allzu erfreulichen Erscheinungen. Doch ohne Parteien geht es nicht: Alle unsere Demokratien sind keine Volksregierungen, sondern Parteiregierungen. Das heißt Regierungen der Parteiführer; denn je größer eine Partei ist, um so weniger ist sie einig, um so weniger ist sie demokratisch, um so weniger Einfluß haben die, die für sie stimmen, auf die Parteiführung und auf das Parteiprogramm.

(Karl Popper, in Der Spiegel; 32/1987)

> Demokratie lebt von ihren Idealen: von Freiheit, Solidarität und Gerechtigkeit, von der Wahrung der Würde der menschlichen Person und der Souveränität des Volkes. Demokratie lebt aber vor allem von den Menschen, die sich in ihr engagieren, die sich kritisch und selbstkritisch beteiligen, die Verantwortung übernehmen, Toleranz üben, Konflikte austragen und Konsens finden, Mehrheitsentscheide respektieren und Minderheiten schützen.
> (Beifall bei der CDU/CSU, der FDP, der SPD sowie der Abg. Frau Dr. Vollmer [GRÜNE])
> In einer parlamentarischen Demokratie gilt dies vor allem für die Abgeordneten. Wenn sie ihr Mandat verantwortlich wahrnehmen wollen, sind von ihnen Eigeninitiative und Kontrolle der Regierung verlangt, wobei sie persönliche und fachliche Kompetenz, Phantasie und Mut sowie menschliches Maß unter Beweis stellen sollen.
> (Beifall bei den GRÜNEN und bei Abgeordneten der CDU/CSU)
> Unsere Verantwortung wird nicht dadurch in Frage gestellt, daß Bürger im politischen Prozeß direkte Formen der Beteiligung suchen und wahrnehmen; auch das gehört zur Demokratie.
> Menschen wollen selbst gestalten und ergreifen Initiative, die oftmals beides ausdrückt: Unbehagen am Bestehenden und Entschlossenheit, die eigenen Dinge selbst zu verfechten und kreative Lösungen zu entwickeln.
> (Antrittsrede von Bundestagspräsidentin Rita Süssmuth vor dem Deutschen Bundestag am 19. Januar 1988, Das Parlament)

Muß die Macht der Politiker begrenzt werden?

Vorschläge dazu:

- **Amt auf Zeit:** Der Bundespräsident darf nur einmal wieder gewählt werden. Seine Amtszeit beträgt also höchstens 10 Jahre. Das muß für alle Amtsinhaber gelten!

- **Trennung von Amt und Mandat:** Wer Beamter ist, gehört zur ausführenden Gewalt – zur Exekutive. Parlamente bilden die Legislative. Wenn Beamte als Abgeordnete gewählt werden, ruht ihr Amt als Beamte (das gilt nicht für die Kommunalparlamente), weil sie sonst gleichzeitig zwei Staatsgewalten angehören. Das muß auch für alle anderen Mandatsträger gelten: Der Bundeskanzler kann nicht Abgeordneter bleiben, Minister müssen ihr Mandat zurückgeben. Es gilt: entweder – oder. Sonst ist die gegenseitige Kontrolle der Gewalten nicht mehr möglich.

  Wenn die Trennung von Amt und Mandat konsequent durchgeführt wird, muß das auch für Parteiämter gelten: Wer ein politisches Amt hat, soll sein Amt in der Partei abgeben: Der Bundeskanzler soll nicht gleichzeitig Parteivorsitzender sein dürfen. Der Kassenwart der Partei nicht gleichzeitig Finanzsenator.

Diskutieren Sie die Vorschläge

4.2 Demokratie muß organisiert werden: Staatsorgane in der Bundesrepublik Deutschland und in der Europäischen Union

Bundestag: Plenarsitzung

Die Staatsgewalt wird ausgeübt...

Innerhalb des Parlamentes bilden die Abgeordneten einer Partei – oder verwandter Parteien – eine **Fraktion**.

Fraktion heißt „Teil", gemeint ist hier der Teil einer Partei, der im Parlament sitzt. Im Bundestag bilden die Abgeordneten von CDU und CSU eine Fraktionsgemeinschaft. Im Europaparlament haben sich z.B. alle in ihren Ländern gewählten Abgeordneten von Parteien mit ähnlichen politischen Zielen übernational zu Fraktionen zusammengeschlossen, z.B. die CDU- und CSU-Abgeordneten mit den Abgeordneten der übrigen konservativen Parteien zur Fraktion der EVP: der Europäischen Volkspartei, die es als Partei so gar nicht gibt.

Der Bundestag

Der Bundestag tagt als **Plenum** (plenum, lat. = voll), das sind alle Mitglieder des Bundestages (MdB), die sich im Plenarsaal versammeln. Die eigentliche Arbeit wird in den **Ausschüssen** geleistet, z.B. im Finanzausschuß, Umweltausschuß, Ausschuß für Wirtschaft, oder im Sozialausschuß. Hier versammeln sich die Fachleute der Fraktionen. Die Ausschüsse sind kleiner als das Plenum. Die einzelnen Fraktionen sind anteilmäßig in gleicher Stärke wie im Plenum vertreten. Weil die Ausschüsse oft zeitgleich mit dem Plenum tagen, ist der Plenarsaal oft nur wenig besetzt.

Aufgaben des Bundestages

- *Wahl des Bundeskanzlers,*
- *Kontrolle der Regierung, z.B. durch Untersuchungsausschüsse,*
- *Gesetzgebung,*
- *Haushaltsrecht: Beschluß über die geplanten Einnahmen und Ausgaben des Bundes für ein Jahr,*
- *Beteiligung an der Wahl des Bundespräsidenten und der Richter am Bundesverfassungsgericht,*
- *Wahl der oder des Ausländerbeauftragten und Wehrbeauftragten*
- *und vieles mehr.*

Regierungsbildung in der Demokratie

Wenn keine Partei allein die absolute Mehrheit der Sitze errungen hat, dann beginnen nach der Wahl Gespräche und Verhandlungen unter den Fraktionen.

Ziel ist es, eine regierungsfähige Mehrheit durch den Zusammenschluß (Koalition) von mehreren Fraktionen zustande zu bringen. Bei den Koalitionsverhandlungen geht es um das Regierungsprogramm (was soll wie gemacht werden?) und um Personen (wer soll regieren?).

Wenn sich eine Mehrheit gefunden und geeinigt hat, dann wählt der Bundestag mit der Mehrheit dieser Regierungsparteien den Regierungschef – hier also den Bundeskanzler. Er wird vom Bundespräsidenten ernannt und vor dem Bundestag vereidigt.

Der **Bundeskanzler** stellt sein **Kabinett** zusammen: Er sucht sich seine Ministerinnen und Minister aus. Sie werden vom **Bundespräsident** ernannt und vor dem Bundestag vereidigt.

Bundeskanzler und Minister bilden zusammen die Regierung.

„Der Bundeskanzler bestimmt die Richtlinien der Politik und trägt dafür die Verantwortung" (GG Art. 65).

Die Minister sind in ihrem Bereich verantwortlich.

Helmut Kohls Kabinett

Kanzleramtsminister	Friedrich Bohl	(CDU)
Staatsminister	Anton Pfeifer	(CDU)
Staatsminister	Bernd Schmidbauer	(CDU)
Außenminister	Klaus Kinkel	(FDP)
Staatsminister	Werner Hoyer	(FDP)
Staatsminister	Helmut Schäfer	(FDP)
Innenminister	Manfred Kanther	(CDU)
Parl. Staatssekretär	Eduard Lintner	(CSU)
Parl. Staatssekretär	Horst Waffenschmidt	(CDU)
Justizministerin	Sabine Leutheusser-Schnarrenberger	(FDP)
Parl. Staatssekretär	Rainer Funke	(FDP)
Finanzminister	Theodor Waigel	(CSU)
Parl. Staatssekretär	Kurt Faltlhauser	(CSU)
Parl. Staatssekretärin	Irmgard Karwatzki	(CDU)
Wirtschaftsminister	Günter Rexrodt	(FDP)
Parl. Staatssekretär	Heinrich Kolb	(FDP)
Parl. Staatssekretär	Norbert Lammert	(CDU)
Landwirtschaftsminister	Jochen Borchert	(CDU)
Parl. Staatssekretär	Wolfgang Gröbl	(CSU)
Arbeitsminister	Norbert Blüm	(CDU)
Parl. Staatssekretär	Horst Günther	(CDU)
Parl. Staatssekretär	Rudolf Kraus	(CSU)
Verteidigungsminister	Volker Rühe	(CDU)
Parl. Staatssekretärin	Michaela Geiger	(CSU)
Parl. Staatssekretär	Bernd Wilz	(CDU)
Ministerin für Familie, Senioren, Frauen und Jugend	Claudia Nolte	(CDU)
Parl. Staatssekretärin	Gertrud Dempwolf	(CDU)
Gesundheitsminister	Horst Seehofer	(CSU)
Parl. Staatssekretärin	Sabine Bergmann-Pohl	(CDU)
Verkehrsminister	Matthias Wissmann	(CDU)
Parl. Staatssekretär	Manfred Carstens	(CDU)
Parl. Staatssekretär	Johannes Nitsch	(CDU)
Umweltministerin	Angela Merkel	(CDU)
Parl. Staatssekretär	Walter Hirche	(FDP)
Parl. Staatssekretär	Ulrich Klinkert	(CDU)
Postminister	Wolfgang Bötsch	(CSU)
Parl. Staatssekretär	Paul Laufs	(CDU)
Bauminister	Klaus Töpfer	(CDU)
Parl. Staatssekretär	Joachim Günther	(FDP)
Minister für Bildung, Forschung und Technologie	Jürgen Rüttgers	(CDU)
Parl. Staatssekretär	Bernd Neumann	(CDU)
Parl. Staatssekretärin	Cornelia Yzer	(CDU)
Entwicklungshilfeminister	Carl Dieter Spranger	(CSU)
Parl. Staatssekretär	Klaus-Jürgen Hedrich	(CDU)

(Das Parlament, 25.11.1994)

Die Opposition

Die nicht an der Regierung beteiligten Parteien bilden die Opposition. Sie kontrollieren die Arbeit der Regierung. Wenn die Regierung Vorschläge macht, warnen sie und zählen mögliche negative Folgen auf. Wenn die Regierung Rechenschaft ablegt und aufzählt, was sie alles geschafft hat, dann zählt die Opposition auf, was versäumt wurde oder schiefgelaufen ist. Die Opposition erarbeitet Gegenvorschläge. Manchmal übernimmt die Regierung davon etwas. Die Opposition versucht, die Wählerinnen und Wähler zu überzeugen, damit sie bei der nächsten Wahl mehr Stimmen erhält und dann selbst die Regierung bilden kann.

4.2
M 6
Beispiel
Opposition

Die Bundesrepublik Deutschland: ein Bundesstaat

Vielfalt ist ein politischer Grundsatz der Bundesrepublik: Denn Schleswig-Holsteiner sind anders als Bayern, Saarländer anders als Sachsen.

Helmut Kohl ißt gerne Pfälzer Saumagen, Bayern essen gerne Weißwurst. Holsteiner trinken gern ein herbes Pils, die Rheinländer ein Kölsch. Plattdeutsch und schwäbisch, sächsisch und hessisch, auch die deutschen Mundarten sind unterschiedlich. So auch die Lieder, die wir singen. Wer kennt in Koblenz schon das Lied vom plattdeutschen Strand?

Die Lehrpläne für die Schulen sehen in den einzelnen Bundesländern unterschiedlich aus, auch die Uniformen der Polizei und sogar die Polizeigesetze. Und die Landestheater pflegen unterschiedliche Schwerpunkte in ihren Spielplänen.

Damit diese Vielfalt bewahrt werden kann, haben die einzelnen Bundesländer ein hohes Maß an Selbständigkeit. Dies ist ein Merkmal des **Föderalismus,** unserer **Bundesstaatlichkeit:** alleine entscheiden zu dürfen, z.B. über Kultur, Polizeiwesen, Bildungswesen und Gesundheitswesen.

Ein zweites Merkmal der Bundesstaatlichkeit ist die Teilhabe der Länder an der Macht des Bundes. Dies geschieht über die politische Vertretung der Länder: den **Bundesrat.** Ob der Transrapid zwischen Hamburg und Berlin gebaut wird oder wie die Mehrwertsteuer zwischen Bund und Ländern aufgeteilt wird, darüber entscheidet der Bundestag. Aber auch der Bundesrat muß zustimmen. Deshalb heißen solche Gesetze zustimmungspflichtige Bundesgesetze.

4.2
M 7
GG Art. 23

> *foedus (lat.) das Band, der Bund*
> *Föderalismus bedeutet in der Bundesrepublik Deutschland: Unser Staat besteht aus Bundesländern, die gemeinsam die Bundesrepublik Deutschland bilden.*

Warum Föderalismus?

Um die Eigenständigkeit der Bundesländer und damit die Vielfalt der Bundesrepublik zu wahren, dürfen die Bundesländer viel selbst entscheiden. Aber warum sind die Bundesländer auch an der Gesetzgebung des Bundes beteiligt? Warum müssen Bundestag und Bundesrat mit 2/3 Mehrheit zustimmen, wenn das Grundgesetz geändert werden soll? Warum dürfen die Bundesländer nicht aufgelöst werden? Warum auch dann nicht, wenn alle Mitglieder von Bundestag und Bundesrat für die Auflösung der Länder stimmen würden?

4.2
M 8
Staatsformen

Weil die Verteilung der politischen Macht Schutz vor dem Aufbau einer übermächtigen Zentralgewalt gibt. So haben sowohl Nationalsozialisten als auch Kommunisten die Macht der Länder beseitigt; Diktaturen mögen keine Vielfalt, die würde sich ja dem Führerwillen widersetzen. Also schützt die Bundesstaatlichkeit die Demokratie. Und Teilhabe an der Macht bedeutet auch politischen Einfluß der Länder.

§ **Grundgesetz Artikel 79 (3):**
Eine Änderung dieses Grundgesetzes, durch welche die Gliederung des Bundes in Länder, die grundsätzliche Mitwirkung der Länder bei der Gesetzgebung ..., berührt werden, ist unzulässig.

Die Europäische Union

Alle sind für Europa oder doch die meisten, theoretisch wenigstens und offiziell. Verständlich, denn Europa bringt uns allen viele Vorteile. Nur ein Beispiel: Reisen ohne Grenzen. Das war für Ihre Großeltern nur ein schöner Traum.

28.12.1952: Kundgebung für die Einheit Europas an der italienisch-französischen Grenze, an der mehrere Hundert Studenten beider Länder teilnahmen. Symbolhaft wurde ein Grenzpfahl verbrannt.

Das meiste ist für uns heute so selbstverständlich, daß wir darüber nicht mehr nachdenken: Seit es den Zusammenschluß in Europa gibt, herrscht Frieden unter den Beteiligten. Seit Jahrzehnten sind Menschen Partner und manche sogar Freunde, die Jahrhunderte Feinde waren.

Wenn wir heute die Zeitungen aufschlagen, steht da oft etwas über Europa. Manche Zeitungen verbreiten allerdings eher Angst und Schrecken. Wenn man das glauben würde, dann ist alles Gute dieser Welt von uns allein geschaffen, alles Schlechte kommt von Europa.

Europa haben wir es zu verdanken, daß die Bekämpfung der organisierten Kriminalität, z.B. der Drogenhandel, jetzt europaweit ohne Behinderung durch Grenzen gestartet werden kann. Bald wird die Europäische Polizei EuroPol sich um diese Fälle kümmern. Der Umweltschutz wird zunehmend gemeinschaftlich in Angriff genommen.

Viele Produkte unserer europäischen Partner erweitern unser Angebot: zu jeder Jahreszeit gibt es frisches Obst und Gemüse. Erdbeeren und Weintrauben zu Weihnachten, immer Tomaten und Gurken, Paprika und Salat. Dazu ist alles so billig, daß sich fast alle das kaufen können, worauf sie Appetit haben.

Die europäischen Organe gewinnen an Bedeutung, Bundestag und Bundesrat verlieren an Einfluß

Sehr viel, was für uns wichtig ist, wird seit langem schon in der Europäischen Union beschlossen. Dazu gehört auch, daß wir alle als EU-Bürgerinnen oder EU-Bürger bald einen einheitlichen Paß erhalten und daß es auch einen europäischen Führerschein geben wird.

Je mehr aber auf europäischer Ebene in Brüssel geregelt wird, desto weniger Einfluß und Macht haben die politischen Gremien in den einzelnen Ländern. Alle wichtigen außenpolitischen Entscheidungen z.B. werden zwischen den Außenministern der EU abgesprochen. Es soll keine nationalen Alleingänge mehr geben.

Viele von uns haben Vorteile von dem geeinten Europa, vor allem unsere Industrie, die große Mengen ihrer Erzeugnisse ohne Einschränkungen in die anderen Länder der EU exportieren kann. Das sichert viele Arbeitsplätze in Deutschland. Davon haben wir alle etwas.

4.2
M 9
Vorteile der EU

Einer Richtlinie der EU verdanken wir es, daß bei uns der Mindesturlaub von 18 auf 24 Werktage erhöht wurde. Das gilt seit 1995. Wer vorher weniger Urlaub hatte, hat Grund zur Freude.

Manche haben noch Angst vor dem großen und unbekannten Europa und den Beschlüssen die dort fallen, z.B. Angst um die Stabilität des Geldes. Die nationalen Regierungen versuchen da vorzubeugen. Damit auch das künftige EuroGeld eine stabile Währung sein wird, gibt es strenge Regeln für seine Einführung. Wer die Regeln nicht erfüllt, darf nicht mitmachen. Ob Großbritannien und Dänemark mit dazu gehören wollen, ist noch offen. So könnte es sein, daß sich die EU in zwei Geschwindigkeiten weiterentwickelt: ein Kerneuropa, mit gemeinsamer Währung, abgekoppelt die anderen, die vielleicht irgendwann später einmal folgen.

4.2
M 10+11
Währungs-Union

Europäisches Parlament

4.2
M 12
Europäisches Parlament

Es wird alle fünf Jahre von den europäischen Bürgern gewählt. Ursprünglich ziemlich einflußlos, konnte es in den letzten Jahren einen Machtzuwachs erreichen.

Aufgaben des Europäischen Parlamentes:
- Bestätigung der Kommission,
- Recht auf Abwahl der Kommission durch ein Mißtrauensvotum gegen die gesamte Kommission,
- Kontrolle der Kommission und des Ministerrates, z.B. durch Anfragen und Untersuchungsausschüsse,
- Beteiligung an der Gesetzgebung,
- Verabschiedung des Haushalts in Zusammenarbeit mit dem Ministerrat.

Wie in allen Parlamenten üblich, wird die Hauptarbeit auch hier in den Fachausschüssen geleistet.

Rat der Europäischen Union

Der Rat besteht aus Fachministern der EU-Mitgliedstaaten. Sie werden von ihren nationalen Regierungen zu Sitzungen nach Brüssel entsandt und bilden dort den **Ministerrat.** Meist wird dieses Gremium einfach Rat genannt. Wenn es um Agrarpreise geht, dann treffen sich die Landwirtschaftsminister. Wenn über Währungsfragen verhandelt wird, dann bilden die Finanzminister den Rat.

Der Ministerrat hat im wesentlichen folgende Aufgaben:
- Gesetzgebung, z.B. Einführung von Straßenbenutzungsgebühren für LKW, Freigabe des Gütertransportes für alle Spediteure in der gesamten EU (Niederländer fahren Gemüse nach Dänemark und dürfen auf der Rückfahrt Rum aus Flensburg nach Belgien bringen.)
- Einzelentscheidungen z.B. über Agrarpreise, Außenpolitik gegenüber Bosnien, Subventionen für eine Werft in Wismar.

Die Stimmen der Minister wiegen im Rat – je nach Einwohnerzahl – unterschiedlich viel.

Stimmen im Ministerrat

AU	B	DK	D	E	F	GB	GR	IR	I	L	NL	P	S	SF	**EU**
4	5	3	10	8	10	10	5	3	10	2	5	5	4	3	**87**

Der Rat ist das Organ der Union, das die gesetzgebende Gewalt (Legislative) ausübt. Ihre Mitglieder gehören in ihren Heimatländern der Regierung an. Sie gehören damit dort zur ausführenden Gewalt (Exekutive) und sollen zuhause das ausführen, was sie in Brüssel selber beschlossen haben. Das Prinzip der Gewaltenteilung gilt hier also nicht.

Im Rat wird um Kompromisse gerungen. Alle sollen möglichst zustimmen können. Wenn keine Einigkeit erreicht wird, bestimmt die Mehrheit. Wenn mehr als 64 dafür sind, ist die Sache beschlossen. Allerdings: wenn 27 Stimmen dagegen sind, kann nichts beschlossen werden. – Das nennt man **Sperrminorität**. Auch dann, wenn 26 oder nur 23 nein sagen, muß zunächst weiter verhandelt werden. Überstimmt werden kann diese Minorität mit mindestens 61 Stimmen, wenn auch nach einem Monat kein Kompromiß erzielt wurde.

Europäische Kommission

Die Kommission ist die Regierung der EU. Die Kommission besteht aus 20 Kommissaren. An ihrer Spitze steht der Präsident der Kommission. Er ist der ranghöchste Vertreter der Europäischen Union. Seit 1995 ist der Luxemburger Jacques Santer Präsident der Kommission

Jedes Land kann mindestens 1 Mitglied in die Kommission entsenden, höchstens zwei.

AU	B	DK	D	E	F	GB	GR	IRL	I	L	NL	P	S	SF	**EU**
1	1	1	2	2	2	2	1	1	2	1	1	1	1	1	**20**

Die Kommissare werden von den nationalen Regierungen vorgeschlagen. Das Parlament muß dem Vorschlag zustimmen, erst danach wird die Kommission ernannt.
Wenn die Kommission ihr Amt angetreten hat, dann ist sie unabhängig und nur noch der EU verpflichtet. Die nationalen Regierungen können den Kommissaren keine Weisungen mehr geben.

Aus Deutschland ist Martin Bangemann (FDP) seit vielen Jahren Mitglied der Kommission, zuständig für Industrie und neue Technologien. Seit 1995 ist Monika Wulf-Mathies (SPD) Kommissarin (davor war sie lange Jahre Vorsitzende der Gewerkschaft ÖTV). Sie ist zuständig für die Regionalfonds.

3.5

M 4
EU-Fonds und arme Regionen

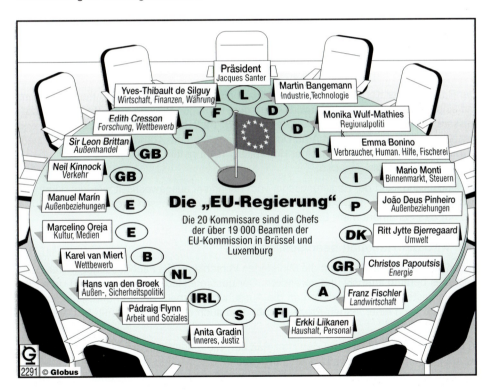

Die Kommission hat im wesentlichen folgende Aufgaben:
- Gesetze vorzuschlagen (Gesetzesinitiative),
- Ausführung der Beschlüsse,
- Kontrolle über die richtige Durchführung der europäischen Beschlüsse in den einzelnen Ländern, z.B. bei der Milchquote.

Europäischer Rat

16 Regierungschefs und der Präsident der Kommission bilden zusammen den Europäischen Rat. Der Vorsitz, die Präsidentschaft, wechselt jedes halbe Jahr in einer festgelegten Reihenfolge. Das Land, das hier die Präsidentschaft hat, hat sie auch im Ministerrat.

Der Europäische Rat beschließt die Leitlinien der Politik, z.B. wann die europäische Währung endgültig eingeführt wird oder wie es mit der europäischen Einigung insgesamt weitergehen soll.

Zur Erinnerung 3.1
M 5
Verfassung der EU

Vieles ist ähnlich, manches ist anders:

Wie in der Bundesrepublik Deutschland gibt es in der Europäischen Union
- ein direkt gewähltes Parlament,
- eine Regierung mit Regierungschef und Ministern, die für bestimmte Bereiche (Ressorts) zuständig sind,
- ein Gremium, das aus Ministern der Länder besteht. In Deutschland heißt diese Versammlung Bundesrat, in der EU: Rat der Europäischen Union (Ministerrat).

Und wie in Deutschland sind die Aufgaben und Gewalten aufgeteilt: ähnlich, aber anders. Einige Beispiele:

Wie kommt die Regierung ins Amt?

Der Bundeskanzler wird vom Bundestag gewählt. Bei der Zusammenstellung seines Kabinetts (seiner Ministerinnen und Minister) kann ihm keiner reinreden (in der Praxis wird das in Koalitionsverhandlungen ausgehandelt).

Der Präsident der Kommission wird vom Europäischen Rat benannt. Das Parlament wird mit eingeschaltet. Im Zusammenwirken mit dem künftigen Präsidenten werden die Kommissare benannt. Ist die Regierung vollständig, muß das Parlament zustimmen. Erst danach ist die Kommission im Amt. Das Parlament kann die Kommission auch ablehnen, selbst dann, wenn ihm ein einzelner Kommissar nicht gefällt.
Bei der Abwahl ist es genauso.

In Deutschland kann der Regierungschef vom Parlament ausgewechselt werden; damit fällt auch seine Regierung. In der EU kann die Kommission geschlossen abgewählt werden.
Wo hat das Parlament mehr Einfluß?

Wie wird der Haushalt beschlossen?

In der Bundesrepublik machen die Ministerien Vorschläge. Die Fachausschüsse des Bundestages beraten intensiv und verändern. Der gesamte Haushaltsentwurf wird dem Plenum vorgestellt, zurückverwiesen an die Ausschüsse, erneut beraten und geändert und schließlich nach einer langen Prozedur, bei dem auch der Bundesrat mitwirkt, vom Plenum beschlossen.

In der EU stellt der Ministerrat den Haushalt auf. Die Einnahmen stehen ohnehin fest, sie werden durch Beiträge der Länder aufgebracht. Die meisten Ausgaben sind ebenfalls durch langfristige Verpflichtungen festgelegt, wie dies bei den meisten öffentlichen Haushalten der Fall ist.

Das Parlament kann zwar am Anfang Vorschläge einbringen und Anregungen geben. Ob sie aber in den Haushalt einfließen, entscheidet der Ministerrat. Wenn der Haushalt fertig ist, muß das Parlament zustimmen, es kann ihn aber auch abschmettern (das hat das Parlament bereits zweimal getan). Der Ministerrat wird also in Zukunft bei allen Planungen die Wünsche des Parlaments mit beachten.

Welches Parlament hat mehr Einfluß auf den Haushalt?

Kontrolle der Regierung und Kontrolle über das von ihr ausgegebene Geld – den Haushalt –, das sind wichtige Aufgaben eines Parlamentes. Das funktioniert in beiden Parlamenten.

Gesetzgebung:
Die pluralistische Gesellschaft braucht immer wieder neue Gesetze.

Das Leben ist bunt und vielfältig und ständig in Bewegung in der pluralistischen Gesellschaft. Die Menschen ändern sich. Neue Probleme tauchen auf. Ansichten und Meinungen sind einem ständigen Wandel unterworfen. Diesem Wandel müssen unsere Gesetze ständig angepaßt werden.

mehr zu diesem Thema in 4.3

In den meisten Fällen ändert sich zuerst unsere Gesellschaft, erst danach reagiert der Gesetzgeber.

> *Darf das Grundgesetz geändert werden?*
> *Das ist möglich. Das Asylrecht z.B. wurde geändert. Aber es ist nicht leicht. Das soll es auch nicht sein, denn es geht um Grundsätzliches unserer Verfassung. Deshalb müssen Bundestag und Bundesrat mit 2/3 Mehrheit zustimmen.*
> *Einiges darf nie geändert werden:*
> *Artikel 79 (3) Grundgesetz: demokratischer und sozialer Bundesstaat (Verpflichtung auf Demokratie, Sozialstaat und Föderalismus)*
> *Artikel 1 Grundgesetz: „Die Würde des Menschen ist unantastbar ..."*

Die Parlamente der Gemeinden und Kreise, der Länder, des Bundes und die Organe der Europäischen Union beschließen unser Recht. Ganz schön kompliziert! Und doch bürgerfreundlich, denn:

4.3 M 6 Beispiel Müllsatzung

Wer sollte festlegen, ob in Ihrer Gemeinde in der Schulstraße Einzelhäuser, Reihenhäuser, Hochhäuser, Industrieanlagen oder ein Krankenhaus gebaut werden darf?

Ihre Gemeinde- oder Stadtvertretung, manchmal auch Bürgerschaft genannt, entscheidet das.

4.2 M 13+14 Gesetze der Länder

Wer sollte die teure Grundlagenforschung in der Elektronik, den staatenübergreifenden Autobahn- und Eisenbahnbau koordinieren? Natürlich die Europäische Union!
Wer sollte die Länge des Wehr- und Zivildienstes festlegen? Der Bundestag!

Wenn auf Bundes- oder Landesebene unser Recht beschlossen wird, heißt es **Gesetz**. Gemeinden und Kreise nennen ihr Recht **Satzung**, die Europäische Union **Richtlinie** oder **Verordnung**.

Die Gemeinden beschließen die Höhe von Grund- und Gewerbesteuer, die Gebühren für Büchereien und Parkuhren, die Eintrittspreise für Schwimmbäder und Museen oder können eigene Steuern in Satzungen festlegen.

Die Länder beschließen ihre Schulgesetze selbst. Auch die Planung der Krankenhäuser und Universitäten bestimmen die Landtage. Dort werden ebenfalls Anzahl und Ausstattung der Polizeiwachen festgelegt.

4.2 M 15–17 Gesetzgebung des Bundes

Verträge mit anderen Staaten, die Höhe der Gefängnis- und Geldstrafen für Mörder oder kleine Betrüger werden vom Bund beschlossen. Auch die Waffen der Bundeswehr oder die Art des Asylrechts bestimmt der Bund.

Die Europäische Union bestimmt die Preise vieler Agrarerzeugnisse. Für manche Produkte wird auch die Menge festgelegt (z.B. für Milch durch die Milchquote). Sie bestimmt Beginn und Ende der Sommerzeit und für Unternehmen, die in mehreren EU-Ländern Niederlassungen haben, grenzüberschreitende Betriebsräte.

4.2 M 18+19 EU-Gesetzgebung

M Materialien

Wahl des Bundeskanzlers

Wenn es eine klare Mehrheit im Bundestag gibt:

Der Bundespräsident schlägt dem Bundestag einen Kandidaten vor.
Der Bundestag wählt – ohne vorherige Aussprache und geheim.
Gewählt ist der Bundeskanzler, wenn er im ersten Wahlgang die Mehrheit der Mitglieder des Bundestages, also die absolute Mehrheit – auch Kanzlermehrheit genannt –, hinter sich bringt (GG Art. 63 (2)). Dies ist bei allen Kanzlerwahlen seit 1949 gelungen.
Am 15.11.1994 erhielt Helmut Kohl 338 Stimmen.

Wenn es keine klare Mehrheit im Bundestag gibt:

Erhält der Kandidat im ersten Wahlgang nicht die absolute Mehrheit, kann der Bundestag aus seiner Mitte Kandidaten aufstellen. Gewählt ist, wie beim ersten Wahlgang, wer die Stimmen der Mehrheit der Mitglieder des Bundestages erreicht.
Ist dies nicht der Fall, findet ein dritter Wahlgang statt.

Nun gibt es zwei Möglichkeiten:
Erhält ein Kandidat die Kanzlermehrheit, so muß der Bundespräsident ihn zum Kanzler ernennen. Ist dies nicht der Fall, steht dem Bundespräsidenten die Entscheidungsgewalt zu: Wenn er es für richtig hält, kann er den Kandidaten, der die meisten Stimmen erhalten hat, die relative Mehrheit also, zum Regierungschef ernennen. Wenn er dies nicht will, kann er den Bundestag auflösen. Dann findet eine neue Bundestagswahl statt.

> 1. Wieviel Stimmen waren am 15.11.1994 für die Kanzlermehrheit notwendig (siehe M 8 in 4.1)?
> 2. Über wieviel Stimmen verfügte die Koalition an diesem Tag?
> 3. Was läßt sich aus dem Wahlergebnis folgern?

Abwahl des Bundeskanzlers

Ein Bundeskanzler kann zurücktreten.
Abwählen kann der Bundestag ihn nur, indem er einen neuen Bundeskanzler wählt: Abwahl durch Neuwahl, das nennt man konstruktives Mißtrauensvotum (GG Art. 67). So hat Helmut Kohl im Herbst 1982 Helmut Schmidt als Bundeskanzler abgelöst.

Wenn die Mehrheiten im Bundestag unklar sind und der Bundeskanzler wissen möchte, ob er noch das Vertrauen der Mehrheit besitzt, dann stellt er die Vertrauensfrage (GG Art. 68). Erreicht er die Kanzlermehrheit, ist alles klar. Erreicht er sie nicht, bestehen mehrere Möglichkeiten: Der Bundeskanzler kann versuchen, ohne Mehrheit weiter zu regieren. Oder er sucht sich eine neue Mehrheit (eine neue Koalition). Er kann auch dem Bundespräsidenten vorschlagen, den Bundestag aufzulösen. Das wird er dann tun, wenn er erwarten kann, aus den dann folgenden Neuwahlen gestärkt mit einer klaren Mehrheit hervorzugehen.

Der Bundespräsident entscheidet: Er kann den Bundestag auflösen, er kann es aber auch lassen. Zögert der Bundespräsident, kann der Bundestag seiner Auflösung zuvorkommen, indem er einen neuen Bundeskanzler wählt.

Zwei Bundeskanzler haben bisher über die Vertrauensfrage vorgezogene Neuwahlen erzwungen:
Willy Brandt 1972, nachdem ein Mißtrauensvotum gegen ihn fast gelungen wäre,
Helmut Kohl 1982, kurz nachdem er durch ein Mißtrauensvotum gegen Helmut Schmidt zum Kanzler gewählt worden war.

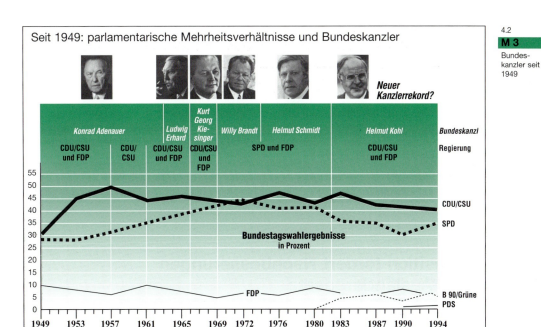

(Der Spiegel 42/1994)

Der Bundeskanzler braucht für die Kanzlermehrheit eine Stimme mehr als die Hälfte der Abgeordneten des Bundestages.
1. Wann gab es klare Mehrheiten? Wann waren die Mehrheiten knapp?
2. Wie waren die Wahlergebnisse nach der Auflösung des Bundestages 1972 und 1982? Ging die Rechnung für den Kanzler auf?

Der Bundespräsident ist unser Staatsoberhaupt
Die Bundespräsidenten

Theodor Heuss
1949–1959

Heinrich Lübke
1959–1969

Gustav Heinemann
1969–1974

Walter Scheel
1974–1979

Karl Carstens
1979–1984

Richard v. Weizsäcker
1984–1994

Roman Herzog
1994–1999

4.2 M 5 Bundespräsident

Der Bundespräsident hat die Aufgabe, die Bundesrepublik Deutschland zu repräsentieren.

Macht bringt das Amt wenig. Durch seine Persönlichkeit kann der Bundespräsident eigene Schwerpunkte setzen und so Einfluß in Gesellschaft und Staat gewinnen. Im Zentrum der politischen Macht steht er nur dann, wenn die Mehrheiten für einen Bundeskanzler im Bundestag unsicher sind.

Gewählt wird der Bundespräsident von der Bundesversammlung. Diese besteht aus allen Bundestagsabgeordneten. Dazu kommt noch einmal die gleiche Anzahl von Frauen und Männern aus den Ländern. Sie werden von den Landtagen nach dem Verhältnis der dort vertretenen Parteien entsandt.

> *Welche Bundespräsidenten haben die Auflösung des Bundestages nach dem Antrag von Helmut Schmidt bzw. von Helmut Kohl entschieden?*

Opposition fordert Nachbesserungen beim Ausländergesetz

Unter dem Eindruck der fremdenfeindlichen Ausschreitungen in Magdeburg befaßt sich der Bundestag in seiner 228. Sitzung mit dem Ausländergesetz in Deutschland. Hierzu hat die SPD-Fraktion einen Entwurf zur Änderung des Gesetzes eingebracht (Drucksache 12/7014). Der Bundestag berät außerdem Vorlagen der Gruppen BÜNDNIS 90/DIE GRÜNEN und PDS/Linke Liste zum Paragraphen 19 des Ausländergesetzes (Aufenthaltsrecht) (Drucksachen 12/6421, 12/6291, 12/6796). Ferner liegt den Abgeordneten die Beschlußempfehlung und der Bericht des Innenausschusses zu einem Appell der SPD-Fraktion an die in der Bundesrepublik lebenden Ausländer, in deren Länder gekämpft wird, zur Beratung vor (Drucksachen 12/2818, 12/6882).

4.2 M 6 Beispiel Opposition

Das Ergebnis nach der Debatte im Bundestag: Die Anträge der SPD-Fraktion und der Gruppe BÜNDNIS 90/DIE GRÜNEN (12/7014 und 12/6421) werden in der Abstimmung an die zuständigen Ausschüsse überwiesen. Der Antrag der Gruppe PDS/Linke Liste (12/6291) wird gemäß Beschlußempfehlung (12/6796) mit der Mehrheit der Mitglieder der Koalitionsfraktionen abgelehnt. Der Appell der SPD-Fraktion (12/2818) wird entsprechend der Beschlußempfehlung (12/6882) mehrheitlich angenommen.

(Bericht aus dem Bundestag, veröffentlicht in: Das Parlament, 27.05./03.06.1994)

> *Untersuchen Sie das Beispiel genau: Die Opposition ist keine einheitliche Gruppe. Wenn mehrere Fraktionen in der Opposition sind, dann entwickelt jede eigene Vorstellungen.*
> *1. Welche Vorschläge sind eingebracht worden? Wer hat sie eingebracht?*
> *2. Was hat der Bundestag mit den einzelnen Vorschlägen gemacht?*
> *3. Wie beurteilen Sie Erfolg bzw. Mißerfolg der Opposition in diesem Fall?*

4.2 M 7 GG Art. 23

Grundgesetz, Artikel 23 [Europäische Union]

(1) Zur Verwirklichung eines vereinten Europas wirkt die Bundesrepublik Deutschland bei der Entwicklung der Europäischen Union mit, die demokratischen, rechtsstaatlichen, sozialen und föderativen Grundsätzen und dem Grundsatz der Subsidiarität verpflichtet ist ... Der Bund kann hierzu durch Gesetz mit Zustimmung des Bundesrates Hoheitsrechte übertragen....

(2) In Angelegenheiten der Europäischen Union wirken der Bundestag und durch den Bundesrat die Länder mit...

Staatsformen

Staatenbund	Bundesstaat	Einheitsstaat
Loser Zusammenschluß souveräner (eigenständiger) Staaten zu gemeinsamen politischen Zwecken. z.B.: Vereinte Nationen (UN), Europäische Union (EU), (fast schon ein Bundesstaat) Deutscher Bund 1815–1866	Vereinigung mehrerer Gliedstaaten mit gemeinsamen Organen. Die Gliedstaaten besitzen eine gewisse Selbständigkeit, ihre Souveränität ist dem Gesamtstaat übertragen. z.B.: USA, Schweiz, Deutschland	Es gibt in Gesetzgebung, Polizei, Verwaltung usw. immer nur die Zentralgewalt und keine regionalen Gewalten. Lediglich Vollzugstätigkeiten werden auf regionale Verwaltungen delegiert. z.B.: Frankreich, Japan, Deutsches Reich 1933–45 DDR 1949–90

M 8 Staatsformen

1. Beschreiben Sie die Unterschiede zwischen Staatenbund, Bundesstaat und Einheitsstaat.
2. Weshalb ist im Grundgesetz die Bundesstaatlichkeit verankert worden?

Besser als ihr Ruf

M 9 Vorteile der EU

Ihr Ruf ist nicht der beste, vor allem bei Arbeitnehmern. Die Rede ist von der Europäischen Union, der EU. „Vielleicht steht das neue Kürzel EU für europäische Unternehmer", fragte vor kurzem ein Gewerkschafter sarkastisch und fuhr resigniert fort: „Wir sind es, die für die europäische Einheit werben, und die weltweit agierenden Konzerne profitieren davon."
Ein weitverbreitetes Vorurteil, aber falsch. Auch für Arbeitnehmer ist die Europäische Union wichtig, denn jeder dritte deutsche Arbeitsplatz ist direkt oder indirekt von der wirtschaftlichen Kooperation innerhalb der EG abhängig. Darüber hinaus hilft die EU in strukturschwachen Regionen durch erhebliche finanzielle Zuschüsse, Arbeitsplätze zu schaffen – auch in der Bundesrepublik Deutschland. Arbeitnehmerinnen und Arbeitnehmer profitieren als Verbraucher von einem besseren Schutz vor Gefahren und Mißbrauch. Im Lebensmittelbereich sind strengere Reinheitskriterien für Konservierungs- und Farbstoffe festgelegt worden, die die deutschen Normen bei weitem überschritten haben. Wer will, kann jetzt unbesorgt Gummibärchen kaufen. Der Farbstoff ist nicht mehr gesundheitsschädigend. Gleiches gilt auch bei den Sicherheitsstandards für Spielwaren. Wer sicher sein will, daß Spielzeug ungefährlich ist, kann sich auf die EU-Sicherheits-Plakette „CE" verlassen, die für Elektro- und Gasherde schon seit langem vergeben wird.

(IG Medien Forum 5/1994)

1. Zählen Sie Vorteile auf, die Europa für die EU-Bürgerinnen und Bürger bringt.
2. Welche Vorteile haben Sie persönlich von der europäischen Einigung?
3. Welches sind die allgemeinen Ziele der Europäischen Union?

Wir brauchen die Währungsunion

Wer heute durch Europa reist, muß viele Taschen haben. Und in allen Taschen fremdes Geld. Denn sonst kann ihm Böses passieren: Wer losfährt mit 1000,00 harten DM, in jedem Land umtauscht, der ist am Ende arm wie eine Kirchenmaus, ohne einen Pfennig auszugeben. Beraubt wurde er in den Wechselstuben: Kursverluste, Umtauschgebühren haben ihn arm gemacht.

Das muß sich ändern. Daher brauchen wir die Währungsunion.

Bald wird es in der EU eine gemeinsame Währung geben. Damit sie so stabil ist, wie wir uns das wünschen, will man vorsichtig und schrittweise vorgehen.

Der erste Schritt ist bereits getan: In Frankfurt am Main wurde das Europäische Währungsinstitut gegründet. Es soll die Europäische Zentralbank vorbereiten, die später über die Stabilität der europäischen Währung wachen wird. Sie wird unabhängig von den Regierungen sein, genau so wie die Deutsche Bundesbank, die heute am gleichen Ort über die DM wacht. (Mehr über die Deutsche Bundesbank können Sie im Kapitel 6.3 nachlesen.)

Bis Ende 1996 sollen die Mitgliedsländer ihre Wirtschafts- und Währungspolitik aufeinander abstimmen. Wer dann die gemeinsame europäische Währung übernehmen will, muß harte Bedingungen erfüllen:

1. **Die Preise im eigenen Land müssen stabil sein:** Der Preisanstieg darf höchstens um 1,5 % über dem Durchschnitt der drei stabilsten Länder liegen.

2. **Die Staatsfinanzen sollen solide sein:** Das Haushaltsdefizit darf höchstens 3 %, die Staatsverschuldung insgesamt nicht mehr als 60 % des Sozialproduktes betragen.

3. **Die Zinsen dürfen nicht zu hoch sein:** Der langfristige Zinssatz darf nicht mehr als 2 % über dem der drei preisstabilsten Länder liegen.

4. **Die eigene Währung soll schon vorher stabil sein:** Schon in den zwei Jahren vor Eintritt in die gemeinsame Währung soll der Kurs im Verbund der anderen europäischen Währungen stabil geblieben sein.

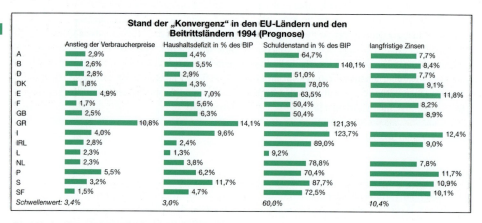

Stand der „Konvergenz" in den EU-Ländern und den Beitrittsländern 1994 (Prognose)

	Anstieg der Verbraucherpreise	Haushaltsdefizit in % des BIP	Schuldenstand in % des BIP	langfristige Zinsen
A	2,9%	4,4%	64,7%	7,7%
B	2,6%	5,5%	140,1%	8,4%
D	2,8%	2,9%	51,0%	7,7%
DK	1,8%	4,3%	78,0%	9,1%
E	4,9%	7,0%	63,5%	11,8%
F	1,7%	5,6%	50,4%	8,2%
GB	2,5%	6,3%	50,4%	8,9%
GR	10,8%	14,1%	121,3%	
I	4,0%	9,6%	123,7%	12,4%
IRL	2,8%	2,4%	89,0%	9,0%
L	2,3%	1,3%	9,2%	
NL	2,3%	3,8%	78,8%	7,8%
P	5,5%	6,2%	70,4%	11,7%
S	3,2%	11,7%	87,7%	10,9%
SF	1,5%	4,7%	72,5%	10,1%
Schwellenwert:	3,4%	3,0%	60,0%	10,4%

Europäische Kommission 1994; Deutsche Bundesbank

1. Wer dürfte mitmachen, wenn schon heute das Europäische Währungssystem starten würde?
2. Bringen Sie die Bewerber in eine Reihenfolge: Wer erfüllt die Bedingungen ganz? Wer erfüllt sie teilweise? Wer erfüllt keine? Bewerten Sie das Ergebnis.
3. Was glauben Sie: Wer schafft es bis 1996? Wer bis 1999? Was wird aus den anderen?

Wenn mehr als die Hälfte der EU-Mitgliedstaaten die Bedingungen bis Ende 1996 erfüllt haben, dann soll die Währungsunion mit diesen Ländern starten. Spätestens 1999 wird die Europäische Zentralbank eingerichtet. Ab dann werden die Wechselkurse zwischen allen Währungen, die mitmachen, stabil gehalten – und wird es eine gemeinsame Europäische Währung geben. Vielleicht noch nicht sofort, aber bald.

Zusammensetzung des Europäischen Parlaments (Januar 1995)

Mitglied-staaten	Fraktionen									
	Alle	SPE	EVP	LIB	EUL	FE	SdED	GR	REA	EdN	FL
A	21	8	6	1	–	–	–	1	–	–	5
B	25	6	7	6	–	–	–	2	1	–	3
D	99	40	47	–	–	–	–	12	–	–	–
DK	16	3	3	5	1	–	–	–	–	4	–
E	64	22	30	2	9	–	–	–	1	–	–
F	87	15	13	1	7	–	14	–	13	13	11
GB	87	63	19	2	–	–	–	–	2	–	1
GR	25	10	9	–	4	–	2	–	–	–	–
I	87	18	12	6	5	29	–	4	2	–	11
IRL	15	1	4	1	–	–	7	2	–	–	–
L	6	2	2	1	–	–	–	1	–	–	–
NL	31	8	10	10	–	–	–	1	–	2	–
P	25	10	1	8	3	–	3	–	–	–	–
S	22	11	6	3	1	–	–	1	–	–	–
SF	16	4	4	6	1	–	–	1	–	–	–
Alle	626	221	173	52	31	29	26	25	19	19	31

SPE = Fraktion der Sozialdemokratischen Partei Europas
EVP = Fraktion der Europäischen Volkspartei (Christlich-Demokratische Fraktion)
LIB = Fraktion der Liberalen und Demokratischen Partei Europas
EUL = Konföderale Fraktion Europäische Unitaristische Linke
FE = Fraktion Forza Europa
SdED = Sammlungsbewegung der Europäischen Demokraten
GR = Fraktion DIE GRÜNEN im Europäischen Parlament
REA = Fraktion der Radikalen Europäischen Allianz
EdN = Fraktion Europa der Nationen
FL = Fraktionslose

(Claus D. Grupp: Europa 2000, Köln 1995)

1. Wieviel Abgeordnete entsenden die einzelnen Länder ins Europäische Parlament?
2. Nach welchen Prinzipien sind die Sitze den einzelnen Ländern zugewiesen? Nehmen Sie Stellung!
3. Wie sind die politischen Mehrheiten im Europäischen Parlament?
4. Vergleichen Sie die Mehrheiten mit denen im Bundestag. Könnte es politische Konflikte geben?

Grundgesetz VII Die Gesetzgebung des Bundes

„Art. 70 (Gesetzgebung des Bundes und der Länder) (1) Die Länder haben das Recht der Gesetzgebung, soweit dieses Grundgesetz nicht dem Bunde Gesetzgebungsbefugnis verleiht."

Unter die Gesetzgebung der Länder fallen: Kultur, Gesundheit, Polizei, Bildung. Warum? Weil nirgends im Grundgesetz steht, daß für diese Bereiche der Bund das Recht zur Gesetzgebung besitzen soll. Dies ist so geregelt worden, weil die Bundesrepublik ein Bundesstaat ist.

Landesgesetze ... Beispiele

Das Landesnaturschutzgesetz (LNG) ist aus Sicht des Kieler Landtages nicht verfassungswidrig. Eine entsprechende Stellungnahme wird ein Prozeßbevollmächtigter vor dem Bundesverfassungsgericht (BVG) in Karlsruhe vortragen. Dies beschloß das Parlament mit den Stimmen der SPD. ...

Beim Bildungsurlaub bleibt alles beim Alten: Die CDU hatte, um Kleinbetriebe zu schützen, für diese eine Härteregelung beantragt und ferner etwa vorgeschlagen, den Besuch einer Bildungsveranstaltung teils von den Urlaubstagen abzuziehen. In den Ausschüssen wurde dies mehrheitlich verworfen. Vor allem die SPD lehnte eine Aufweichung des Gesetzes ab. ...

Für Medizinprodukte, vom Herzschrittmacher über Kontaktlinsen bis zum künstlichen Gelenk, gibt es strenge Euro-Normen. Ihre Kontrolle obliegt in Deutschland den Bundesländern, deren Regierungschefs sich bereits auf eine gemeinsame Überwachungsstelle geeinigt haben. Grünes Licht aber müssen die Länderparlamente geben. ...

Landtag 8/1994

Als Bürgerin oder Bürger Ihres Bundeslandes sind Sie von Landesgesetzen betroffen.
1. Nennen Sie Beispiele für Gesetze Ihres Bundeslandes.
2. Was ist bei Ihnen anders als in anderen Bundesländern?
3. Welche Gesetze Ihres Landes haben für Sie Bedeutung?

Gesetzgebung des Bundes

ausschließliche Gesetzgebung (Artikel 71 und 73 Grundgesetz)	konkurrierende Gesetzgebung (Artikel 72 und 74 Grundgesetz)	Rahmengesetzgebung des Bundes (Artikel 75 Grundgesetz)
z.B. außenpolitische Verträge Verteidigung Einwanderung Geld- und Münzwesen Eisenbahn Luftverkehr	z.B. Strafrecht Waffenrecht Vereinsrecht Kernenergie Müll Luftreinhaltung Lärm	z.B. Presse Film Naturschutz Landschaftspflege
Hier dürfen die Länder nur Gesetze verabschieden, wenn sie hierzu in einem Bundesgesetz ausdrücklich ermächtigt worden sind.	Hier dürfen die Länder Gesetze verabschieden, wenn der Bund von seinem Gesetzgebungsrecht keinen Gebrauch macht.	Hier beschließt der Bund nur Grundsätze, diesen Rahmen füllen dann die Länder durch eigene Gesetze aus.

Wie kommt ein Bundesgesetz zustande?

Vorlagen für neue Gesetze dürfen die Bundesregierung, der Bundesrat und der Bundestag einbringen. Diskutiert und abgestimmt wird über die neuen Vorschläge in Bundestag und Bundesrat. Sind beide unterschiedlicher Meinung, dann wird der Gesetzentwurf an den **Vermittlungsausschuß** überwiesen. Dieser Ausschuß besteht aus insgesamt 32 Vertretern, je 16 aus Bundestag und Bundesrat. Hier wird um eine Einigung gerungen – oft mit Erfolg, manchmal auch nicht. Denn wenn z.B. im Bundesrat SPD-geführte Regierungen die Mehrheit haben, im Bundestag dagegen eine CDU-geführte Regierung, kann es schwierig sein, Kompromisse zu erreichen. Einigt sich der Vermittlungsausschuß, dann wird ein gemeinsamer Vorschlag erarbeitet. Dieser muß von Bundestag und Bundesrat beschlossen werden.

Gesetzesinitiative: das Recht, einen Vorschlag (Vorlage) für ein Gesetz vorlegen zu dürfen. Über eine Gesetzesvorlage muß das Parlament abstimmen.

Der Vermittlungsausschuß besteht aus 16 Mitgliedern des Bundesrates. Jedes Land entsendet einen Vertreter. Das ist in der Regel der Regierungschef oder die Regierungschefin des Landes selbst oder ein Vertreter.

Nach der Bundestagswahl im Oktober 1994 kamen von den 16 Vertreterinnen und Vertretern des Bundestags acht aus der CDU, sechs von der SPD, Bündnis 90/Die Grünen und FDP hatten je einen Sitz im Vermittlungsausschuß.

Bundesgesetze

einfache

Der Bundestag beschließt.
Der Bundesrat hat das Recht auf Einspruch. Dieser kann vom Bundestag mit der Mehrheit seiner Mitglieder zurückgewiesen werden.
Hat der Bundesrat mit 2/3 Mehrheit Einspruch eingelegt, muß der Bundestag mit 2/3 Mehrheit den Einspruch zurückweisen. Hat die Opposition im Bundesrat die 2/3 Mehrheit, die Regierung im Bundestag aber keine 2/3 Mehrheit, kann die Regierung auch ihre einfachen Gesetze, z.B. den Haushalt des Bundes, nicht durchsetzen.

zustimmungspflichtige

Der Bundesrat muß den Gesetzen zustimmen.
Viele wichtige Gesetze, z.B. solche über die Verteilung der Steuern, sind zustimmungspflichtige Gesetze.
Ohne den Bundesrat kann der Bundestag hier also nichts ausrichten.

M 18
EU-Gesetz-gebung

Gesetzgebung der EU

Das Recht zur Gesetzesinitiative besitzt nur die Kommission. Ministerrat und Parlament können aber solche Vorschläge für Gesetze von der Kommission anfordern.

Der Ministerrat der EU beschließt:

Verordnung	Richtlinie	Entscheidung
Sie gilt in der EU unmittelbar. Das bedeutet: Die Verordnung erhält sofort in allen Ländern Gesetzeskraft, z.B. Verordnungen zum Lebensmittelrecht: Bier, Nudeln, Wurst. Durchführungsverordnungen werden auch von der Kommission erlassen.	Der Ministerrat setzt einen Rahmen, d.h., er nennt das politische Ziel, die einzelnen Länder erarbeiten und beschließen dann selbständig Gesetze. Beispiel: Richtlinie: Mindesturlaub vier Wochen, Änderung Bundesurlaubsgesetz: Urlaub 24 statt vorher 18 Werktage.	Betrifft Einzelfälle, z.B. finanzielle Förderung der Meeres-Technik-Werft (MTW) in Wismar.

An der Gesetzgebung ist auch das Parlament beteiligt. In allen Fällen muß der Ministerrat dem Parlament die Möglichkeit der Stellungnahme einräumen. In einigen Fällen – wie z.B. Aufnahme neuer Mitglieder, Ernennung der Kommission, Abschluß außenpolitischer Verträge und Schaffung von Fonds zur Förderung bestimmter Industrien oder Regionen – muß das Parlament zustimmen.

M 19
EU-Haushalt

Die Mär vom deutschen Zahlmeister

Vergleichen Sie das Schaubild und die Karikatur:
1. Wie sind die Tatsachen? – Informieren Sie sich zusätzlich in Kapitel 6 über das Thema Exporte.
2. Was will der Zeichner ausdrücken? Nehmen Sie Stellung.

Arbeitsvorschlag

Untersuchen Sie:
Wo eigentlich sitzt die politische Macht?

Der Bundesrat

GG Art 51: Zusammensetzung
(1) Der Bundesrat besteht aus den Mitgliedern der Regierungen der Länder, die sie bestellen und abberufen.
Sie können durch andere Mitglieder ihrer Regierungen vertreten werden.
(2) Jedes Land hat mindestens drei Stimmen, Länder mit mehr als zwei Millionen Einwohnern haben vier, Länder mit mehr als sechs Millionen Einwohnern haben fünf, Länder mit mehr als sieben Millionen Einwohnern sechs Stimmen.
(3) Jedes Land kann so viele Mitglieder entsenden, wie es Stimmen hat. Die Stimmen eines Landes können nur einheitlich und nur durch anwesende Mitglieder oder deren Vertreter abgegeben werden.

Einwohnerzahlen (Stand 31.12.1992)

Die Landeshauptstädte
Berlin, Bremen, Düsseldorf, Dresden, Erfurt, Hamburg, Hannover, Kiel, Magdeburg, Mainz, München, Potsdam, Saarbrücken, Schwerin, Stuttgart, Wiesbaden.

Die Bundesländer (und ihre Regierungen)
Baden-Württemberg (CDU/SPD), Bayern (CSU), Berlin (CDU/SPD), Brandenburg (SPD), Bremen (SPD/CDU), Hamburg (SPD/STATT-Partei), Hessen (SPD/Grüne), Mecklenburg-Vorpommern (CDU/SPD), Niedersachsen (SPD), Nordrhein-Westfalen (SPD/B90-Grüne), Rheinland-Pfalz (SPD/FDP), Saarland (SPD), Sachsen (CDU), Sachsen-Anhalt (SPD/B90-Grüne), Schleswig-Holstein (SPD), Thüringen (CDU/SPD).

Dies ist eine Momentaufnahme aus dem Frühjahr 1995. Politik in der Demokratie ist ständig in Bewegung. Immer wieder finden Wahlen statt und können Regierungen wechseln. Erkundigen Sie sich nach dem augenblicklichen Stand.

Legen Sie eine Tabelle nach folgendem Muster an. Tragen Sie alle Bundesländer mit ihren Daten ein. Wenn Sie nicht alle Regierungschefs kennen, ist das nicht schlimm. Dann lassen Sie die Spalte frei und ergänzen eventuell später.

Bundes-land	Haupt-stadt	Ein-wohner	Stimmen im Bundesrat	Regierung (Koalition)	Regierungs-chef	Stimmen im Bundesrat (zur Zeit parteipolitisch bestimmt durch ...)				
...	...	...	...	...	...	SPD	SPD-geführte Koalition	CDU/SPD	CDU-geführte Koalition	CDU oder CSU

Zur Erinnerung
4.2
M 16
Vermittlungs-ausschuß:
Zusammen-setzung

Der Bundesrat

GG Art 50: Aufgaben
Durch den Bundesrat wirken die Länder bei der Gesetzgebung und Verwaltung des Bundes mit.

Im Bundesrat sollen die Interessen der Länder zur Geltung gebracht werden. Das geschieht z.B. bei der Verteilung der Steuern auf Bund und Länder oder beim Länderfinanzausgleich, bei dem die wirtschaftlich starken Länder zahlen und die schwachen Länder unterstützt werden. Wo aber liegen die Länderinteressen bei der Regelung des Schwangerschaftsabbruchs (§ 218) oder wenn es um die Festlegung des Erziehungsgeldes geht? In solchen Fällen wird auch im Bundesrat meist nach dem parteipolitischen Standpunkt abgestimmt.

Finden Sie heraus, über welche Mehrheit die Bundesregierung im Bundestag verfügt. Wie sind die Mehrheitsverhältnisse im **Bundesrat**?

Bei vielen Gesetzen ist die Zustimmung des Bundesrates nötig.

Wer besitzt zur Zeit die politische Macht, Gesetze durchzusetzen?
Wie kann in einer solchen Lage regiert werden?

D Diskussion 1

Festung Europa – Bananen gegen Sauerkirschen?

Schutz bei Kirschimporten

BRÜSSEL – Die Europäische Kommission will den deutschen Obstbauern billige Sauerkirschenimporte aus Mitteleuropa versüßen. Wie Landwirtschaftsminister Jochen Borchert in Brüssel sagte, verhandelt die Kommission derzeit mit den Nachbarn im Osten über Einfuhrlizenzen, um so die Importe nicht ausufern zu lassen. Belgien und Frankreich unterstützten auch die Forderung Bonns, für die Kirschen Mindesteinfuhrpreise festzulegen. Die Deutschen hätten durch die preisgünstigen Wettbewerber 1993 erhebliche Einbußen erleiden müssen.

So hätten vor allem Polen, Ungarn, Tschechien und Slowenien das Obst zu Kilopreisen von 79 Pfennigen angeboten: Die deutschen Bauern bräuchten aber mindestens 1,10 bis 1,20 Mark, um dauerhaft Verbraucher und Industrie beliefern zu können.

(Lübecker Nachrichten, 01.06.1994)

Bananenklage abgewiesen

LUXEMBURG – Der Europäische Gerichtshof in Luxemburg hat die Klage Deutschlands gegen die Brüsseler Bananenmarktordnung gestern abgewiesen.

Hintergrund: Beliebte gelbe Früchte wurden erheblich teurer

Die seit 1. Juli 1993 gültige Marktordnung begrenzt die Einfuhr von Bananen aus Mittel- und Südamerika in die Staaten der Europäischen Union. Mit dem Luxemburger Urteil sollen Produzenten in den EU-Staaten – Spanien, Griechenland und Portugal – sowie in französischen und britischen Überseegebieten geschützt werden. Auch die ehemaligen europäischen Kolonien in Afrika, dem Pazifik und der Karibik (AKP-Staaten) sind einbezogen.

Meinung: Unsinn à la Europa

Es kam wie befürchtet. Die Klage Bonns wurde abgewiesen. Für die nun vom Gericht festgestellte völlig legale „krumme Tour" der EU-Abschottungs- und Subventionsstrategen werden die Verbraucher weiter – wahrscheinlich noch mehr – zahlen müssen.

Doch nicht nur sie. Auch die Erzeugerländer in Mittelamerika leiden unter der widersinnigen – wenn auch im Denken der EU logischen – Entscheidung... Die Bananenordnung ist ein Schlag gegen den freien Welthandel und das Bestreben, unsinnige und nicht mehr bezahlbare Subventionstöpfe für EU-Erzeuger abzubauen.

(Lübecker Nachrichten, 06.10.1994)

Bilden Sie in Ihrer Klasse Gruppen: deutsche Obstbauern, mittelamerikanische und afrikanische Bananenanbauer, Importeure und Händler, EU-Verbraucher.

Die einzelnen Gruppen arbeiten zunächst – jede für sich – ihre Interessen heraus. Diese Interessen sollen dann als politische Forderungen an die EU formuliert werden. Damit Ihre Forderung politisches Gewicht erhält, müssen Sie möglichst schlagfeste Argumente (Begründungen) mitliefern.

Und so würde es in der politischen Wirklichkeit weitergehen: Das Europäische Parlament veranstaltet in dem zuständigen Ausschuss eine Expertenanhörung, in der die Interessenvertreter ihre Argumente vortragen. Die Abgeordneten stellen Fragen an die Experten. Danach diskutieren die Parlamentarier unter sich und stimmen ab. Gehen Sie genauso vor.

D Diskussion 2

Festung Europa: Wir schotten uns ab

Erweiterung oder Vertiefung?
Das Problem: Wenn die EU ihre ganze Kraft entfalten will, dann muß viel mehr als heute gemeinsam geregelt werden. Das ist im Vertrag von Maastricht auch vorgesehen. Schrittweise soll z.B. die Außen- und Sicherheitspolitik gemeinsam betrieben werden. Eine gemeinsame Währung soll die Wirtschaften der Mitgliedsländer auf Gedeih und Verderb aneinander ketten.

Wenn immer neue dazukommen, müssen die „alten" Rücksicht auf die neuen nehmen. Viel Kraft wird die EU brauchen, um die wirtschaftlich schwachen Neuen aufzupäppeln. Denn das ist das Ziel: In allen Mitgliedsländern sollen für die Menschen gleiche Lebensbedingungen geschaffen werden. Wir Deutschen haben nach der Vereinigung erfahren, wie schwierig dies ist. Also

Schotten dicht oder Öffnung?

Vor der Tür stehen viele, die eintreten wollen: Ungarn und Polen; Malta, Zypern und die Schweiz (möchte Teil-Mitglied werden); Bulgarien, Rumänien, Slowakei, Slowenien, Tschechien; Albanien, Estland, Lettland, Litauen.

Bilden Sie zwei Gruppen: EU-Mitgliedsländer und Beitrittskandidaten.
- *Diskutieren Sie zunächst intern Vor- und Nachteile einer Aufnahme bzw. eines Beitritts in die EU aus Ihrer Sicht. Schreiben Sie auf, was Sie erreichen wollen und was nicht.*

Dann führen Sie Beitrittsverhandlungen:
- *Die EU-Mitgliedstaaten fragen die Beitrittsländer, warum sie eintreten wollen, was sie erwarten und was sie einbringen wollen.*
- *Die Antragsteller fragen, was sie leisten müssen und was sie dafür erhalten.*
- *In einer weiteren internen Sitzung beraten beide Gruppen, ob sie die Bedingungen annehmen wollen oder nicht. Überlegen Sie auch, wo es vielleicht noch Spielraum für Zugeständnisse gibt.*

Die Lösung: Europa der zwei Geschwindigkeiten?

Das Problem: Auch die 16 Mitglieder sind sehr unterschiedlich entwickelt. Manche sind sehr zögerlich und wollen von ihrer Souveränität (das ist das Selbstbestimmungsrecht der Staaten) möglichst wenig an die EU abgeben. Sollen alle auf den schwächsten und langsamsten warten? Oder sollen die Entschlossenen vorwärts stürmen? Ob die anderen folgen und später aufschließen wollen, müssen diese selbst entscheiden: Wer schleichen will, soll das tun, aber ohne die anderen aufzuhalten.

Es entsteht ein Europa der zwei – oder drei oder vier – Geschwindigkeiten. Ein Kern-Europa, zu dem Frankreich, Deutschland und die Benelux-Staaten zählen könnten, vertieft seine Beziehungen, z.B. in der Währungsunion.

Auch hier können Sie zwei Gruppen bilden, beraten, diskutieren und verhandeln: die Starken und Entschlossenen und die Schwachen oder Zögerlichen.

4.3 Recht in der pluralistischen Gesellschaft

BILD-Kommentare
Freiheit – nur für Fußgänger?

von BERNHARD RUDOLPH

Jeder hat das Recht auf Demonstration. Ganz klar.

Aber was gestern in Hamburg geschah, war mehr als das. Es war die Blockade einer ganzen Stadt.

800 Polizisten waren im Einsatz: Sie haben die Blockade hingenommen, wie in Hamburg vieles hingenommen wird.

Die Fußgänger und Radfahrer sprechen gern von ihren Rechten. Von der Freiheit.

Tatsächlich haben sie gestern Tausenden das Recht genommen, nach Hamburg zu fahren. Andere konnten nicht nach Hause, zu ihren Familien. Sie wurden in den Stau gezwungen.

Was die Verkehrs-Blockierer in ihrem blinden Haß auf die Autos gemacht haben, war Terror.

Terror ist der Tod der Freiheit.

(Bild HH vom 28.09.1991)

Recht ordnet die Freiheit

Recht soll Gerechtigkeit schaffen? Das ist ein hoher Anspruch, der aber nicht immer verwirklicht werden kann. Denn in der pluralistischen Gesellschaft sind sich die Menschen nicht darüber einig, was das denn ist, „Gerechtigkeit". Lange war gerecht das, was die Oberen dafür hielten. Gerechtigkeit ist eine Frage der Philosophie oder der Religion. Dort kann man vielleicht eine Antwort finden.

> *Gerechtigkeit 1884*
> *Gerechtigkeit ist diejenige Tugend, welche das Recht eines jeden achtet oder jedem das Seine gewährt. Man darf dieselbe wohl eine gemäßigte oder temperierte Menschenliebe nennen, insofern als sie zwischen Egoismus und Aufopferung für andere eine ausgleichende Mitte bildet, in welcher die Selbstsucht des einzelnen so viel von ihren Ansprüchen aufgibt, als zum Bestehen des Ganzen nötig ist. ...*
> Brockhaus' Conversations-Lexikon, Leipzig 1884, Bd. 7

Recht in unserer Gesellschaft besteht zum größten Teil aus Gesetzen. Sie sind von Menschen gemacht und können geändert werden. Ziel ist es, das Leben in der Gesellschaft zu ordnen. Alle Bürgerinnen und Bürger sollen möglichst friedlich miteinander umgehen. Das ist oft nicht einfach. Wenn es zu Konflikten kommt, dann soll jeder zu seinem **Recht** kommen. Wenn es dabei auch noch – nach der Meinung der Betroffenen – **gerecht** zugeht, ist das schön.

Unser Recht ist also zweckgebunden: Es soll den Rechtsfrieden aufrechterhalten – mehr nicht. Wenn unser Recht gut funktioniert, dann sichert es für uns Bürgerinnen und Bürger möglichst viel Freiheit – für die Autofahrer die Freiheit, ungehindert zu fahren, für die Demonstranten die Freiheit, ihre Meinung wirkungsvoll zum Ausdruck zu bringen. Wenn beide Freiheiten sich widersprechen, muß das Recht den Konflikt lösen. Das ist im äußersten Fall Aufgabe der Gerichte. Sie sind dabei an Recht und Gesetz gebunden – so steht es im Grundgesetz.

Recht schafft also **Ordnung.** Es soll eine Ordnung sein, die möglichst viel Freiheit für möglichst alle schafft. Zu viel Ordnung erstickt die Freiheit, aber absolute Freiheit für alle gibt es nicht, denn was dann übrigbliebe, wäre eine Freiheit für wenige Kriminelle.

Die Freiheit der Mehrheit würde im Terror der Minderheit vernichtet. Das Recht soll den Ausgleich schaffen. Nach dem Motto: Soviel Freiheit wie möglich, soviel Ordnung wie nötig. Diesem allgemeinen Grundsatz werden in unserer pluralistischen Gesellschaft die allermeisten zustimmen. Wenn es dann aber um ganz bestimmte Fälle geht, dann gehen – wie immer – die Meinungen weit auseinander: Wenn Radfahrer in der Einbahnstraße gegen die Richtung fahren ... beschränkt die Straßenverkehrsordnung hier nicht zu sehr die Freiheit? Was ist, wenn der Radfahrer sein Fahrzeug wechselt und ins Auto steigt? Freiheit auch für Autofahrer? Warum eigentlich nicht? Oder?

Keine Angst vor den Gerichten

Gerichte gibt es, damit Bürger z.B. nach einem Verkehrsunfall den Schaden vom Unfallgegner ersetzt bekommen. Gerichte gibt es auch, damit Bürger sich gegen staatliche Organe, wie Finanzamt, Gemeindeverwaltung oder die Polizei, wehren können. Das heißt, wer sich ungerecht behandelt fühlt, dem steht der Rechtsweg offen.

Wer dagegen selbst gegen Gesetze verstößt, z.B. durch eine Körperverletzung oder einen Diebstahl, muß damit rechnen, vom Gericht verurteilt und dann bestraft zu werden.

Das Bundesverfassungsgericht wacht über die Einhaltung des Grundgesetzes. Die Richter werden je zur Hälfte von Bundestag und Bundesrat gewählt.

Ist die Opposition nach dem Beschluß eines Gesetzes durch die Mehrheit der Regierungsparteien der Auffassung, daß dieses Gesetz nicht mit dem Grundgesetz übereinstimmt, dann kann sie das Bundesverfassungsgericht anrufen. Denn dieses oberste Gericht ist zuständig für die Auslegung des Grundgesetzes. Auch wenn sich Bundestag, Bundesrat, Länderregierungen oder einzelne Fraktionen des Bundestages darüber streiten, wer für die Gesetzgebung zuständig ist, können sie sich an das Bundesverfassungsgericht wenden.

Ist ein Gericht im Zweifel, ob ein Gesetz dem Grundgesetz entspricht, so darf der Richter nicht von sich aus anders entscheiden. Er ist an die Gesetze gebunden. Er kann aber den Prozeß unterbrechen und durch das Bundesverfassungsgericht seinen Zweifel klären lassen.

Fühlen sich einzelne in einem Grundrecht verletzt, z.B. durch ein Bundesgesetz, können sie **Verfassungsbeschwerde** einlegen.

Wenn bei Menschenrechtsverletzungen auch vor diesem obersten Gericht in Deutschland kein Recht zu erreichen ist, dann gibt es eine letzte Möglichkeit: eine Klage vor dem **Europäischen Gerichtshof für Menschenrechte** in Straßburg. Seine Entscheidung wird von den staatlichen Organen in Deutschland anerkannt.

4.3
M 3
Europäischer Gerichtshof für Menschenrechte

Richter sprechen Recht

Weil so viele unterschiedliche Fälle vor Gericht zu entscheiden sind, gibt es neben den „ordentlichen" Gerichten auch solche, die sich auf bestimmte Bereiche spezialisiert haben: auf das Arbeitsrecht, das Sozialrecht und auf Streitigkeiten mit Behörden (Verwaltungen und Finanzämtern): die **außerordentlichen Gerichte.**

4.3
M 4
Gerichte

4.3
M 5+6
Urteile

Wer mit einem Urteil nicht einverstanden ist, kann sich in den meisten Fällen wehren. In der Fachsprache heißt das: Die unterlegene Partei kann gegen ein Urteil Rechtsmittel einlegen. Bei der Berufung wird vom nächsthöheren Gericht der Prozeß noch einmal aufgerollt. Bei der Revision wird nur geprüft, ob die Prozeßführung korrekt war und ob alle Gesetze richtig angewandt worden sind.

4.3
M 7
Beispiel: Europäischer Gerichtshof

Strafe muß sein!

Die Schuld des Täters ist die Grundlage

Eine Straftat, z.B. der Diebstahl einer Hose in einem Bekleidungsgeschäft – ein typischer Ladendiebstahl –, mag etwas Objektives sein, denn die Hose ist ein Objekt. Der Straftäter ist aber ein Mensch, ein Subjekt. Die Schuld, die der Dieb auf sich lädt, ist subjektiv. Sie hängt z.B. von den Lebensumständen ab, in der er sich befindet. Vor Gericht soll das alles erforscht werden; denn am Ende des Prozesses wird nicht die Tat bestraft, sondern der schuldige Täter. So kann es vorkommen, daß eine vergleichbare Tat unterschiedlich bestraft wird, weil die Schuld der Täter unterschiedlich war.

Wenn über Urteile in der Presse berichtet wird, kann der Leser nicht einschätzen, aufgrund welcher persönlichen Schuld das Strafmaß gefunden wurde. Ein Geschädigter mag das Urteil gegen den Straftäter, der ihn im Streit verletzt hat, zu milde finden, weil er an seine Schmerzen denkt und die Zeit, die er vielleicht im Bett liegen mußte. Der Richter muß nach der Schuld des Täters die Strafe bemessen; denn sie ist die Grundlage für das Strafmaß.

Strafen für Erwachsene stehen im Strafgesetzbuch StGB

Der Straftäter muß bestraft werden. Die Strafe soll gleichzeitig so auf ihn wirken, daß er in Zukunft die Gesetze befolgt. Nach unserem Strafrecht gibt es – für Erwachsene – zwei Arten von Strafe: Freiheitsstrafe und Geldstrafe. Wenn eine Geldstrafe wirken soll, dann muß sie den Verurteilten, je nach Schwere seiner Tat, hart treffen. Eine Strafe von 1000,00 DM kann für einen „Normalverdiener" hart sein, der Großverdiener lacht über sie. Strafe muß gerecht sein. Wenn zwei Leute die gleiche Straftat begehen, dann sollen sie auch – soweit möglich – die gleiche Strafe dafür erhalten. Daher wird heute die Höhe der Geldstrafe nach Tagesverdienstsätzen berechnet.
1. Die Anzahl der Tagessätze richtet sich nach der Straftat.
2. Die Höhe des Tagessatzes richtet sich nach dem Einkommen des Täters.

4.3
M 8
Strafen für Erwachsene

Nur bei besonders schweren Straftaten – bei Verbrechen – soll Freiheitsstrafe verhängt werden oder wenn der Täter durch eine Geldstrafe nicht zu beeindrucken ist, das heißt, wenn er schon (mehrmals) vorbestraft ist.

Jugendliche Straftäter werden anders bestraft als Erwachsene. Ziel ist die (nachzuholende) Erziehung.

4.3
M 9
Jugendstrafe JGG

Muß Strafe sein?

Viele „Straftäter" haben in früher Kindheit und in ihrer Jugend Schaden genommen. Sie sind nie richtig in die Gesellschaft eingegliedert - nie richtig sozialisiert - worden. Wenn man sich einmal bewußt macht, wie intensiv sich normalerweise die Eltern bemühen, ihren Kindern all das beizubringen, was sie zum Bestehen in der Gesellschaft brauchen, dann wird klar, wie leicht hier etwas versäumt werden kann. Eltern wollen immer das Beste für ihre Kinder. Die meisten wollen, daß es den Kindern einmal besser geht als ihnen selbst. Manche Eltern allerdings schaffen aus eigenen Kräften die gute Erziehung nicht.

Und die Kinder, die dann straffällig werden? Tragen sie eine persönliche Schuld? Zuerst kümmert sich die Gesellschaft nicht um sie, wenn es dann zu spät ist, fällt ihr nichts besseres ein, als die straffällig gewordenen zu bestrafen.

Es läßt sich leicht sagen: „Strafe muß sein!" Das mag stimmen, wenn man das Problem allgemein betrachtet. Sieht man das Schicksal des einzelnen Straftäters, dann kommen Zweifel auf: „Muß Strafe sein?"

Helfen statt strafen!

4.3 M 10 Strafvollzug

Oberstes Ziel der Bestrafung soll die Wiedereingliederung in die Gesellschaft sein. Wie läßt sich dieses Ziel erreichen, wenn man den Verurteilten hinter Gefängnismauern von der Gesellschaft isoliert? Das mag richtig sein bei wenigen Straftätern, vor denen die Gesellschaft geschützt werden muß. Für die Mehrzahl der Verurteilten wäre es besser, sie gezielt zu trainieren, damit sie später in der Freiheit zurechtkommen.

Strafe soll auch dazu dienen, für eine Tat zu sühnen. Das steht zwar heute nicht mehr in den Gesetzen, ist aber noch lebendig im Gefühl vieler Mitbürger. Sühne hat mit Wiedergutmachung zu tun. Wie kann ein Gefangener sühnen bei Strafarbeiten im Gefängnis? Wäre es nicht besser, er könnte Wiedergutmachung leisten durch sinnvolle Arbeit in der Gesellschaft?

4.3 M 11 Täter-Opfer-Ausgleich

Es gibt Möglichkeiten, die Bestrafung anders zu organisieren: zum Nutzen für die Straftäter und für die Geschädigten, und auch zum Wohle für die Gesellschaft.

Nach 22 Uhr nur leise Partys
Recht, einmal im Monat laut feiern zu dürfen, gibt es nicht

Der Kläger, Eigentümer eines Vier-Familien-Hauses, hatte im ersten Stock seines Hauses gemeinsam mit 16 Gästen den Geburtstag seiner Frau gefeiert. Die Geburtstagsgesellschaft sang und tanzte bei geöffneten Fenstern zu der Musik aus einem Kassettenrecorder. Kurz nach 22 Uhr alarmierten Nachbarn zum ersten Mal die Polizei. Deren Mahnung an die Geburtstagsgesellschaft, etwas leiser zu feiern, wirkte nur ein paar Minuten. Die Polizisten mußten ein zweites Mal kommen. Mit genauso wenig Erfolg...
Die Richter ... bestätigten dem Hausbesitzer zwar dessen Grundrecht auf freie Entfaltung der Persönlichkeit.
Dieses Recht gebe dem Wohnungsinhaber aber nicht das Recht, „einmal im Monat durch lautstarkes Feiern die Nachtruhe zu stören", entschieden die Richter. Die Nachtruhe der Nachbarn sei eine vorrangig schützenswerte Angelegenheit. ...
Er hätte deshalb den von den feiernden Gästen und der Musik ausgehenden Lärm „durch geeignete Maßnahmen unterbinden müssen". Rechtsgrundlage für diese Entscheidung der Düsseldorfer Richter waren die Bestimmungen des Immissionsschutzgesetzes.

(Frankfurter Rundschau, 02.03.1990)

Materialien

Bundesverfassungsgericht:

Beispiel 1: § 218

Nach langen Beratungen hatte der Bundestag 1992 mit Zustimmung aus allen Parteien den § 218 neu beschlossen. Die wesentlichen Bestimmungen: Ein Schwangerschaftsabbruch ist in den ersten 3 Monaten nicht mehr strafbar. Voraussetzung: die Schwangere muß sich vorher beraten lassen, entscheidet dann aber selbst, ob sie die Schwangerschaft abbrechen läßt.

Das Gesetz ging einigen Abgeordneten zu weit. 249 CDU/CSU-Abgeordnete und die bayerische Staatsregierung klagten vor dem Bundesverfassungsgericht. Das Gericht urteilte im Jahre 1993: Das Gesetz stimmt nicht mit dem Grundgesetz überein: Abtreibung bleibt rechtswidrig, aber in den meisten Fällen straffrei. Das Gericht verkündete eine Übergangsregelung, die gilt, bis der Bundestag den § 218 im Sinne des Urteils neu geregelt hat.

4.3
M 1
Beispiele: BVG

Beispiel 2: Bundeswehreinsätze

Die Bundesregierung hatte 1993 erstmals deutsche Soldaten zu UN-Einsätzen ins Ausland geschickt.

Die SPD-Fraktion war der Auffassung, diese Einsätze sind keine Landesverteidigung und verstoßen daher gegen den im Grundgesetz festgelegten Auftrag der Bundeswehr. Sie wandte sich an das Bundesverfassungsgericht. Das gleiche tat die FDP-Fraktion. Beide waren nicht grundsätzlich dagegen, aber sie wollten wissen, was Recht ist.

Das Bundesverfassungsgericht entschied: Bundeswehreinsätze im Rahmen der UN sind zulässig. Aber die Regierung darf solche Einsätze nicht im Alleingang anordnen. Über jeden solcher Einsätze muß der Bundestag beraten und beschließen.

mehr finden Sie in
5.5
Bundeswehr

Ein neues Urteil des Verfassungsgerichts stärkt die Position des Mieters

Die Verfassungsrichter in Karlsruhe haben das Besitzrecht des Mieters dem Eigentumsrecht des Vermieters gleichgestellt. Kündigungen wegen Eigenbedarf seien in Zukunft nahezu aussichtslos, so fürchteten die einen, und so hofften die anderen.

(Die Zeit; 16.07.1993)

Gericht stellt sich hinter 87jährige
Alte Dame darf im Haus wohnen bleiben – Neue Besitzer abgeschmettert

Alte Bäume soll man nicht verpflanzen - alte Menschen auch nicht: obwohl eine Hausbesitzerin ihrer Mieterin wirksam wegen Eigenbedarfs gekündigt hatte, darf die alte Dame weiter in ihrer Wohnung leben, hat das Amtsgericht Lübeck jetzt entschieden. Und: die 87jährige Seniorin darf außerdem so lange in ihrer Drei-Zimmer-Wohnung in der Triftstraße wohnen bleiben, wie sie kann und will (Az. 30 C 4761193).

(Lübecker Nachrichten, 25.03.1994)

4.3
M 2
Beispiel: Mietrecht – BVG und Folgen

---

1. Auf dieser Seite haben Sie mehrere Beispiele gelesen. Stellen Sie fest: Worum ging es? Wer war Kläger, wer war Beklagter (so nennt man vor Gericht die Partei, gegen die sich eine Klage richtet)?
2. Wem hat das Bundesverfassungsgericht Recht gegeben? Was meinen Sie dazu?

Beschwerden gegen den eigenen Staat: in Europa ist das möglich

M 3
Beispiel: Europäischer Gerichtshof für Menschenrechte

Seit 1949 gibt es den Europarat. Ihm gehören fast alle Staaten Europas an, inzwischen auch die osteuropäischen Staaten. 1995 hatte er bereits 33 Mitglieder. Die wichtigste Aufgabe: Beschluß von Konventionen (Übereinkünften), die das Leben der Bürgerinnen und Bürger in den Mitgliedsstaaten sozialer und gerechter machen. Die Konventionen gelten allerdings erst, wenn sie von den einzelnen Ländern übernommen werden.

Verletzt ein Staat ein Recht, das in der Konvention zum Schutz der Menschenrechte festgelegt ist, so kann jede Bürgerin und jeder Bürger in Straßburg Beschwerde führen gegen den eigenen Staat. Das hat es bis dahin nicht gegeben und gibt es auch heute nicht überall. Die Türkei z.B. – obwohl Mitglied im Europarat – gesteht ihren Bürgern dieses Recht nicht zu.

Wenn in Deutschland das Bundesverfassungsgericht nein gesagt hat und trotzdem eine Bürgerin oder ein Bürger meint, im Recht zu sein, dann bleibt als letzte Hoffnung der Weg nach Straßburg: direkt, ohne Anwalt, mündlich oder schriftlich, zur Kommission für Menschenrechte.

„Das Sekretariat der Kommission, besetzt mit erfahrenen Juristen, fordert vom Beschwerdeführer die benötigten Unterlagen an, Beweismaterial, die Urteile, die in der Sache schon ergangen sind, und legt eine hellblaue, schwarz beschriftete große Akte an. Die Beschwerde ist registriert und damit anhängig geworden... Nach ihrer Registrierung werden die einzelnen Beschwerden von Kommissionsmitgliedern vorgeprüft. Der jeweilige Berichterstatter unterbreitet dann seine Beurteilung des Falles der gesamten Kommission, diese hört, wenn nötig, Zeugen, den Betroffenen sowie den Vertreter des beschuldigten Staates ... Danach entscheidet die Kommission in nichtöffentlicher Verhandlung über die Zulässigkeit der Klage. Wird sie bejaht, bemüht sich die Kommission zunächst um eine gütliche Regelung zwischen Kläger und beklagtem Staat. Gelingt dies nicht, begründet die Kommission dem Ministerkomitee des Europarates die von ihr getroffene Entscheidung auf Konventionsverletzung. In den nachfolgenden drei Monaten haben sowohl die Kommission als auch die an dem Verfahren beteiligten Staaten – nicht jedoch der einzelne Beschwerdeführer – die Befugnis, die Entscheidung dem Gerichtshof vorzulegen..."

Von den Beschwerden an die Kommission werden viele aussortiert und gar nicht erst zugelassen, z.B. weil im eigenen Staat nicht alle juristischen Möglichkeiten ausgeschöpft sind. Nur ganz wenige gelangen vor den **Europäischen Gerichtshof** für **Menschenrechte** und werden dort entschieden. Trotzdem hat sich viel getan in Sachen Menschenrechte in Europa:

„Die Bundesrepublik beschränkte in den sechziger Jahren die Dauer der Untersuchungshaft. Großbritannien schuf u.a. eine Beschwerdestelle für Einwanderer. Norwegen und die Schweiz hoben das Verbot der Jesuiten in ihren Staaten auf. Die Niederlande haben, ähnlich wie die Schweiz, den strengen Arrest in ihren Streitkräften abgeschafft und die Militärstrafprozeßordnung verbessert –..."

(Carola Stern: Strategien für die Menschenrechte, Köln 1980)

---

1. Wer kann vor der Europäischen Kommission für Menschenrechte Beschwerde einlegen?
2. Schildern Sie den Ablauf des Verfahrens.
3. Welche Wirkungen hat die Arbeit von Kommission und Gerichtshof?
4. Versuchen Sie eine Wertung: Was ist das Einmalige an dieser Einrichtung? Wo liegen die Schwierigkeiten? Wie könnte die Wirkung verbessert werden? Taugt diese Einrichtung als Modell für andere Regionen der Welt?

Gerichtsbarkeiten

Ordentliche Gerichte		Außerordentliche Gerichte			
Zivilgerichte	Strafgerichte				
Bundesgerichtshof Karlsruhe **Oberlandesgericht** Schleswig **Landgerichte** SL KI HL IZ **Amtsgericht** in allen größeren Gemeinden		**Bundesarbeitsgericht** Kassel **Landesarbeitsgericht** Kiel **Arbeitsgerichte** KI HL	**Bundesverwaltungsgericht** Berlin **Oberverwaltungsgericht** Schleswig **Verwaltungsgericht** SL	**Bundessozialgericht** Kassel **Landessozialgericht** Schleswig **Sozialgerichte** SL KI HL IZ	**Bundesfinanzhof** München **Finanzgericht** Kiel

Diese Gerichte sind zuständig für

Streitigkeiten zwischen Zivilpersonen	Bestrafung	Streitigkeiten zwischen Arbeitgeber und Arbeitnehmer	Klagen gegen Entscheidungen von Verwaltungen	Klagen gegen Entscheidungen der Sozialversicherungen	Klagen gegen Entscheidungen der Finanzbehörden

Beispiele

Ersatz eines Unfallschadens, Mietstreitigkeiten, Das Familiengericht verhandelt über Scheidungen und Scheidungsfolgen sowie über die elterliche Sorge	Trunkenheit am Steuer, Diebstahl, Körperverletzung, Das Jugendgericht urteilt über jugendliche Straftäter (14-18 J.), auch Heranwachsende (18-21 J.) können nach dem JGG Jugendgerichtsgesetz verurteilt werden.	fristlose Kündigung, Abbruch des Ausbildungsvertrages, Streitigkeiten aus Tarifverträgen	Höhe der Sozialhilfe, Baugenehmigungen, Nichtbestehen der Gesellenprüfung, schlechte Zensuren im Schulzeugnis	Höhe der Rente, Arbeitslosengeld, Zahnersatz, Berufsunfähigkeitsrente	Einkommensteuerbescheid

Zivilrechtsstreitigkeiten

Glockenläuten (die Kirche ist auf dem Rückzug), Kindergeschrei (Familienfreundlichkeit auf dem Vormarsch), Hundebellen (leichte Hunde-Angewidertheit der Richter), Hundebisse (selbst der Blindenhund darf das nicht), Hahnkrähen, Pfaugezeter, Froschgequake - das sind die Stoffe, aus denen Nachbarschaftsprozesse gemacht sind. Die fremde Katze auf der Terrasse, die muhende Kuh auf der angrenzenden Wiese, sie werden zu verbissenen Fights unter Anwohnern. Immerhin stellen derart wichtige Prozesse klar, daß ein Nymphensittichpaar mit seinem lauten Papageiengeschrei der Einwilligung des Vermieters bedarf (Amtsgericht Lörrach), und daß ein Ehemann die Wellensittiche seiner Angetrauten nicht vergiften darf, selbst wenn er seine Frau gar nicht mehr mag (Amtsgericht Hannover).

(Die Zeit, 19.08.1988)

4.3 M 6 Beispiel: Müllsteuer Verwaltungsgericht

McDonald's kämpft verbissen
Streit um Kasseler Müllsteuer vor dem Bundesverwaltungsgericht

Vor zwei Jahren hatte die Stadt Kassel dem Einweggeschirr und -besteck an Imbißstuben und in Kantinen den Kampf angesagt und als erste Kommune in Deutschland mit saftigen Steuern belegt - mit Erfolg, aber keineswegs unumstritten, wie ein Blick in die Innenstadt beweist: Während es an den Buden die Wurst nur noch im Brötchen und ohne Pappe gibt und Pfandgläser auf Volksfesten selbstverständlich geworden sind, hat sich in dem laut Eigenwerbung „etwas anderen" Restaurant nichts verändert...

Der amerikanische Konzern und mit ihm die lokalen Lizenznehmer haben sich bisher geweigert, die Steuer zu bezahlen und schulden der Stadt nach Kämmereiangaben rund 800 000 Mark. Sie fürchten, das Beispiel könne bundesweit Schule machen...

Juristisch geht es um die Frage, ob die seinerzeit SPD-regierte Stadt Bundesumweltminister Klaus Töpfer (CDU) ins Handwerk gepfuscht hat. Zwar kann sie kommunale Steuern erheben, um Geld in die leeren Kassen zu bekommen. Ob sie aber eine Steuer erfinden darf, um ein umweltpolitisches Ziel wie die Abfallvermeidung zu erreichen, blieb in der ersten Prozeßrunde vor dem Hessischen Verwaltungsgerichtshof (VGH) im Dezember 1992 ungeklärt. Die Kasseler Richter servierten diesen juristischen Leckerbissen dem Bundesverwaltungsgericht.

(Lübecker Nachrichten, 19.08.1994)

Das Bundesverwaltungsgericht entschied: die Stadt Kassel darf!

dazu ein Vertreter der Firma McDonald's:
Wir gehen davon aus, daß die ganze Satzung nicht verfassungsmäßig ist. Deshalb werden wir die Berliner Entscheidung auch anfechten. Wir sind bereit, nach Karlsruhe zu gehen und, wenn nötig, auch vor den Europäischen Gerichtshof.

(Der Spiegel 35/1994)

4.3 M 7 Beispiel: Europäischer Gerichtshof

Reisepleiten: Bonn vor dem Europäischen Gerichtshof

BONN - Nach dem Konkurs von Reiseveranstaltern, der Tausende von Touristen in Florida und Portugal stranden ließ, wird sich die Bundesregierung vor dem Europäischen Gerichtshof verantworten müssen. Das Landgericht Bonn entschied, zu fünf Klagen gegen die Bundesregierung wegen einer fehlenden gesetzlichen Sicherung der Urlauber vor Veranstalterpleiten eine Entscheidung des europäischen Gerichts einzuholen. Die Urlauber hatten gegen die Regierung geklagt, weil Deutschland eine EG-Richtlinie, die den Schutz von Pauschalreisenden vor Veranstalterkonkursen vorschreibt, erst in diesem Jahr in deutsches Recht umgesetzt hatte. Allein beim Landgericht Bonn wurden 50 Klagen von Urlaubern eingereicht, die 1992 und 1993 eine angezahlte oder bezahlte Reise wegen der Pleite des Veranstalters nicht antreten konnten oder während ihres Urlaubs strandeten. Die Touristen verlangen dafür von Bonn Schadenersatz.

(Lübecker Nachrichten, 07.06.1994)

Sie haben mehrere Beispiele gelesen. Stellen Sie fest:
1. *Um welche Art des Verfahrens ging es? (Vor welchem Gericht wurde geklagt? Wer war Kläger? Wer war Beklagter? Worum ging es in der Sache?)*
2. *Wem hat das Gericht Recht gegeben? Was meinen Sie dazu?*

4.3
M 8
Strafen für Erwachsene

Strafgesetzbuch StGB Dritter Abschnitt. Rechtsfolgen der Tat Erster Titel. Strafen Freiheitsstrafe

§ 38. Dauer der Freiheitsstrafe. (1) Die Freiheitsstrafe ist zeitig, wenn das Gesetz nicht lebenslange Freiheitsstrafe androht.
(2) Das Höchstmaß der zeitigen Freiheitsstrafe ist 15 Jahre, ihr Mindestmaß ein Monat.
(im § 47 steht dazu: Freiheitsstrafe unter sechs Monate nur in Ausnahmefällen – statt dessen: Geldstrafe)

§ 56 Strafaussetzung (1) Bei der Verurteilung zu Freiheitsstrafe von nicht mehr als einem Jahr setzt das Gericht die Vollstreckung der Strafe zur Bewährung aus, wenn ...
(im Absatz 2 steht, daß bei besonderen Fällen auch Strafen zur Bewährung ausgesetzt werden können, wenn sie zwei Jahre nicht übersteigen. Damit der Verurteilte bei einer Bewährungsstrafe nicht den Eindruck hat, straffrei auszugehen, muß er in den meisten Fällen eine Geldbuße zahlen, z.B. an DRK oder DLRG.

Berechnung der Geldstrafe nach Tages-Verdienstsätzen:
Das funktioniert so: Zu Beginn der Gerichtsverhandlung fragt der Richter den Angeklagten danach, wieviel er verdient. Dabei interessiert der Nettolohn, das, was ausgezahlt wird und somit auch zum Ausgeben zur Verfügung steht. Nehmen wir an, der Angeklagte wird zu 50 Tagessätzen wegen Trunkenheit am Steuer (im Wiederholungsfall) verurteilt. Dann errechnet der Richter die Höhe des Tagessatzes und die Gesamtgeldstrafe. Beispiel:
Monatsverdienst (netto) 1 800,00 DM : 30 (Tage) = 60,00 DM (Tagessatz);
Strafe: 50 Tagessätze zu 60,00 DM / 50 x 60,00 DM = 3 000,00 DM
Nebenbei: Bei der hier geschilderten Straftat „Trunkenheit am Steuer" würde außerdem noch der Führerschein für mehrere Monate eingezogen werden. Im Strafgesetzbuch steht das unter der Überschrift „Nebenstrafe". In vielen Fällen fühlen sich Verurteilte durch diese Nebenstrafe härter getroffen als durch die Hauptstrafe, solange sie eine Geldstrafe ist.

1. *Wieviel müßten Sie in diesem Beispiel (Trunkenheit am Steuer) – als Erwachsener – zahlen? Wieviel müßte Ihre Lehrerin, Ihr Lehrer zahlen? Rechnen Sie die Strafe auch aus für andere Verdienstgruppen (Angaben finden Sie in 4.1 M 12).*
2. *Nehmen Sie Stellung: Halten Sie das Strafmaß für gerecht?*

4.3
M 9
Jugendstrafe JGG

Strafen nach dem Jugendgerichtsgesetz JGG

Das JGG gilt für Jugendliche (14–18) und kann auch auf Heranwachsende (18–21) angewendet werden, wenn sie nach ihrer Entwicklung noch einem Jugendlichen gleichstehen oder wenn die Tat eine typische „Jugendverfehlung" ist.

1. Erziehungsmaßregeln:
Weisungen, Verpflichtung zur Inanspruchnahme von Hilfe zur Erziehung
JGG § 10 (1) Weisungen sind Gebote und Verbote, welche die Lebensführung des Jugendlichen regeln und dadurch seine Erziehung fördern und sichern sollen. ... Der Richter kann dem Jugendlichen insbesondere auferlegen:

- Weisungen zu befolgen, die sich auf den Aufenthaltsort beziehen,
- bei einer Familie oder in einem Heim zu wohnen,
- eine Ausbildungs- oder Arbeitsstelle anzunehmen,
- Arbeitsleistungen zu erbringen,
- sich der Betreuung und Aufsicht einer bestimmten Person (Betreuungshelfer) zu unterstellen,
- an einem sozialen Trainingskurs teilzunehmen,
- sich zu bemühen, einen Ausgleich mit dem Verletzten zu erreichen (Täter-Opfer-Ausgleich),
- den Verkehr mit bestimmten Personen oder den Besuch von Gast- oder Vergnügungsstätten zu unterlassen oder
- an einem Verkehrsunterricht teilzunehmen.

2. Zuchtmittel:
Verwarnung, Erteilung von Auflagen, Jugendarrest. ...

3. Jugendstrafe: Freiheitsentzug in einer Jugendstrafanstalt
Mindestmaß sechs Monate, Höchstmaß fünf Jahre.
„Handelt es sich bei der Tat um ein Verbrechen, für das nach dem allgemeinen Strafrecht eine Höchststrafe von mehr als zehn Jahren Freiheitsstrafe angedroht ist, so ist das Höchstmaß zehn Jahre." § 18 JGG

---

1. Wo liegen die wesentlichen Unterschiede zwischen Jugendstrafrecht und dem Strafrecht für erwachsene Täter?
2. Wie werden die Unterschiede begründet?
3. Nehmen Sie Stellung: Sollten jugendliche und erwachsene Straftäter gleich behandelt werden – und wie? Was meinen Sie dazu?

Ursachen der Kriminalität können im einzelnen Menschen liegen, vielleicht in seinem individuellen Schicksal. Sie können aber auch in der Gesellschaft liegen.
1. Nennen Sie Beispiele für individuelle und für gesellschaftliche Ursachen von Kriminalität.
2. „Die Schuld des Täters ist die Grundlage für die Zumessung der Strafe" StGB § 13: Diskutieren Sie.

Die Wiedereingliederung des Täters in die Gesellschaft ist oberstes Ziel des Strafvollzugs. Das steht im Strafvollzugsgesetz (§ 2).
„Infolgedessen soll sein Leben in der Strafanstalt den allgemeinen Lebensverhältnissen soweit als möglich angeglichen werden (§ 3). Er selbst soll aktiv an der Gestaltung dieses Lebens mitwirken (§ 4). Zu Beginn des Strafvollzugs soll mit ihm gemeinsam ein Vollzugsplan aufgestellt werden (§ 7), in dem seine Berufsausbildung oder sein Einsatz bei sinnvoller beruflicher Tätigkeit, u. U. auch außerhalb der Strafanstalt (Freigänger), den Vorrang haben. Hierfür soll er auch ein Entgelt in Höhe von fünf Prozent des Durchschnittseinkommens vergleichbarer Arbeitnehmer in Freiheit erhalten. Um den Kontakt zu seiner Familie und seiner gewohnten Umwelt nicht ganz abreißen zu lassen, hat er grundsätzlich Anspruch auf 21 Tage Urlaub im Jahr (§ 13).

**Wo Opfer und Täter an einen Tisch gebracht werden.
Nicht Buße, sondern Wiedergutmachung ist das Ziel**

Handschlag statt Strafe

POTSDAM. - Karin Heßler (Name von der Redaktion geändert) kam mit einer „Stinkewut" auf die beiden „jungen Herren", die da sitzen, als ob jemand ihren Blick an die Tischkante genagelt hat. Am liebsten wären sie ja gar nicht hier. „Irgendwie peinlich" ist ihm das, druckst Steffen, und „daß man sich verdammt blöd fühlt, wenn man Mist gebaut hat", brummelt Jochen. Den Mist haben die beiden Potsdamer Schüler zu nächtlicher Stunde auf dem Grundstück der Familie gebaut. Irgendwer in der Clique hatte das Gerücht aufgebracht, die Heßlersche Garage diene als Vorratslager für polnische Zigarettenschmuggler. Also die Tür aufgebrochen und nikotinschwere Beute gemacht! Der große Coup geriet zur Blamage. Statt Zigarettenstapel fanden sie nur rostige Gartengeräte vor. Ihre Wut über den Reinfall ließen Steffen und Jochen gleich tatkräftig aus. Garagenwände wurden mit Farbe besprüht, Regale wahllos durch die Gegend geworfen. Als Karin Heßler die Eindringlinge auf frischer Tat ertappte, sah ihre Garage wie ein Schlachtfeld aus. „Rotzfrech" seien die „Bengel" ihr gekommen, als sie sie zur Rede stellte. Da hat sie aus Wut über so viel Dreistigkeit die Polizei geholt, „obwohl man das auch anders hätte regeln können". Alles weitere ist aktenkundig: Steffen und Jochen wurden in Handschellen bei ihren Eltern abgeliefert.

Der Fall landete beim Staatsanwalt. Normalerweise hätten die Heßlers die beiden jugendlichen Delinquenten vor Gericht wiedergesehen. Jetzt aber sitzen sie sich an einem Tisch gegenüber, an dem schon viele mühevolle Dialoge geführt wurden. ... „Täter-Opfer-Ausgleich" (TOA) lautet die fachliche Bezeichnung –... Der Täter soll nicht büßen, sondern wiedergutmachen. ...Voraussetzung ist, daß der Täter die Tat nicht bestreitet. Prinzip Nummer zwei: Keine der beiden Seiten darf gezwungen werden, daran teilzunehmen. Doch die Bereitschaft ist erstaunlich hoch – allen Rufen nach härteren Strafen zum Trotz...

An dem Tisch... hört man währenddessen die Wackersteine vom Herzen fallen. Steffen und Jochen fühlen sich „irgendwie fröhlich" und „unheimlich erleichtert". Sie haben es hinter sich gebracht. Wenn sie die vereinbarten Bedingungen erfüllen, wird die Staatsanwaltschaft das Verfahren einstellen. Auch Karin Heßler ist zufrieden. Anfangs war sie „ziemlich mißtrauisch, ob die jungen Herren auch wirklich bereuen, was sie da angerichtet haben" in ihrer Garage. Nach dem Gespräch glaubt sie ihnen die Entschuldigung – „aber sagt eurer Clique weiter, daß das einfach Mist ist, was ihr da macht. Und hört auf, dort immer den großen Macker zu markieren." Steffen und Jochen grinsen verlegen. In vierzehn Tagen wird man sie in Heßlers Garage wiedersehen – zum Aufräumen und Wändestreichen.

(Vera Gaserow in Die Zeit vom 07.10.1994)

---

1. Unter welchen Bedingungen kann ein Täter-Opfer-Ausgleich stattfinden?
2. Welche Vorteile hat ein solcher Ausgleich für die Täter? Welche Vorteile haben die Geschädigten?
3. Welche Nachteile können sich ergeben?
4. Was meinen Sie: Könnte das auch ein Modell für erwachsene Straftäter sein?
5. Welche Vor- und welche Nachteile könnten sich ergeben im Vergleich zur heute üblichen Bestrafung?

Arbeitsvorschlag

Besuchen Sie eine Gerichtsverhandlung

Melden Sie sich beim Gericht mit Ihrer Klasse an. Nicht an allen Tagen finden geeignete Verhandlungen statt.

Wenn Sie einen Strafprozeß verfolgen wollen, dann können Sie zum Amtsgericht gehen. Dort finden Verhandlungen statt, bei denen es um Vergehen geht: z. B. um Ladendiebstahl oder um Schwarzfahren (Beförderungserschleichung heißt das offiziell). Beim Landgericht werden Verfahren durchgeführt, die eine schwerere Bestrafung erwarten lassen, z.B. bei Einbruch (schwerer Diebstahl steht im Gesetz) und schwerer Körperverletzung. Vor diesem Gericht werden aber auch Berufungsverhandlungen gegen Urteile des Amtsgerichts geführt. Bevor Sie ins Gericht gehen, sollten Sie wissen, worum es geht. Oft ist das allerdings nicht möglich. Dann müssen Sie sich an der Tür des Gerichtssaales informieren. Dort stehen Uhrzeit, Namen der Angeklagten und die Anzahl der Zeugen angeschlagen.

Was tun, wenn die Verhandlung platzt, zu der Sie sich angemeldet haben? Das kann passieren, weil der Angeklagte nicht erscheint. Oder wenn bei Verhandlungsbeginn die Öffentlichkeit ausgeschlossen wird? Das geschieht häufig, wenn Zeuginnen oder Zeugen geschützt werden müssen, etwa wenn es um Vergewaltigung oder Kindesmißhandlung geht. – Im übrigen: Verhandlungen vor dem Jugendgericht sind immer nicht öffentlich!

Wenn es im Gericht mehrere Verhandlungen gibt, dann müssen Sie eventuell warten und in einen anderen Saal gehen. Vielleicht muß sich Ihre Klasse auch aufteilen. Die Räume im Gericht werden zwar immer als Saal bezeichnet, manchmal sind es aber nur kleine Zimmer, in die nur wenige Zuschauer hineinpassen.

Lassen Sie sich nicht entmutigen. Gehen Sie trotzdem hin.

Das noch vorweg:
Eine Gerichtsverhandlung ist kein Krimi! In manchen Fällen läuft sie ganz anders ab, als wir das mit unserer Fernseherfahrung erwarten.

Das sollten Sie vorher noch wissen:

Der Strafprozeß läuft immer nach genau festgelegten Regeln ab. Nehmen wir das Schöffengericht als Beispiel. Dort werden alle Straftaten verhandelt, für die als Höchststrafe weniger als drei Jahre Freiheitsstrafe erwartet werden. Dieses Gericht heißt Schöffengericht, weil neben dem hauptamtlichen Richter, der Recht studiert hat und für seinen Richterberuf ausgebildet wurde, zwei Bürgerinnen oder Bürger – wie jeder von uns – als Richter beteiligt sind. Sie haben einen ganz anderen Hauptberuf, sind Laien auf dem Gebiet des Rechts, üben das Richteramt ehrenamtlich aus. Sie sind von irgendeiner Organisation, Kirche, Gewerkschaft oder Partei vorgeschlagen, werden vom Gericht berufen und vereidigt und dann alle vier bis sechs Wochen zu einem Gerichtstag eingeladen. Im Prozeß sind sie gleichberechtigte Richter. Der vorsitzende Richter eröffnet die Hauptverhandlung. Erschienen ist der Angeklagte mit seinem Verteidiger. Zuerst werden „Fragen zur Person" des Angeklagten gestellt: Name, Geburtsdatum, Wohnsitz, berufliche Tätigkeit, Familienverhältnisse, Einkommen. Das Gericht will sich ein möglichst genaues Bild von dem Angeklagten machen, denn bei der Urteilsfindung muß die Gesamtpersönlichkeit des Täters berücksichtigt werden. Grundsätzlich können auch die Schöffen, der Verteidiger und der Staatsanwalt Fragen stellen.

Danach verliest der Staatsanwalt die Anklageschrift. Die Hauptbeteiligten am Prozeß kennen die Anklage längst. Dem Angeklagten ist sie rechtzeitig zugeschickt worden, er hat sie mit seinem Verteidiger durchgesprochen. Dem vorsitzenden Richter ist sie auch bekannt, er hat sich gründlich auf die Hauptverhandlung vorbereitet. Verlesen wird die Anklageschrift für das Volk: für die Zuschauer (sie vertreten die Öffentlichkeit) und für die Schöffen. Die Schöffen kommen unvorbereitet ins Gericht – sollen sich aufgrund der Verhandlung ihre Meinung bilden und ohne Vorurteil, also ohne vorher gefaßtes Urteil, als Vertreter des Volkes bei der Urteilsfindung mitwirken.

> *Fassen Sie nachher in der Klasse aus dem Gedächtnis zusammen:*
> 1. *Worum ging es?*
> 2. *Wer ist beteiligt?*
> 3. *Welche Rolle spielen die Beteiligten? Wen vertreten (repräsentieren sie)? Welche Aufgabe haben sie im Prozeß?*
> 4. *Halten Sie den Gang der Gerichtsverhandlung fest.*
> 5. *Welches Urteil erging? Welche Strafarten, welches Strafmaß wurde verhängt?*
> 6. *Wie wurde das Urteil begründet?*

Diskussion

Recht muß Recht bleiben!

Wenn verständliche Empörung in Tugendterror umschlägt:

Gegen Moral hilft nur Recht

Es gehört zu den edleren Eigenschaften des Menschen, sich für die Schwachen einzusetzen, die unter Stärkeren leiden. Besonders sensible Menschen kann „heiliger Zorn" ergreifen, wenn sie sehen, wie wehrlosen Geschöpfen Gewalt geschieht. Von moralischen Gefühlen bemächtigt, fühlen sich manche durch ihr empörtes Gewissen ermächtigt, leidenden Wesen mit allen Mitteln beizustehen ...

Die Beispiele reichen von der Abtreibung gesunder Föten über die Mißhandlung von Kindern oder Behinderten bis zu den vermuteten oder tatsächlichen Leiden von Versuchstieren ...

Einerseits mussen alle Gesellschaften solch moralisch begründeten Einsatz nicht nur dulden, sondern geradezu ermutigen ... Andererseits müssen sie aber auch mit dem Problem fertig werden, daß diese edlen Neigungen das friedliche Zusammenleben gefährden, wenn einzelne oder Gruppen ihr empfindsames Gefühl an die Stelle des für alle geltenden Rechts setzen und – manchmal sogar unter Einsatz des eigenen Lebens – Tugendterror gegen jene üben, die ihre Sicht nicht teilen ...

Bedeutet das nun aber, daß sich das jeweils empfindsamste Gewissen zum Gesetzgeber für alle machen darf? ...

Ganz offenkundig macht ein solcher Gewissensfundamentalismus „erleuchteter" einzelner oder Gruppen ein friedlich geordnetes

Zusammenleben unmöglich. Daher bleibt nur der Weg, den freiheitlich und rechtsstaatlich geordnete Gemeinwesen mühsam entwickelt haben: durch Gesetze nicht die moralischen Verhaltensweisen vorzuschreiben, sondern die Grenzen zu setzen, an die sich auch das empörteste Gewissen und selbst der heiligste Zorn beim Vorgehen gegen das halten müssen, was sie nicht dulden wollen. ...
Das Recht ... muß alle Bürger wirkungsvoll schützen, die von ihren Rechten auch zur Abtreibung, zu Tierversuchen ... Gebrauch machen, selbst wenn manche dies frevelhaft finden.
Wichtiger als die Erziehung zum Absolutismus des Gewissens ist die Erziehung zum Respekt vor unserer Rechtsordnung. Denn sie ist ein Kompromiß der Gewissensurteile aller Bürger, der empfindsamen und der lauen, der dickfelligen und sogar der gewissenlosen: Sie alle haben die gleichen Rechte...

(Hubert Markl, Die Zeit 11.03.1994)

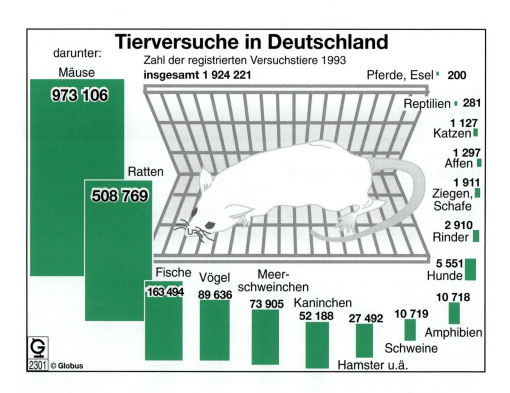

Wem muß man mehr gehorchen, seinem Gewissen oder dem Gesetz?

- Diskutieren Sie dieses Problem an einem konkreten Fall – im Text oben finden Sie einige Beispiele.
- Welche Möglichkeiten gibt es in unserer Gesellschaft – in unserer Staatsordnung – um diesen Konflikt zu lösen?

4.4 Der Sozialstaat ermöglicht die Demokratie

Sozialstaat: damit alle mitmachen können

Die Bundesrepublik Deutschland ist ein **demokratischer** und **sozialer** Bundesstaat.

So steht es im Grundgesetz Art 20 (1) Der Staat soll also nicht nur demokratisch, sondern er muß auch sozial sein.

Ist er das?

Im demokratischen Staat geht die Staatsgewalt vom **Volk** aus. Das Volk sind wir - und zwar alle. Daher müssen alle Bürgerinnen und Bürger teilhaben können am gesellschaftlichen und politischen Leben. Normalerweise schaffen wir das aus eigener Kraft. Wer aber alleine zu schwach ist, dem müssen Gesellschaft und Staat helfen. Denn nur dann funktioniert die Demokratie. Der **Sozialstaat** schafft die Voraussetzung für das Leben in der pluralistischen Gesellschaft und die Teilhabe an der Demokratie.

Zum demokratischen Staat paßt die Marktwirtschaft als Wirtschaftssystem.

Denn nach der Theorie ist der Markt an sich schon sozial, weil er sich z.B. nach den Wünschen der Verbraucher richtet. Daher ist es wichtig, daß es den Markt gibt. Und Konkurrenz muß da sein.

Aber wenn die Großen sich gegenseitig auf die Füße treten, dann sollen trotzdem die Kleinen und Schwachen nicht total ins Abseits gedrängt werden. Sie sollen auch an den „Segnungen des Marktes" teilhaben können. Das gelingt nicht ohne den Schutz und manchmal nur durch die Fürsorge des Staates. Daher heißt unser Wirtschaftssystem:

Soziale Marktwirtschaft.

Zur Erinnerung 1.3
M 1–3
homo oeconomicus

Gesetze schützen die Schwachen

Wer noch nicht oder nicht mehr im Konkurrenzkampf bestehen kann, braucht Hilfe: Kinder und Jugendliche, Alte, Kranke, Behinderte ...

Dazu dienen z.B. das Jugendarbeitsschutzgesetz, das Mutterschutzgesetz, das Kündigungsschutzgesetz. Dazu gehören z.B. das Mieterschutzgesetz, das Abzahlungsgesetz. Sie schützen – ganz allgemein – die schwächeren Vertragspartner.

Dazu gehören die **Sozialversicherungen,** die nach dem Prinzip der Solidarität organisiert sind. Hier zahlen die Arbeitnehmer und ihre Arbeitgeber Beiträge. Wer zum „Versicherungsfall" wird, hat dadurch Anspruch auf Leistungen (das nennt man daher auch das Versicherungsprinzip).

Dazu gehören auch die vielen anderen **Sozialleistungen,** die den sozialen Ausgleich in unserer Gesellschaft zum Ziel haben: den Ausgleich zwischen Arm und Reich.

Armut – was ist das?

Er leidet Hunger und Durst, hat keine Wohnung und keine warme Kleidung. Er ist arm. Diese Armut, auch absolute Armut genannt, gibt es in Deutschland kaum.

Er kann weniger Fleisch essen als andere, hat nur eine kleine 1-Zimmer-Wohnung ohne Balkon, hat kein Geld fürs Kino, muß seine Kleidung im Schlußverkauf erwerben. Diese Armut, auch relative Armut genannt, gibt es in Deutschland.

Armut – woher kommt sie?

Diese Frage läßt sich nicht einfach beantworten. Es gibt viele Ursachen. Meist kommen mehrere zusammen, um einen Menschen oder eine Familie verarmen zu lassen. Auf den folgenden Seiten werden immer wieder Ursachen genannt.

Armut hat viele Gesichter: Bettler in den Großstädten, alte Frauen, deren Rente nicht reicht, Alleinerziehende, Kranke und Behinderte, Menschen ohne richtige Schulbildung und Berufsausbildung, Alkoholiker und Drogenabhängige.

Die Armut ist weiblich – meinen einige Sozialexperten. Denn besonders häufig sind Frauen betroffen. Das Gegenstück – der Reichtum – ist männlich!

Armut kann krank machen: körperlich oder seelisch – oft ist beides der Fall.

Damit Armut nicht in die totale Isolierung führen muß, unterstützen staatliche Stellen die Menschen, die Hilfe suchen.

Sozialhilfe: Hilfe zum Dabeisein

Wer kein eigenes oder nur ein sehr kleines Einkommen hat, dem geht es schlecht. Dann müssen Eltern oder Kinder helfen. Können auch diese nicht zahlen, besteht Anspruch auf Hilfe zum Lebensunterhalt. Sozialhilfe soll dem Hilfesuchenden ermöglichen, am Leben in Gemeinschaft mit anderen Bürgern teilzunehmen. Armut darf nicht ausgrenzen, so will es das Bundessozialhilfegesetz BSHG. Ob Kühlschrank oder Einschulung des Kindes, ob Bekleidung oder Trauring, die Würde des Menschen als soziale Persönlichkeit steht im Mittelpunkt (Art 1 GG). Die Sozialämter fragen also nicht, was eine Bürgerin oder ein Bürger braucht, um als Individuum überleben zu können. Vielmehr wird danach gefragt, was die Hilfesuchenden benötigen, um als Bürger in Würde am gesellschaftlichen Leben teilnehmen zu können.

Hilfesuchende haben einen Rechtsanspruch auf einen monatlichen Regelsatz, auf Ersatz von Miete, Heizung, bestimmte Versicherungen, Bekleidung und einiges mehr.

Sozialhilfe ist in ihrer Begründung gedacht als Hilfe zur Selbsthilfe. Wer in wirtschaftliche Not geraten ist, soll durch die Hilfe der Gemeinschaft wieder auf die eigenen Beine kommen. Das funktioniert auch zum großen Teil.

Neuere Forschungen haben ergeben, daß die große Zahl der Sozialhilfeempfänger nicht eine für immer verarmte Masse ist. Etwa 70 % der Bürgerinnen und Bürger lernen ihr ganzes Leben lang das Sozialamt von innen nicht kennen. 20 % benutzen die angebotene Hilfe bewußt und gezielt als Überbrückung in schlechten Zeiten. Nur etwa 10 % sind nach dem ersten Gang zum Sozialamt für den Rest ihres Lebens auf Hilfe angewiesen. Ob das nun eine gute oder schlechte Nachricht ist, darüber kann man streiten: immerhin brauchen 30 % irgendwann staatliche Hilfe, aber „nur" 10 % ständig.

Sozialer Ausgleich: staatliche Umverteilung

Das Soziale Netz kostet viel Geld. In den letzten Jahren sind die Ausgaben für soziale Leistungen stark gestiegen, obwohl einzelne Leistungen gekürzt wurden.

> 4.4
> **M 7–9**
> Sozialleistungen

Woher kommt das Geld? Der Staat kann langfristig nur ausgeben, was er von seinen Bürgerinnen und Bürgern eingenommen hat. Zur Finanzierung der Leistungen ist ein gewaltiges System der Umverteilung eingerichtet worden. Hier sind viele Angestellte und Beamte beschäftigt. Mit immer neuen Aufgaben ist der Apparat verstärkt worden. Bezahlt wird am Ende alles von den aktiven Beitragszahlern der Sozialversicherungen und von den Steuerzahlerinnen und Steuerzahlern. Der Staat ist nur der Organisator.

Was die Leistungsempfänger erhalten, haben die Versicherungen und Finanzämter den Zahlungskräftigen abgenommen. Hier gilt in wichtigen Bereichen das Leistungsprinzip. Das bedeutet, wer ein hohes Einkommen hat, kann auch hohe Beiträge bei den Sozialversicherungen leisten und hohe Einkommensteuern zahlen.

> 4.4
> **M 10**
> Familieneinkommen

Bei der Festlegung der Einkommensteuern - zu ihnen gehören die Lohnsteuern - werden zusätzlich soziale Gesichtspunkte berücksichtigt: wer nur für sich selbst zu sorgen hat, zahlt mehr als die Mutter, die noch ein Kind mit versorgen muß. Daher sind die Lohnsteuerklassen nach dem Familienstand gegliedert. Und: wer wenig verdient zahlt keine Lohnsteuern, wer sehr viel verdient, dem werden auch viel Steuern abgezogen.

Das geschieht nicht nur, um das soziale Netz zu finanzieren. Auch für andere Bereiche wird viel Geld gebraucht, weil wir Bürgerinnen und Bürger immer mehr Leistungen vom Staat erwarten, z.B. bezahlbare Wohnungen oder Theaterkarten. Das Schwimmbad muß geheizt werden, die Schule auch. ... Wo bleiben die Fahrradwege,...?

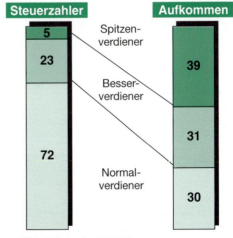

Wirtschaftswoche 11.03.94

Materialien

4.4
M 1
Mutterschutz

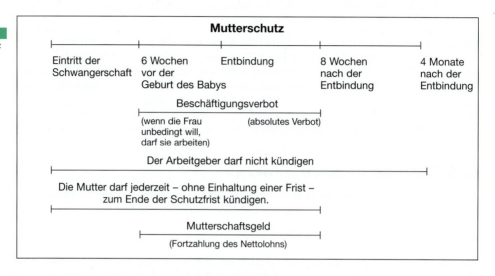

1. Drücken Sie die oben dargestellten Bestimmungen des Mutterschutzgesetzes mit Worten aus. (Hier konnte nicht alles bis ins Kleinste erwähnt werden. Wer betroffen ist, erhält Auskunft bei der Krankenkasse.)
2. Warum muß es dieses Gesetz geben? (Was wäre, wenn es den Mutterschutz nicht gäbe?)

4.4
M 2
Erziehungsurlaub

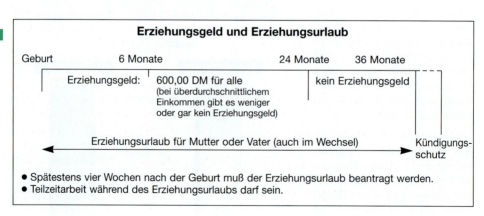

1. Drücken Sie die oben dargestellten Bestimmungen mit Worten aus. (Genauere Auskunft – z.B. über die zulässige Teilzeitarbeit – erhalten Sie bei den zuständigen Beratungsstellen.)
2. Welche Chancen bieten die Gesetze? Welche Schwierigkeiten können sich trotzdem ergeben?

Arm im reichen Land: Armut ist relativ

Wenn die Reichen reicher werden, profitieren davon im Sozialstaat auch die Armen ein bißchen. Aber sie bleiben arm, im Vergleich zu den Reichen. Die EG-Kommission grenzt Armut so ein: Wer nur fünfzig Prozent des durchschnittlichen Nettoeinkommens in einem Land zur Verfügung hat, ist arm. Auch vierzig Prozent ist ein gängiges Maß, genauso sechzig Prozent. Je nach Wert gilt jeder fünfzigste Westdeutsche als Armer oder jeder siebte ....

(Die Zeit, 24.04.1992)

Was ist Armut? Darüber kann man hitzig diskutieren. Versuchen Sie zuerst, folgende Fragen zu beantworten:
1. Wie wird Armut in unserer Gesellschaft beschrieben? Welche Gruppen sind von Armut bedroht?
2. Was meinen Sie dazu? Was ist Armut? Oder: Wer ist arm?

Immer mehr Familien leben in Not
244 Kinder sind in Lübeck von Obdachlosigkeit bedroht – Jedes siebte bekommt Sozialhilfe

Seit fünf Monaten wohnen Regina (39) und Heinz (41) mit ihren drei Kindern (14 Jahre, 9 Jahre, acht Monate) bei Heinz' 58jähriger Mutter in Lübeck. Die hat den Kindern und Enkeln das Schlafzimmer überlassen, schläft selbst auf einer Matratze im Wohnzimmer. Außerdem leben noch der alkoholabhängige Onkel und die Tante der Kinder in der Wohnung: Acht Menschen auf 80 Quadratmetern. ...
Regina und Heinz. Er arbeitete bis vor einem halben Jahr als Restaurantleiter und hatte eine Dienstwohnung: Mit dem Job verlor er auch das Dach über dem Kopf, der Familie blieb nichts anderes übrig, als bei Heinz' Mutter unterzukriechen. Seitdem suchen die Eltern verzweifelt eine Wohnung. Regina: „Wir gucken schon immer, wo keine Gardinen vor den Fenstern hängen..."
Regina und Heinz erleben täglich, wie gereizt die Stimmung wird, wenn acht Menschen so dicht aufeinander hocken. Sie sehen, wie sich ihre Kinder schämen, sie selbst schämen sich auch. Regina sagt: „Vieles schlucken wir runter. Aber irgendwann verlieren wir die Nerven." Oft knallen die Türen. Heinz sagt bedrückt: „Am meisten tun mir meine Kinder leid."

Meinung: Eine schwere Hypothek

Immer mehr Kinder gehören zu den Opfern der sozialen Not. Auch in Lübeck. Seitdem sogar Mittelschicht-Familien Probleme haben, eine Wohnung zu finden, seitdem auch Väter mit guter Ausbildung arbeitslos werden, spüren schon die Kleinsten schmerzlich, was es heißt, kein Geld zu haben. Die Situation ist erschreckend: Familien zerfallen, Eltern werden gewalttätig, Kinder bleiben sich selbst überlassen – Vandalismus, Drogensucht, Jugendkriminalität sind die Folgen. Eine schwere Hypothek auf die Zukunft.

(Lübecker Nachrichten, 04.09.1994)

Welche Folge kann Armut haben? Unterscheiden Sie: Folgen für die einzelnen Betroffenen, für Familien, für Kinder und Folgen für die Gesellschaft.

M 5 Armut

„Fünfeck" der Armut

Lebenslauf/Persönlichkeit
- Alter/Krankheit
- geringe Bildungsfähigkeit
- Suchtverhalten
- mangelnde Leistungsbereitschaft

soziales Netz
- keine Freunde am Arbeitsplatz
- zerrüttete Familie
- keine Beziehungen zu den Nachbarn

Gesellschaftliche Erwartungen
- Ansprüche an den Staat statt an zwischenmenschliche Beziehungen
- extremes Streben nach Selbstverwirklichung
- extreme Leistungsbezogenheit

Arbeit/Einkommen
- keine Ausbildung
- Rationalisierung von Arbeitsabläufen
- weite Entfernungen zu Arbeitsstellen

Konsum
- aggressive Werbung
- steigende Freizeitkosten
- hohe Kosten für Grundbedürfnisse (Wohnung, Essen, Versicherungen)

(nach: Beilage zu Das Parlament B49/1992)

1. Welche Ursachen kann Armut haben?
2. Wo gibt es Ansatzmöglichkeiten für Hilfe?

M 6 Warum Sozialhilfe

Warum sie zum Sozialamt gehen

Von je 100 Haushalten, die laufende Hilfe zum Lebensunterhalt empfangen, erhalten diese aus folgenden Gründen:

	West	Ost
Arbeitslosigkeit	28	46
Zu geringe Rente	12	12
Tod oder Ausfall des Ernährers	10	1
Zu geringes Einkommen	6	6
Krankheit	5	2
sonstige Gründe	39	33

Quelle: Stat. Bundesamt, Stand 1992 © Globus

Beispiel für Sozialhilfe (Stand April 1995)

Familie Berthold mit 2 Kindern – 16 und 17 Jahre – erhält zum täglichen Leben 1 872,00 DM im Monat. Da die Mutter schwanger ist, besteht ein Mehrbedarf von 83,20 DM.

Miete und Heizungskosten in Höhe von 720,00 DM werden erstattet. Macht monatlich 2 675,20 DM.

Die Zuckertüte zur Einschulung soll sein. Um in Würde am gemeinschaftlichen Leben teilnehmen zu können, erhalten Hilfesuchende neben den monatlichen Zahlungen Zuschüsse für bestimmte Zwecke.

Beispiele: Trauring ca. 150,00 DM, Bekleidung ca. 520,00 DM jährlich, Einschulung oder Umschulung des Kindes ca. 100,00 DM, gebrauchter Kühlschrank (wird vom Sozialamt besorgt), weitere Zuschüsse können notwendig sein: z.B. Nachhilfeunterricht oder Hochzeitsfeier.

4.4 M 7 Sozialhilfe

1. Nach welchem Grundsatz wird in der Bundesrepublik Deutschland Sozialhilfe gewährt?
2. Über die Höhe der Sozialhilfe wird heftig gestritten. Die beiden extremen Positionen: Sozialhilfe ist zu niedrig, denn sie ermöglicht nicht wirklich die Teilhabe am gesellschaftlichen Leben. Sozialhilfe ist zu hoch, mit ihr läßt sich (zu) gut leben. Sie lähmt die Eigeninitiative, sich selbst zu helfen. Was meinen Sie?

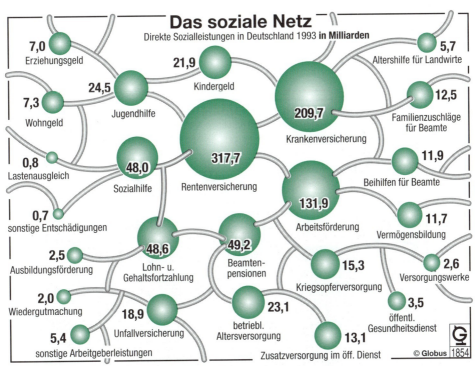

4.4 M 8 Das soziale Netz

Sozialhilfe als Chance? Was meinen Sie dazu? Das soziale Netz besteht aus vielen Leistungen. Sie werden bezahlt durch Beiträge der Versicherten – bei den Sozialversicherungen – und durch Steuern.
1. Welche Leistungen werden durch Beitragszahlungen erbracht?
2. Wie groß sind die Zahlungen für die Sozialhilfe – im Vergleich?

M 9 Sozialleistungen

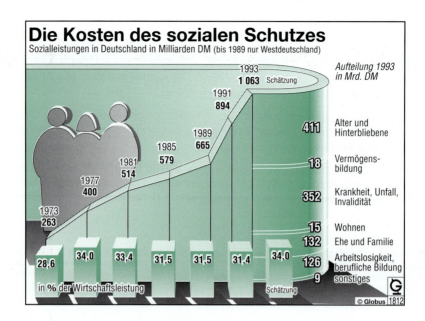

1. Beschreiben Sie die Entwicklung der Sozialleistungen in Deutschland.
2. Nennen Sie mögliche Ursachen für diese Entwicklung.
3. Wie ist die Situation heute: Bestehen die Ursachen weiterhin oder sind Änderungen in Sicht (Besserungen oder Verschlechterung)?
4. Welche Folgen könnten sich ergeben, wenn die Entwicklung so weitergeht?

M 10 Familieneinkommen

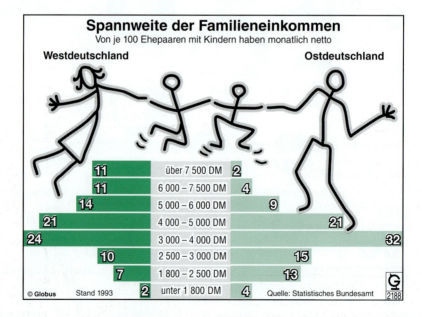

Weitere Zahlen zu Löhnen und Einkommen finden Sie noch an anderen Stellen in diesem Buch. Schlagen Sie im Stichwortverzeichnis nach.
1. Welche Gruppen würden Sie zu den „Leistungsfähigen", d.h. zu den Zahlungsfähigen rechnen?
2. Welche Gruppen brauchen die Hilfe der Gemeinschaft?

A Arbeitsvorschlag

Bezahlbare Wohnungen für alle: Wie rechnet sich das?

Jennifer, 22 Jahre, Arzthelferin, Nettogehalt 1 800,00 DM, möchte endlich eigenständig leben. Zuhause klappt das nicht mehr. Deshalb will sie ausziehen. Ihr gefällt eine kleine Neubauwohnung. In der Gegend leben viele junge Leute, auch ihre Freundin. Da will sie hin. Die Wohnung ist 42 m² groß.

1. Kann sie sich diese Wohnung leisten? Was meinen Sie?
2. Wieviel Miete kann sie bei ihrem Lohn monatlich aufbringen?

Der Bauherr des Mietshauses, der jetzige Vermieter, rechnet seine Kosten vor:
Er hatte das Grundstück geerbt. Der Bau des Mietshauses hat im Durchschnitt 3 800,00 DM pro m² Wohnfläche gekostet. Für die Baukosten hat er ein Darlehen aufnehmen müssen (bei Immobilien nennt man das Hypothek). Die Bank verlangt einen Zinssatz von 8,5 %, zusätzlich 1 % für die Tilgung der Hypothek.

Zusätzlich fallen während der ganzen Zeit der Vermietung Kosten an: Reparaturen, Grundsteuern, Feuerversicherung, usw. Die Kosten betragen 3,00 DM pro m² Wohnfläche.

3. Rechnen Sie aus: Wie hoch sind die Kosten des Vermieters im Monat für diese Wohnung?

Als Nebenkosten für Heizung, Wasser, Müllabfuhr, Strom werden für die Wohnung 190,00DM berechnet.

4. Rechnen Sie aus: Wieviel Miete müßte Jennifer monatlich zahlen, damit der Vermieter auf seine Kosten kommt und keinen Verlust macht?
5. Kommentieren Sie das Ergebnis.

Was nun?

Diese Frage kann Jennifer nicht allein beantworten. So hohe Mieten könnten nur wenige aufbringen.

Das ist die Zwickmühle: Das Bauen von Wohnungen ist tatsächlich so teuer. Zu teuer. Kaum eine Mieterin oder ein Mieter könnte die angemessen Miete (die Kostenmiete) bezahlen. Die Folge: Kein Privatmann kann es sich leisten, Mietwohnungen zu bauen. Wohnungen werden aber überall dringend gebraucht. Und bezahlbar müssen sie sein.

Hier muß der Staat eingreifen. Mit viel Geld wird seit Jahren der Wohnungsbau gefördert:

- Wer neue Mietwohnungen baut, kann Zuschüsse aus der Staatskasse erhalten. Die so gebauten Sozialwohnungen können billiger angeboten werden. Sie werden nur an Leute vermietet, die eine hohe Miete nicht bezahlen könnten.

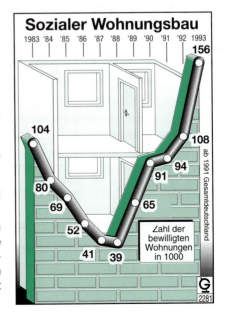

- Mieter mit geringem Einkommen können Wohngeld beantragen, damit sie sich eine Wohnung leisten können.
- Wer selbst ein Haus baut oder eine Wohnung kauft, kann eine bestimmte Zeit lang einen Teil seiner Baukosten von den Steuern absetzen. Ihm werden weniger Lohnsteuern abgezogen. Daher kann er die hohe Zinsbelastung leichter tragen. So unterstützt der Staat den Erwerb von Eigentum. Und: wer in den eigenen vier Wänden wohnt, ist kein Konkurrent mehr auf dem Wohnungsmarkt. In „seine" Wohnung ziehen Leute ein, die sich kein Haus leisten können.

Diskussion 1

Soll der Staat jungen Leuten das Schuldenmachen verbieten?

Ursache von Armut sind oft hohe Schulden.

Denn heute ist nichts leichter, als Schulden zu machen: Wer in der Disco sein Geld verschleudert hat, um der neuen Freundin zu imponieren, kann beim nächsten Geldautomaten neues ziehen. Wer sich seinen Traum vom neuen Auto erfüllen will, dem geben die Banken gerne Kredit. Schulden sind schnell gemacht. Geschenkt wird allerdings nichts. Die Banken wollen ihr Geld zurück. Wer in seiner Not dann einem unseriösen Kreditvermittler in die Hände fällt, der ist oft ganz verloren.

Weil das ein Problem ist, hat der Gesetzgeber reagiert:

- Kredithaien wird durch Gesetz die Ausnutzung und Ausbeutung der Kunden erschwert.
- Weil viele nicht wissen, wie sie aus dem Schuldenberg wieder herauskommen, haben einige Kommunen Schuldnerberatungen eingerichtet. Hier sitzen Fachleute, die mit Rat und auch mit Tat helfen. Sie rechnen aus und schlagen vor, wie man Schulden streckt und so aus unzumutbar hohen kurzfristigen Zahlungen annehmbare kleinere Raten macht, die dann allerdings über längere Zeit laufen. Sie wissen auch, wo Umschuldungskredite billiger zu bekommen sind.

Daß es so was gibt, ist gut. Ist da ein Haken an der Sache?

Der Schuldner muß seinem Berater seine gesamte finanzielle Lage offenlegen. Der weiß nun alles über ihn. Er muß zwar schweigen, denn dafür besteht Datenschutz. Der Ratsuchende hat aber das Gefühl, sich ausgeliefert zu haben. Was ist mit seiner Menschenwürde?

Pro:	**Contra:**
Der Staat muß verhindern, daß junge Leute sich ins Unglück stürzen. Warum warten, bis das Kind in den Brunnen gefallen ist? Ist es nicht sinnvoller, vorher einen Deckel auf den Brunnen zu legen? In diesem Fall: Geldautomaten in der Nähe von Diskotheken werden ab 21 Uhr gesperrt. Wirkungsvoller: Geldautomaten werden überall – zu allen Zeiten – verboten. Und: Kredite für Autos gibt es erst ab 30, und nur für Leute, die seit fünf Jahren Arbeit haben.	„Jeder ist seines Glückes Schmied" Daraus folgt: Alle haben ein **Recht auf Risiko, Recht auf Reichtum.** Freiheit bedeutet auch: **Recht auf Irrtum, Recht auf selbstverschuldetes Unglück.** Gegen staatliche Bevormundung Gegen staatliche Schnüffelei

Diskutieren Sie Pro und Contra

Diskussion 2

Pro und Contra Bürgergeld

„Bürgergeld gehört in der Demokratie zum Bürger wie das Wahlrecht und das Recht auf Meinungsfreiheit", meint Sir Ralf Dahrendorf: Soziologe aus Deutschland, für kurze Zeit in der Führungsspitze der FDP. Seit einigen Jahrzehnten führender Hochschullehrer in Großbritannien.

Nach der F.D.P. wollen auch CDU-Vereinigungen ein Bürgergeld – Umbau des Sozialstaats gefordert

Wir haben heute ein Sozialsystem für Clevere

Das Bemühen um Perfektion hat dazu geführt, daß heute rund vierzig verschiedene Stellen neunzig verschiedene Leistungen gewähren. Wer sich da auskennt, kann kräftig absahnen - zumal die Behörden mit der Kontrolle hoffnungslos überfordert sind. Die weniger Leistungsfähigen dagegen - und gerade für die sollen Sozialleistungen ja da sein - nehmen oft nicht einmal das in Anspruch, was ihnen zusteht. Einen Ausweg aus diesem Dilemma würde das Bürgergeld bieten. In seiner reinen Form bedeutet es, daß der Staat jedem das Gleiche zahlt, egal ob bedürftig oder nicht. Auf den ersten Blick erscheint das in der Tat verrückt: Sozialhilfe für Reiche! ...

Das Prinzip des Bürgergelds oder der Negativsteuer: Der Staat zahlt jedem das Existenzminimum, womit sichergestellt ist, daß keiner Not leidet. Diesen Betrag zahlt das Finanzamt aus beziehungsweise verrechnet ihn gegen fällige Steuern.

(Das Parlament 3./10.12.1993)

Jede Bürgerin und jeder Bürger hat also Anspruch auf Bürgergeld. Es ermöglicht ihnen das Mitmachen in der Demokratie. Alle anderen staatlichen Sozialleistungen können entfallen. Wer mehr haben will, muß selbst dafür sorgen.

Und so könnte das System funktionieren:
Jede Bürgerin und jeder Bürger erhält für den Grundbedarf 600,00 DM, für Wohnbedarf 500,00 DM, zusammen also 1 100,00 DM.
Wer eine Arbeit aufnimmt, wird belohnt mit zusätzlichen 150,00 DM.
Auf die 1 250,00 DM wird sein Lohn zur Hälfte angerechnet.

Bevor Sie das System Bürgergeld diskutieren, hier einige Fragen:
1. Wer hat Anspruch auf Bürgergeld? Welche Voraussetzungen muß sie oder er erfüllen?
2. Warum wird das Bürgergeld auch Negativsteuer genannt?
3. Bis zu welchem Nettolohn bekommen Bürger Geld ausgezahlt?

Das Bürgergeld

Beispiel 1: Ein 30jähriger, lediger Arbeiter verdient als Aushilfe am Bau steuerfrei 1 000,00 DM brutto. Nach Abzug von 200,00 DM Arbeitnehmeranteil zur Sozialversicherung bleiben ihm netto 800,00 DM. Das monatliche vom Finanzamt gezahlte Bürgergeld beträgt dann:

Grundbedarf:	600,00 DM
Wohnbedarf:	500,00 DM
Mehrbedarf für Erwerbstätige:	150,00 DM
Bürgergeld:	1 250,00 DM
Anrechnung von 50 Prozent des Nettoeinkommens von 800,00 DM:	– 400,00 DM
Auszahlungsbetrag:	850,00 DM

Der Arbeiter verdient also 1 650,00 DM im Monat. Ohne Aushilfsjob wären es nur 1 100,00 DM (Grundbedarf und Wohnbedarf) gewesen.

Beispiel 2: Ein Facharbeiter verdient monatlich 2 500,00 DM netto. Sein Bürgergeld beträgt wiederum 1 250,00 DM. Die Rechnung in diesem Fall:

Nettoeinkommen:	2 500,00 DM
Bürgergeld:	1 250,00 DM
Anrechnung von 50 Prozent des Nettoeinkommens von 2 500,00 DM:	– 1 250,00 DM
Auszahlungsbetrag:	0,00 DM

Die Arbeitszeit wird von 5 auf 4 Tage pro Woche verkürzt, sein Nettoeinkommen sinkt um 20 Prozent auf 2 000,00 DM. Die Rechnung

Nettoeinkommen:	2 000,00 DM
Bürgergeld:	1 250,00 DM
Anrechnung von 50 Prozent des Nettoeinkommens von 2 000,00 DM:	– 1 000,00 DM
Auszahlungsbetrag:	250,00 DM

Nach der Arbeitszeitverkürzung verdient der Facharbeiter 2 250,00 DM.

(iwd, 11/17.03.1994)

Wie kann sich Bürgergeld auswirken?

Ein Beispiel: Judith (20) lernt Goldschmiedin.

Als Vergütung erhält sie nicht viel: im ersten Jahr 350,00 DM, im zweiten 400,00 DM, im dritten 450,00 DM und im letzten halben Jahr vor der Gesellenprüfung 500,00 DM. Nach der gut bestandenen Prüfung kann sie nicht bei ihrem Meister bleiben. Der sagt, bei seinem kleinen Betrieb kann er sich keine Gesellin leisten. Judith sucht woanders eine Stelle. Nach fünf Versuchen gibt sie auf. Sie beschließt, in ihrer kleinen Werkstatt nur für sich kreativ zu arbeiten. Vielleicht kommt sie ja mal ganz groß raus. Nach der Urlaubszeit im Sommer ruft der Meister bei ihr an und fragt sie, ob sie nicht ein paar Stunden bei ihm arbeiten möchte. Sie stimmt zu und beginnt am 1. September. Sie erhält jetzt 500,00 DM. Vor Weihnachten boomt das Geschäft. Im November arbeitet sie länger und erhält 1 400,00 DM ausgezahlt. Im Dezember ist der Teufel los: nichts als Überstunden. Sie verdient 2 600,00 DM. Danach ist sie froh, daß der Streß vorbei ist. Sie bleibt wieder zu Hause (und wartet auf den nächsten Anruf – aber bitte erst nach dem Sommer).

Wie hoch ist jeweils Judiths Einkommen einschließlich Bürgergeld? Beachten Sie: Wer mehr als den steuerfreien Betrag verdient, muß Steuern zahlen. Ein Vorschlag lautet: 30 % Steuern für den Lohn, der den Steuerfreibetrag überschreitet.

Diskutieren Sie jetzt das Modell Bürgergeld. Sammeln Sie vorher Argumente pro und contra und Vor- und Nachteile, z.B. auch für Arbeitgeber.

Sich einsetzen für
eine friedliche Welt

Demonstration gegen Ausländerhaß und Gewalt in Mölln

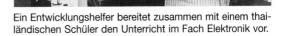

Ein Entwicklungshelfer bereitet zusammen mit einem thailändischen Schüler den Unterricht im Fach Elektronik vor.

5.1 Konflikte und Konfliktlösungsversuche

Konflikte sind gut:

… wenn sie uns dazu befähigen, die Welt mit den Augen eines anderen Menschen zu betrachten

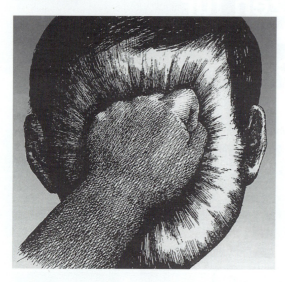

Ein „reinigendes Gewitter" kann sehr befreiend wirken. So verstehen sich zwei Menschen oft viel besser, nachdem sie sich gehörig die Meinung gesagt haben. Das Aufeinandertreffen von zwei unterschiedlichen Meinungen ist in diesem Falle der „Konflikt". Das „Gewitter" könnte eine „Konfliktlösung" sein.

5.1
M 1
Konfliktlösung

Häufig reicht es aber nicht, dem anderen zu sagen, wie „sauer" man eigentlich auf ihn ist. In vielen Fällen sind wir darauf angewiesen, jemanden zu **überzeugen.** Dafür ist eine Diskussion sehr viel besser geeignet als ein Streit. Es werden Argumente ausgetauscht, um das Für und Wider gegensätzlicher Standpunkte zu beleuchten. Auch wenn es dabei laut zugeht – in einer fairen Diskussion kann jeder sein Gesicht wahren, und jedem kann „ein Licht aufgehen".

In der blinden Form des Streits geht es allein um das „Niedermachen" des Gegenübers und nicht um die Klärung unterschiedlicher Positionen. Die Demütigung eines anderen Menschen hinterläßt bei diesem jedoch Verletzungen. Die so verursachten Schmerzen können das friedliche Zusammenleben für lange Zeit stören.

Der gewaltsame Kampf ist eine noch gewalttätigere Form der Auseinandersetzung. Gegnerschaft wird zur Feindschaft. Es geht nur noch um die eigene Überlegenheit. Die Durchsetzung der eigenen Position ist das einzige, was zählt. Das Ende eines Kampfes führt meistens zu der erzwungenen Unterordnung des Unterlegenen. Der Konflikt schwelt weiter, und der Frieden ist in weite Ferne gerückt.

Mit Gewalt kann kein Konflikt gelöst werden. Die seelische oder körperliche Verletzung eines Menschen schürt den Haß.

Aggressives Verhalten

Die meisten Menschen halten sich für friedliebend. Trotzdem wird der Alltag zunehmend von Gewalt geprägt. Ein Blick in die Fernsehnachrichten oder in die Tagespresse genügt: Gewalt bricht in unserer Gesellschaft auf vielfältige Weise durch. Täglich werden wir mit Berichten über rechtsradikale Brutalität, schlagende Eltern oder der zunehmenden Gewalt in den Schulen konfrontiert. Hier kommen „Aggressionen" zum Ausbruch. Jeder Mensch hat Aggressionen. Er kann diese gegen seine Mitmenschen richten, gegen Sachen oder gegen sich selbst. Auch das Drängeln auf der Autobahn oder fehlende Hilfsbereitschaft ist „aggressives" Verhalten.

Je mehr Aggressionen ein Mensch aufgebaut hat, desto schwerer fällt es ihm, sein eigenes Verhalten kritisch zu betrachten. Leicht gerät er in eine Konfrontation. Er wird unfähig, Konflikte zu lösen und dabei von anderen zu lernen.

5.1
M 2
Aggression

Wenn wir die Ursachen für das Entstehen von Aggressionen erfassen, sind wir besser in der Lage, der um sich greifenden Gewaltbereitschaft einen Riegel vorzuschieben.

Wehrhaft gegen die Gewalt

Laufen lernen reicht nicht!

Das wichtigste, was ein Mensch für das Zusammenleben braucht, lernt er bereits als kleines Kind.

In unserer Gesellschaft wachsen die meisten Kinder bei ihren Eltern auf. Diese sind die engsten Vertrauten ihres Kindes, sorgen für Nestwärme und geben Schutz. Von seinen Eltern lernt ein Kind, wie Konflikte gemeinsam gelöst werden können. Es erfährt Zuneigung und Zärtlichkeit. So wächst sein Selbstvertrauen und sein Mut.

Ein solches Polster der Geborgenheit erleichtert dem Kind den Zugang zu den noch unbekannten Dingen des Lebens.

Fehlt es in einer Familie jedoch an mitmenschlicher Wärme, dann fehlt dem heranwachsenden Kind diese Erfahrung vielleicht für immer. Die Nähe zu anderen Menschen bleibt Neuland und flößt sogar Furcht ein.

Überwiegend strenge und strafende Eltern verbreiten Angst und schaden ihren Kindern. Sie werden beherrscht und nicht beschützt. So bewegt sich auch ihr späteres Leben allzu leicht in den engen Grenzen von Über- und Unterordnung. Aggressionen werden unüberlegt oder sogar gezielt an Schwächeren ausgelassen.

5.1 M 3–5 Ursachen der Gewalt

Es ist schwer, als Erwachsener diese eingetretenen Pfade zu verlassen. Freunde helfen weiter. Vor ihnen können wir unsere Schwächen zeigen. Ohne die Angst vor einer Demütigung lassen sich Konflikte lösen. Im Vertrauen darauf machen wir neue Erfahrungen mit anderen Menschen. Das Unbekannte ist nicht länger eine Bedrohung.

Die Wut auf das Fremde

Minderheiten haben es in unserer Gesellschaft schwer. Ausländische Mitbürger werden häufig brutal angegriffen. Selbst Kinder sind durch Brandanschläge ermordet worden. Der Grund: Sie stammten aus der Türkei.

5.1 M 6 Gewalt gegen Minderheiten

Haß richtet sich auch gegen behinderte Menschen. Sie können sich nicht zur Wehr setzen. Obdachlose werden zusammengeschlagen. Auch Homosexuelle fühlen sich zunehmend von gewalttätigen Angriffen bedroht. Der Grund: Sie alle sind „anders", und sie sind in einer ungeschützteren Position. Die schwächsten Erwachsenen richten ihre Aggressionen gegen noch Schwächere. Sogar die eigenen Kinder bleiben nicht verschont.

Damit der eigene Haß weiter ausgelebt werden kann, werden **Vorurteile** aufrechterhalten. Diese Vorurteile werden auch von denen geschürt, die selber vor der Ausübung von Gewalt zurückschrecken. Es sind dann beispielsweise die Ausländer, die als „minderwertig" abgestempelt werden. Oder es sind die Homosexuellen, deren Liebesleben als „abartig" beschimpft wird. So wird aus Haß Gewalt. Häufig waren die Täter selbst früher die Opfer. Fehlende Liebe oder offene Gewalt ließen sie innerlich versteinern. Was bleibt, ist die Wut.

> **Warum?**
> Warum werde ich jedesmal, wenn ich auf der Straße gehe, von irgendeinem Mann so angesehen, als hätte ich seine Frau vergewaltigt? Warum werde ich jedesmal von den Angestellten einer Bank so angesehen, als hätte ich das Institut ausgeraubt? Warum werde ich jedesmal im Bus von älteren Damen so angesehen, als wäre ich der Grund für ihre Migräne? Warum werde ich jedesmal beim Bäcker von der Verkäuferin so angesehen, als hätte ich ihrer Tochter Crack verkauft? Weil ich Afrikaner bin? Weil ich schwarz bin?
>
> (Ben G. Mwaura in: STERN, 40/1994)

5.1 M 7 Der Gewalt entgegentreten

Der Teufelskreis der Gewalt ist nur dann zu unterbrechen, wenn wir uns den Schwächeren an die Seite stellen. Die Furcht vor dem Fremden ist unbegründet. Das Kennenlernen anderer Lebensformen kann unser eigenes Leben bereichern. Nichts stärkt den Menschen so wie Freundschaften. Denn sie sind jeder Schläger-Gang überlegen. Und das beginnt sich herumzusprechen...

Strukturelle Gewalt – Frieden nur zum Schein

Unfreiheit und **Ungerechtigkeit** fördern aggressives Verhalten. Werden wir zur Unterordnung gezwungen, dann sind wir in der Entfaltung unserer Persönlichkeit behindert. Ein gefürchteter Chef, ein herrischer Lehrer oder die Unterdrückung durch die Eltern sind Beispiele für alltäglich erzwungene Unterordnung und Anpassung. Die Wut darüber wird allzu leicht an Schwächeren ausgetragen. Dies scheint der einfachste Weg zu sein – mit den geringsten Risiken für die eigene Person. Jeder kennt den Begriff vom „Radfahrer", der nach oben buckelt und nach unten tritt. Ein Vorbild?

Auch **soziale Ungerechtigkeiten** fördern bei den benachteiligten Menschen Aggressionen. Die verzweifelte Suche nach einem Arbeitsplatz oder einer Wohnung ist für die Betroffenen bitter. Die Not, den täglichen Lebensunterhalt zu sichern, verschärft die Situation. Das Gefühl der Abhängigkeit und Machtlosigkeit kann sich bis zur Unerträglichkeit steigern. Eine solche Situation ist nicht friedlich. Sie wird bestimmt durch Unterdrückung, Unfreiheit und Ungerechtigkeit – kurz: **„strukturelle Gewalt".** Der Unmut darüber wächst mit dem Gefühl, nicht ausreichend am Leben in der Gesellschaft teilnehmen zu können. Der rauschhafte Zustand von Reichtum und Glück in der Werbung treibt den Unterschied zwischen Wunsch und Wirklichkeit auf die Spitze. Unter der strukturellen Gewalt wächst die Bereitschaft zu **offener Gewalt** wie in einem Hochdruckkessel. Die Massenkriminalität in den Elendsvierteln vieler Großstädte veranschaulicht diesen Prozeß.

In **diktatorischen Regimen** häufen sich sämtliche Formen der strukturellen Gewalt. Hier wird die Unterdrückung der Menschen auf der höchsten politischen Ebene organisiert. Diejenigen, die sich dagegen zur Wehr setzen, werden brutal verfolgt. Die Angepaßten jedoch verlieren ihre Menschlichkeit.

5.1
M 8-9
Zivilcourage gegen Autoritätshörigkeit

Jeden Tag sind wir neuen Konflikten ausgesetzt – kleinen und größeren. Dabei können wir üben, unserer Position Geltung zu verschaffen. Mit der Hilfe anderer lernen wir, unsere Standpunkte zu überprüfen. Die schlichte Anpassung an den scheinbar Mächtigeren verschafft dagegen nur vordergründig Vorteile. In Wirklichkeit ist es der Weg in die Unfreiheit. Das friedliche Zusammenleben in **Einer Welt** ist auf Gleichberechtigung und Partnerschaft aufgebaut. Wir haben keine Wahl!

Materialien

5.1 M 1 Konfliktlösung

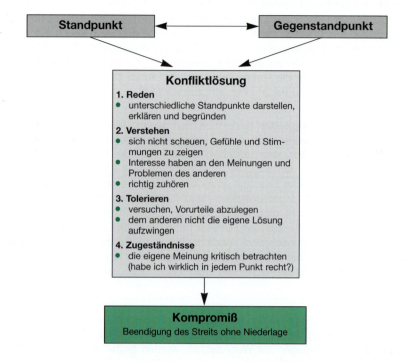

Dienstanweisung für Aggressoren

5.1 M 2 Aggression

Setz deine Kinder frühzeitig vor den Fernsehschirm, und mach dir dadurch ein paar schöne Stunden. Laß sie vor allem unbeschränkt Krimis ansehen, und beweise ihnen, daß das Leben ein harter und blutiger Job ist!

Bring deinen Schülern bei, daß Deutschland an beiden Weltkriegen schuldlos war, daß die anderen Völker und Staaten viel mehr auf dem Kerbholz haben und daß man das eigene Nest nicht beschmutzen darf.

Informiere die Spieler deiner Mannschaft genau, wie weit sie mit versteckten Fouls gehen können, ohne einen Platzverweis zu riskieren. Sichere dir ein Publikum, das nur die Aktionen deiner Mannschaft beklatscht, und sorge dafür, daß bei ungünstigem Ausgang des Treffens der Schiedsrichter das Stadion allenfalls durch die Hintertür verlassen kann!

Wähle dir ein Tier oder einen Menschen oder eine Menschengruppe, auf die du deinen angestauten Unmut abladen kannst, damit du entlastet und unbeschwert deines Weges daherziehen kannst!

(Elemente für Religionsunterricht und Seminare, Heft 3, Gelnhausen 1971)

---

1. Welche Eigenschaften können einen aggressiven Menschen auszeichnen? (Beziehen Sie sich dabei auf den Text.)
2. Warum behindern starke Aggressionen die Kompromißfindung?

Faustrecht!

Zum Faustrecht neigt in der Ich-Gesellschaft vor allem, wer in der Familie keinen Halt verspürt, wer in der Schule überfordert ist, in tristen Siedlungen lebt und wem es obendrein an kommunalen Freizeitangeboten und an Berufsperspektiven fehlt. Als Ausweg aus Ohnmacht und Langeweile bieten sich dann Jugendbanden mit ihrem Gewalt- und Suffkult an, bisweilen auch sonderbare Satanssekten…

„Wer nicht tüchtig und beliebt sein kann, will wenigstens stark sein…"

Selbst Jugendliche, die Gewalt im Prinzip ablehnen, demonstrieren in diesem Umfeld Brutalität, weil ihnen „Einbindung, Anerkennung, Geborgenheit und Solidarität" in der Subkultur der Jugendbande „wichtiger sind als die Verachtung von Gewalt in ihrer eigenen Werteskala".

Um so wichtiger sei es…, Jugendlichen „Grenzen für ihr Verhalten" aufzuzeigen – ein Gebot, das jene Eltern mißachten, die nichtautoritäre Erziehung mit Nichterziehung verwechseln.

(Der Spiegel, 17.01.1994)

Ich hörte auf, ich zu sein!

Erst recht kann sich in Gruppen ein erschreckendes Phänomen ergeben, das Psychologen als „Deindividuation" bezeichnen: Das Individuum läßt seine Standards sausen. Gewalt wirkt ansteckender als jedes Virus und vermag in einer Kettenreaktion ein ganzes Kollektiv in ihren Sog zu reißen. Der amerikanische Schriftsteller Bill Buford, der sich unter Hooligans begab, um sie zu schildern, erlebte im Schlachtengetümmel Faszination und Euphorie: „Was ich sah, roch, sagte, schrie, stöhnte, was ich am ganzen Leib von Kopf bis Fuß spürte – ich hörte auf, ich zu sein." Es kam der gewisse Punkt, wo er seinen Sinn dafür verlor, „daß es Dinge gab, die man nicht machen konnte".

(Der Spiegel, 17.01.1994)

Beschreiben Sie Gründe dafür, warum sich Jugendliche in gewalttätigen Banden organisieren.

Strafe und Zwang erzeugen Gewalt

Strafe und Zwang erzeugen nach Ansicht von Professor Klaus Hurrelmann bei Kindern Gewaltbereitschaft. Klar, demokratisch ausgehandelte Spielregeln erleichtern dagegen den Umgang der Generationen.

Nur in einem demokratischen Erziehungsstil sieht… Hurrelmann einen Weg, die schwierigen Kontakte zwischen den Generationen in der modernen Gesellschaft zu verbessern. Erziehung werde noch immer oft mit einem autoritären Umgangsstil gleichgesetzt, bei dem der sozial und körperlich stärkere Erwachsene dem in der Regel schwächeren Kind seinen Willen aufzwinge und es letztlich in seiner Entwicklung hemme…

Ein überwiegend strafendes Erwachsenenverhalten bringe keine selbstdisziplinierten Kinder hervor, sondern könne sie im Gegenteil zu Disziplinlosigkeit, Aggression und Gewalt stimulieren (anregen).

Auf übermäßig strenge Erziehung reagieren die Kinder mit Widerstand und Trotz, Rebellion und Ungehorsam, Vergeltung, Regelbruch und Wutanfällen...

Hurrelmann fordert Mut zu einem demokratischen Erziehungsstil, mit dem Ziel, die Kinder zu Selbständigkeit, Leistungsfähigkeit und Verantwortungsfähigkeit zu führen. Dazu gehören von Kooperation und Partnerschaft geprägte klare Spielregeln für das Zusammenleben. „Demokratische Erziehung ist die ständige gemeinsame Absprache, ja das Aushandeln von Umgangsformen und Regeln mit Begründung und Erläuterung, angemessen für jede Entwicklungsstufe..." Doch gelte auch: Wer die Familienregeln verletze, müsse die Folgen spüren.

(Frankfurter Rundschau, 15.01.1994)

Wie können Eltern bereits während der Erziehung der Gewalt vorbeugen?

M 5 Arbeit und Familie

5.1
Ursachen der Gewalt

„Die Familie ist keine Idylle, losgelöst von den allgemeinen gesellschaftlichen Problemen. Sie muß ja auch alle die Belastungen aushalten, die etwa am Arbeitsplatz der Eltern auftreten. Die persönlichen Probleme und Konflikte, die am Arbeitsplatz auftreten, aber dort schon wegen der Konkurrenz aller gegen alle nicht bearbeitet und ausdiskutiert werden können, werden in die Familie verlagert und belasten die Familienbeziehungen auf mannigfache Weise. Zorn und Enttäuschung über Kollegen und Vorgesetzte sowie die Angst um die eigene berufliche Position werden nicht im Betrieb abreagiert – wo man sich das nicht leisten kann –, sondern in der Familie. Dabei werden oft an die Familie, d.h. an die anderen Mitglieder der Familie, unlösbare Forderungen und Erwartungen gestellt: Sie soll ein Hort der Ruhe und des Friedens sein inmitten einer als feindselig und bedrohlich empfundenen Umwelt. In diesem Zusammenhang ist das Kind natürlich das ‚schwächste Glied der Kette', weil es die Gründe für derartige Belastungen noch nicht zu erkennen vermag. Diese Belastungen verschärfen sich dann, wenn die wirtschaftliche Existenz der Familie gefährdet ist, wie dies bei allen einkommensschwachen Schichten durchweg und ständig der Fall ist."

Solche Lebensumstände benachteiligen das Kind in der Entwicklung seiner Fähigkeiten und eines gesunden Selbstvertrauens. Die Belastungen durch diese Umstände führen oft zu Verhaltensstörungen...

(Eberhard Hermes: Individuum, Gruppe, Gesellschaft, Stuttgart 1994)

1. Wie können sich berufliche Probleme der Eltern auf das Familienleben auswirken?
2. Wie wirken sich zunehmende soziale Spannungen auf das Zusammenleben der Menschen aus?

M 6 Gewalt gegen Wehrlose...

5.1
Gewalt gegen Minderheiten

Seit Mitte 1992 wurden nach Ausländern, Juden und Obdachlosen auch Behinderte Opfer von Gewalttaten.
Günther Schirmer aus Großburgwedel, nach einem Autounfall körperbehindert, mußte mehrere dieser Übergriffe ertragen: Erst warfen ihn jugendliche Rowdys in Hannover eine U-Bahn-Treppe hinunter, dann wurde der Mann bei einem Spaziergang mit seiner Frau von einer großen

Gruppe junger Leute beschimpft: „Beim Hitler hätte man so etwas wie dich längst vergast. Du vergeudest doch nur unsere Steuergelder." Danach traten sie gegen Schirmers Dreirad und bespuckten ihn. Kurze Zeit später schreibt er an seinen Arzt und seine Frau Abschiedsbriefe. Die Demütigungen und Mißhandlungen sind ihm zuviel geworden. Er werde jetzt den „Krüppel" auslöschen. Günther Schirmer nahm sich das Leben.

(Götz Eisenberg/Reimer Gronemeyer: Jugend und Gewalt, Hamburg 1993)

Wie ist es zu erklären, daß gerade hilfsbedürftige Menschen verstärkt die Opfer von gewalttätigen Übergriffen werden?

Engel im Untergrund

M 7 Der Gewalt entgegentreten

Die Guardian Angels sind Freiwillige, die sich ihre Arbeit nicht bezahlen lassen. Flugblätter, T-Shirts und andere Hilfsmittel finanzieren sie aus Spenden. Die meist jungen Leute wollen für ein friedliches Miteinander und Sicherheit vor allem in U- und S-Bahnen sorgen. Ayse, die junge Türkin, ist seit drei Monaten dabei. Wenn sie nicht gerade als Schutzengel auf den Straßen wacht, ist sie der gute Engel in einem Altenheim, in dem sie eine Ausbildung macht. Statt vor dem Fernseher zu sitzen, sich mit schlechten Nachrichten berieseln zu lassen und zu beklagen, wie schlecht die Welt doch sei, wollte sie etwas tun.

Die Idee der Schutzengel stammt aus New York. Geprägt durch Gewalt und Armut in seinem Heimatviertel Brooklyn, entwickelte der Angels-Gründer Curtis Sliwa 1979 das Konzept für eine Organisation, die zum einen Jugendliche von der Straße holen und zum anderen für mehr Sicherheit auf den Straßen und in den U-Bahnen sorgen sollte – ohne Waffen und Gewalt. Sein Grundsatz: Gewalt ist nicht nötig, wenn Leute zusammenhalten. Mittlerweile gibt es weltweit rund 5 000 Schutzengel in 60 Großstädten der USA, in Kanada, Australien und Europa. Seit April 1993 patrouillieren mehr als 40 Beschützer durch die Straßen Berlins, und neuerdings sind fast ebenso viele in Hamburg unterwegs.

Die Schutzengel werden nicht nur in Selbstverteidigung und Erster Hilfe ausgebildet, sondern auch durch Angst- und Antistreßtraining psychologisch geschult. In Rollenspielen üben sie sicheres, selbstbewußtes Auftreten. „Wenn jemand versucht, euch zu provozieren, sagt einfach: Hey, cool, Mann. Schönen Abend noch – und dann geht ihr", instruiert Seniorleader Frank die neuen Berliner Angels.

Damit die Schutzengel nicht zu Racheengeln werden und Zivilcourage nicht in Selbstjustiz umschlägt, lernen sie die rechtlichen Grundlagen ihrer Arbeit. Nach Paragraph 127 der Strafprozeßordnung kann jeder einen Täter so lange festhalten, bis die Polizei kommt. Die Paragraphen 15 und 16 des Strafgesetzbuches regeln das Recht auf Notwehr und Nothilfe.

„Die Idee zu helfen hatte ich schon immer", sagt Steffen aus Königs Wusterhausen bei Berlin. „Und jetzt, da Menschen aus der S-Bahn geworfen werden, erst recht." Nur selten müssen die Angels aber bei Gewalttätigkeiten eingreifen, ihre bloße Anwesenheit wirkt abschreckend genug auf potentielle Gewalttäter.

(Die Zeit, 28.10.1994)

1. Welchen Gewinn ziehen die Mitglieder der Guardian Angels aus ihrer Tätigkeit?
2. Wie schaffen sie es, sich auch gegenüber körperlich Überlegenen durchzusetzen?

Zivilcourage gegen Autoritätshörigkeit

Heinrich Himmler, seit 1929 Reichsführer der SS, schuf zur Bewachung der Konzentrationslager die Totenkopf-Wachsturmbanne. Sie erreichten zuletzt eine Stärke von 24 000 Mann.

„… Von euch werden die meisten wissen, was es heißt, wenn 100 Leichen beisammen liegen, wenn 500 daliegen oder wenn 1000 daliegen. Dies durchgehalten zu haben und dabei – abgesehen von Ausnahmen menschlicher Schwäche – anständig geblieben zu sein, das hat uns hart gemacht."

„Ich kann nicht anders handeln!"

In der Nacht zum 10. November 1938 erhielt der Landrat des ostpreußischen Kreises Schloßberg, Wichard von Bredow, ein Fernschreiben der Gauleitung, die ihm mitteilte, daß in diesen Stunden alle Synagogen in Deutschland brennten. Polizei und Feuerwehr sollten nicht eingreifen. Bredow zog sich seine Wehrmachtsuniform an und verabschiedete sich von seiner Frau, Mutter von fünf Kindern, mit den Worten: „Ich fahre nach Schierwindt zur Synagoge und will als Christ und Deutscher eines der größten Verbrechen in meinem Amtsbereich verhindern." Er wußte, daß er sein Leben riskierte oder von der Gestapo in ein Konzentrationslager eingewiesen werden konnte. „Ich kann nicht anders handeln!"

Als SA, SS und Parteileute auftauchten, um Feuer zu legen, stand der Landrat bereits vor dem Gotteshaus. Er lud vor ihnen die Pistole durch; der Weg in die Synagoge ginge nur über seine Leiche. Darauf verzogen sich die Brandstifter. Die Synagoge blieb als einzige im Regierungsbezirk unzerstört. Niemand hat es gewagt, gegen den Landrat vorzugehen.

1. Versuchen Sie zu beschreiben, was ein Mann wie Himmler unter dem Begriff „anständig" verstanden haben mag.
2. In welchen Eigenschaften unterschied sich der Landrat Wichard von Bredow von den Gefolgsleuten eines Heinrich Himmler?

Knetbare Masse

Da erklärte der junge Neonaziführer… völlig selbstgewiß, wie er junge Leute von der Straße – in seinen eigenen Worten – „einfängt", um sie seiner Gruppe einzuverleiben.
Zitat: **„Das ist eine ganz leicht knetbare Masse, zu denen ich sagen kann: steh stramm, wiederhole deine Anweisungen!"** Aber dann hört man ihn in einer Ansprache an sein Gefolge: **„Ihr seid eine Gruppe, die absolut ausstrahlt auf die Welt von heute!"** „Ihr seid die Besten in Deutschland. Und das müßt ihr den Leuten jeden Tag zeigen. Ob sie es wollen oder nicht. Ihr müßt provozieren, ihr müßt euer Gesicht zeigen." Natürlich verrät er den so Gerühmten keineswegs, wie sehr er sie zugleich als knetbare Masse verachtet. Er verfolgt die bewährte Doppelstrategie, sich einerseits die Eingefangenen als Werkzeuge total gefügig zu machen, sie andererseits mit nazistischen Größenillusionen vollzupumpen. Wer den Film kennt, wird sich an die leuchtenden Gesichter der jungen Zuhörer erinnern, als ihnen ihre führende Rolle zur Rettung des Volkes vorgegaukelt wird.

(Horst-Eberhard Richter in: Frankfurter Rundschau, 05.10.1994)

Warum können Menschen einem Anführer hörig werden? Worin besteht dabei die Gefahr?

Arbeitsvorschlag

Gehen Sie der Sache auf den Grund...

Was tun?

Sammeln Sie Beispiele für Aggressionen aus Schule, Betrieb und Freizeit.
Versuchen Sie herauszufinden, durch welche Konflikte die Aggressionen ausgelöst worden sind.
Beschreiben Sie, wie sich das aggressive Verhalten ausgewirkt hat.

Wie?

Schließen Sie sich in Arbeitsgruppen zusammen.
Diskutieren Sie die Beispiele, die Ihnen einfallen.
Halten Sie die Ergebnisse der Arbeitsgruppe schriftlich fest.

Erstellen Sie im Klassenverband eine Liste:

aggressionsverstärkende Faktoren	aggressionsmindernde Faktoren
• Beispiele… •	• Beispiele… •

Wie geht es weiter?

Suchen Sie in Ihrer Arbeitsgruppe nach Lösungsmöglichkeiten für die gesammelten Konflikte. Berücksichtigen Sie dabei

1. die von Ihnen erstellte Liste – d.h. prüfen Sie, durch welche Einflüsse Aggressionen verstärkt werden und der Konfliktlösungsprozeß behindert wird.
2. die Bedingungen struktureller Gewalt, durch welche der Konfliktlösungsprozeß behindert wird.

Diskutieren Sie ausgewählte Lösungsmöglichkeiten im Klassenverband.

Diskussion 1

Aufrüstung der Polizei = Sicherung des Friedens?

Das Magazin der Süddeutschen Zeitung berichtet am 14.05.1993 über eine neue Strategie der Stadtpolizei von Los Angeles als Reaktion auf verstärkte Bandenkriege von Jugendlichen und mörderischen Verteilungskämpfen im Drogenmilieu im Jahre 1988. In den Ghettos dieser amerikanischen Großstadt sind mehr als 50 % der Bevölkerung arbeitslos.

Chief Gates (Polizeichef von Los Angeles) wußte eine Antwort auf das Chaosproblem der Stadt. Sie war „proaktiv" und hieß „Hammer". Tausend Polizisten und die halbe Hubschrauberflotte schwärmten plötzlich aus und riegelten ein 20 Quadratkilometer großes Revier hermetisch ab. Schon dieser erste Aktionstag brachte 1 453 Verhaftungen. In den nächsten beiden Jahren füllten insgesamt 50 000 Fälle die Arrestkartei. Zumeist handelte es sich um kleine Gauner oder harmlose Herumtreiber, die man bald wieder laufen lassen mußte. Die Gefängnisse quellen dennoch über, und Gates phantasierte von einem Internierungslager in der Wüste...

Am 03. März 1991 kurz nach Mitternacht kreist ein Polizeihubschrauber über den Mountain Back Apartments an der Foothill Avenue. Die „Nachtsonne" am Bug taucht das Ende einer Verfolgungsfahrt in gleißendes Licht. Sie erhellt die Szene für den Videoamateur George Holliday, den der Krach auf seine Terrase lockt. 56 Schläge mit dem Aluminiumknüppel und sechs Tritte sind später auf dem kurzen Streifen zu zählen; 19 Beamte stehen im Kreis und sehen tatenlos zu, wie der bereits am Boden liegende Rodney King krankenhausreif geprügelt wird. Anschließend tippt Sergeant Koon in den Bordcomputer seines Streifenwagens...: „Schon lange nicht mehr jemand so zusammengeschlagen."

Eine Untersuchungskommission wurde eingesetzt und empfahl Gates zurückzutreten. Vier Polizisten wurden angeklagt und in ihrem ersten Prozeß zunächst von den Geschworenen in einer der sterilen, weißen Vorstädte freigesprochen. (Erst in einem Wiederholungsverfahren ein Jahr später wurden zwei Schuldsprüche gefällt.) Die Nachricht entzündete ein Lauffeuer von Aufruhr, Plünderung und Zerstörungswut. Entsetzt blickte die Öffentlichkeit des ganzen Landes auf die Metropole, als sei dort soeben ganz unerwartet ein feuerspeiender Vulkan zum Leben erwacht.

Der Polizeihubschrauber zieht weite Schleifen am Himmel über South Central. Noch lassen sich die Bewohner des Ghettos hinhalten und warten, ob die eilig versprochene Wie-

deraufbauhilfe irgendwann einmal eintrifft. Noch glauben sie dem neuen, schwarzen Polizeichef, daß er seine Truppe reformieren will. Noch gärt nur stiller Zorn, haben sich Wut und Enttäuschung nicht neuerlich zu einer explosiven Mischung verbunden... Der Funkverkehr ist eingeschlafen, die Nacht in dämmrige Ruhe zurückgesunken. Phillippe und Provenzano fliegen die Friedhofsschicht. Sie erzählen von einem pessimistischen „Blade-Runner-Szenario", vor dem kürzlich eine Zukunftsstudie gewarnt hatte; eine Stadt im permanenten Aufruhr, zerrissen von den Verteilungskämpfen ausgebluteter, hungriger Bevölkerungsgruppen, während gleichzeitig eine Minderheit satter Anglos, belagert im Luxus ihrer Wohlstandsfestung, ihre aufgerüstete Polizeigarde in aussichtslose Rückzugsschlachten schickt. Kann sein, daß dann die dünne, blaue Linie hält; eine Zeitlang hält. „Wir sind mit einem chinesischen Fluch beladen", gähnt der Pilot. „Ich sag' dir", entgegnet sein Partner, „alles, was in die Nähe einer Antwort auf diese ganze Scheiße da unten käme, würde diese gottverdammte Stadt ziemlich ähnlich wie Nazi-Deutschland aussehen lassen. Wer kann das schon wollen?"

Berücksichtigen Sie bei der Diskussion folgende Fragen:

1. Wie ist es zu erklären, daß die Polizeibeamten zu einem solchen Gewaltausbruch fähig waren, ohne daß jemand eingeschritten ist?

2. Welche Rolle spielen Armut und soziale Widersprüche bei der Eskalation der Gewalt in Los Angeles?

3. Warum zieht der Pilot bei der Vision einer wirksamen Verbrechensbekämpfung eine Parallele zu Nazi-Deutschland?

5.2 Der Nord-Süd-Konflikt: Eine Bestandsaufnahme

Menschen können in einer Gesellschaft niemals friedlich zusammenleben, wenn die sozialen Unterschiede zu groß sind. Diese Spannungen führen bereits innerhalb einer Gesellschaft zu gewalttätigen Auseinandersetzungen. Was droht jedoch, wenn ganze Länder mehr und mehr verarmen, andere aber immer reicher werden?

In den 50er Jahren entstand folgende begriffliche Unterteilung:

- **Erste Welt** = westlich orientierte Industrienationen,
- **Zweite Welt** = frühere sozialistische Staaten, d.h. die ehemalige Sowjetunion und die mit ihr wirtschaftlich und politisch verbundenen Staaten,
- **Dritte Welt** = Die große Gruppe von sehr unterschiedlichen Staaten, die vorwiegend auf der südlichen Erdhalbkugel liegen.

Es handelt sich bei dem Begriff „Dritte Welt" um etwa 170 Länder, die im Vergleich zu den westlich orientierten Industrienationen als wirtschaftlich unterentwickelt eingestuft werden. Dies ist der Ursprung des Begriffes **„Entwicklungsländer"**.

Ungefähr 50 dieser Länder sind so arm, daß sie als „vierte Welt" bezeichnet wurden. Andere Entwicklungsländer, deren Wirtschaftskraft fast die eines Industrielandes erreicht hat, werden als **„Schwellenländer"** bezeichnet.

Der Begriff „Entwicklung" beinhaltet in diesem Zusammenhang augenscheinlich etwas Positives: Die Länder, die sich rasch „entwickeln", können demnach ihrer Armut entfliehen und werden mit offenen Armen im Kreise der Industrienationen aufgenommen. Was geschähe jedoch mit der Erde, wenn der Lebensstil der Industrieländer von den Entwicklungsländern erreicht würde?

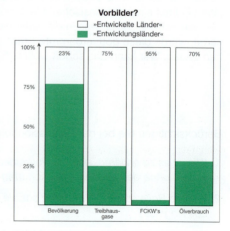

(Atlas der Weltverwicklungen, Dritte Welt Haus Bielefeld (Hrsg.), Wuppertal 1992)

> 1,6 l Öl monatlich für einen Äthiopier – 366 l für einen Deutschen.
> 72 Kilowatt Strom im Jahr für eine Familie in Guinea – 4392 Kilowatt für Familie Schmitz aus Köln.
> Nähme jeder Mensch auf der Erde das Gleiche für sich in Anspruch wie wir, könnte niemand mehr auf diesem Planeten atmen. Wer sind wir, daß wir uns das leisten?
>
> (Anzeige von Misereor)

Der Begriff „Entwicklung" bedeutet mehr als nur „Wirtschaftskraft". Ein hochentwickeltes Land ist auch daran zu erkennen, daß die Menschen zufrieden sind und daß sie nicht mehr Energie und Rohstoffe verbrauchen, als es sich mit der Umwelt und den nach ihnen lebenden Generationen vereinbaren läßt.

Leben in einem Entwicklungsland

Hunger

„Jeder Mann, jede Frau und jedes Kind haben das unveräußerliche Recht, frei zu sein von Hunger und Unterernährung, um ihre geistigen und körperlichen Fähigkeiten voll zu entwickeln und zu erhalten."

(Erklärung der Vereinten Nationen, 1974)

1974 wurde zum Abschluß der Welternährungskonferenz in Rom bekanntgegeben, daß „innerhalb eines Jahrzehnts kein Kind mehr hungrig zu Bett gehen wird, keine Familie mehr um das Brot für den nächsten Tag zittern muß und daß kein Mensch mehr seine Zukunft und seine Fähigkeiten durch Unterernährung verkümmern sieht."

Ende 1992 wurde auf dem Welternährungstag bekanntgegeben, daß in den Entwicklungsländern rund 800 Millionen Menschen hungern, während in den Industrienationen ebensoviele Menschen übergewichtig sind. 36 000 Kinder sterben täglich an den Folgen des Hungers. 500 000 Kinder erblinden jährlich durch Vitamin-A-Mangel.

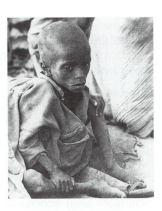

5.2
M 3-5
Ernährungslage

Dabei gibt es auf der Welt eigentlich genügend Nahrungsmittel für alle Menschen. Aber Zugang zum Essen haben nur diejenigen, die sich dieses Essen leisten können. Deshalb hungern auch in den Entwicklungsländern nicht die Reichen, sondern nur die Armen; und das ist eine erdrückende Mehrheit.

Eine Erhöhung der Produktion von Nahrungsmitteln wird deshalb auch am Hunger der Menschen kaum etwas verändern. Die Masse der Besitzlosen wird weiterleiden müssen. Wenn die Nahrungsmittelproduktion mit dem Bevölkerungswachstum nicht Schritt hält, so sind die Armen die ersten, die dem Hunger zum Opfer fallen.

Krankheit

„Gesundheit ist der Zustand des völligen körperlichen, seelischen und sozialen Wohlbefindens – und nicht nur die Abwesenheit von Krankheit und Gebrechen."
(Weltgesundheitsorganisation WHO)

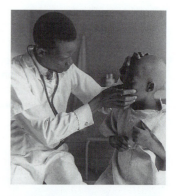

1,5 Milliarden Menschen haben keinen Zugang zu Gesundheitsdiensten. Viele dieser Menschen sind krank. Da drei Viertel aller Ärzte der Dritten Welt in den Städten arbeiten, sind die Menschen in den ländlichen Gebieten mit ihren Krankheiten weitgehend alleingelassen.

Neben einer Vielzahl von tödlich verlaufenden Wurmerkrankungen sind es vor allem qualvolle **Darm-, Haut- und Fiebererkrankungen,** an denen die Menschen zu Grunde gehen. Zur Zeit werden 80 % aller Krankheiten und mehr als ein Drittel aller Todesfälle in den Entwicklungsländern durch **verseuchtes Wasser** verursacht.

5.2
M 6
AIDS

Die Immunschwächekrankheit **AIDS** greift in jüngster Zeit explosionsartig um sich. Die ärmsten Menschen der Welt sind von dieser Seuche in besonderem Maße betroffen. So werden im Jahr 2000 schätzungsweise 90 % aller AIDS-Kranken aus den Entwicklungsländern stammen. Da eine AIDS-Infektion die Abwehrkräfte der Menschen schwächt, ist auch die **Tuberkulose** in den Entwicklungsländern wieder auf dem Vormarsch.

5.2
M 7
Kinderarbeit

Kinderarbeit

In der traditionellen Erziehung werden Kinder ganz selbstverständlich zu Arbeiten in der Familie herangezogen, die dem Wohlergehen der Familie dienen. So holen Kinder Wasser, beschaffen Holz oder machen sich auf andere Weise nützlich. Sie werden früh in die Welt der Erwachsenen einbezogen, erhalten Anerkennung und lernen. Aber wann beginnt Arbeit schädlich zu werden?

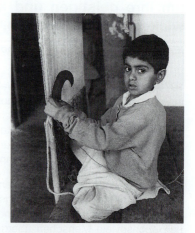

Kinderarbeit wird grausam, wo Kinder gegen ihren Willen und zum Schaden ihrer Entwicklung zur Arbeit gezwungen sind. Die Freude am Leben kann diesen jungen Menschen dadurch für immer geraubt werden.

Je stärker Hunger, Krankheit und Armut die Menschen bedrohen, desto mehr Kinder müssen arbeiten, weil ihre Eltern unter diesen Bedingungen das Überleben der Familie nicht mehr allein sicherstellen können. Viele Produkte, die in den Entwicklungsländern unter furchtbaren Bedingungen von Kindern hergestellt werden, sind in den Industriestaaten preiswert zu kaufen.
In den kolumbianischen **Kohlebergwerken** schleppen siebenjährige Kinder die Kohle aus den engen Stollen. Von hier importierte die EU im Jahre 1992 11,3 Millionen Tonnen Kohle.

In Indien müssen viele Kinder als **Teppichknüpfer** den Unterhalt ihrer Familien sicherstellen. Diese Produkte liegen in den Geschäften unserer Großstädte zum Verkauf aus. Die Kundschaft in Hamburg, Düsseldorf oder München ignoriert jedoch die menschliche Tragödie, die untrennbar mit den prächtigen Farben und Mustern dieser Produkte verbunden ist.

Im Ratgeber eines deutschen Möbelhauses heißt es:

> „Wenn Sie einen ganz persönlichen Wunsch haben: Wir lassen Ihren Teppich in Marokko, Indien und Nepal speziell für Sie knüpfen. Sie bestimmen Muster, Qualität, Maß und Farbe – nur etwas Zeit brauchen wir dafür."

Umweltzerstörungen

Unsere Welt gerät aus dem Gleichgewicht. Wachsende soziale Unterschiede und die Zerstörung der Natur sind zwei wichtige Ursachen. In den Entwicklungsländern treffen diese beiden Tatsachen zusammen. Hier findet eine nicht wiedergutzumachende Naturzerstörung statt.

So ist die „Lunge" unseres Planeten, die tropischen Regenwälder, in tödlicher Gefahr. Für viele Länder der Dritten Welt ist der **Verkauf von Tropenholz** unter den gegebenen Bedingungen des Weltmarktes fast die einzige Verdienstmöglichkeit. Dabei handelt es sich oft genug nur um eine kleine Oberschicht, die wegen der ungerechten Besitzverhältnisse vom Verkauf profitiert.

Viele arme, landlose Bauern versuchen, sich beispielsweise in Brasilien durch **Brandrodung** Ackerland zu beschaffen. Dieser Boden ist nach kürzester Zeit ausgewaschen und unfruchtbar, so daß weiter wertvolle Waldflächen vernichtet werden.

Besonders von den Armen der Welt wird Holz dringend als Energielieferant benötigt. In Asien deckt es 73 % des Energieverbrauchs, in Afrika 88 %, in Lateinamerika 74 %. Schätzungsweise zwei Milliarden Menschen decken ihren Energiebedarf durch Brennholz und Holzkohle. Auf diese Weise trägt der Raubbau am Wald zur Ausdehnung der Wüsten auf unserem Planeten bei.

Bevölkerungswachstum

5.2 M 11-13 Weltbevölkerung

In den letzten 150 Jahren hat sich die Erdbevölkerung verfünffacht. Bis zum Jahre 2050 wird sich die Zahl der Menschen von derzeit 5,5 Milliarden Menschen auf etwa 10 Milliarden fast verdoppeln. Dabei werden 97 % des Wachstums in den Entwicklungsländern stattfinden. Nie zuvor ist die Bevölkerung eines Kontinents so stark gewachsen wie in Afrika. Bei anhaltendem Bevölkerungswachstum wird sich die Einwohnerzahl in 22 Ländern bis zum Ende des Jahrzehnts verdoppelt haben.

Das gewaltigste Bevölkerungswachstum in der Geschichte der Menschheit erschwert Bemühungen, Nahrung für alle sicherzustellen.

Menschen auf der Flucht

Die Menschen in der Dritten Welt versuchen ihrem Elend durch Flucht in die Städte zu entkommen. Diese **Landflucht** führt zum Anwachsen der kleinen und mittleren Städte. Von hier aus ergießt sich ein Flüchtlingsstrom in die Großstädte und von dort in die größten Metropolen eines Landes. Wissenschaftler haben für dieses Phänomen den Begriff „Etappenwanderung" geprägt.

Aber auch hier, in den größten Städten der Erde, finden die Menschen nach einem langen Irrweg und unvorstellbaren Entbehrungen weder die erhoffte Arbeit noch ein festes Dach über dem Kopf. In den Großstädten der Dritten Welt prallen die gesellschaftlichen Gegensätze aufeinander. Nirgendwo sonst sticht die häßliche Tatsache so deutlich ins Auge, wie eine kleine Bevölkerungsgruppe ihren Reichtum gegen die Mehrheit absichert. Die Ärmsten versuchen, sich vom Abfall der Reichen zu ernähren und bauen sich Hütten aus Müll. Durch familiäre Entwurzelung, Krankheiten und das Fehlen jeglicher Perspektive werden die Menschen weiter in die Verelendung gestürzt. Selbst Kinder versuchen bereits durch das Einatmen von Lösungsmitteln der Wirklichkeit zu entfliehen. In diesem Klima wachsen Konflikte, die an Explosivität zunehmen und die immer weniger einschätzbar werden. Menschen ohne Chance auf ein menschenwürdiges Dasein geraten häufig in einen Strudel von Kriminalität und Gewalt.

5.2 M 14+15 Flüchtlinge

Die letzte Etappe dieser Flucht ist der Versuch, in den Metropolen der Industrieländer eine Möglichkeit zum Überleben zu finden. Dagegen wehren sich die reichen Länder mit aller Macht. Als „Wirtschaftsflüchtling" eingestuft, besteht hier für niemanden eine Chance auf Asyl.

Fehlende Bildungschancen

Mehr als ein Drittel der erwachsenen Weltbevölkerung kann nicht lesen und schreiben, und nur jedes zweite Kind in den Entwicklungsländern schließt die Grundschule erfolgreich ab. Die Möglichkeiten der Hilfe zur Selbsthilfe sind dadurch stark eingeschränkt. Denn die Fähigkeit zu lesen und zu schreiben ist die Voraussetzung dafür, die eigene Situation grundlegend zu verbessern. Menschen aus wohlhabenden Schichten können in der Regel dafür sorgen, daß ihre Kinder Zugang zu Bildungseinrichtungen bekommen.

5.2 M 16+17 Bildungsausgaben

Dies ist eine wichtige Voraussetzung dafür, einen Arbeitsplatz zu erhalten. Bildung sichert das Überleben und verbessert die Möglichkeiten, politisch Einfluß zu nehmen.

Da jedoch Millionen von Menschen wegen ihrer Armut von einer Grundbildung ausgeschlossen sind, erzeugt auch die Armut wieder neue Armut. Soziale Gegensätze werden verschärft.

Materialien

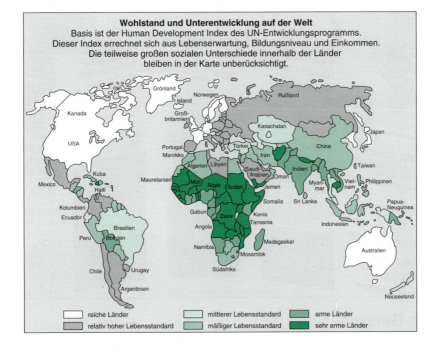

M 1 — 5.2 Eine Welt

1. Nehmen Sie einen Atlas und erstellen Sie eine Liste von 30 Staaten mit hohem, mittlerem und niedrigem Einkommen.
2. Wir sind gewohnt, die Welt wie oben dargestellt zu sehen. Worin liegt der Unterschied zwischen M1 und M2 in der Darstellung der Welt?

M 2 — 5.2 Eine Welt

Peters-Projektion

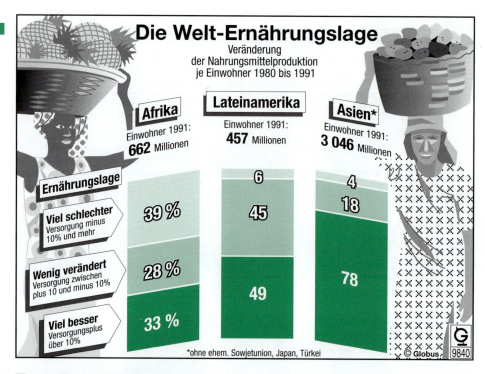

Zum Beispiel Saatgut

Es gibt wahrscheinlich 80 000 Arten eßbarer Pflanzen, aber nur 200 sind jemals angebaut worden, und ganze 12 sind dabei als Hauptgetreidesorten übriggeblieben.
(UN-Weltbevölkerungsbericht 1988)

Die gesamte Weltbevölkerung ist in ihrer Ernährung heute im wesentlichen von nur fünf Getreidearten, drei Hülsenfrüchten und drei Wurzelgemüsen abhängig.
(ips-Meldung, 19.12.1990)

Auf den Philippinen werden heute nur 120 Reissorten angebaut; auf 90 Prozent der Kulturfläche wachsen fünf hochgezüchtete Varianten, die kostspielige Bewässerungstechniken, Düngemittel und Pestizide benötigen. Als ein einziger Pflanzenschädling in den siebziger Jahren die hochgezüchtete Hybrid-Reissorte IR-26 angriff, ging fast die gesamte Reisernte verloren. Der Umsatz der Saatgutbranche beträgt im Jahr rund 50 Milliarden US-Dollar. Die zehn größten Unternehmen kontrollieren fast ein Drittel aller Getreidevarianten.
(nach ips-Meldung, 19.12.1990)

Die alten Ackerbaukulturen nutzten einst mehr als 500 Kulturpflanzen für eine vielfältige Ernährungsbasis. Heute werden noch gerade 80 Pflanzen kommerziell angebaut; fast 95 Prozent der Kalorien unserer heutigen Ernährung stammen sogar von nur 30 Arten. Auch innerhalb dieser Arten nimmt die genetische Vielfalt ab: Vor einem halben Jahrhundert wurden in Indien noch mehr als 30 000 Reissorten kultiviert; heute werden dort noch etwa 50 angebaut.
(nach Ekkehard Launer: Zum Beispiel Hunger, Göttingen 1993)

1. Beschreiben Sie die Welternährungslage.
2. Worin liegen die Gründe für die in M4 dargestellte Entwicklung?

2 500 Kalorien pro Tag

2 000 Kalorien pro Tag – das ist für den Menschen, so sagen Ernährungswissenschaftler, eine gerade noch akzeptable Nahrungszufuhr; je nach körperlicher Aktivität muß dieser Mindestwert noch höher angesetzt werden. Ein erwachsener Mensch benötigt etwa 2 500 Kalorien und 50 Gramm Protein am Tag. In den Industriestaaten beträgt die tägliche Kalorienzufuhr, statistisch betrachtet, im Durchschnitt mehr als 3 000 Kalorien, in den Entwicklungsländern rund 2 200 Kalorien. Ganz einmal abgesehen von der Zusammensetzung der Nahrung: Zu wenig Kalorienzufuhr hat gravierende gesundheitliche Folgen. Ernährungswissenschaftler haben die gesundheitlichen Folgen von Fehl- und Unterernährung seit langem erforscht. Wer zu wenig ißt, erkrankt schneller an Infektionen, die körperliche und geistige Entwicklung wird gehemmt... Unterernährung und Proteinmangel verzögern das Wachstum, beeinträchtigen das Wachstum der Gehirnzellen und führen zu Muskelschwund. ...(Hunger) verursacht Hautveränderungen, Ödeme und Lebervergrößerungen: Ursache der bekannten „Hungerbäuche". Frühe Fehlentwicklungen sind nie wieder gutzumachen. Eine indische Studie zeigt, daß Kinder, die schwer unterernährt waren, in der Schule eine geringere geistige Leistungsfähigkeit aufweisen. In Brasilien leben nach Schätzungen der FAO eine Million „kleinwüchsige" Kinder: Sie werden Zwerge bleiben und geistig und körperlich behindert aufwachsen, weil sie bereits im Mutterleib durch Unterernährung geschädigt worden sind.

(Ekkehard Launer: Zum Beispiel Hunger, Göttingen 1993)

Beschreiben Sie die langfristigen Auswirkungen von Hungerkatastrophen.

AIDS bedroht die Menschheit

Mehr als 17 Millionen Menschen, davon eine Million Kinder, sind mit dem Immunschwächevirus (HIV) infiziert, berichtete WHO-Generaldirektor Hiroshi Nakajima. Täglich kämen etwa 6 000 neue Infektionen hinzu. Bis zum Jahr 2000 rechnet er mit 30 bis 40 Millionen HIV-Trägern und zehn Millionen AIDS-Kranken. Seit dem ersten Auftreten des Virus vor über zehn Jahren seien über eine Million Menschen an der Seuche gestorben, sagte Nakajima. Besonders betroffen seien die Länder in den Armutszonen Afrikas und Asiens. 92 Prozent der weltweit registrierten HIV-Opfer leben nach WHO-Angaben in Ländern der Dritten Welt, ihnen kämen aber nur acht Prozent der weltweit zur Eindämmung der Seuche bereitgestellten Finanzmittel zugute, während auf die acht Prozent der AIDS-Kranken, die in den Industrieländern leben, 92 Prozent der zur Verfügung stehenden Gelder entfielen.

(Frankfurter Rundschau, 02.12.1994)

Warum breitet sich AIDS in den Entwicklungsländern besonders stark aus?

M 7 — Kinderarbeit

Wie ein Maulwurf...

Der folgende Bericht beschreibt die Situation in einem kolumbianischen Kohlebergwerk. Dort, wo die Stollen so eng werden, daß die erwachsenen Männer nicht mehr hineinpassen, beginnt der Arbeitsplatz der Kinder...

Wie ein Maulwurf kriecht Conrado seit drei Stunden durch die 350 Meter tiefen und kaum einen Meter hohen Fördergänge der Mine San Luis. Behende gleitet er über den knöcheltiefen Modder. Schwarzer Schweiß rinnt über das Gesicht, sein Atem geht schwer. Selbst nachts sinkt die Temperatur unter der Erde kaum unter 30 Grad. Auf einem Stück Blech schleift Conrado einen Kohlensack hinter sich her. Das Zugseil, das er um die Schultern geschlungen hat, scheuert die Haut wund. Zunächst schwatzte er während der Arbeit noch mit seinem Bruder, jetzt sind beide erschöpft und stumm. Conrado rafft die Kohle zusammen, die ein Arbeiter mit dem Pickel aus dem Fels schlägt. Er stopft sie in einen Sack, den er auf dem Blechschlitten in die Nähe des Stolleneingangs schleift. Dort lädt er die Last auf einen Karren, den ein anderer Arbeiter mit einer Handkurbel an die Oberfläche zieht. Sorgsam achtet der Junge darauf, nicht an das blanke Elektrokabel zu stoßen, daß über ihm am Fels entlangläuft und für flackerndes Licht über der gespenstischen Szenerie sorgt. In den Stollen, so erzählt er später, sterben mehr Menschen an Stromschlägen als durch Einstürze. Aber die Minenkinder sind froh, daß sie überhaupt elektrisches Licht haben. Bis vor kurzem herrschte in Kolumbien Energienotstand. „Monatelang mußten wir bei Kerzenschein arbeiten", sagt Conrado. Um die Hände frei zu haben, klemmten sie die Kerze mit einem Stück Draht zwischen die Zähne.

(Der Spiegel, 47/1993)

1. Fassen Sie die Ursachen der Kinderarbeit zusammen.
2. Beschreiben Sie die langfristigen Auswirkungen von Kinderarbeit.

M 8 — Chemie in der Landwirtschaft

Gift und Dünger

Brasilien kann als abschreckendes Beispiel dienen. Dieses Land steht bereits an 4. Stelle im Weltverbrauch von agrarchemischen Produkten. Monokulturen (Zuckerrohr, Soja, Eukalyptus) beherrschen neben einer extensiven Weidewirtschaft zunehmend das Landesinnere. Monokulturen verdrängen nicht nur die bodenschonenden Mischkulturen von Kleinbauern, sondern erfordern auch einen steigenden Einsatz von Chemikalien, weil sie die Böden auslaugen und ihre natürliche Regenerationsfähigkeit zerstören. In den letzten 15 Jahren stieg der Verbrauch von Agrargiften um 500 % – und die Zahl der Schädlingstypen von 146 auf 600; der Verbrauch von Kunstdünger nahm in den letzten 20 Jahren sogar um 1 200 % zu – die Produktivität aber nicht entsprechend. Die multinationalen Chemiekonzerne (unter ihnen alle namhaften deutschen) produzieren bereits 60 % der Insektizide und 78 % der Herbizide im Lande. Sie exportieren aber immer noch Agrargifte, deren Anwendung in den jeweiligen Heimatländern längst verboten ist. Die deutschen Chemiekonzerne spielen dabei eine besonders unrühmliche Rolle, auch beim Versuch der Chemie-Lobby, ein gesetzliches Verbot solcher Praktiken zu verhindern.

Die negativen Folgen des verstärkten Düngemitteleinsatzes sind längst bekannt:
- Der Nitratgehalt der Pflanzen steigt;
- die Widerstandsfähigkeit der Pflanzen gegen Krankheiten und Insektenbefall sinkt;
- stark gedüngte Produkte sind weniger haltbar;

- Düngemittel werden aus dem Boden ausgewaschen und gefährden Oberflächen- und Grundwasser;
- um eine bestimmte Ertragssteigerung zu erreichen, müssen immer mehr Düngemittel angewendet werden...

Nach Berichten der WHO (Weltgesundheitsorganisation) werden in der Dritten Welt jährlich über 1/2 Million Menschen durch unsachgemäßen Umgang mit Agrargiften vergiftet. Die Bauern und Landarbeiter sind über die Gefahren bei der Anwendung der Pflanzenschutzmittel nicht ausreichend informiert, können häufig die Gebrauchsanweisungen nicht lesen, haben keine angemessene Schutzkleidung. Betroffen sind aber nicht nur die Produzenten, sondern auch die Konsumenten – auch wir in der Ersten Welt –, die mit krebserregenden Agrargiften gespritzte Südfrüchte konsumieren.

(F. Nuscheler: Lern- und Arbeitsbuch Entwicklungspolitik, Düsseldorf 1985)

1. Warum wurde immer mehr Gift und Dünger eingesetzt?
2. Beschreiben Sie die Folgen des verstärkten Chemieeinsatzes in Brasiliens Landwirtschaft.

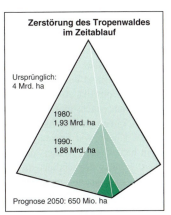

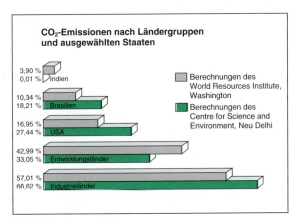

M 9 Abholzung des Tropenwaldes

M 10 Luftverschmutzung

(Ingomar Hauchler: Globale Trends, Frankfurt/M. 1993)

Wie beurteilen Sie die Verantwortung der Industrieländer an der globalen Umweltzerstörung?

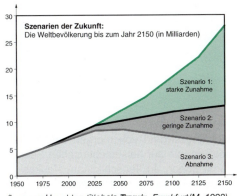

Die Erde als Dorf von 100 Menschen:

11 aus Europa
 6 aus der GUS
 6 aus Nordamerika
22 aus China
16 aus Indien
16 aus dem restlichen Asien
 4 aus dem Nahen Osten
 8 aus Lateinamerika und der Karibik
10 aus Afrika
 1 aus Ozeanien

(aus: E. Launer (Hrsg.): Datenhandbuch, Süd-Nord, Göttingen 1992)

M 11+12 Weltbevölkerung

(Ingomar Hauchler: Globale Trends, Frankfurt/M. 1993)

Wovon wird es abhängen, wie sich das Wachstum der Weltbevölkerung entwickelt?

Kinder müssen sterben, weil sie Mädchen sind

FRANKFURT A.M., 6. März. Eine Million Kinder sterben jährlich in Indien, Bangladesch und Pakistan, nur weil sie als Mädchen geboren wurden. Auf diese Zahlen hat das Kinderhilfswerk der Vereinten Nationen (UNICEF) aus Anlaß des Internationalen Frauentages aufmerksam gemacht. In vielen Staaten, als ein Beispiel wird Indien genannt, würden weibliche Föten gezielt abgetrieben, schreibt Unicef. Allein in Bombay habe ihre Zahl innerhalb eines Jahres bei 40 000 gelegen.

Oft werde die Geburt eines Mädchens als Belastung für die Familie empfunden, heißt es. Kennzeichnend dafür sei das indische Sprichwort: „Ein Mädchen großzuziehen ist, als würde man den Garten des Nachbarn bewässern."

In vielen Entwicklungsländern ist nach Unicef-Angaben von drei Kindern, die zur Behandlung in eine Untersuchungsstation gebracht werden, nur eines ein Mädchen. Jungen bekommen mehr zu essen. Mädchen müssen mehr arbeiten und erhalten eine wesentlich schlechtere Ausbildung. In einigen indischen Bundesstaaten leiden mehr als dreimal so viele Mädchen an Unterernährung wie Jungen. Von den weltweit 960 Millionen erwachsenen Analphabeten sind zwei Drittel Frauen.

Unicef fordert dazu auf, die weit verbreiteten Vorurteile über Frauen zu bekämpfen und die „Apartheid der Geschlechter zu überwinden". Die von Frauen geleistete Arbeit und ihre wirtschaftliche Bedeutung müsse anerkannt und gewürdigt werden. So erzeugen den Angaben zufolge zum Beispiel Frauen die Hälfte aller in der Welt produzierten Nahrungsmittel, in Afrika sogar zwei Drittel. Neuere Studien in Nepal und auf den Philippinen zeigten, daß dort die Frauen über die Hälfte des Familieneinkommens beisteuern. Weltweit müsse jede dritte Frau ohne männliche Hilfe für Ernährung und Erziehung ihrer Kinder aufkommen.

Das UN-Kinderhilfswerk verweist auf Analysen der Weltbank, die zeigten, daß sich Bildung für Mädchen auch volkswirtschaftlich auszahle. Bewiesen werde, daß besser ausgebildete Frauen zum Wohlstand eines Landes beitrügen. Hinzu kämen positive Auswirkungen auf das Bevölkerungswachstum: Frauen ohne Schulbildung bekämen im Durchschnitt fast doppelt so viele Kinder wie Frauen, die die Schule besucht hätten. Auch Mütter- und Kindersterblichkeit würden beträchtlich sinken. Allein durch die eingesparten medizinischen Kosten würden die Kosten für Bildung gedeckt.

(Frankfurter Rundschau, 07.03.1994)

> Beschreiben Sie den Zusammenhang zwischen der Situation der Frau in weiten Teilen der Dritten Welt und dem Bevölkerungswachstum.

Täglich 10 000 Flüchtlinge

Gestern Afghanistan, heute Ruanda. Die Flüchtlingsströme von morgen sind bereits unterwegs. Fernsehbilder von kubanischen boat-people auf halsbrecherischen Seelenverkäufern gehen um die Welt. Aber wer denkt schon an Tadschikistan, Kaukasien, Armenien, wo Bürgerkriege den nächsten Exodus (Vertreibung) vorbereiten?

Das Flüchtlingsproblem droht zum zentralen Problem des 21. Jahrhunderts zu werden. Bereits heute sind 25 Millionen Menschen auf der Flucht. Rechnet man die sogenannten Binnenflüchtlinge hinzu, die keine Staatsgrenze überschritten haben und folglich in keiner Statistik auftauchen, kommt man auf etwa 45 Millionen. Und täglich sind es 10 000 mehr. Dabei sind Ereignisse wie in Ruanda, die alle bisherige Vorstellungskraft gesprengt haben, noch nicht einmal miteingerechnet.

Flüchtlingsströme können kaum noch verhindert werden, sobald schwere Menschenrechtsverletzungen auftreten. Dazu kommt der wirtschaftliche Aspekt: Ärmeren Ländern muß... langfristige Unterstützung (gewährt) werden...

„Wenn man das Problem an der Wurzel fassen will, muß man eine aktive ländliche Entwicklung betreiben", sagt der Dritte-Welt-Experte Franz Nuscheler. „Das Problem ist nur: Dabei macht man keine großen Geschäfte." Nicht Autobahnen und Großfabriken sind gefragt, sondern Kleinprojekte, die Einrichtung eines Basisgesundheitsdienstes und Förderung des Bildungswesens. Bauern der Dritten Welt verspüren wenig Neigung, ihre Heimat zugunsten einer ungewissen Zukunft in Nordamerika oder Europa aufzugeben.

(Frankfurter Rundschau, 05.11.1994)

1. Benennen Sie aktuelle Beispiele, wo Menschen sich auf der Flucht befinden.
2. Auf welche Ursachen sind diese Flüchtlingsbewegungen zurückzuführen?
3. Welche Maßnahmen müssen zum Schutz dieser Menschen ergriffen werden?

Flüchtlinge

Auf der Flucht
Darunter in 1000 aus:
Im Jahr 1993 flüchteten weltweit über 16 Millionen Menschen aus ihrem Heimatland.

Land	in 1000
Afghanistan	3 430
Palästinenser	2 801
Moçambique	1 332
ehem. Jugoslawien	1 320
Burundi	780
Liberia	701
Somalia	491
Eritrea	422
Sudan	373
Angola	335
Vietnam	304
Aserbaidschan	290
Birma	290
Ruanda	275
Sierra Leone	260
Togo	240
Äthiopien	232
Armenien	200
Tadschikistan	153
Georgien	143

Quelle: USCR © Globus 2374

1. Stellen Sie mit Hilfe des entsprechenden Kartenmaterials fest, wo die aufgeführten Länder liegen.
2. In welchem Maße sind die Menschen in den Entwicklungsländern betroffen?

5.2
M 16
Bildungsausgaben

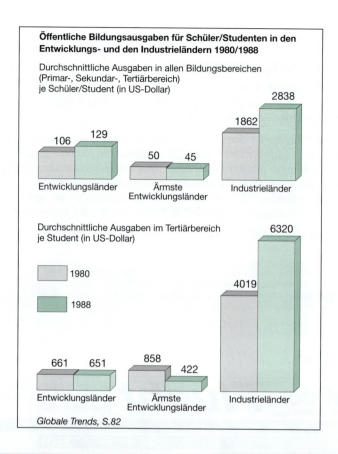

Schildern Sie mit eigenen Worten die in M16 und M17 dargestellte Situation. Welche langfristigen Folgen ergeben sich für die Entwicklungsländer?

5.2
M 17
Abwanderung qualifizierter Arbeitskräfte

Sogwirkung auf Wissenschaftler

In Deutschland wird für einen Studenten 1,2mal soviel ausgegeben wie für einen Grundschüler, in Schweden liegt dieser Faktor bei 0,9, in den USA bei 2,3 – in Schwarzafrika dagegen bei 42. Die überproportional im Hochschulbereich eingesetzten Mittel müssen dort als Verschwendung bewertet werden: Durch Abwanderung der Akademiker oder ihre unproduktive Verwendung auf entbehrlichen Positionen in häufig aufgeblähten Verwaltungsapparaten bleibt der volkswirtschaftliche Nutzen der Bildungsinvestition gering. Das Ausmaß des „Brain-drain" (der Abwanderung hochqualifizierter Arbeitskräfte) aus den Entwicklungs- in die Industrieländer und in die arabischen Ölstaaten ist schwer abzuschätzen, doch dürfte er sich auf mindestens 500 000 Personen pro Jahr beziffern. Generell ist davon auszugehen, daß in den Entwicklungsländern ein Überschußpotential an hochqualifizierten Arbeitskräften vorhanden ist. Da adäquate Arbeitsplätze fehlen und Ressourcenausstattung wie Vergütung in den Industrieländern mit Abstand besser sind, übt das Ausland auf viele Wissenschaftler eine starke Sogwirkung aus.

(Ekkehard Launer (Hrsg.): Datenhandbuch Süd-Nord, Göttingen 1992)

Arbeitsvorschlag

Was (ver)brauchen wir?

Was tun?

Erstellen Sie eine Liste mit Ihrem persönlichen durchschnittlichen Tagesverbrauch von:

1. Strom (in KW/h) **2. Wasser (in l)** **3. Öl und Benzin (in l)**

Wie?

Bilden Sie Gruppen und entscheiden Sie sich für ein Schwerpunktthema:

- Wasser- und Energieverbrauch für einmaliges Baden in der Badewanne bzw. Duschen
- Wasser- und Energieverbrauch für einmaliges Abwaschen
- Energieverbrauch von öffentlichen Verkehrsmitteln
- Vervollständigen Sie diese Aufzählung
- …

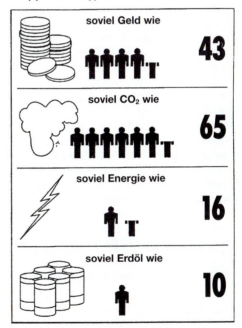

Wo?

Nutzen Sie die Angebote der Bibliotheken und der Verbraucherzentralen. Besuchen Sie die zuständigen Wasserwerke oder beschaffen Sie sich das entsprechende Informationsmaterial auf Messen, Ausstellungen usw. Setzen Sie sich mit den Stromversorgern in Verbindung, um neben den Kosten für Strom auch Informationen zum Verbrauch von Küchengeräten o.ä. zu erhalten.

Wozu?

Erstellen Sie nun aus Ihren persönlichen Verbrauchsdaten die entsprechenden Durchschnittswerte Ihrer Arbeitsgruppe im Jahr. Ermitteln Sie den durchschnittlichen Verbrauchswert der gesamten Klasse.
Berechnen Sie die Verbrauchswerte eines Schwarzafrikaners mit Hilfe der Graphik und auf der Grundlage Ihrer Ergebnisse.

Beschreiben Sie, wie sich Ihr Tagesablauf verändern würde, wenn Sie mit dieser geringen Energiemenge auskommen müßten.

D Diskussion

Sollen wir auf Fleisch verzichten?

Die weltweite Produktion an Nahrungsmitteln reicht aus, um alle Menschen zu ernähren. Aber es wird nicht geteilt. Im Jahr 1983 lebten von den damals 4,6 Milliarden Menschen etwa eine Milliarde in Gebieten mit wiederkehrenden Hungersnöten, weitere 300 Millionen Menschen hatten Nahrungssorgen. Ungefähr 1,9 Milliarden Menschen waren ausreichend versorgt und 1,4 Milliarden Menschen lebten in Gebieten des Überflusses. Im „Jahr des Kindes" verhungerten 15 Millionen Kinder. Dabei wurden und werden genug Nahrungsmittel produziert: 1984 wurden weltweit 1,8 Milliarden Tonnen Getreide (Weizen, Reis, Mais, Roggen, Sorghum, Hirse, Gerste, Hafer) geerntet. Verteilt auf die nun 4,8 Milliarden Menschen hätte das 375 kg pro Kopf und Jahr ergeben oder 1,030 kg pro Kopf und Tag!

Aber schon kommt der dicke Haken: Fleisch konnte nur in diesem Umfang produziert werden, weil das Getreide eben nicht gleichmäßig verteilt wurde, sondern mehr als zur Hälfte (!) an Tiere verfüttert wurde, was einen riesigen Nährstoffverlust mit sich bringt. In den „entwickelten" Ländern wurden ca. 70 Prozent verfüttert, in der Bundesrepublik 62 Prozent, in den USA 94 Prozent, in den „Entwicklungs"-ländern sieben Prozent. So also sieht „Entwicklung" aus. Mit steigendem Einkommen wächst der Anteil von tierischen Produkten, Zucker, Ölen und Fetten an der aufgenommenen Nahrungsenergie, der Anteil von Getreide und Stärkepflanzen sinkt. In den reichen Ländern werden pro Kopf täglich Lebensmittel mit einem Energiegehalt von 3 000 Kalorien verspeist, davon etwa 40 Prozent in Form tierischer Lebensmittel. Rechnet man diesen Teil in „Primärkalorien" um (Rindfleisch im Verhältnis 1:10, Milch mit 5:1, Schweinefleisch mit 3:1 usw.), so gibt das pro Bundesbürger zum Beispiel etwa 10 000 Kalorien. Damit könnten fünf Menschen nahezu ausreichend versorgt werden. Die krassen Unterschiede in der Nahrungsmittelversorgung werden noch krasser, die Fetten bekommen immer mehr. Von 1963 bis 1986 stieg in Westeuropa die Erzeugung von Fleisch pro Einwohner von 55 auf 77 Kilogramm, die Getreideerzeugung von 330 auf 514 Kilogramm. In Afrika fiel im gleichen Zeitraum die Getreideerzeugung von 136 Kilogramm auf 108 Kilogramm, die Fleischproduktion von elf auf zehn Kilogramm.

(R. Grießhammer: Wen macht die Banane krumm, Reinbek 1993)

In der Bundesrepublik wird von der „Gesellschaft für Ernährung" und dem Gesundheitsministerium eine tägliche Eiweißaufnahme für Erwachsene von 45 bis 55 Gramm empfohlen – die tatsächliche Aufnahme liegt mit 80 Gramm weit darüber und ist vor allem auf den zu hohen Fleischkonsum zurückzuführen. (Die empfohlene Eiweißaufnahme kann übrigens bei sorgfältiger Zusammenstellung der Lebensmittel auch ohne Fleisch und problemlos mit wenig Fleisch gedeckt werden.) Der hohe Fleischkonsum begünstigt alle möglichen Krankheiten: Herz- und Kreislaufkrankheiten, Gicht, Rheuma, Harnsteine, Verstopfung und und und. Fleisch ist Kraft? Fleisch ist gesund? Zuviel Fleisch ist ungesund! Vor 300 Jahren waren sich die Menschen dessen noch sehr bewußt.

(Grießhammer: Wen macht die Banane krumm, Reinbek 1993)

Fleischkonsum pro Kopf 1990
(in Kilogramm)

USA	112
Ungarn	108
Australien	104
CSFR	102
Frankreich	91
Deutschland (West)	89
Argentinien	82
Italien	77
Großbritannien	71
(UdSSR)	70
Brasilien	47
Japan	41
Mexiko	40
China	24
Südkorea	19
Türkei	16
Philippinen	16
Ägypten	4

(Launer, Datenhandbuch, S. 73)

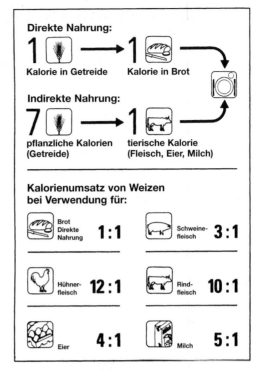

Getreideverschwendung durch Fleischproduktion

Direkte Nahrung:
1 Kalorie in Getreide → 1 Kalorie in Brot

Indirekte Nahrung:
7 pflanzliche Kalorien (Getreide) → 1 tierische Kalorie (Fleisch, Eier, Milch)

Kalorienumsatz von Weizen bei Verwendung für:
- Brot Direkte Nahrung 1:1
- Schweinefleisch 3:1
- Hühnerfleisch 12:1
- Rindfleisch 10:1
- Eier 4:1
- Milch 5:1

Anregungen zur Diskussion:

1. *Beschreiben Sie, wie sich ein erhöhter Fleischkonsum auf die Welternährungslage auswirkt.*

2. *Womit läßt sich die Steigerung der „Fleischproduktion" in den Industrienationen erklären?*

5.3 Der Nord-Süd-Konflikt:
Hintergründe und Ursachen

Wirtschaftliche Abhängigkeiten

Kolonialismus

Bereits im 16. Jahrhundert begannen die Europäer ihre neu entdeckten Handels- und Einflußbereiche militärisch abzusichern. Sie dehnten ihre Machtbereiche auf den amerikanischen und den afrikanischen Kontinent aus, indem sie dort „Kolonien" (Niederlassungen) gründeten. Die Kolonialmächte nahmen Land und Menschen in ihren Besitz.
In Afrika wurden bis ins letzte Jahrhundert hinein Dörfer geplündert und zerstört, die Bewohner gefangengenommen. Man verlud sie unter unmenschlichen Bedingungen auf Schiffe und verkaufte sie, sofern sie die Überfahrt überlebt hatten, in Amerika als **Skla-**

ven. Dort wurden Zucker, Gewürze, Rum, Baumwolle usw. günstig von den niedergelassenen weißen Siedlern erstanden, nach Europa gebracht und mit hohem Gewinn wieder verkauft. Von hier aus brachen die „Handelsschiffe" zu erneuten Raubzügen auf.

Millionen von schwarzen Menschen sind diesem Dreieckshandel im Laufe der Jahre zum Opfer gefallen. Den Weißen, die die Schwarzen mißhandelten, waren keine Grenzen gesetzt, da die Sklaven nicht als gleichwertige Menschen, sondern als Objekte angesehen wurden. Blinder Eifer von **christlichen Missionaren** trug zur Vernichtung der Eigenständigkeit der außereuropäischen Völker bei. Sie glaubten, das „Barbarentum" bekämpfen zu müssen und zerstörten dabei gewachsene Gesellschaftsformen. So wurde die Abhängigkeit vom europäischen Kontinent vertieft und eine weitergehende Ausbeutung ermöglicht. Ende des 19. Jahrhunderts wurde zwar die Sklaverei abgeschafft, der Herrschaftsbereich der Kolonialmächte jedoch massiv ausgedehnt. Mehr als die Hälfte der Weltbevölkerung stand 1914 unter direkter kolonialer Herrschaft.

Vor 100 Jahren war das Deutsche Kaiserreich nach England und Frankreich zur drittgrößten Kolonialmacht der Welt geworden. In Afrika und Asien herrschten die Deutschen über mehr als zwölf Millionen Menschen. Die „Kieler Neuesten Nachrichten" schrieben am 18.03.1914 über diese Menschen: „Ob man im übrigen den Neger als freien Arbeiter auf eigenem Felde oder als Lohnarbeiter in den Plantagen beschäftigen will, in jedem Fall wird er nur nützlich, wenn er wirklich Arbeit leistet. Und dazu muß er nach allen Kennern Afrikas erst erzogen werden."

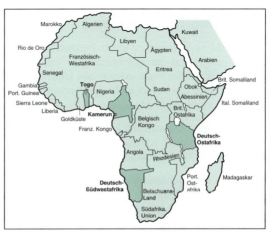

5.3
M 1
Kolonialismus

Die vier deutschen Kolonien in Afrika

Der Hunger nach Land und billigen Rohstoffen wurde rücksichtslos auf Kosten der Schwächeren befriedigt. Jede Kolonie wurde von ihrer ganzen Struktur her nur auf ein oder zwei Exportprodukte ausgerichtet. Die industrielle Verarbeitung fand dann in den „Mutterländern" statt. Noch heute besteht ein großes Problem der Entwicklungsländer darin, nur wenige Rohstoffe auf dem Weltmarkt anbieten zu können.

Verschuldung

Noch heute sind die wirtschaftlichen Möglichkeiten der Entwicklungsländer darauf beschränkt, Rohstoffe und landwirtschaftliche Produkte zu verkaufen. Die Industrieländer verkaufen den Entwicklungsländern wiederum Maschinen, Düngemittel und andere Produkte, für deren Herstellung große Fabriken benötigt werden. Der Preis für Industriegüter steigt jedoch immer schneller, während die Exportartikel der Entwicklungsländer, wie Zucker, Kaffee oder Baumwolle, von

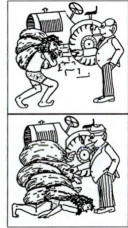

uns relativ billig eingekauft werden können. 1985 entsprach der Wert eines Lastwagens noch dem von 93 Sack Kaffee. 1990 mußte für den gleichen Lastwagen bereits der Gegenwert von 302 Sack Kaffee bezahlt werden. Das Verhältnis von Import zu Export wird also für die Entwicklungsländer schlechter. Man spricht auch davon, daß sich die **„Terms of Trade"** verschlechtern.

Die Entwicklungsländer leihen sich von den Industrieländern Geld, um sich dann von ihren Gläubigern Industriegüter kaufen zu können. Für diese aufgenommenen Kredite müssen Zinsen bezahlt werden. Besonders im Laufe der vergangenen zwei Jahrzehnte hat sich so ein gigantischer Schuldenberg aufgetürmt.

Neben den ungünstigen Terms of Trade gibt es weitere Ursachen für die zunehmende Verschuldung. Die Industrieländer versuchen gerade in wirtschaftlich schwierigen Zeiten, die eigene Wirtschaft und damit Arbeitsplätze zu sichern. Deshalb verzichten sie z.B. bei Textilien immer noch nicht auf **Einfuhrzölle.** Damit werden die Textilprodukte aus den Entwicklungsländern künstlich verteuert und stellen keine Konkurrenz mehr für die eigene textilverarbeitende Industrie dar.

Rohstoffe unterliegen starken Preisschwankungen. **Mißernten** ziehen wirtschaftliche Katastrophen und damit menschliche Tragödien nach sich; in Jahren sehr guter Ernten hingegen sinkt der Preis wegen des **Überangebots.** Die Planbarkeit der Wirtschaft wird auch dadurch erschwert, daß viele landwirtschaftliche Produkte nicht lagerfähig sind und auch bei ungünstiger Marktlage verkauft werden müssen.

Ein **sinkender Dollarkurs** kann ebenfalls zu unkalkulierbaren Handelsrisiken der rohstoffexportierenden Länder führen. Die Kaffeepreise fielen 1992 auf den niedrigsten Stand seit 1977, die Kakaopreise sogar fast auf den niedrigsten Stand seit 1970.

Als in den 80er Jahren neben dem **Fall der Rohstoffpreise** gleichzeitig **die Zinsen weltweit stiegen,** begann der Schuldenberg der Entwicklungsländer ins Unendliche zu wachsen. Die beschriebene Entwicklung geht dabei immer zu Lasten der Kleinbauern und Plantagenarbeiter.

Diese Entwicklung hat dazu geführt, daß heute die Armen an die Reichen so viel zahlen müssen, daß die Kluft zwischen Entwicklungs- und Industrieländern immer größer wird. Den ehemaligen Staatschef von Tansania, Julius Nyerere, veranlaßte das 1987 zu der Frage: „Müssen unsere Kinder verhungern, damit wir unsere Schulden bezahlen können?"

5.3
M 2-6
Wirtschaftliche Abhängigkeit der Entwicklungsländer

Die Weltwirtschaft

Unter dem Begriff „Weltwirtschaft" ist der internationale Handel zu verstehen. Wenn der Waren- und Dienstleistungsaustausch zwischen den Staaten zunimmt, spricht man davon, daß die Weltwirtschaft wächst.

Damit der Welthandel möglichst reibungslos funktioniert, haben sich von den 192 Staaten der Erde 114 zu dem **Allgemeinen Zoll- und Handelsabkommen (GATT)** zusammengeschlossen. Das wichtigste Ziel des GATT hat bisher darin bestanden, Zölle abzubauen.

Im Dezember 1993 wurde die achte Verhandlungsrunde des GATT abgeschlossen. Seitdem gelten neue Regeln für den weltweiten Handel, von denen vor allem die Staaten profitieren, die viel auf dem Weltmarkt anzubieten haben. Für die meisten Länder der Dritten Welt verbessern sich die Handelsbedingungen jedoch nicht. Darüber hinaus wird eine zusätzliche Zerstörung von Natur und geschützten Lebensräumen befürchtet; denn ein wachsender Welthandel bedeutet in der Regel steigende Produktion.

Der **Weltbank (IBRD)** gehören fast 180 Staaten an. Diese Bank vergibt langfristige Kredite an Staaten, wenn diese sicherstellen können, daß das geliehene Geld dem Abbau von Armut dient, dem Umweltschutz zugute kommt oder für die Förderung von Industrie und Privatwirtschaft eingesetzt wird. Mit Hilfe dieser **Strukturanpassungsprogramme** soll es den Entwicklungsländern ermöglicht werden, auf dem Weltmarkt konkurrenzfähig zu werden. Da dieser Anpassungsprozeß mit drastischen Sparmaßnahmen verbunden ist, bedeutet er für die armen Bevölkerungsschichten eine weitere Zuspitzung in ihrem Überlebenskampf. Die Weltbank selbst bekannte im Frühjahr 93: „Diese Programme sind kein Ersatz für eine weitreichende Reform des Sozialbereichs zugunsten der Armen."

Die Weltbank-Gruppe
Sonderorganisationen der Vereinten Nationen

WELTBANK			IWF
IDA		IFC	Internationaler Währungsfonds
Internationale Entwicklungsorganisation	Internationale Bank für Wiederaufbau und Entwicklung	Internationale Finanz-Corporation	Kredite bei vorübergehenden oder strukturellen Zahlungsbilanzschwierigkeiten, Überwachung der Währungspolitik
Zinslose langfristige Kredite an die ärmsten Entwicklungsländer	Kredite an Entwicklungsländer für wichtige Entwicklungsvorhaben	Investitionshilfen für private Projekte in Entwicklungsländern	

INDEX FUNK 5948

(Jahrbuch 3. Welt 1994, München 1993)

Der **Internationale Währungsfonds (IWF)** vergibt Kredite an Länder, die bereits so weit in die Schuldenabhängigkeit geraten sind, daß nur noch eine weitere Kreditaufnahme über den IWF die endgültige Abkoppelung dieser Länder von der Weltwirtschaft verhindern kann. Aber auch der IWF knüpft seine Kredite an stark umstrittene Sparmaßnahmen des betroffenen Landes.

Kann die Zielgruppe fischen?

*Jeder kennt das chinesische Sprichwort, das in der Diskussion um Entwicklungshilfe stark beansprucht wird: „Gibst Du jemandem einen Fisch, so nimmst Du ihm den Hunger für einen Tag, lehrst Du ihn jedoch fischen, so nimmst Du ihm den Hunger für das ganze Leben." Hier wird die Unterentwicklung, symbolisiert durch das Symptom Hunger, dadurch bekämpft, daß man den Mangel an technischem Können beseitigt. Die gedachte Zielgruppe kann nicht fischen und verfügt auch nicht über die entsprechende Ausrüstung. Sie bringt als Voraussetzung ihre Lernfähigkeit und Arbeitsbereitschaft und als Barriere das Fehlen von Kenntnissen und Ausrüstung mit, eine Barriere, die beseitigt werden kann durch technische Unterweisung oder auch durch finanzielle Unterstützung. Die Erfahrung zeigt aber, daß der Spruch unvollständig ist. Er müßte eigentlich so heißen: „Wenn du jemanden das Fischen lehrst **und wenn du dafür sorgst, daß die anderen ihn auch fischen lassen,** dann nimmst du ihm den Hunger für das ganze Leben."*

In der entwicklungspolitischen Praxis erfährt man häufig, daß es nicht genügt, jemandem etwas beizubringen oder ihm zu einer bescheidenen Ausrüstung zu verhelfen. Weniger das Fischen-Können als vielmehr das Fischen-Dürfen ist das eigentliche Problem. Unterentwicklung und damit Hunger ist vor allem auch ein politisches Problem.

(Ekkehard Launer (Hrsg.): Datenhandbuch Süd-Nord, Göttingen 1992)

Materialien

Eigene Kolonien fehlen

Aufruf der Gesellschaft für Deutsche Kolonisation auf ihrer Gründungsversammlung am 25. März 1885 angenommen
(Verfasser: Carl Peters)

Die deutsche Nation ist bei der Verteilung der Erde, wie sie vom Ausgang des 15. Jahrhunderts bis auf unsere Tage hin stattgefunden hat, leer ausgegangen. Alle übrigen Kulturvölker Europas besitzen auch außerhalb unseres Erdteils Stätten, wo ihre Sprache und Art fest Wurzel fassen und sich entfalten kann. Der deutsche Auswanderer, sobald er die Grenzen des Reiches hinter sich gelassen hat, ist ein Fremdling auf ausländischem Grund und Boden. Das Deutsche Reich, groß und stark durch die mit Blut errungene Einheit, steht da als die führende Macht auf dem Kontinent von Europa: Seine Söhne in der Fremde müssen sich überall Nationen einfügen, welche der unsrigen entweder gleichgültig oder geradezu feindlich gegenüberstehen. Der große Strom deutscher Auswanderung taucht seit Jahrhunderten in fremde Rassen ein, um in ihnen zu verschwinden. Das Deutschtum außerhalb Europas verfällt fortdauernd nationalem Untergang. In dieser, für den Nationalstolz so schmerzlichen Tatsache liegt ein ungeheurer wirtschaftlicher Nachteil für unser Volk. Alljährlich geht die Kraft von etwa 200 000 Deutschen unserem Vaterland verloren! Diese Kraftmasse strömt meistens unmittelbar in das Lager unserer wirtschaftlichen Konkurrenten ab und vermehrt die Stärke unserer Gegner. Der deutsche Import von Produkten tropischer Zonen geht von ausländischen Niederlassungen aus, wodurch jährlich viele Millionen deutschen Kapitals an fremde Nationen verlorengehen! Der deutsche Export ist abhängig von der Willkür fremdländischer Zollpolitik. Ein unter allen Umständen sicherer Absatzmarkt fehlt unserer Industrie, weil eigene Kolonien unserem Volke fehlen.

(Gerald Braun: Nord-Süd-Konflikt und Dritte Welt, Paderborn 1987)

1. Welche Gründe führt der Autor dafür an, das „Deutschtum" außerhalb Europas zu stärken?
2. Welche Funktionen sollen „eigene" Kolonien für Deutschland übernehmen?

Auch die Deutschen leben auf Kosten der Menschen in der Dritten Welt

Der reiche Norden übt Gewalt im Weltmaßstab aus; seine Lebensdoktrin zieht immer mehr Menschen in den Abgrund. Die westliche, unsere Art zu wirtschaften, unser Lebensstil fordern täglich mehr Opfer und beschwören den ökologischen Kollaps herauf. So bringt der Verfall der Rohstoffpreise unserer Wirtschaft Vorteile in Milliardenhöhe. Allein die sogenannten terms of trade haben sich nach den Daten des Statistischen Bundesamtes seit 1980 um ca. 50 Prozent für die Bundesrepublik Deutschland verbessert. Gemessen an den Preis- und Wechselkursverhältnissen von 1980 ist unserem Land allein 1992 ein Handelsvorteil gegenüber den Entwicklungsländern von insgesamt 31 Milliarden Mark erwachsen – das entspricht viermal der Gesamtsumme der Entwicklungshilfe und beträgt mehr als das Sechsfache aller Ausgaben für Flüchtlinge. Auch die Deutschen leben somit auf Kosten der Menschen in der sogenannten Dritten Welt. (…)

(Frankfurter Rundschau, 30.09.1994)

Welche Aspekte hat der Norden zu beachten, wenn er mit dem Süden einen moralisch vertretbaren Handel treiben will?

Aufschlüsselung des Kaffeepreises

Plantagenarbeiter	5,1 %
Plantagenbesitzer	8,5 %
Exporteur	3,7 %
Exportsteuer	17,2 %
Seefracht	1,4 %
Zoll	1,8 %
Kaffeesteuer	18,4 %
Mehrwertsteuer	6,1 %
Importsteuer	7,6 %
Röstkosten	6,5 %
Einzelhändler	23,7 %
Summe	100 %

5.3
M 3
Kaffeepreis

1. Schildern Sie mit eigenen Worten den im Schaubild M2 beschriebenen Tatbestand.
2. Berechnen Sie den Verdienst eines Plantagenarbeiters an einem Pfund Kaffee nach dem aktuellen Preis im Einzelhandel (M3).

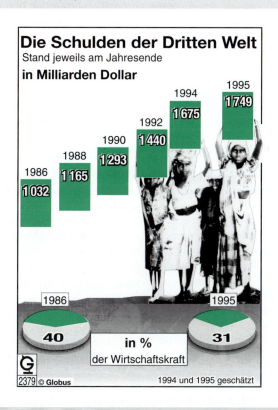

5.3
M 4
Verschuldung

1. Um wieviel Prozent jährlich stieg die Schuldenlast der Dritten Welt zwischen 1986 und 1995?
2. Hat sich die Zunahme der Verschuldung verlangsamt?
3. Wie beurteilen Sie die Zunahme der Verschuldung vor dem Hintergrund der Wirtschaftskraft der Entwicklungsländer?

5.3 M 5 Agrar- contra Entwicklungspolitik

Keine Ahnung von Afrika

Wenn Brüssel die in Großbritannien geltende Schokoladen-Regelung demnächst auf die gesamte Europäische Union überträgt, dürfen sich die Hersteller freuen: Einen Teil der verwendeten Kakaobutter können sie dann durch billige Pflanzenöle ersetzen. Geschätzter Einnahmen-Ausfall für Afrikas Kakao-Produzenten: etwa 20 Prozent. In Senegal haben die meisten Landwirte den Anbau von Weizen und Reis aufgegeben – Getreide aus der EU, dessen Export Brüssel mit insgesamt 6,4 Milliarden Mark jährlich subventioniert (unterstützt) hatte, hatte die Preise unter die Produktionskosten gedrückt.

Zwei Beispiele für die permanenten Interessenkonflikte zwischen Agrar- und Entwicklungspolitik. Welches Gewicht die beiden Themen auf die politische Waagschale der EU bringen, zeigt sich in Mark und Pfennig: Mit rund 67 Milliarden Mark „ordnet" die Union jährlich den Markt zugunsten Europas Bauern, nur acht Milliarden erhält die Dritte Welt.

F.R., 23.09.1994

So wird vielen Kakaobauern wohl nichts anderes übrigbleiben, als nach Alternativen zu suchen, vielleicht Kautschuk, Kokos- und Ölpalmen, Ananas, Bananen oder Reis anzubauen. Eine traurige Perspektive: Denn die Preise fast aller tropischen Agrarprodukte sind in den vergangenen Jahren infolge Überangebots gefallen, und oft können Kleinbauern im Wettbewerb mit gutgeführten Großplantagen nicht bestehen.

Der Konkurrenzdruck wird letztlich viele Kleinbauern zum Aufgeben zwingen und von ihrem Land in die Slums der Städte vertreiben. Aber anders als viele Bauern einst in Deutschland, die in aufstrebenden Industrien neue Arbeit fanden, haben die Landflüchtigen in der Dritten Welt auch in den Städten keine Perspektive.

(Die Zeit, 25.03.1994)

> Beschreiben Sie den Konflikt zwischen Agrar- und Entwicklungspolitik innerhalb der EU.

5.3 M 6 TransFair

Kaffeebauern in Costa Rica hoffen auf die deutschen Konsumenten

Die kleinen Kaffeebauern in Costa Rica tragen ein schweres Los. Durch die Abholzung des Regenwaldes verödete bereits ein großer Teil ihrer Anbauflächen. Als in den vergangenen Jahren auch noch die Weltmarktpreise für Kaffee zusammenbrachen, bedeutete das für viele Bauern die Vernichtung ihrer Existenz.

Neue Hoffnung für die Bauern entstand unter anderem aus der Initiative eines kleinen Kölner Vereins mit dem Namen „TransFair". Seit Mitte 1993 vergibt der Verein Gütezeichen für Kaffeehändler.

Die Unternehmen, die das Siegel verwenden, kaufen bei Kooperativen (Genossenschaft, Erzeugergemeinschaft) und zahlen den Bauern für die Bohnen höhere Preise als sie der Weltmarkt hergibt. Sie verpflichten sich, feste, langfristige Verträge mit den Kleinproduzenten abzuschließen. TransFair selbst kontrolliert nur, ob die Importeure und Röster ihre vertraglichen Verpflichtungen auch wirklich einhalten.

Der ... Verein hat es innerhalb von eineinhalb Jahren geschafft, für den TransFair-Kaffee bundesweit einen Marktanteil von zwei Prozent zu erringen – gegen die Konkurrenz der Branchenriesen. Inzwischen wird Kaffee mit dem Siegel in über 20 000 Supermärkten verkauft. Von April 1993 an, als das Produkt eingeführt wurde, bis Juni 1994 wurden etwa 12 Millionen Pfund Päckchen verkauft. Den Erzeugern brachte das einen Erlös von 28 Millionen Mark, das sind etwa 15 Millionen mehr, als sie zu Weltmarktpreisen bekommen hätten.

(Die Zeit 02.12.1994)

Folgende Kriterien sind für den Erhalt des TransFair-Siegels entscheidend:

- Wird der parasitäre Zwischenhandel im Erzeugerland ausgeschaltet?
- Sind die Produzenten in entwicklungsfähigen Genossenschaften zusammengeschlossen?
- Wird die Ware von den deutschen Importeuren vorfinanziert?
- Werden Mindestpreise garantiert?
- Sind die Verträge mit den Produzenten vor Ort langfristig genug, um ihnen eine Planungssicherheit zu gewährleisten?

(Handelsjournal 11/94)

Viele Deutsche sind bereit, zwei Mark zusätzlich pro Pfund zu bezahlen, wenn das Geld den bedrohten Kleinbauern in der Dritten Welt zugute kommt.

1. Beschreiben Sie das Prinzip von „TransFair".
2. In welchen Punkten trägt diese Initiative dazu bei, einen Ausgleich zwischen Nord und Süd herzustellen?

IWF-Stimmrechte

	Anzahl der Länder	Prozent aller Stimmen
Industriestaaten insgesamt	23	62,7
USA	1	19,1
übrige Industriestaaten	22	43,6
Dritte-Welt-Länder	123	35,2
Osteuropa	4	2,0
übrige Länder	127	37,2

Die zwölf Bedingungen des IWF

1. Volle Information über die wirtschaftliche Lage
2. Erhöhung der Exporte
3. Senkung der Importe
4. Senkung der Arbeitseinkommen („Die Wohlhabenden können weiter kaufen und halten die Wirtschaft in Gang")
5. Abwertung der einheimischen Währung
6. Höhere Preise auch für lebenswichtige Güter
7. Reduzierung des Staatshaushalts (durch Entlassungen und Subventionskürzungen)
8. Reprivatisierung staatlicher Unternehmen
9. Freier Markt für ausländische Unternehmen, keine Protektion der einheimischen Betriebe
10. Änderungen des Steuergesetzes, um Investitionen zu begünstigen
11. Keine strikten Umweltschutzklauseln
12. Begrenzung der gewerkschaftlichen Mitwirkungsrechte.

(nach „friedenszeitung" Nr. 118, Juni 1991)

1. Beschreiben Sie die Machtverteilung im IWF.
2. Was bedeuten die Bedingungen des IWF?
3. Wie können sich diese Bedingungen in den Entwicklungsländern einerseits und in den Industrieländern andererseits auswirken?

Arbeitsvorschlag

Der tägliche Einkauf – Nebensache?

Was tun?

Prüfen Sie, ob wir mit unseren täglichen Einkäufen etwas zur Verbesserung der Situation der Menschen in den Entwicklungsländern beitragen können.

Wie?

Erstellen Sie eine Liste mit möglichst vielen Produkten aus der Dritten Welt, die im Einzelhandel zu finden sind. Suchen Sie sich ein Produkt, das Sie besonders interessiert, heraus, und holen Sie darüber Informationen ein:

1. Aus welchem Land stammt das Produkt?
2. Welche Rohstoffe werden für die Herstellung dieses Produktes benötigt?
3. Von wem und unter welchen Arbeitsbedingungen wurde dieses Produkt hergestellt?

Wo?

Suchen Sie zunächst im Einzelhandel nach Dritte-Welt-Produkten und besuchen Sie dann eine Bibliothek. Dort haben Sie mehrere Möglichkeiten, etwas über Ihr Produkt in Erfahrung zu bringen.

- Suchen Sie gezielt nach Informationen über das betreffende Produkt und über die Rohstoffe, die für die Herstellung nötig waren.
- Holen Sie Informationen über das Land ein, aus dem das Produkt importiert wurde.

Wie geht es weiter?

Überlegen Sie, ob das Projekt „TransFair" auch auf andere Exportgüter der Dritten Welt übertragen werden könnte. Besprechen Sie in der Klasse, wie sich ähnliche Initiativen unterstützen ließen.

Diskussion

„Strukturanpassungsprogramme" – Langfristige Hilfe oder verschärfte Form der Ausbeutung der Ärmsten durch die Reichen?

Bevor die Industriestaaten den Entwicklungsländern Geld leihen, müssen bestimmte wirtschaftliche Rahmenbedingungen erfüllt sein. Eine funktionierende Wirtschaft wird dann in der Regel für wichtiger gehalten als soziale Gerechtigkeit.
Angesichts dieser Tatsache sehen sich der IWF und die Weltbank einer immer schärferen Kritik ausgesetzt.
Kann bei der Vergabe von Entwicklungshilfekrediten ganz auf Bedingungen verzichtet werden, oder sind Strukturanpassungsprogramme als notwendige Härten übergangsweise zu akzeptieren? Gibt es Bedingungen, die Sie für sinnvoll halten?

Nach einer Untersuchung des „Economic Policy Institute" in Washington über den Kapitalfluß von acht lateinamerikanischen Ländern zwischen 1973 und 1987 sind die Schulden in diesen Staaten erheblich gewachsen, während ihre reichen Bürger kräftig im Ausland investiert haben. Die vom IWF geforderte Beseitigung aller Kapitalkontrollen habe diese Kapitalflucht stark begünstigt. In den 14 Jahren wurden 151 Milliarden Dollar außer Landes gebracht – das entspricht 43 Prozent der in dieser Zeit gemachten Schulden.

(Tageszeitung, 11.05.1990)

Der größte Teil der Forschung in Entwicklungsländern findet in Universitäten und landwirtschaftlichen Versuchsanstalten statt. In den 80er Jahren haben Schuldenkrise, Strukturanpassungsprogramme des IWF und veränderte Prioritäten der Regierungen im Süden häufig gerade im Bildungs- und Forschungssektor zu drastischen Einsparungen geführt... Für die besten Forscher ist dies ein wichtiger Grund, Beschäftigung im Ausland zu suchen. Dieser „brain-drain" schwächt das ohnehin geringe Forschungspotential der Länder zusätzlich.

(Ingomar Hauchler (Hrsg.): Globale Trends, Frankfurt 1993)

Eklat bei der Abstimmung! – AKP/EWG-Versammlung in Luxemburg 1992

Bei der Abstimmung über „Demokratie, Menschenrechte und Entwicklung in den AKP-Staaten" kam es zum Eklat. In einer turbulenten Abstimmung hatten sich die Parlamentarier der Entwicklungsländer in der Frage der Demokratisierung gegen jedwede Einmischung des Nordens gewandt. Die Forderung nach Achtung der Menschenrechte als übergeordnetes staatliches Prinzip soll auf dem afrikanischen Kontinent nicht gelten...
Ihre Ablehnung begründeten die Vertreter der Dritten Welt mit dem Vorwurf, daß Europa sein Demokratiemodell auf die ganz anders strukturierten Länder des Südens übertragen wolle.

(nach: Das Parlament, 09.10.1992)

Anpassung mit menschlichem Gesicht...

Beabsichtigt war von der Weltbank mit dem neuen Konzept jedoch keine grundlegende Kehrtwendung in bezug auf die Ziele und Instrumente der Anpassungspolitik. Die Strukturanpassung sollte lediglich sozial und politisch abgefedert werden.
Es gibt mehrere Möglichkeiten, dieses durchzuführen: Öffentliche Beschäftigungsprogramme für entlassene Arbeitskräfte, Kreditprogramme für Kleinunternehmen, Schaffung von Verdienstmöglichkeiten für Frauen, zusätzliche Ernährungsprogramme, Unterstützung der Basisgesundheitsdienste und der Grundschulbildung.

(nach: Jahrbuch Dritte Welt 1994, München 1993)

5.4 Der Nord-Süd-Konflikt: Entwicklungspolitik

Während der Zeit des Kalten Krieges ging es den beiden Großmächten und ihren Verbündeten um eine möglichst große Einflußnahme auf die Länder der Dritten Welt. Diese Konkurrenz war ein wesentlicher Aspekt der Entwicklungspolitik. Ergeben sich heute für die Entwicklungsländer, nachdem „das Kämpfen im Kalten Krieg" dem „Kampf gegen die globale Armut" weichen konnte, Chancen auf eine Verbesserung ihrer Situation? Folgende Motive veranlassen die Industrieländer dazu, Entwicklungspolitik zu betreiben:

- Entwicklungspolitik kann die eigene Wirtschaft stärken, da ein großer Teil der vergebenen Kredite dazu verwendet werden muß, Waren im Schuldnerland einzukaufen. Auf diese Weise werden in den Entwicklungsländern **Absatzmärkte** erschlossen.
- Die Verelendung in der Dritten Welt wird zunehmend zu einer globalen Bedrohung. Der **Weltfrieden** ist bedroht und die **Umweltkatastrophen** häufen sich.
- Die reichen Länder sind zum großen Teil für die Probleme der armen Länder verantwortlich und unterliegen der **moralischen Verpflichtung** zur Hilfe.

Die Überentwicklung im Norden und die Unterentwicklung im Süden zerstören die **ökologischen Grundlagen** der Erde. Kommende Generationen werden auf diese Weise einer menschenwürdigen Überlebenschance beraubt.

Entwicklungspolitik darf nicht als Barmherzigkeit gegenüber den Armen dieser Welt verstanden werden. Genausowenig dürfen wirtschaftliche Interessen weiterhin die Richtlinien der Politik bestimmen. Der Norden muß gemeinsam mit dem Süden Überlebensmöglichkeiten auf diesem Planeten finden. An diesem Ziel hat sich Entwicklungshilfe zu orientieren; denn Almosen schaffen Abhängigkeit.

Handel = Hilfe?

Deutsche Entwicklungspolitik

Angesichts der Bedeutung der Entwicklungspolitik für die gesamte Menschheit fordert die UNO von den Industriestaaten Entwicklungshilfebeiträge in Höhe von 0,7 % des Bruttosozialproduktes. Die staatliche Entwicklungshilfe der Bundesregierung sank dagegen von 0,41 % im Jahre 1992 auf 0,35 % im Jahre 1993. Mit einer weiteren Verringerung ist zu rechnen.

Seit Beginn der 90er Jahre wird die Vergabe von deutscher Entwicklungshilfe stärker davon abhängig gemacht, ob im Empfängerland die Menschenrechte beachtet werden und ob eine marktorientierte Wirtschaftspolitik gewährleistet ist.

Obwohl die Bundesrepublik Deutschland einen bedeutenden Teil der internationalen Entwicklungshilfe trägt, gibt es Kritik:

- 30–40 % der gesamten finanziellen Zusammenarbeit zwischen der Bundesrepublik und Entwicklungsländern besteht aus **liefergebundener Hilfe.** Zu diesem Thema stellte die Weltbank 1993 fest, daß die Entwicklungsländer jährlich vier Milliarden $ sparen könnten, wenn die erhaltene Entwicklungshilfe nicht an Einkäufe von Waren und Dienstleistungen aus den Geberländern gekoppelt wäre.
- Die Länder mit den höchsten Militärausgaben erhielten in den 80er Jahren den weitaus größten Teil der Entwicklungshilfe. Nach Schätzungen lagen die zwischen 1978 und 1988 erzielten Gewinne der Industrieländer aus Waffenexporten nur geringfügig unter der im gleichen Zeitraum gewährten Entwicklungshilfe.
- Die Entwicklungsländer üben heftige Kritik an den ungerechten Welthandelsstrukturen. Darüber hinaus wird ein weitgehender Schuldenerlaß eingefordert.

In der Entwicklungshilfe engagieren sich auch private Gruppen und Organisationen. Sie werden unter dem Begriff NRO (Nicht-Regierungs-Organisationen) zusammengefaßt. Den NRO gelingt es häufig besser und schneller, die Hilfe den wirklich Bedürftigen zukommen zu lassen. Es werden überschaubare Projekte gefördert sowie das Kleingewerbe und die Landwirtschaft unterstützt.

Internationale Entwicklungspolitik

Etwa ein Drittel der gesamten Entwicklungshilfe der Bundesrepublik fließt in die internationale Entwicklungshilfe ein. Unter dieser „multilateralen Zusammenarbeit" versteht man

- die Entwicklungsprogramme der Europäischen Union,
- die Weltbankgruppe
- sowie die Entwicklungsprogramme und die Sonderorganisationen der Vereinten Nationen.

Beispiele für Internationale Entwicklungshilfe	
UNCTAD –	Welthandelskonferenz
UNESCO –	Organisation für Erziehung, Wissenschaft und Kultur
UNICEF –	Weltkinderhilfswerk
UNIDO –	Organisation für industrielle Entwicklung
WHO –	Weltgesundheitsorganisation
FAO –	Welternährungsorganisation

Obwohl seit über 40 Jahren Entwicklungspolitik betrieben wird, hat sich die Situation der ärmsten Länder weiter verschlechtert.

Kritisiert wird diese internationale Entwicklungspolitik wegen der Unterstützung von gigantischen Projekten wie Staudämmen, Kraftwerken, Fabriken usw. Ein großer Teil dieser Projekte hat riesige Geldmittel verschlungen und gigantische Folgekosten nach sich gezogen. Die Infrastruktur der betroffenen Länder läßt häufig keine sinnvolle Nutzung von überdimensionierten Produktionsstätten zu. Der Eingriff in die gesellschaftlichen und wirtschaftlichen Strukturen dieser Länder verunsichert die Bevölkerung und zerstört die Lebensgrundlage vieler Menschen. Auch ökologisch sind viele Großprojekte nicht zu vertreten.

Allzu häufig wurde nur dem Prestigebedürfnis von Geberländern oder profitierenden Machteliten innerhalb der Empfängerländer Rechnung getragen. Man vertraute darauf, daß von dem in wenigen Händen konzentrierten Reichtum nach kurzer Zeit über Investitionen alle Bevölkerungsschichten profitieren würden. Statt dessen haben die Reichen ihr Kapital in andere Länder geschafft, wo günstigere Anlagemöglichkeiten locken. Auf diese Weise führte die Entwicklungshilfe zu einer größeren Kluft zwischen Arm und Reich innerhalb der Entwicklungsländer. Die sich daraus ergebenden sozialen Spannungen werden von den Machthabern häufig mit dem brutalen Einsatz des Militärs unterdrückt. Die Waffen stammen wiederum aus Geschäften mit dem Norden, der daran verdient.

> **Das Lomé-Abkommen**
>
> *69 Staaten Afrikas, der Karibik und des Pazifik (AKP-Staaten) haben mit der EU einen seit 1975 bestehenden Vertrag, der ihnen Handelsvergünstigungen, Kredite und nicht zurückzahlbare Zuschüsse gewährt. 1990 wurde die vierte Verhandlungsrunde abgeschlossen. Sie soll für zehn Jahre gelten. Ein wichtiger Teil der Zuschüsse ist für Strukturanpassungshilfen bei Wirtschaftsreformen vorgesehen. Obwohl das Abkommen von Lomé einen bedeutenden Teil der internationalen Entwicklungshilfe darstellt, werden die wirtschaftspolitischen Auflagen von den AKP-Staaten jedoch als Bevormundung kritisiert. Außerdem hat sich bis 1993 noch kein AKP-Staat zu einem Industrieland entwickelt.*

Nur Gerechtigkeit kann Frieden sichern

Erst wenn die armen Bevölkerungsschichten in der Lage sind, selbstbestimmt und unter demokratischen Bedingungen ihre privaten und die Geschicke ihres Landes zukunftsweisend in die Hand zu nehmen, wird sich ein Ausgleich mit dem Norden herbeiführen lassen. Deshalb ist es wichtig, daß sich in allen Ländern die Menschenrechte und demokratische Verhältnisse durchsetzen.

Genauso wichtig ist es allerdings, daß die Industriestaaten die Schulden der Entwicklungsländer endlich in ein realistisches Verhältnis setzen zu dem, was sie den Entwicklungsländern schulden:

- Der **Treibhauseffekt,** die **Zerstörung der Ozonschicht,** die **Vergiftung der Umwelt** durch „Pflanzenschutzmittel" und die **Vernichtung der Artenvielfalt** im Tier- und Pflanzenbereich gehen auf das Konto der wenigen in den Industrienationen lebenden Menschen.
- Die in den Industrienationen **verbrauchten Rohstoffe** aus den Entwicklungsländern sind zu keiner Zeit angemessen bezahlt worden. Die Bedingungen des Welthandels werden weiterhin weitgehend von den reichen Ländern bestimmt.
- Die brutale **Ausbeutung der Kolonien** und ihre langfristigen Auswirkungen auf das Leben der Menschen in der Dritten Welt heute muß ebenfalls in einer gerechten Beurteilung der Verschuldung der Entwicklungsländer berücksichtigt werden.
- Die Fehler der Entwicklungspolitik der vergangenen Jahre haben häufig dazu geführt, daß sich nur wenige Menschen in den armen Ländern bereichert haben und daß es den armen Bevölkerungsschichten noch schlechter ging. Das wirtschaftliche Eigeninteresse der Industrienationen hat bisher eine grundlegende Verbesserung der Lebensbedingungen in der Dritten Welt verhindert.

5.4
M 5
Entwicklungspolitik beginnt zu Hause

Eine echte Partnerschaft setzt voraus, daß die hier aufgeführten Tatsachen offen ausgesprochen werden und daß jeder von uns täglich seine Bereitschaft zum Teilen unter Beweis stellt. Schließlich können Kleinaktionäre durch ihr Abstimmungsverhalten ebenso wie Verbraucher durch ihr Konsumverhalten Druck auf Unternehmen ausüben. Unsere wirtschaftliche Freiheit endet dort, wo sie anderen schadet!

M Materialien

Schuldendienst für den Bundeshaushalt

M 1 — Schulden (5.4)

Schulden der Dritten Welt gegenüber der Bundesregierung (1990)	
Kredite der Entwicklungshilfe	32 Mrd. DM
Kredite für Exportgarantien	13 Mrd. DM
Forderungen der ehemaligen DDR	5 Mrd. DM
öffentliche Gesamtschulden	**50 Mrd. DM**

Kapitalhilfe-Rückflüsse

Rückflüsse: 920 Mio. DM
Anzahlungen 2700 Mio. DM
Rückflüsse = 1/3 der Kapitalhilfe

Die Schulden der Entwicklungsländer gegenüber der Bundesregierung türmen sich durch Kredite auf. Inzwischen müssen die Entwicklungsländer rund ein Drittel der erhaltenen Kapitalhilfe als Schuldendienst an die Bundesrepublik zurückfließen lassen.

(Atlas der Weltverwicklungen, Wuppertal 1992)

(Dritte Welt Haus Bielefeld: Atlas der Weltverwicklungen, Wuppertal 1992)

Wie wirkt sich die jährliche Kapitalhilfe der Bundesrepublik an die Entwicklungsländer auf den Haushalt der Bundesrepublik aus?

Entwicklungshilfe auf dem niedrigsten Niveau seit 20 Jahren

M 2 — Entwicklungshilfe (5.4)

1994 (sind) 13 Millionen Kinder durch Armut und Krieg ums Leben gekommen. Den Grund für viele Kriege und Bürgerkriege sieht UNICEF in der wachsenden sozialen Kluft innerhalb vieler Gesellschaften. Daher müßten Armutsbekämpfung und die Befriedigung von Grundbedürfnissen Priorität genießen. Im Rahmen der Entwicklungshilfe müßten die Industrienationen mehr Mittel für die Bekämpfung der Armut bereitstellen. „Gegenwärtig stehen nicht mehr als zehn Prozent der Entwicklungshilfe für die Armutsbekämpfung zur Verfügung", berichtet UNICEF. Die Aufwendungen der Industrienationen für die Entwicklungszusammenarbeit seien auf das niedrigste Niveau seit 20 Jahren gesunken und lägen nur bei 0,29 Prozent des Bruttosozialprodukts, deutlich unter den vor Jahren versprochenen 0,7 Prozent. Kritik auch an den Entwicklungsländern: Diese gäben nur zehn Prozent ihrer Staatsausgaben in Höhe von 440 Milliarden Dollar für die Befriedigung der Grundbedürfnisse der ärmsten 1,2 Milliarden Menschen aus, etwa ein Viertel aber für die Rüstung.

(Frankfurter Rundschau, 16.12.1994)

Der Text beschreibt die Unzulänglichkeiten der internationalen Entwicklungshilfe. Was muß sich ändern?

Privatkapital fließt nur in wenige Entwicklungsländer

Die gesamten Schulden der Dritten Welt beliefen sich Ende 1993 auf rund 1 700 Milliarden Dollar, ein Anstieg um 6,5 Prozent binnen Jahresfrist. Dahinter verbergen sich unterschiedliche Trends: So wuchs der gesamte Nettotransfer (Kredite, Entwicklungshilfe, Investitionen) von Nord nach Süd um zwölf auf 92 Milliarden Dollar. Allein die Direktinvestitionen ausländischer Unternehmen erhöhten sich um ein Fünftel auf 56 Milliarden. Davon flossen jedoch 59 Prozent in nur fünf Staaten: China, Mexiko, Argentinien, Malaysia und Thailand. Die Zuflüsse in die meisten Länder mit niedrigem Einkommen stagnierten dagegen, ...

(Frankfurter Rundschau, 26.09.1994)

Wie beurteilen Sie die Chance, daß den armen Entwicklungsländern durch private Investitionen aus ihrer Misere geholfen werden könnte?

Der Segen wird zum Fluch...
Das Londoner Institut „Panos" kritisiert gigantische „Entwicklungshilfe"-Projekte

In Indien wurden in den knapp 50 Jahren seit der Unabhängigkeit 15 Millionen Menschen aus ihren Heimstätten verdrängt, damit Staudämme, Wasserreservoire, Kanäle, Bergwerke, Fabriken, Parks, kommerzielle Wiederaufrüstung und andere Vorhaben verwirklicht werden konnten. Nur vier Millionen Einwohner wurden ordnungsgemäß umgesiedelt. Die anderen haben sich als Tagelöhner dem Proletariat der großen Städte zugesellt. Mehrere Unterorganisationen der Vereinten Nationen haben in den vergangenen beiden Jahren davor gewarnt, Projekte zu finanzieren, für die viele Menschen umgesetzt werden müssen, sofern die Interessen dieser Menschen nicht geschützt sind und ihre Entschädigung nicht gesichert ist. Die Weltbank hat schon im Jahr 1990 zugegeben, daß bei solcher Umsetzung Produktionssysteme aufgelöst werden, Vermögenswerte und Einkommensquellen verlorengehen, Menschen in eine neue Umgebung versetzt werden, wo ihre produktiven Fähigkeiten nicht mehr voll zu verwenden sind. Die inneren Bande von Gemeinschaften würden geschwächt, Verwandtschaften lösten sich auf, die kulturelle Identität gehe verloren, damit auch die hergebrachte Autorität und die Fähigkeit zu gegenseitiger Hilfe – alles unter dem Vorwand, daß das Projekt einem ganzen Landesteil zugute komme. In den dichtbesiedelten Ländern Asiens können die verdrängten Menschen oft nicht ausreichend mit glattem Land an anderer Stelle entschädigt werden, weil es knapp ist. Frauen büßen bei dem Entschädigungsverfahren oft ihr eigenes Land ein, da die Entschädigung zur Gänze ihrem Mann zugeschrieben wird. Gesellschaftliche Auflösung und Umweltschäden werden von den Planern als „notwendige Kosten" angesehen. Infolgedessen wurde für den riesigen „Drei-Schluchten-Staudamm" in China das Konzept mit der größten Überflutungsfläche gewählt. Es bedeutete die Entwurzelung von 188 000 Menschen mehr als in den anderen Plänen vorgesehen – insgesamt mehr als eine Million.

(Frankfurter Rundschau, 07.03.1994)

1. Beschreiben Sie die Folgen vieler Großprojekte für die einheimische Bevölkerung (M4).
2. Immer mehr Bürger in den Industrieländern fordern, daß die Entwicklungspolitik nicht länger isoliert betrieben wird. Statt dessen solle in jeder politischen Entscheidung der entwicklungspolitische Aspekt berücksichtigt werden. Wie ist diese Forderung vor dem Hintergrund der vorangegangenen Materialien zu verstehen?

Entwicklungspolitik beginnt zu Hause

Jetzt, in der Mitte der neunziger Jahre, wird die Einsicht unabweisbar, ...daß Entwicklungspolitik zu Hause beginnt, nur anders, als der Stammtisch dies meint. Daß wir dem Süden vor allem ein Modell von Entwicklung schuldig sind, das sich bei uns selbst durchhalten und – mit allen möglichen Modifikationen (Veränderungen) – auch nach Süden übertragen läßt, ein Modell von Landwirtschaft, von Energiewirtschaft, von Verkehr und Kommunikation, von Gesundheitsdienst, ein Modell von Kreislaufwirtschaft, das nicht vom Kapital der Natur lebt, sondern von dessen Zinsen. Nur wenn wir uns in Richtung auf ökologische Landwirtschaft bewegen, werden die Länder des Südens Formen der Landwirtschaft suchen, die ihnen angemessen sind. Nur wenn wir auf Sonnenenergie setzen, wird der Süden seine ungleich größere Chance nutzen. Nur wenn wir Verkehrssysteme ersinnen, die unsere Wälder schützen, können wir die Bewahrung der tropischen Wälder einfordern. Und so fort. Wie man dies alles macht, wie der ökologische Umbau zu bewerkstelligen ist, wissen wir längst. Wir tun nur so, als wüßten wir es nicht.

(Erhard Eppler, von 1968 bis 1974 Bundesminister für wirtschaftliche Zusammenarbeit, in Frankfurter Rundschau, 05.12.1994)

1. Welche Schwerpunkte müssen in der Entwicklungspolitik gesetzt werden?
2. Wie könnte man sich eine positive Zusammenarbeit zwischen Industrie- und Entwicklungsländern vorstellen?

Arbeitsvorschlag

Informationsbeschaffung

Was tun?

Sammeln Sie zu folgenden Themen Informationen über die zur Zeit ärmsten Länder der Erde:

1. Wovon und wie leben die Menschen?
2. Welcher Art sind die wirtschaftlichen Abhängigkeiten von den Industrienationen?
3. Welche politischen Mitwirkungsrechte haben die Menschen?
4. Beschreiben Sie die sozialen Unterschiede.
5. Welche Unruhen oder Widerstände gibt es seitens bestimmter Bevölkerungsschichten oder -gruppen, und gegen wen sind diese gerichtet?
6. Gibt es Umweltprobleme, die speziell für dieses Land eine besondere Bedrohung darstellen?
7. Welchen Wandlungen wurden traditionelle Lebensweisen unterworfen?
8. ...

Wie?

Finden Sie sich in Dreiergruppen zusammen. Jede Gruppe sollte sich ein Land für seine Recherchen (Nachforschungen) auswählen.
Versorgen Sie sich mit Kollegblöcken, Karteikarten, Leuchtmarkern, Bleistiften und festen Schreibunterlagen.

Wo?

Besuchen Sie private Hilfsorganisationen wie „Brot für die Welt" oder „Misereor", Dritte-Welt-Läden, Bürgerinitiativen und Amnesty International, Greenpeace, Robin Wood usw. Nutzen Sie die Schulbücherei und öffentliche Bücherhallen. Befragen Sie Menschen, die in den betreffenden Ländern gelebt haben oder leben.

Warum?

- Sie können jetzt feststellen, ob es Verbindungen zwischen politischer Unterdrückung und sozialen Unterschieden gibt, und wenn ja, welche?
- Sie können beschreiben, wie sich der Handel mit den Industrienationen während der letzten Jahre auf die Lebensbedingungen im untersuchten Land ausgewirkt hat.
- Sie können den Ursachen von Umweltbelastungen auf den Grund gehen.
- Sie können...

Wie geht es weiter?

Tauschen Sie Ihre Gruppenergebnisse mit den anderen Arbeitsgruppen aus. Versuchen Sie gemeinsam herauszufinden, ob es Ursachen für Mißstände innerhalb der untersuchten Länder gibt, die sich verallgemeinern lassen.

Welche Forderungen müssen aus Ihrer Sicht an die Entwicklungspolitik gestellt werden, damit diese Mißstände beseitigt werden können?

Fassen Sie Ihre Ergebnisse an Wandtafeln, Stellwänden oder in einer Broschüre zusammen (gibt's noch andere Ideen?), und stellen Sie diese der Öffentlichkeit vor.

Auch dort, wo Sie ursprünglich Ihre Informationen bezogen haben, wird man sich über eine Zusammenfassung Ihrer Ergebnisse freuen.

Diskussion

Sollen den Entwicklungsländern die Schulden erlassen werden?

Wie die Wertberichtigung funktioniert

1. Eine deutsche Bank vergibt an ein „Dritte-Welt-Land" einen Kredit.
2. Nach einiger Zeit zeigt sich, daß das Land nicht in der Lage ist, den Kredit zurückzuzahlen.
3. Die Bank nimmt eine Wertberichtigung vor: In der Bilanz wird die Höhe der ausstehenden Forderung stufenweise (Jahr für Jahr) reduziert (berichtigt).

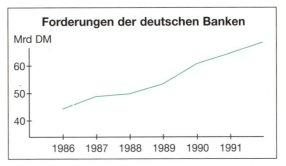

4. Diese Wertberichtigung, das Abschreiben der offenen Forderungen, kann die Bank als Aufwand geltend machen. Dadurch reduzieren sich die zu versteuernden Gewinne der Bank, sie spart Steuern, bzw. ein Teil der eigentlich zu zahlenden Steuern wird mit Rücksicht auf die Problemkredite gestundet.
5. Wenn sich der Kredit schließlich als uneinbringlich erweist, wird die Bank ihn endgültig abschreiben. Die Verluste reduzieren erneut die zu versteuernden Gewinne.
6. Entscheidend ist aber, daß die vorläufige Steuerersparnis während der Wertberichtigung nicht verzinst wird. Die Banken erhalten für ihre Wertberichtigungen also ein zinsloses Darlehen... Geschätzte Summe pro Jahr: 1,6 Mrd. DM.
7. Die Forderungen gegenüber den Dritte-Welt-Ländern bleiben ungeachtet der Wertberichtigungen in voller Höhe bestehen. (...)

(Dritte Welt Haus Bielefeld: Atlas der Weltverwicklungen, Wuppertal 1992)

„Hermes-Kredite" sind eine Sicherheit für deutsche Firmen, die in ein Entwicklungsland liefern. Wenn das betroffene Land nicht in der Lage ist, seine Schulden gegenüber dieser Firma zu begleichen, so wird das ausstehende Geld der Firma aus dem Bundeshaushalt erstattet. Der Bund tritt in diesem Fall als Gläubiger gegenüber dem Entwicklungsland auf.

Defizite bei Hermes-Bürgschaften

Jahr	Betrag (Mio DM)		
	Auszahlungen	Rückflüsse	Defizit
1982	931	360	571
1983	1544	223	1321
1984	2103	314	1789
1985	1765	366	1399
1986	1929	484	1445
1987	2321	385	1936
1988	2277	253	2024
1989	2490	263	2227
1990	3239	250	2989
1991	2901	244	2657
1992	3360	278	3082

(Hermes-Kreditversicherungs-AG)

Die Armen zahlen an die Reichen
1980–1990

Die „Dritte Welt" hat erhalten:
1195 Mrd. $

| Öffentliche Entwicklungshilfe 40 % |
| Direktinvestitionen 16 % |
| Bankkredite 22 % |
| Sonstige Quellen 22 % |

Die „Dritte Welt" hat gezahlt:
1528 Mrd. $

| Tilgungen 42 % |
| Zinsen 58 % |

Kapitalabfluß von der Dritten Welt 1980–1990:
333 Mrd. $

(Dritte Welt Haus Bielefeld: Atlas der Weltverwicklungen, Wuppertal 1992)

5.5 Friedenssicherung nach dem Ost-West-Konflikt

Der Strudel der Veränderung…

Sinnvolle Nutzung überflüssig gewordener Panzer. In Ungarn werden sie z. B. mit Schiebern versehen und zur Verteilung des Mülls auf den Müllhalden eingesetzt.

Ein Soldat blickt auf die nordbosnische Region Bihac

Brennende Ölquellen in Kuwait

> Frieden… ist nicht nur das Schweigen von Waffen, sondern auch der Prozeß, der im Zusammenleben der Völker Gewalt, Ausbeutung, Hunger und Unterdrückung beseitigt und die natürlichen Lebensgrundlagen bewahrt bzw. wiederherstellt.
>
> (August-Bebel-Kreis (Hrsg.): Brauchen wir noch deutsche Streitkräfte?, Bonn 1990)

Große Hoffnungen begleiteten das Ende des Kalten Krieges, denn die direkte Bedrohung durch einen alles zerstörenden Atomkrieg der Supermächte war überwunden. Dennoch wurden 1994 weltweit mehr als 40 Kriege geführt. Das waren weit mehr als in den Jahren und Jahrzehnten zuvor.

5.5
M 1-2
Die Welt nach 1945

In den ehemaligen Ostblockstaaten brechen viele alte Konflikte auf, die militärisch ausgetragen werden, da der Druck, den die Sowjetunion ausgeübt hatte, entwichen ist.

Aber auch in den Ländern auf der südlichen Erdhalbkugel gibt es heute mehr Kriege. Die Konfrontationslinie, die zwischen den Blöcken verlief, ist durch eine Vielzahl von Kriegsschauplätzen ersetzt worden.

5.5 M 3 Frieden und Menschenrechte

Für die wohlhabenden westlichen Staaten wird der „Frieden" ebenfalls zusammenbrechen, wenn die Menschen in der Dritten Welt und in den ehemaligen Ostblockstaaten langfristig unter elenden Bedingungen leben müssen. Überall auf der Welt muß die Schaffung sozialen Ausgleichs mit der Durchsetzung von Demokratie und Menschenrechten Hand in Hand gehen.

Heute sehen wir uns einer ganzen Reihe sogenannter „nichtmilitärischer Risiken" gegenübergestellt, die den Frieden der Welt bedrohen:

- Raubbau an der Natur
- Umweltverschmutzung
- Klimakatastrophe
- Bevölkerungsexplosion

5.5 M 4+5 Kosten der Rüstung

Nur über eine weltweite internationale Zusammenarbeit können diese Probleme gelöst werden. Wir sind zu **„Einer Welt"** zusammengewachsen. Sicherheit ist unteilbar geworden.

Die Industrieländer müssen jetzt die Chance ergreifen, weiter abzurüsten. Noch immer verschlingt das Militär unvorstellbar viel Geld, Energie und menschliche Arbeitskraft. So bleibt der Frieden unbezahlbar.

Rüstung tötet auch ohne Krieg!

Hungernde sudanesische Kinder warten auf Essenszuteilungen vor einer von der UNO unterstützten Ausgabestelle

Chancen und Schwierigkeiten der internationalen Zusammenarbeit

Die Vereinten Nationen

Die Vereinten Nationen (englisch: United Nations Organization; Kurzform UN oder UNO) sind heute eine Gemeinschaft von mehr als 180 Staaten und umfassen damit nahezu die ganze Welt.

Bereits während des Zweiten Weltkrieges war bei den Siegermächten und China die Überzeugung gewachsen, daß nur ein weltweiter Zusammenschluß von Staaten in der Lage ist, den Frieden und die internationale Sicherheit auf Dauer zu gewährleisten. Mit diesem Hauptziel vor Augen unterzeichneten 51 Staaten 1946 die **„Charta der Vereinten Nationen"**.

> Die UNO wurde nicht geschaffen, um uns in den Himmel zu bringen, aber sie rettet uns vor der Hölle.
>
> Dag Hammarskjöld, 1953–1961 UN-Generalsekretär

Inzwischen handelt es sich bei der überwältigenden Mehrzahl der Mitgliedstaaten um Entwicklungsländer. Deshalb hat die Lösung von wirtschaftlichen und sozialen Problemen an Bedeutung gewonnen. Die heutigen Hauptziele lassen sich folgendermaßen zusammenfassen:

- Friedenssicherung,
- Zusammenarbeit in Fragen der Entwicklungspolitik,
- Schutz der Menschenrechte.

Die Organisation der Vereinten Nationen – UN

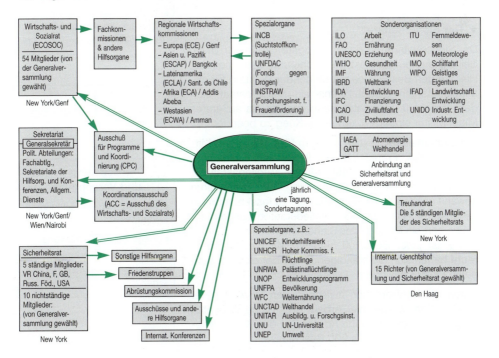

> Aber wer ist schon „die UNO"? Völkerrechtler können über das System einen mehrstündigen Vortrag halten. Die UNO ist ein einzigartiges Geflecht mit über hundert selbständigen Teilen, darunter das Kinderhilfswerk UNICEF, die Welternährungsorganisation FAO in Rom, die Weltgesundheitsorganisation WHO in Genf. Alles, was weltweit koordiniert werden muß, hängt in irgendeiner Weise an der UNO, ob es sich um die Sicherheit der Kernkraftwerke, die Hungerhilfe oder den Austausch von Wetterdaten handelt. Oder um den Weltfrieden, für den vor allem der Sicherheitsrat zuständig ist.
>
> Die Zentrale des Netzwerkes liegt 38 Stockwerke über Manhattan, am East River. Unter „United Nations, UN Plaza, New York 10017" residiert das UN-Sekretariat mit dem ägyptischen Generalsekretär Boutros Boutros Ghali an der Spitze.

(Süddeutsche Zeitung Magazin, 04.06.1993)

Die vier wichtigsten Hauptorgane bilden das Gerüst der UNO.

- **Die Generalversammlung**

Mindestens einmal im Jahr tagt die Generalversammlung, auch Vollversammlung genannt, für mehrere Monate. Hier sind alle Mitgliedstaaten mit einer maximal fünfköpfigen Delegation vertreten. Jedes Land besitzt eine Stimme. Somit verfügt China, wo 1 Mrd. Menschen leben, über das gleiche Gewicht wie Luxemburg (365 000 Menschen). Beschlüsse müssen je nach Wichtigkeit entweder mit einfacher oder mit Zweidrittelmehrheit gefaßt werden. Es handelt sich dabei jedoch nicht um verbindliche Gesetze, sondern um Empfehlungen, auch Resolutionen genannt.

- **Der Sicherheitsrat**

Der Sicherheitsrat ist das mächtigste Organ der UNO. Seine Hauptaufgabe ist die Sicherung des Friedens. Hier werden Beschlüsse mit bindender Wirkung für alle Mitgliedstaaten gefaßt. Wenn ein Mitgliedstaat sich dem Beschluß widersetzt, kann der Rat als äußerstes Mittel Militär einsetzen, um einen Krieg zu beenden.

Der Sicherheitsrat besteht aus den **fünf ständigen** Mitgliedern USA, Frankreich, Großbritannien, China und Rußland und **zehn nichtständigen** Mitgliedsstaaten, die von der Generalversammlung für zwei Jahre gewählt werden. Um einen Beschluß zu fassen, müssen mindestens neun der 15 Mitgliedstaaten zustimmen. Verweigert ein Mitglied des Sicherheitsrates die Zustimmung, ist jeder Beschluß hinfällig. Mit diesem **Vetorecht** haben sich die ständigen Mitglieder einen besonderen Einfluß gesichert.

Durch die Konfrontation zwischen den USA und der Sowjetunion wurde die Arbeit des Sicherheitsrates lange Zeit blockiert. Während der Zeit des Kalten Krieges scheiterten mehr als 200 Beschlüsse.

Das Instrumentarium friedlicher Streitbeilegung

↓

„Gute Dienste"
- Grundlage für Verhandlungen werden geschaffen
- Kommunikationsverbindungen u.ä. werden zur Verfügung gestellt
- Übermittlung von Nachrichten

↓

Beratung und Versöhnung
- Abbau von gegenseitigen Vorurteilen
- Wege zur Problemlösung werden gesucht
- noch keine eigenen Vorschläge

In den vergangenen Jahren ist die Forderung der Entwicklungsländer nach einem größeren Einfluß auf die Friedenssicherung stärker geworden. Deshalb wird darüber diskutiert, ob ein weiteres Land der Dritten Welt neben China als ständiges Mitglied aufgenommen werden soll. In Frage kommen z.B. Brasilien, Indien oder Nigeria.

Aber auch Japan und Deutschland haben ihr Interesse angemeldet, in dieses wichtige Gremium aufgenommen zu werden. Auf Grund ihrer Wirtschaftskraft zahlen diese beiden Länder hohe Beiträge an die UNO. Deshalb wünschen sie sich auch ein größeres politisches Mitspracherecht.

- **Der Wirtschafts- und Sozialrat**

In diesem Rat sind mehr als 50 Staaten mit jeweils einem Delegierten vertreten. Von ihm werden Projekte betreut und durchgeführt, die sich auf die wirtschaftliche Zusammenarbeit beziehen und die Bereiche Kultur, Erziehung, Gesundheit und Menschenrechte betreffen. Ein großer Teil der vom Wirtschafts- und Sozialrat verfaßten Berichte und Empfehlungen setzt sich mit der Situation in den Entwicklungsländern auseinander. Die Empfehlungen des Rats sind rechtlich nicht bindend.

- **Das Sekretariat**

Das Sekretariat muß alle Programme und Maßnahmen, die von irgendeinem Gremium der UNO beschlossen werden, vorbereiten und durchführen. Rund 29 000 Mitarbeiter arbeiten für das größte Organ der UNO. An seiner Spitze steht der Generalsekretär. Auf Vorschlag des Sicherheitsrates wird er von der Vollversammlung auf jeweils fünf Jahre gewählt.

Mit dem wachsenden Einfluß der UN nach Beendigung des Kalten Krieges gewinnt auch die politische Aktivität des Generalsekretärs an Bedeutung. Bei internationalen Konflikten greift er als Berater, Vermittler und Schlichter ein.

Vermittlung
- Eigene Vorschläge werden in die Verhandlungen eingebracht.
- Mit positiven oder negativen Sanktionen kann der Druck zu einer Einigung erhöht werden.

Untersuchung und Vergleich
- Fakten werden festgestellt
- Einbringen eines Vermittlungsvorschlages ohne bindende Wirkung

Schiedsgerichtsbarkeit
- Internationaler Gerichtshof in Den Haag entscheidet als unabhängiges Gericht
- Beide Streitparteien müssen sich freiwillig dem Verfahren stellen. Der Schiedsspruch ist dann jedoch bindend.

Blauhelme

Wenn zwischen zwei Staaten ein Waffenstillstand ausgehandelt wurde, werden von der UNO in vielen Fällen Friedenstruppen zur Überwachung entsandt. Wegen ihrer Kopfbedeckung werden diese Soldaten „Blauhelme" genannt. Ihr Auftrag ist es, den Frieden zu bewahren. Sie dürfen jedoch nur mit dem Einverständnis beider Konfliktparteien eingesetzt werden.

Der Generalsekretär setzt sich dafür ein, daß die UNO außerdem über ständige Streitkräfte verfügt. Diese Soldaten sollen mit Kampfeinsätzen Frieden schaffen, wenn Verhandlungen keinen Erfolg mehr haben. Bisher mußten die NATO oder die USA solche Einsätze auf Anforderung des Sicherheitsrates planen und durchführen.

5.5
M 6+7
Friedens- und Sicherheitspolitik der UNO

M 8 KSZE

Friedenspolitik – Von der KSZE zur OSZE

Die Konferenz für Sicherheit und Zusammenarbeit in Europa – KSZE – prägte die Phase der Entspannungspolitik in Europa während der 70er Jahre.

Das Interesse der Sowjetunion an wirtschaftlich-technischen Beziehungen zu den westlichen Industriestaaten förderte ihre Kompromißbereitschaft gegenüber dem Westen. Dadurch wurde es möglich, die Beachtung der Menschen- und Bürgerrechte in den osteuropäischen Staaten zum Verhandlungsgegenstand zu erheben.

Die zwischen 1973 und 1975 in Helsinki und Genf abgehaltene KSZE wurde 1975 mit der Verabschiedung der **„Schlußakte von Helsinki"** beendet. An der Konferenz hatten 33 europäische Staaten sowie die USA und Kanada teilgenommen.

Um Mißtrauen und Angst abzubauen, wurden vertrauensbildende Maßnahmen vereinbart:
- gegenseitige Besuche bei Manövern,
- Informationen über Truppenverlegungen und Waffensysteme.

Der Austausch von Zeitungen und Zeitschriften zwischen Ost und West erleichterte das gegenseitige Verständnis. Auch die Bürgerrechtsbewegungen in den osteuropäischen Ländern wurden gestärkt. Sie beriefen sich immer wieder auf das Recht zur Informationsbeschaffung.

Aus der KSZE entstand eine langfristige Zusammenarbeit. Die militärische Konfrontation der Blöcke wurde abgebaut.

1993 waren es bereits 53 KSZE-Mitglieder, die sich seitdem im wesentlichen um folgende Anliegen bemühen:
- Konfliktverhütung,
- Krisenbewältigung,
- Stabilisierung der Demokratie im Osten.

Um der großen Bedeutung der KSZE auch für das 21. Jahrhundert Ausdruck zu verleihen, wurde die KSZE im Dezember 1994 in OSZE (Organisation für Sicherheit und Zusammenarbeit in Europa) umbenannt.

> **Die KSZE als Wertegemeinschaft**
>
> Seit den beeindruckenden Umwälzungen in Mittel- und Osteuropa gilt die KSZE zu Recht als eine Gemeinschaft der gleichen Werte. Die KSZE verkörpert, was die Staaten der euro-atlantischen Gemeinschaft als ihre gemeinsamen politisch-ethischen Grundüberzeugungen und ihre gemeinsamen Verhaltensnormen begreifen.
>
> Die KSZE mit ihren 53 Teilnehmerstaaten bemüht sich im Interesse künftiger Generationen um die Herbeiführung von Frieden und somit um die Verhütung künftiger Konflikte. Ein wichtiger Aspekt ist dabei, daß das umfassende Sicherheitskonzept der KSZE zwischen Frieden, Sicherheit und Wohlstand einerseits und der Einhaltung der Menschenrechte und demokratischen Freiheiten sowie dem System der Marktwirtschaft andererseits einen direkten Zusammenhang herstellt.
>
> (Max van der Stoel, Hoher Kommissar der KSZE)

1992 wurden das Amt des Generalsekretärs und die Einführung eines Vergleichs- und Schiedsgerichtshof eingeführt. Somit steht der heutigen OSZE ein ganzes Geflecht von Institutionen für die Durchführung von Maßnahmen zur Verfügung.

Alle Mitglieder der OSZE müssen zustimmen, wenn militärische Maßnahmen zur Friedenssicherung durchgeführt werden sollen. Dieses **Konsensprinzip** (Konsens = Übereinstimmung) wird anläßlich des Krieges im ehemaligen Jugoslawien von vielen Politikern kritisiert. Sie fordern, daß die OSZE gegen ein kriegführendes Mitglied der Gemeinschaft einen Militärschlag durchführen darf **(Konsens minus eins)**. Andere Politiker halten dagegen, daß sich ein Abrücken vom Konsensprinzip schädlich auf das friedliche Zusammenwachsen Europas auswirken könne. Sie befürchten eine Eskalation der Gewalt.

Das atlantische Bündnis – NATO

Die Gründung der NATO im Jahr 1949 stand im unmittelbaren Zusammenhang mit dem Ost-West-Konflikt. So war das Bündnis bis zum Ende des Kalten Krieges in erster Linie gegen den **Warschauer Pakt** gerichtet, das Militärbündnis der osteuropäischen Staaten unter Führung der Sowjetunion.

Noch heute gehört die gegenseitige Unterstützung der 16 Mitgliedstaaten im Falle eines bewaffneten Angriffs zu den wichtigsten vertraglichen Verpflichtungen. Doch aus den Feinden von einst sind Verbündete geworden. Die Suche nach militärischer Sicherheit und einer engeren wirtschaftlichen Anbindung an die reichen Länder Westeuropas ließ viele Staaten Mittel-, Ost- und Südosteuropas auf eine Mitgliedschaft in der NATO drängen. Das Bündnis reagierte bislang zwar zurückhaltend, strebte jedoch eine intensivere Zusammenarbeit an.

Stationen der Annäherung:

- **Nordatlantischer Kooperationsrat** – 1992 – Förderung der militärischen und sicherheitspolitischen Zusammenarbeit.
- **Stabilitätspakt** – Dezember 1993 – Koordination der unterschiedlichen Bündnisse und Gemeinschaften (NATO, KSZE, WEU, UNO).
- **Partnerschaft für den Frieden** – Januar 1994 – Den Mitgliedern wurde eine Mitgliedschaft in der NATO unverbindlich in Aussicht gestellt.

5.5
M 9
Die Zukunft der NATO

Die Zusammenführung von ost- und westeuropäischen Staaten ist eine der wichtigsten Aufgaben der nächsten Jahre. Noch ist nicht endgültig geklärt, welche Rolle die NATO dabei spielen wird.

5.5
M 10
OSZE

Kritische Stimmen fragen, ob nicht der OSZE bei der Zusammenführung Europas die Führungsrolle zugesprochen werden sollte. Eine solche Entwicklung könnte sich zu Lasten der Bedeutung der NATO auswirken. Noch umfangreichere Abrüstungsmaßnahmen wären die Folge.

Die Westeuropäische Union – WEU

Innerhalb der NATO stellen die USA die uneingeschränkte Führungsmacht dar. Mit einem eigenen militärischen Beistandspakt, der WEU, soll der Einfluß Westeuropas gestärkt werden.

Mitte 1994 gehörten der WEU bereits zehn europäische Staaten an. Der wichtigste Militärverband der WEU ist das EUROKORPS, an dem sich bislang Belgien, Deutschland, Frankreich, Luxemburg und Spanien beteiligten.

Neben der Erörterung von Sicherheits- und Verteidigungsfragen übernimmt die WEU Koordinations- und Überwachungsmaßnahmen bei NATO-Einsätzen. Somit steht die WEU zwar der NATO zur Verfügung, kann aber auch im Rahmen von KSZE- und UN-Aktivitäten eingesetzt werden. An der Durchsetzung des internationalen Wirtschafts- und Waffenembargos gegen Jugoslawien war Mitte 1994 auch die WEU beteiligt.

(1992 trat Griechenland der WEU bei)

Die Bundeswehr

Organisation

Die Geburtsstunde der Bundeswehr schlug mit Inkrafttreten der „Pariser Verträge" (1955). Hier wurde die NATO-Mitgliedschaft der Bundesrepublik vereinbart. Gleichzeitig wurde festgelegt, die Bundeswehr (maximal 500 000 Mann) dem Oberbefehl des Bündnisses zu unterstellen.

Im Zuge der internationalen Abrüstungsverhandlungen wegen des geschrumpften Verteidigungshaushalts wurde die Personalobergrenze auf 340 000 Soldaten reduziert. Diese sind aufgeteilt in drei Teilstreitkräfte:

- Heer,
- Luftwaffe,
- Marine.

Die Befehls- und Kommandogewalt hat der Bundesminister der Verteidigung. Mit der Verkündung des Verteidigungsfalls geht diese an den Bundeskanzler über. Jede Teilstreitkraft untersteht einem Inspekteur. Neben dem Inspekteur des Sanitäts- und Gesundheitsdienstes befinden sich somit vier Inspekteure mit eigenem Führungsstab im Bundesministerium.

Der **Generalinspekteur** ist der militärische Berater der Regierung.

Der Auftrag der Bundeswehr ist im Grundgesetz verankert:

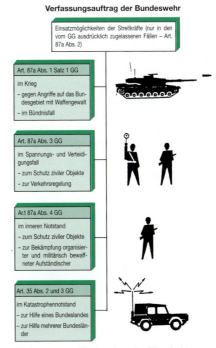

(Scheven u.a.: Die Bundeswehr, Mannheim 1987)

Internationale Zusammenarbeit

(Das Parlament, 11./18.11.1994)

Dem Einsatz deutscher Soldaten sind durch das Grundgesetz enge Grenzen auferlegt. Dagegen fordert jedoch z.B. der Generalsekretär der Vereinten Nationen eine stärkere deutsche Beteiligung an weltweiten friedenserhaltenden Maßnahmen. Es wird deshalb diskutiert, ob und in welchem Umfang die entsprechenden Bestimmungen im Grundgesetz geändert werden sollten.

Darf sich die Bundeswehr nur an humanitären Einsätzen beteiligen, oder sollten auch militärische Aktionen erlaubt sein? Sollte die Bundeswehr ausschließlich im Rahmen von UN-Einsätzen ausrücken? Wäre es richtig, wenn bereits eine OSZE-Anforderung einen deutschen Kampfeinsatz im Rahmen von NATO oder WEU auslösen könnte?

Mögliche Bundeswehreinsätze im Rahmen internationaler Friedensmissionen:

- *UNO-Blauhelmeinsätze*
- *Bewaffnete Friedensmissionen der UNO*
- *Friedensmissionen der EG/WEU (ggf. im Auftrag der UNO oder OSZE)*
- *Friedensmissionen der NATO (ggf. im Auftrag der UNO oder OSZE)*
- *Friedensmissionen der OSZE (ggf. im Auftrag der UNO)*

M 11 Auslandseinsätze der Bundeswehr

Gegenstand der Auseinandersetzung ist auch, ob Deutschland langfristig ganz auf die Bundeswehr verzichten kann. Nach dem Ende des Ost-West-Konflikts wächst bei vielen Menschen die Überzeugung, daß zukünftig nur über eine nichtmilitärische Sicherheitspolitik erfolgreiche Kriegsvorbeugung betrieben werden kann – eine Utopie?

Wehrpflicht

M 12 Wehrdienst unbeliebter

Mit der Einführung der Wehrpflicht 1956 erhob der Bundestag die Landesverteidigung zur Verpflichtung jedes Bürgers. Damit sollte die Verankerung der Armee in der Gesellschaft sichergestellt werden, denn nichts ist gefährlicher für die Demokratie, als wenn sich in den Kasernen ein „Staat im Staate" bildet.

Die allgemeine Wehrpflicht greift in das Privatleben des Bürgers ein. Viele junge Männer beugen sich einer mehr oder weniger lästigen Pflicht, andere gehen aus innerer Überzeugung zum „Bund". Eine ganze Reihe von Jugendlichen möchten bei der Bundeswehr Aus- oder Weiterbildungsmöglichkeiten in Anspruch nehmen, weil sie sich davon einen besseren Start in das Berufsleben versprechen.

Es gibt vier Einberufungstermine im Jahr: Diese sind im Januar, April, Juli und Oktober. Der Einberufungsbescheid wird spätestens vier Wochen vor dem Einberufungstermin zugestellt.

Dauer der Wehrpflicht

ab vollendetem 18. Lebensjahr	allgemeine Wehrpflicht
bis zum noch nicht vollendeten 28. Lebensjahr, in Ausnahmefällen bis zum noch nicht vollendeten 32. Lebensjahr	Pflicht, Grundwehrdienst zu leisten
mit Ablauf des Jahres, in dem das 45. Lebensjahr vollendet wird (Ausnahme § 49 WpflG)	Ende der Wehrpflicht für Ungediente und Mannschaften im Frieden
mit Ablauf des Jahres, in dem das 60. Lebensjahr vollendet wird	Ende der Wehrpflicht für Ungediente und Mannschaften im Verteidigungsfall. Ende der Wehrpflicht für Unteroffiziere und Offiziere der Reserve
mit Vollendung des 65. Lebensjahres	Ende der Wehrpflicht für Berufssoldaten

(Aus: Scheven u.a.: Die Bundeswehr, Mannheim 1987)

Die Truppenreduzierung hat dazu geführt, daß die Wehrpflicht kürzer wurde und bereits nur jeder dritte Wehrpflichtige tatsächlich bei der Bundeswehr gebraucht wird. Dieses Mißverhältnis wird jedoch durch die stark ansteigende Zahl von Kriegsdienstverweigerern weitgehend ausgeglichen.

Zivildienst

 Niemand darf gegen sein Gewissen zum Kriegsdienst mit der Waffe gezwungen werden. Das Nähere regelt ein Bundesgesetz. Artikel 4 Absatz 3 des Grundgesetzes

 Wer aus Gewissensgründen den Kriegsdienst mit der Waffe verweigert, kann zu einem Ersatzdienst verpflichtet werden. Artikel 12a, Satz 1, Absatz 2 des Grundgesetzes

Oktober 1973	Oktober 1993
280 Beschäftigte	3 000 Beschäftigte
3 900 Beschäftigungsstellen	35 000 Beschäftigungsstellen
16 700 Zivildienstplätze	164 000 Zivildienstplätze
10 630 Zivildienstleistende	135 000 Zivildienstleistende

Mehr als 1 Million Wehrpflichtige haben seit Einführung der Wehrpflicht den Status „**anerkannter Kriegsdienstverweigerer**" erhalten. Sie alle haben sich auf das Grundgesetz berufen und waren bereit, einen zivilen Ersatzdienst zu leisten.

Anfänglich wurde den „Drückebergern" noch großes Mißtrauen entgegengebracht. Heute ist die Arbeit der Zivildienstleistenden aus dem Leben vieler alter, kranker und behinderter Menschen nicht mehr wegzudenken. Die individuelle Schwerstbehindertenbetreuung und der Mobile Soziale Hilfsdienst sind neue Tätigkeitsbereiche, die erst mit Hilfe der Zivildienstleistenden aufgebaut werden konnten.

Kriegsdienstverweigerer müssen einen schriftlichen Antrag an das für sie zuständige Kreiswehrersatzamt des Heimatortes stellen. Dieser Antrag sollte vor dem Erhalt eines Einberufungsbescheides gestellt werden. Frühestens darf die Antragstellung ein halbes Jahr vor Vollendung des 18. Lebensjahres erfolgen.

Das Kreiswehrersatzamt übergibt den Antrag an das Bundesamt für den Zivildienst. In seinen Aufgabenbereich fallen neben der Durchführung des gesamten schriftlichen Anerkennungsverfahrens auch die Schaffung einer ausreichenden Zahl von Zivildienststellen. Wer zu einer Zivildienststelle seiner Wahl einberufen werden will, sollte sich an die für ihn zuständige Verwaltungsstelle wenden.

Warum verweigern?

Abgesehen von aktuellen Kriegsgeschehnissen (Golfkrieg, Jugoslawien, Somalia), die häufig die Gewissensentscheidungen beeinflussen, sind die Antragsbegründungen in den zehn Jahren inhaltlich im wesentlichen gleich geblieben.

Die Anträge werden zu einem erheblichen Teil mit religiösen, aber auch politischen oder aus der eigenen Lebensentwicklung entstandenen Erwägungen begründet. Als wesentlich für die Bildung der Gewissensentscheidung werden bezeichnet:

- Erziehung durch Eltern und Großeltern
- Berichte von Angehörigen über Kriegserlebnisse
- Erziehung in der Schule
- Gewalterlebnisse
- Tod von Verwandten und Freunden
- Diskussionen in Gruppen, im Freundeskreis, mit Bundeswehrangehörigen, Zivildienstleistenden, Verwandten
- Beschäftigung mit dem Krieg und dem Nationalsozialismus durch Literatur, Film, Medien, KZ-Besuch
- soziales Engagement
- Auslandskontakte

Die Antragsteller aus den neuen Bundesländern führen daneben häufig politische Gründe an, die sich aus der Geschichte, den Lebensumständen und den Erfahrungen in der ehemaligen DDR ergeben.

(Aus: Bundesamt für den Zivildienst, Daten und Fakten, Köln 1994)

Materialien

Die Bedeutung des Ost-West-Konflikts

Das globale System durchläuft einen Wandlungsprozeß, der dem nach dem Zweiten Weltkrieg vergleichbar ist. Damals wie jetzt war ein großer globaler Konflikt zu Ende gegangen, damals wie jetzt formierte sich die internationale Politik neu. Zwar darf man die Unterschiede nicht verwischen; der Zweite Weltkrieg hatte nur sechs Jahre gedauert, aber er hatte die ganze damalige Welt verwüstet und mehr als 40 Millionen Menschen das Leben gekostet. Der Ost-West-Konflikt artete nie in einen Krieg aus, selbst sein Ende verlief sanft. Seine politischen Wirkungen aber waren ungleich größer. Er hatte viel länger gedauert, verschlang in seiner akuten Phase nach 1945 fast 20 Billionen US-Dollar an Rüstungsausgaben und beeinflußte die ganze Welt. Insofern sind die Veränderungen, die er schuf, größer als die von 1945. Damals wurde ein Konflikt in Europa und Asien beendet. 1989/90 ging ein globaler Konflikt zu Ende, der die gesamte Welt erfaßt und in seinen Bann geschlagen hatte. Entsprechend groß und global sind die Folgen, die er hinterlassen hat.

(Ernst-Otto Czempiel: Weltpolitik im Umbruch, München 1991)

5.5 **M 1** Die Bedeutung des Ost-West-Konfliktes

1. Warum wird den Jahren 1989/90 eine solch große Bedeutung beigemessen?
2. Der ehemalige tschechische Außenminister äußert sich zu den Veränderungen in der Welt nach der Überwindung des Ost-West-Konflikts. Fassen Sie den Kern der Aussage zusammen.

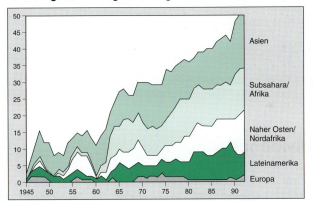

Pro Jahr geführte Kriege nach Regionen 1945 - 1992

(AKUF, 1993, Stand 31.12.1991)

5.5 **M 2** Kriege nach 1945

1. Was läßt sich über die Anzahl der bewaffneten Konflikte seit 1945 sagen?
2. Wo fanden diese Kriege überwiegend statt?

Frieden ist mehr

Frieden ist aber mehr als der bloße Zustand des Nicht-Krieges. Grundlage des Friedens sind die Menschenrechte. D.h. Menschenrechtsverletzungen aller Art, Terror und Willkür, Folter und Sklaverei, Hunger und Massenelend, kurz: personelle und strukturelle Gewalt in ihrem ganzen Spektrum, sind mit Frieden unvereinbar...

Würden Diktaturen – bei Verzicht auf Krieg nach außen – trotz Unterdrückung nach innen als Friedensordnung akzeptiert werden, so würde Frieden zum menschenverachtenden „Terrorfrieden" und „Friedhofsfrieden" degenerieren. Ähnliches gilt mit Blick auf die Dritte Welt auch für das Verhältnis zwischen Nord und Süd.

5.5 **M 3** Frieden und Menschenrechte

Die Umwandlung der Rüstungsindustrie

Wer die Ausfuhr von Kriegswaffen einschränken oder beenden will, muß sich auch mit der Umwandlung der Rüstungsindustrie (Rüstungskonversion) beschäftigen. Ziel der Konversion ist die Umstellung von Rüstungs- auf Zivilproduktion, d.h. die Herstellung sozial nützlicher Güter anstelle von Kriegswaffen. Die Vorschläge der Arbeitskreise „Alternative Fertigung" setzen am öffentlichen Bedarf im Bereich des Umweltschutzes, der Schonung und des Ersatzes erschöpfbarer natürlicher Rohstoffe und Energien und dem Nahverkehr an. Sie haben mit ihrer Arbeit und zahlreichen Produktvorschlägen gezeigt, daß die Alternative nicht Arbeitsplatzverlust oder Rüstungsproduktion heißen muß.

(Nach Schonmaker/Wilke/Wulf: Alternative Produktion statt Rüstung, Köln 1987)

1. Warum wurde im Autorentext das Wort „Frieden" in Anführungszeichen gesetzt?
2. Erklären Sie den Zusammenhang zwischen Hunger und Rüstung.
3. Erklären Sie den Begriff „Rüstungskonversion".
4. Welche nützlichen Dinge könnte z.B. eine Fabrik herstellen, die heute Panzer produziert?

Friedensdividende

Wenn die bisher verwirklichten Kürzungen der weltweiten Militärausgaben weitergeführt werden, kann eine beachtliche Friedensdividende erzielt werden. Friedensdividende, d.h. Geld wird aus dem Militär- in den Zivilbereich umgeleitet. Laut UNDP (UN-Entwicklungsprogramm) konnten bereits bis 1990 Einsparungen von 277 Mrd. US-$ gesichert werden. Wenn der Trend anhält, können bis zum Jahr 2000 weitere 1 200 Mrd. US-$ eingespart werden.

Bisher sind eingesparte Mittel noch zum großen Teil dazu benutzt worden, um verschuldete Staatshaushalte zu sanieren; und in den Staaten der ehemaligen Sowjetunion wird das Geld zur Bekämpfung von Wirtschaftskrisen verwendet. Aber wenn sich der Trend zur Kürzung der Militärausgaben in den 90er Jahren weiter fortsetzt, könnten die Einsparungen zu einer Friedensdividende heranwachsen, die auch zur Bewältigung globaler Entwicklungs- und Umweltschutzaufgaben beiträgt.

(nach: Ingomar Hauchler: Globale Trends, Frankfurt/M. 1993)

Erklären Sie, was unter dem Begriff „Friedensdividende" zu verstehen ist.

Blauhelme

Beispiel Blauhelme: Die UNO hat diesen neuen Soldatentyp entwickelt, der nicht kämpft, sondern durch seine bloße Anwesenheit Kämpfe verhindert. Wieviel Leid und Verlust dadurch vermieden wurde, ist nicht meßbar. In den letzten vier Jahren hat die UNO genauso viele Einsätze gestartet wie in den vierzig Jahren zuvor, und diese neuen Operationen wurden immer komplizierter: 23 000 Friedenssoldaten sind zur Zeit im ehemaligen Jugoslawien, 21 000 in Kambodscha, viertausend in Mittelamerika. Bald dürften 28 000 in Somalia und siebentausend in Mosambik folgen. Andere Einheiten stehen am Golan, in Zypern, im Südlibanon. Nie war die UNO so wichtig für die internationale Konsensbildung wie heute.

(Süddeutsche Zeitung Magazin, 04.06.1993)

Blauhelm-Soldaten können Positives bewirken. Sie leisten respektable Einsätze und leben gefährlich: Bis Januar 1992 kamen mehr als 800 Menschen im Rahmen friedenserhaltender Maßnahmen ums Leben, und die Zahl ist in den vergangenen zwei Jahren erheblich angestiegen. Zugleich aber macht es wenig Sinn, die Bereitstellung von Truppen höher zu bewerten als beispielsweise den Einsatz ziviler Katastrophenkorps. Auch führt es an der Realität vorbei, UNO-Soldaten als blaue Engel o.ä. zu überhöhen, denn ihre Anwesenheit birgt auch Schattenseiten in sich: Wo fremde Truppen stationiert sind, gibt es Prostitution, nimmt der Drogenhandel zu, blühen Schwarzmarkt und Korruption, entsteht eine kleine Luxusökonomie, die in der Bevölkerung Mißtrauen und Mißgunst weckt.

(Tobias Debiel: „Kriegerische Konflikte ...", in: Aus Politik und Zeitgeschichte B2/94)

...(Der) Sicherheitsrat (hat) das Spektrum möglicher Maßnahmen zur Friedenssicherung erweitert. Im Rahmen von friedenserhaltenden Maßnahmen wird heute die Einrichtung von Schutzzonen, die Durchsetzung von Flugverboten, die Entwaffnung von Konfliktparteien, die militärische Absicherung von humanitärer Hilfe und der militärische Selbstschutz von UN-Truppen praktiziert. Damit wird die Trennungslinie zwischen Peace Keeping und Kampfmaßnahmen, zwischen friedlicher Streitbeilegung und kollektiver Sicherheit durchbrochen.

(Lothar Brock: „Die Agenda für den Frieden". Chance für eine neue UNO?, in: Jahrbuch Frieden 1994, München 1993)

---

1. *Wie beurteilen Sie den Einsatz von Blauhelm-Soldaten? Wägen Sie Vor- und Nachteile gegeneinander ab.*
2. *Vor welche Probleme sehen sich die Blauhelm-Soldaten immer häufiger gestellt?*
3. *Es gibt Stimmen, die eine zunehmende Militarisierung der UNO kritisieren. Teilen Sie diese Kritik? Nehmen Sie Stellung.*

Agenda für den Frieden
(Vorschläge des UN-Generalsekretärs zur Friedens- und Sicherheitspolitik der UNO)

1. Vorbeugende Diplomatie
- Einrichtung eines Frühwarnsystems
- Entsendung einer UNO-Friedensmission auf Wunsch der Konfliktparteien oder Einrichtung von Schutzzonen

2. Friedensschaffung
- konsequente Sanktionen gegenüber dem Aggressor
- militärischer Eingriff unter direktem UNO-Kommando
- Mitgliedstaaten der UNO verpflichten sich, ständige Streitkräfte zur Verfügung zu stellen, damit spontane militärische Maßnahmen durchgeführt werden können

3. Friedenssicherung
- spezielle Ausbildung für Menschenrechtsbeobachter, Wahlbeobachter usw.
- Ausbau von Versorgungseinrichtungen
- zivile Einrichtungen und ziviles Personal teilen sich mit dem Militär zentrale Aufgaben

4. Friedenskonsolidierung
- internationale Hilfe bei der Repatriierung (Rückführung ins Heimatland) von Flüchtlingen
- Aufbau funktionsfähiger Verwaltungsstrukturen
- Hilfe beim wirtschaftlichen Aufbau
- Sicherung des sozialen Friedens

Worin liegt Ihrer Meinung nach die besondere Bedeutung der Agenda für den Frieden?

Was kann die KSZE?

Zu den wichtigsten Beschlüssen von Helsinki gehört die Etablierung der KSZE als regionale Organisation der Vereinten Nationen. Damit verfügt die KSZE über ein international anerkanntes Recht zur Streitschlichtung im Sinne der UN-Blauhelm-Mission. Zu den neuen operativen Möglichkeiten der KSZE bei der Konfliktverhütung oder Friedenserhaltung gehören unter anderem ein Frühwarnsystem, Überprüfungs- und Kontrollmissionen sowie langfristige und umfangreiche Beobachtermissionen, das heißt, sie kann entsprechende KSZE-Teams in Krisengebiete entsenden. Das KSZE-Regelwerk sieht aber auch die Entsendung von Truppen zur Friedenserhaltung oder Friedenssicherung vor. Da die KSZE über keine eigene Streitmacht verfügt, stellen NATO, EG oder WEU auf Anforderung der KSZE die erforderlichen Kontingente. Dabei muß die Entsendung von Friedenstruppen in ein Krisengebiet von den KSZE-Ländern einstimmig beschlossen werden. „Zwangsmaßnahmen", also Kampfeinsätze, darf weiterhin nur der UN-Sicherheitsrat beschließen.

(IAP-Dienst 17/1992)

Beschreiben Sie die heutigen Möglichkeiten der OSZE, den Frieden in Europa sicherzustellen.

Zapfenstreich für den Atlantikpakt

Eine abgespeckte NATO behält während der Übergangsphase als Rückversicherung gegen ein Wiederaufleben des alten Denkens in Moskau oder anderen Republik-Hauptstädten ihren guten Sinn. Wenn freilich in der ehemaligen Sowjetunion die Reformer und Abrüster weiterhin die Politik bestimmen, dann wird die Atlantische Allianz an einen Punkt gelangen, wo sie sich viel kühnere Schritte leisten kann. Dann könnte – warum eigentlich nicht? – die Atlantische Allianz sich auch wieder dem Zuschnitt eines klassischen Bündnisses nähern: ohne große Truppenstationierungen auf fremdem Boden.

Dagegen steht zunächst einmal die Trägheit des Apparats. Der klammert sich an die liebgewonnenen Bedrohungsvorstellungen oder sucht mit der Lupe nach neuen Gefahren. Grenzkriege oder ethnische Konflikte im ehemaligen Ostblock – als ob das Fälle für die NATO wären! Wanderungswellen aus dem Osten oder dem Süden – als ob ihnen mit Waffengewalt gewehrt werden könnte! Vielerlei Unruheherde in der Dritten Welt – als ob sie die Allianz etwas angingen. Diese Art von verzweifelter Jagd nach neuen Bedrohungen ist töricht. Die NATO in ihrer gegenwärtigen Form wird zu einem auslaufenden Modell, sobald kein Zweifel mehr möglich ist, daß die Ost-West-Entspannung Bestand hat.

(Theo Sommer, in: Die Zeit, 25.11.1991)

1. Was spräche für eine weitere Abrüstung der NATO?
2. Woran könnte dieses Vorhaben scheitern?

Aus KSZE wird OSZE

„Für eine echte Partnerschaft in einer neuen Ära" lautet der Titel des Schlußdokuments, das die 52 Teilnehmerstaaten der KSZE am Dienstag bei ihrem Gipfeltreffen in Budapest verabschiedet haben. „Wir sind entschlossen, der KSZE neuen politischen Schwung zu geben, damit sie eine wichtige Rolle hinsichtlich der Herausforderungen des 21. Jahrhunderts spielen kann", erklären die Staats- und Regierungschefs. Eine Namensänderung soll diese Entschlossenheit widerspiegeln: Die KSZE wird ab sofort in Organisation über Sicherheit und Zusammenarbeit in Europa (OSZE) umbenannt.

(Frankfurter Rundschau, 07.12.1994)

(Karikatur 1: 06.12.1994, FR)

(Karikatur 2: 08.12.1994, FR)

Als Ende 1994 noch immer kein Frieden im ehemaligen Jugoslawien in Sicht war, war das Ansehen von UNO und NATO auf einen Tiefpunkt gesunken.
Im Dezember richteten sich die Hoffnungen auf den Budapester KSZE-Gipfel.
Was sollen die Karikaturen zum Ausdruck bringen?

Auslandseinsätze der Bundeswehr

62 Prozent der Bundeswehrangehörigen, das ergab eine repräsentative Umfrage des STERN unter Soldaten aller Waffengattungen und Dienstgrade, plädieren für weltweite Out-of-area-Einsätze[1], nur 12 Prozent für eine Begrenzung auf Europa. 65 Prozent der befragten Soldaten befürworten Militäreinsätze auf Anforderung der Vereinten Nationen. 51 Prozent wollen ins Feld ziehen, wenn die NATO ruft:
Verteidigungsminister Volker Rühe, dem der STERN die Umfrageergebnisse vorlegte: „Die Studie zeigt, daß die Soldaten bereit sind, sich neuen internationalen Aufgaben zu stellen." Die Bundeswehrangehörigen machen allerdings Unterschiede. Nur acht Prozent der Soldaten befürworten militärische Unternehmungen zusammen mit einem oder mehreren europäischen Nachbarstaaten: In der großen Mehrheit wollen die Bundeswehrsoldaten ihre Armee nicht als Instrument nationaler oder europäischer Machtpolitik eingesetzt wissen. Eine klare Absage an Karl Lammers, den außenpolitischen Sprecher der Unionsfraktion. Der befürwortet Bundeswehreinsätze auch im Rahmen der Westeuropäischen Union oder gar mit nur einem Nachbarn wie Frankreich.

(Stern 19/94)

1. Sollte die Bundeswehr überhaupt an Out-of-area-Einsätzen teilnehmen? Wenn ja, sollte dies
   - nur im Rahmen von UNO-Einsätzen oder
   - im Rahmen der NATO auf Anforderung der OSZE oder
   - im Verbund mit einem oder mehreren europäischen Nachbarstaaten geschehen?
   Begründen Sie Ihre Entscheidung.
2. Wie beurteilen Sie die Umfrageergebnisse?

Wehrdienst unbeliebter?

Der Wehrbeauftragte der Bundeswehr, Alfred Biehle, äußerte sich besorgt über die abnehmende Akzeptanz des Wehrdienstes.
Insgesamt sei in der Bundeswehr eine tiefe Verunsicherung aufgrund des Streits um die Auslandseinsätze und wegen der Einsparungen zu beobachten. Die verfassungsrechtliche Rangordnung, wonach der Wehrdienst die Regel und der Ersatzdienst die Ausnahme darstelle, sei im Bewußtsein der Bevölkerung immer stärker zurückgetreten, schreibt Biehle in seinem Bericht. Dazu habe das tolerante Anerkennungsverfahren für Verweigerer beigetragen, nach dem 95 % der Antragsteller anerkannt würden:
Das bedeutet, daß, wer seine Anerkennung als Wehrdienstverweigerer zielstrebig betreibt, wird auch anerkannt und braucht keinen Wehrdienst zu leisten. Vor diesem Hintergrund gingen die ungedienten Wehrpflichtigen von „faktischer Wahlfreiheit" aus ...
Unter dem Eindruck des Golfkrieges hatte die Zahl der Verweigerer ... einen Höhepunkt erreicht.
Maßgeblich für die Entscheidung zugunsten des Wehr- oder Zivildienstes ist laut Biehle die „größere innere Nähe" zu einer der beiden Möglichkeiten. Dabei habe der „soziale" Zivildienst in den vergangenen Jahren an Attraktivität gewonnen. Den Ausschlag des um drei Monate längeren Zivildienstes gäben zudem „pragmatische Gründe". In diesem Zusammenhang nennt er die Möglichkeit des Zivildienstleistenden, auf den Einsatzort Einfluß zu nehmen, geringere Einschränkung der persönlichen Freiheit und bessere finanzielle Leistungen. Hingegen seien Wehrdienstleistende

---

[1] Einsätze außerhalb des NATO-Gebietes

in Kasernen untergebracht, seien auf Massenverpflegung und Uniformzwang angewiesen und in der persönlichen Freiheit eingeschränkt. Das geringere Ansehen des Wehrdienstes habe dazu geführt, daß Grundwehrdienstleistende von Altersgenossen, die nicht Wehrdienst leisteten, „bemitleidet oder verspottet" würden…

(Jugend und Bundeswehr, 3/94)

---

1. Woran liegt es nach Ansicht des Wehrbeauftragten, daß der Wehrdienst unbeliebter wird?
2. Schildern Sie Ihre eigenen Erwartungen an die Bundeswehr oder gegebenenfalls Ihre Erfahrungen.

Der Alltag als Zivi

„Rhodos BN 2 kommen"

„Rhodos BN 2 kommen". „Ich stehe in Köln – liegt noch was vor?" – Roman Eisenberg ist ganz schön geschafft. Seit drei Stunden steuert der Zivildienstleistende ein großes Behindertenfahrzeug von einem Krankenhaus in den Bonner Norden, von dort über die Autobahn nach Köln, von der Domstadt wieder zurück in den Bonner Süden und von dort aus zum Bonner Hauptbahnhof – und das bei hochsommerlichen Temperaturen. Trotz des harten Einsatzes bereut der blonde Bankkaufmann seinen Entschluß keine Sekunde. „Ich habe sehr viel gelernt – über mich, über andere Menschen und über das Leben."

Daß er zum Beispiel mit Behinderten umgehen kann, keine Berührungsängste hat, demonstriert der junge Mann bei seinem Einsatz Tag für Tag. Erstmals in seinem Leben hat er es mit senilen alten Menschen, mit spastisch gelähmten Kindern und mit Schwerkranken zu tun. Das Zusammensein zeigt ihm, daß er einfühlsam ist, daß die Menschen Zutrauen zu ihm haben.

Außergewöhnlicher Arbeitsplatz

„So verbleibe ich mit freundlichen Grüßen…", kommt Burkhard Brechlin zum Schluß. Das Diktat ist beendet. Ulf Hassel schreibt die letzten Worte, legt den Kugelschreiber aus der Hand und reicht den Brief Burkhard Brechlin. Der 29jährige Behinderte legt das Schreiben auf den kleinen Tisch seines Rollstuhles und liest es gegen. „Alles klar", blickt er Minuten später zufrieden auf und unterschreibt den Brief; ein für ihn mühsames Unternehmen. Denn Burkhard Brechlin ist seit seiner Geburt spastisch gelähmt – und Ulf Hassel ist nicht etwa sein Privat-Sekretär, sondern ein Zivildienstleistender. Ulf Hassel ist in der sogenannten Individuellen Schwerstbehinderten-Betreuung (ISB) tätig. Nahezu rund um die Uhr und im Wechsel mit einem anderen ZDL kümmert er sich um Burkhard Brechlin. Der Behinderte ist auf Hilfe von außen angewiesen. Das beginnt beim Waschen und endet bei scheinbar untypischen ZDL-Arbeiten wie Briefe oder auch Tagebuch-Notizen aufnehmen.

(Der Zivildienst, Sonderdruck, 11/93)

Woran kann es liegen, daß sich immer mehr junge Männer für den Zivildienst entscheiden?

5.5
M 13
Zivildienstleistende

Arbeitsvorschlag

Presseschau

Was tun?

Finden Sie sich in Dreier- oder Vierergruppen zusammen und studieren Sie schwerpunktmäßig den Politikteil überregionaler Tages- oder Wochenzeitungen. Stellen Sie die Berichte und Kommentare zusammen, in denen aktuelle, kriegerische Konflikte behandelt werden.

Wie?

Bei dieser ein- bis zweiwöchigen Presseschau gehen Sie am besten arbeitsteilig vor. D.h. jedes Gruppenmitglied konzentriert seine Arbeit auf andere Zeitungen. Die Zeitungsausschnitte sollten datiert und mit einer Quellenangabe versehen werden.

Nun können Sie Ihr eigenes Zeitungsarchiv benutzen, um sich Hintergrundwissen zu einem ausgewählten Konflikt zu erarbeiten. Dabei ist es von Vorteil, folgende Fragestellungen in den Vordergrund zu stellen.

1. Welchen Stellenwert hat der ausgewählte Konflikt in der aktuellen Berichterstattung?
2. Welche Parteien sind an der Auseinandersetzung beteiligt?
3. Von welcher Seite aus sind bereits Friedensinitiativen unternommen oder geplant worden?
4. Welche Rolle spielen gegebenenfalls UNO, OSZE, NATO usw.?
5. ...

Vervollständigen Sie den Fragenkatalog, um die Hintergründe des Konflikts so gut wie möglich auszuleuchten.

Vergleichen Sie Ihr Archiv mit denen der anderen Arbeitsgruppen, um Informationslücken zu schließen.

Wie geht es weiter?

- Prüfen Sie innerhalb Ihrer Arbeitsgruppe, welche Versäumnisse in der Vergangenheit bezüglich der Friedenssicherung begangen wurden.
- Diskutieren Sie außerdem, welche Möglichkeiten der internationalen Zusammenarbeit bestehen, damit ein dauerhafter Frieden so schnell wie möglich wiederhergestellt werden kann.
- Erarbeiten Sie ein Referat, um die Ergebnisse Ihrer Arbeitsgruppe Ihren Mitschülern vorzustellen.

Diskussion 1

OSZE – Frieden durch Kampfeinsätze?

Der Krieg auf dem Balkan hat Europa vor neue Fragen gestellt:

Streitkräfte der KSZE entlasten die UNO!

Es wird lange dauern, ehe die Vereinten Nationen verwirklichen können, was sie sich in ihrer Charta 1945 vorgenommen haben. Europa hat die Chance, das als eine Region schneller zu verwirklichen, die Vereinten Nationen zu entlasten und, ohne ihre Kompetenzen zu beeinträchtigen, jederzeit einen Konflikt an sich ziehen zu können.

Die kollektive Sicherheitsleistung der Gemeinschaft wird Abrüstung in beträchtlicher Größenordnung ermöglichen, denn sie gestattet eine Organisation von Territorialstreitkräften, die zu strategischen Operationen nicht fähig sind, und von sehr viel geringeren, mobilen und modernen Eingreifkräften, die zur Verfügung der Gemeinschaft gehalten werden.

(Egon Bahr, Frankfurter Rundschau, 15.10.1993)

Friedliche Konfliktlösung – das größte Kapital!

Wenn sich militärische Aktionen nicht vermeiden lassen (sie sollten sowieso nur die Ultima ratio sein) – wieviel besser wäre es da, daß sie die ganze Völkergemeinschaft vertritt und verantwortet und nicht nur eine Gruppe von Staaten.

Die Stärkung der UNO liegt im Interesse der EG. Mehr jedenfalls als einseitige Aktionen, die nur allzuleicht mißdeutet werden können. Dies mag ein beschwerlicher Weg sein – aber er ist letztlich unumgänglich, denn weltweite Probleme erfordern weltweite Aktionen.

Das große Kapital, das die EG besitzt, ist nicht eine zukünftige gemeinsame Streitmacht, sondern ihr Beispiel und ihre Methode der friedlichen Konfliktlösung.

(Gerhart Maier (Hrsg.): Sicherheitspolitik, Bonn 1993)

Diskussion 2

NATO – Mitgliedschaft für Ost-Europa?

Enttäuschung ist das vorherrschende Gefühl unter den in Brüssel tätigen Diplomaten der vier osteuropäischen Staaten Polen, Tschechische Republik, Ungarn und Rumänien, die ihren Willen zum NATO-Beitritt kundgetan haben, vom NATO-Treffen in Travemünde in der letzen Woche aber wenig Ermutigendes zu hören bekamen. Die dort vorgeschlagene „Friedenspartnerschaft" mit gemeinsamen Manövern, einer Kooperation bei Friedensmissionen der UN und der Angleichung des Rüstungsstandards stelle keinen Ersatz für den raschen Beitritt zum Bündnis dar. Was von Washington und Bonn als Vorstufe für eine spätere Mitgliedschaft gefeiert wurde, löste in den Hauptstädten Budapest, Bukarest, Prag und Warschau durchaus Skepsis aus. Als „Rückschritt" wertete ein ungarischer Diplomat das Treffen von Travemünde und kritisierte, daß es nicht einmal einen „vorsichtigen Zeitplan" gebe.

Doch die bisherigen NATO-Mitgliedstaaten sehen die neuen Partner vor allem als Bürde. Sie befürchten, in Krisen nach dem Muster des Jugoslawienkonflikts hineingezogen zu werden.

Die bisher auf Wortgefechte beschränkten Streitigkeiten zwischen Ungarn und der Slowakei wegen des Donau-Wasserkraftwerks, die Diskriminierung der ungarischen Minderheit in Rumänien oder der Kauf neuer MIG-29 durch Ungarns Armee sowie diverse schwelende Grenzkonflikte sind Probleme, aus denen der Westen sich lieber heraushalten möchte.

(DIE WOCHE, 28.10.1993)

„Die Osterweiterung steht für die nächsten Jahre auf der Tagesordnung!"
NATO-Generalsekretär Sergio Balanzino

„Die volle Integration Rußlands und der Ukraine in die NATO ist ausgeschlossen!"
Volker Rühe, Bundesverteidigungsminister

„Die Osteuropäer konkreter an NATO, WEU und EU zu binden, stärkt die demokratischen Prozesse in diesen Ländern!"
Jochen Siemens, Frankfurter Rundschau, 10.01.1994

„Die NATO ist an Produzenten von Sicherheit und nicht an schlichten Konsumenten interessiert!"
US-Botschafter Robert Hunter

Wirtschaft

6.1 Die Ziele: Wohlstand und Wohlergehen für alle

„Wir brauchen gesundes Wachstum."   *„Aber nicht nur für die Wirtschaft."*

Wochenmarkt: Die Marktstände stehen dicht an dicht, zwischen ihnen drängen sich interessierte Kundinnen und Kunden. Hier treffen sich **Angebot** und **Nachfrage.** Preise werden verglichen, die Qualität kritisch geprüft. Jeder Bauer, jeder Händler ist darauf bedacht, sein Angebot ins rechte Licht zu rücken. Die Konkurrenz ist groß. Es darf gehandelt werden. Wie es scheint, läuft auf dem Wochenmarkt alles von selbst. Keine staatliche Stelle muß sich kümmern. Aber selbst da, wo alles so selbstverständlich aussieht, gibt es staatliche Vorgaben und muß staatliche Aufsicht sein.

6.1
M 1
Ladenschluß-
gesetz

Gesetze regeln den Wettbewerb

In unserer Wirtschaftsordnung gibt es eine Reihe von Gesetzen, die regeln, wann und wie Markt stattfinden soll, z.B. das Ladenschlußgesetz oder das „Gesetz gegen den unlauteren Wettbewerb". Es gibt Vorschriften über die Preisauszeichnung, über Werbung und „Ausverkäufe". Das **Wettbewerbsrecht** ist immer weiter ausgebaut worden, das heißt, es wurden immer neue Gesetze beschlossen, weil z.B. unseriöse Geschäftsleute immer wieder versuchten, mit neuen Tricks die Verbraucher zu schädigen. Von „Haustürgeschäften" z.B. kann man innerhalb einer Woche zurücktreten, damit die Kunden nach dem Besuch eines dynamischen Vertreters Zeit und Ruhe haben, sich das ganze noch einmal zu überlegen.

zur
Erinnerung
3.4
Soziale Markt-
wirtschaft

4.4
Sozialstaat

Bei manchen Gesetzen kann man darüber streiten, ob sie sinnvoll sind. Einigkeit besteht aber im Grundsätzlichen: Staatliche Aufsicht ist nötig, damit der Interessenausgleich auf dem Markt funktioniert.

Das „magische Sechseck" der Wirtschaftsziele

Von der Wirtschaft verlangen wir viel: vor allem Wohlstand – möglichst für alle! Das geht nur, wenn alle Arbeit haben. Von unserem Lohn wollen wir uns möglichst viele schöne Dinge kaufen. Die müssen angeboten und daher vorher produziert werden. Die Waren sollen möglichst billig sein, so daß wir uns das alles auch leisten können. Für größere Anschaffungen sparen wir gerne. Das hat aber nur Sinn, wenn in der Zwischenzeit die Preise nicht davonlaufen und uns die Inflation das Gesparte wieder auffrißt. Zum guten Leben gehören auch viele schöne Dinge, die bei uns nicht wachsen oder nicht produziert werden, die wir von weit her einführen. Und bei aller Arbeit: Urlaub machen möchten wir selbstverständlich auch, und wegfahren: möglichst weit weg! Bei all dem soll – das wollen wir nicht vergessen – die Umwelt intakt bleiben. Das ist uns wichtig, denn schließlich wollen wir gesund bleiben, und das geht nur, wenn auch die Umwelt gesund ist.

Wirtschaftswissenschaftler betrachten diese Wünsche sachlich und haben entsprechend nüchterne Begriffe:

Das sind die Ziele der Wirtschaftspolitik:

- Preisstabilität: die Preise sollen stabil bleiben,
- Vollbeschäftigung: alle sollen Arbeit haben,
- Wirtschaftswachstum: in jedem Jahr soll mehr hergestellt werden, damit wir unsere wachsenden Wünsche erfüllen können,
- außenwirtschaftliches Gleichgewicht: das Geschäft mit dem Ausland soll ausgeglichen sein,
- gerechte Verteilung des Volkseinkommens: alle sollen teilhaben können an dem gemeinsam geschaffenen Wohlstand,
- Umweltschutz: unsere Wirtschaft, unser Lebensweise darf nicht auf Kosten der Umwelt gehen, denn unser Wohlergehen ist abhängig von einer gesunden Umwelt.

Magisches Sechseck

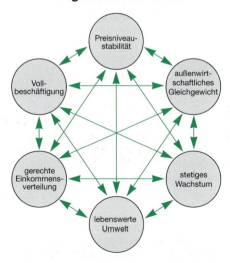

Die Pfeile bedeuten mögliche Zielkonflikte

zur Erinnerung 1.3
M 1–3
Die „Marktgesetze"

Schön wär's ja, das alles zu erreichen. Aber in der Wirklichkeit ist das nicht möglich. Man kann nicht alles haben, leider!

Was sich nämlich so gut anhört, das ist auch theoretisch nicht unter einen Hut zu bringen. Denn – Sie erinnern sich: die Wirtschaft soll zwar unsere Wünsche erfüllen, aber in unserer Marktwirtschaft bestimmen die Gesetze am Markt. Da bilden sich z.B. die Preise nach Angebot und Nachfrage und nicht nach unseren Träumen. Preise bleiben also niemals stabil. Das ist auch nicht gemeint. Der Durchschnitt aller Preise soll möglichst stabil bleiben. Das ist aber – sicher auch nach Ihren Erfahrungen – noch nie gelungen. Preise bleiben nur stabil, wenn sich Angebot und Nachfrage die Waage halten, wenn sich also nichts ändert. Die Wirtschaft aber soll sich dynamisch entwickeln. Das meint das andere Ziel: Wirtschaftswachstum. Dazu muß die Nachfrage wachsen. Dann aber steigen die Preise. Alle Wirtschaftsziele gleichzeitig zu erreichen, grenzt an Zauberei, nur ein Magier könnte das zustande bringen. Daher spricht man vom *magischen* Sechseck der Wirtschaftsziele.

Preisänderungen von 1949 an finden Sie auf **S. 336**

Preisstabilität

Preise ändern sich. Rohstoffe und Aktien, Bananen und Autos, Wohnungen und CDs, Weihnachtsbäume und Müllabfuhr ... Uns Verbraucher interessiert vor allem, wieviel wir im Laden für unseren Einkauf zahlen müssen, die Verbraucherpreise also. Diese werden jeden Monat neu errechnet und öffentlich bekanntgegeben. Für die vielen unterschiedlichen Produkte gibt es nur eine einzige Zahl: der Anstieg der Lebenshaltungskosten. Um diese Zahl ermitteln zu können, muß man zunächst wissen, wofür die Durchschnittsfamilie – der Arbeitnehmerhaushalt mit mittlerem Einkommen – ihr Geld ausgibt; wie sie ihr Geld aufteilt: soviel % für Miete, für Zeitungen, das Auto, für Kleidung und Nahrungsmittel und auch noch, was sie kauft. Das haben die Statistiker erforscht und alles zusammen in den „Warenkorb" gepackt. Nun werden die Preisveränderungen in den einzelnen Warengruppen zusammengetragen und anteilmäßig in die Lebenshaltungskosten eingerechnet. Da sich unsere Verbrauchsgewohnheiten unterscheiden – in Ost und West – gibt es für beide unterschiedliche Warenkörbe. Weil wir unsere Konsumgewohnheiten ändern, wird der Warenkorb regelmäßig überprüft und ab und zu neu zusammengestellt. Das macht das Vergleichen schwierig, muß aber sein.

Arbeitslosenzahlen von 1949 an finden Sie auf **S. 336**

Vollbeschäftigung

Alle, die arbeiten können und arbeiten wollen, sollen Arbeit haben.
Wenn Arbeitslosenzahlen genannt werden, dann sind das die Leute, die sich beim Arbeitsamt als Arbeitsuchende gemeldet haben. Das ist allerdings eine sehr ungenaue Größe.

Beispiele:
- Wenn die Wirtschaft schlecht läuft, verschieben z.B. manche Frauen ihren Wunsch, wieder in den Beruf einzusteigen. Denn sie sehen, daß es zur Zeit für sie doch keine Chance gibt, eine Stelle zu finden.

- Die Bundesanstalt für Arbeit hat viele Tausend Arbeitsuchende in Arbeitsbeschaffungsmaßnahmen oder in Umschulungen untergebracht. Diese Menschen haben keinen regulären Arbeitsplatz, zählen aber zur Zeit nicht zu den Arbeitslosen.

Daher wird seit einigen Jahren immer auch die Zahl der Beschäftigten angegeben. Diese Zahl ist objektiv. Sie gibt einen Überblick über die Entwicklung der Arbeitsplätze in Deutschland.

Seit der Vereinigung ist der Arbeitsmarkt in Deutschland gespalten in Ost und West. Was sind die Ursachen für Arbeitslosigkeit? Es gibt viele.

Gesamtwirtschaftlich betrachtet unterscheidet man:

- **konjunkturelle Arbeitslosigkeit:** wenn die Wirtschaft insgesamt schlecht läuft, dann werden Arbeitskräfte entlassen. Wer entlassen ist, hat wenig Chancen, eine neue Stelle zu finden, denn kein Unternehmer will ein Risiko eingehen, das er nicht übersehen kann.

- **saisonale Arbeitslosigkeit:** Bauarbeiter im Winter haben schlechte Chancen. An Nord- und Ostsee werden im Herbst, wenn die Saison vorbei ist, Köche, Restaurantfachleute, Hotelfachfrauen entlassen. Wenn keine Gäste da sind, gibt es für sie keine Arbeit mehr. Sie sind arbeitslos und hoffen auf einen guten Sommer.

- **strukturelle Arbeitslosigkeit:** Wenn die Wirtschaft im Umbruch ist, wie bei uns in einigen Branchen seit vielen Jahren, dann werden in den untergehenden Branchen Arbeitnehmerinnen und Arbeitnehmer entlassen. z.B. in der Landwirtschaft, im Bergbau, bei den Werften. Da ihre Ausbildung und ihre Erfahrungen in den Zukunftsbranchen nicht gefragt sind, wird es schwer für sie, einen neuen Arbeitsplatz zu finden. So kann es vorkommen, daß der Arbeitsmarkt gespalten ist: Es gibt viele Arbeitslose und trotzdem suchen bestimmte Firmen händeringend, aber vergeblich, neue Arbeitskräfte.

Wenn zur gleichen Zeit mehrere Arten von Arbeitslosigkeit zusammentreffen, dann steigt die Zahl der Arbeitslosen in erschreckende Höhen. Wenn dann die Wirtschaft wieder Fahrt gewinnt, bleiben trotzdem viele Arbeitslose. Man spricht von einem Sockel der Arbeitslosigkeit, der nach jeder Konjunkturflaute bleibt – auch deshalb, weil sich während der Flaute viele Firmen umgestellt haben und jetzt mit weniger Leuten in ihren Büros und Werkstätten auskommen.

Das **Sozialprodukt** gibt die Leistung unserer Wirtschaft an: Das, was in einem Jahr in einem Land an Gütern und Dienstleistungen neu geschaffen wurde, das ist das **Bruttoinlandprodukt.** Zusammengezählt werden die Preise, die auf dem Markt für diese Produkte erzielt wurden.

Brutto heißt, es muß da noch einiges abgezogen werden, bevor feststeht, was wirklich neu ist: Abgezogen werden die Rohstoffe und Materialien, die für die Herstellung verbraucht wurden. Es interessieren nur die Endprodukte.

Bei der Produktion wurden Maschinen, Geräte, Anlagen abgenutzt. Sie haben an Wert verloren. Sie müssen irgendwann ersetzt werden. Daher wird jedes Jahr ein bestimmter Prozentsatz abgeschrieben. Die Abschreibungen werden vom Bruttoinlandprodukt abgezogen. Es bleibt über: das Nettosozialprodukt.

Aber noch mehr muß abgezogen werden, bevor es ans Verteilen geht: auf den Marktpreisen liegen viele Steuern, auf allen Waren z.B. die Mehrwertsteuer. Durch die Steuern wird der Wert der Ware künstlich erhöht. Auf der anderen Seite werden Waren durch staatliche Zuschüsse – durch Subventionen – unterstützt. Solche Produkte können auf dem Markt billiger angeboten werden, als sie tatsächlich wert sind. Steuern und Subventionen werden miteinander verrechnet. Das Ergebnis (der Saldo aus Steuern minus Subventionen) wird vom Nettosozialprodukt abgezogen.

Was jetzt bleibt, ist der Lohn unserer Anstrengungen: das Volkseinkommen. Es wird verteilt unter alle Beteiligten und kann für die unterschiedlichsten Zwecke verwendet werden.

alle Zahlen von 1949 an finden Sie auf S. 336

Wirtschaftswachstum = Anstieg des Bruttosozialproduktes im Vergleich zum Vorjahr. Bei der Berechnung des Sozialproduktes werden die Preise zusammengezählt. Daher wird das Ergebnis als Bruttoinlandprodukt „in jeweiligen Preisen" bekanntgegeben. Das Bruttosozialprodukt steigt schon deshalb immer, weil die Preise immer steigen. Man spricht hier vom nominalen Wachstum = Wachstum dem Namen (= nomen) nach. Gemeint sind die Preise. Diese Art von Wachstum interessiert niemanden. Wirtschaftswachstum wird international verglichen, um die Leistungskraft der Wirtschaften zu beurteilen. Daher müssen die Preissteigerungen herausgerechnet werden. Erst wenn das geschehen ist, weiß man, ob die Leistung der Wirtschaft tatsächlich gewachsen ist und um wieviel: man hat das reale Wachstum.

6.1 M 8 Wirtschaftswachstum

Außenwirtschaftliches Gleichgewicht
Unsere Wirtschaft ist Teil der EU-Wirtschaft. Wir stehen mit vielen anderen Wirtschaften in Beziehung – weltweit.

6.1 M 9+10 Export

- Da werden Waren gehandelt (Export = Ausfuhr / Import = Einfuhr). Mit den USA und Japan liegt Deutschland an der Spitze der exportierenden Länder.

6.1 M 14 Export

- Wir reisen (da sind die Deutschen Weltmeister) und beanspruchen Dienstleistungen im Ausland.

- Es werden Gelder überwiesen an Verwandte in die Türkei oder an die UN in New York (das nennt man „Übertragungen").

Diese 3 Positionen machen den größten Teil unseres Auslandsgeschäfts aus. Sie werden zusammengefaßt in der „Leistungsbilanz". (Zusätzlich fließt noch Kapital hin und her, werden Devisen gehandelt. Erst alles zusammen macht die gesamte Außenwirtschaft aus.) Unser Geld verdienen wir im Export.

zur Erinnerung 4.3 Gerechtigkeit

Das **Volkseinkommen** ist alles, was wir in einem Jahr erarbeitet haben und was dann verteilt werden kann. Es soll gerecht verteilt werden. Aber was ist das: gerecht?

Das Volkseinkommen wird ausgezahlt als Löhne und Gehälter an die Arbeitnehmer. Diesen Anteil nennt man „Lohnquote". Der andere Teil wird verteilt z.B. als Unternehmerlohn, als Gewinne auf Aktien (Dividenden) und Zinsen: das sind die „Einnahmen aus Unternehmertätigkeit und Vermögen". Dieser Teil wird manchmal auch als Gewinnquote bezeichnet. Diese Einkünfte kann man allerdings nicht einseitig den Unternehmern zurechnen, denn auch viele Arbeitnehmer und Rentner haben Einkommen aus Vermögen, z.B. Zinsen aus Spaguthaben.

Welche Aufteilung ist gerecht? Die Tarifvertragsparteien führen jährlich ihren Kampf um das größere Stück von diesem Kuchen.

zur Erinnerung 1.3 ◀ M 11

Leistungsgerechte Bezahlung – was ist das?

Ein Schriftsetzer verdient mehr als ein Drucker, eine Bankangestellte mehr als eine Reiseverkehrskauffrau. Beide haben jeweils den gleichen Ausbildungsstand. Der Verkäufer verdient mehr als die Verkäuferin. Warum?

Bei uns entscheidet der Markt über die Höhe von Lohn und Gehalt. In wachsenden Branchen und blühenden Städten wird mehr verdient als in schrumpfenden Wirtschaftsbereichen und abseits gelegenen Regionen.

6.1 ◀ M 11–13 Bezahlung

Neben der Leistung beeinflussen auch das persönliche Auftreten und Beziehungen die Höhe des Lohnes.

Eine **lebenswerte Umwelt** wollen alle. Dieses Ziel ist sogar seit 1994 im Grundgesetz enthalten (Art 20a). Aber: was lebenswert ist, läßt sich nicht mit Zahlen fassen.

Umweltschutz wird von vielen als Argument gebraucht und von manchen mißbraucht. Es scheint für entgegengesetzte Positionen nützlich: für und auch gegen Kernkraft zum Beispiel.

6.1 ◀ M 15–17 Umweltschutz

Je nach Standpunkt schafft Umweltschutz Arbeitsplätze oder vernichtet sie, nützt dem Wirtschaftswachstum oder verhindert es.

Klar ist, daß Umweltschutz in bestimmten Bereichen Arbeitsplätze schafft, z.B. bei Müllsortieranlagen. Dort werden Arbeitsplätze zunehmen, wenn die Müllberge weiter wachsen. Positiv?

zur Erinnerung im **Kapitel 2** *finden Sie viel zum Thema Umwelt*

Klar ist auch, daß Umweltschutz Arbeitsplätze vernichtet. In Deutschland werden keine Treibgase aus FCKW mehr hergestellt. Negativ?

Umweltschutz als Exportschlager

Beim Welthandel mit Umweltschutzgütern sind wir die Nummer 1 (1991: 20,5 %). Die USA erreichten 17,1 %, Japan 12,7 %. Dadurch verdienen wir, und es werden Arbeitsplätze geschaffen. Ohne Zweifel positiv!

Umweltschutz schafft Arbeitsplätze: ein Beispiel

Die Shell AG wollte 1995 ihre ausgediente Ölplattform „Brent Spar" bequem und billig durch Versenken im Meer „entsorgen". Die britische Regierung hatte dazu die Genehmigung erteilt, denn die internationalen Abmachungen ließen dies zu. Shell war also im Recht. Trotzdem lief alles ganz anders: Greenpeace wurde aktiv, besetzte die Bohrinsel, um die Versenkung zu verhindern. Die Medien griffen das Thema auf, Empörung machte sich breit. Autofahrer boykottierten die Tankstellen von Shell. Politiker wurden wach und versuchten die britische Regierung umzustimmen. Nichts half. Doch schließlich wurden die Verluste von Shell zu groß – vor allem der Verlust an Image (Ansehen bei den Kunden). Shell stoppte die Versenkung.
Die Plattform wird jetzt an Land auseinandergebaut, die giftigen Rückstände ordnungsgemäß entsorgt, alle Materialien soweit wie möglich recycelt. Das wird teuer. Aber es schont die Umwelt und schafft Tausende von Arbeitsplätzen. Denn in den nächsten Jahren werden viele hundert Ölinseln auf diese Weise entsorgt werden müssen. Die Menschen an den Küsten haben Grund zur Freude.

Materialien

6.1 M 1 Ladenschlußgesetz

Gesetz über den Ladenschluß § 3
Allgemeine Ladenschlußzeiten

3(1) Verkaufsstellen müssen zu folgenden Zeiten für den geschäftlichen Verkehr mit den Kunden geschlossen sein:

1. an Sonn- und Feiertagen,
2. montags bis freitags bis 7 Uhr, in Verkaufsstellen für Bäckerwaren bis 6.30 Uhr, und ab 18.30 Uhr,
3. samstags bis 7 Uhr, in Verkaufsstellen für Bäckerwaren bis 6.30 Uhr, und ab 14 Uhr, am ersten Samstag im Monat oder, wenn dieser Tag auf einen Feiertag fällt, am zweiten Samstag im Monat sowie an den vier aufeinanderfolgenden Samstagen vor dem 24. Dezember ab 18 Uhr, in den Monaten April bis September ab 16 Uhr.

„Lassen Sie, ich flehe Sie an, dieses unsinnige Gesetz verschwinden, das die Geschäfte und Betriebe verpflichtet, die Rolläden jeden Abend um halb sieben und am Samstag um dreizehn Uhr herunterzulassen. Die heilige Allianz zwischen Gewerkschaften und Einzelhandel verwandelt die Fußgängerzonen in eine Wüste, streßt die arbeitenden Familienmütter und läßt die Expeditionen in den Supermärkten am Samstagvormittag zu einem gefährlichen Abtauchen in ein Universum werden, in dem der Mensch zum Wolf wird. Die Argumente, die von den Verteidigern der Reglementierung vorgetragen werden, lassen sich nicht halten, angesichts der Einschränkungen der Lebensqualität für die große Mehrheit der Bevölkerung ..." meint ein Journalist aus Frankreich.

(Die Zeit 5.7.1991)

Das Ladenschlußgesetz ist längst nur noch ein Zankthema der Interessenverbände. Der Handel prophezeit unverdrossen das Ende des Mittelstandes, die Gewerkschaften sehen schwarz für den Feierabend von rund 2,5 Millionen Verkäuferinnen.

Die lockere Art, mit der in Amerika, Frankreich, Belgien oder Schweden der Ladenschluß behandelt wird, hat längst erwiesen, daß gerade die kleinen Geschäfte davon profitieren. Die Mehrbelastung für das Verkaufspersonal läßt sich durch flexible Arbeitszeiten und Aushilfen auffangen. Das ginge auch in Deutschland. „Gerade für die Spätschicht", so der Hamburger Schuhhändler Schwidewsky;[1] „bewerben sich unheimlich viele". Die Verkäuferinnen im benachbarten Modeladen sind im Wechsel alle drei Wochen mit einer Woche Spätschicht dran, die darauffolgende Woche ist frei. Auf diese Weise, sagt Filialleiterin Renate Brinkmann, beschäftige sie 40 Voll- und Teilzeitkräfte – etwa doppelt so viele wie eine gleich große Filiale mit normalem Ladenschluß.

(Der Spiegel 41/1991)

---

[1] Er hat ein Geschäft im Hamburger Hauptbahnhof. Geschäfte dort dürfen auch außerhalb der gesetzlich zugelassenen Öffnungszeiten an Reisende verkaufen (zum Reisebedarf gehören allerdings keine Oberbekleidung und keine Schuhe, entschied 1995 der Bundesgerichtshof).

Das Ladenschlußgesetz ist nur ein Beispiel, sicher kein bedeutendes. Es gibt wichtigere Gesetze, mit denen die Marktwirtschaft geregelt wird.
1. Welche Interessengruppen sind für die Beibehaltung der augenblicklichen Bestimmungen? Wer ist dagegen?
2. Welche Argumente werden genannt?
3. Was sagen Sie als Betroffene (Beschäftigte oder Kunden) zu dem Problem?
4. Über den Ladenschluß läßt sich grundsätzlich streiten: Was soll der Staat regeln?

M 2
Verbraucherpreise

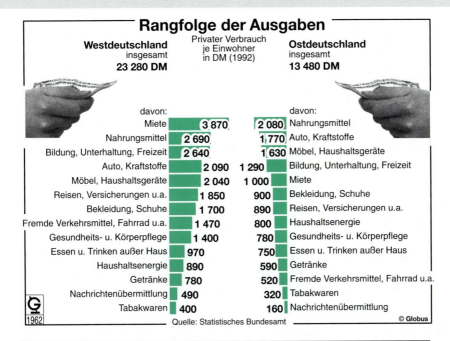

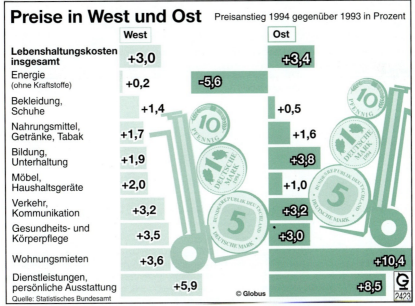

1. Wo sind die größten Unterschiede in den beiden Grafiken? Finden Sie Gründe dafür?
2. Welche Preise sind in der letzten Zeit besonders stark gestiegen? Welche weniger?

Kaufkraft der Lohnminute

	Mengen-einheit	1958 Preis DM	1958 Arbeitszeit Std.	1958 Arbeitszeit Min.	1985 Preis DM	1985 Arbeitszeit Std.	1985 Arbeitszeit Min.	1993 Preis DM	1993 Arbeitszeit Std.	1993 Arbeitszeit Min.
Mischbrot	1 kg	0,85	0	22	3,06	0	11	3,90	0	10
Markenbutter	250 g	1,73	0	45	2,36	0	9	2,05	0	5
Zucker	1 kg	1,24	0	32	1,94	0	7	1,92	0	5
Vollmilch	1 l	0,43	0	11	1,22	0	4	1,33	0	3
Eier	10 St	2,10	0	54	2,64	0	10	2,74	0	7
Rindfleisch zum Kochen	1 kg	4,75	2	03	10,26	0	38	11,04	0	28
Schweinekotelett	1 kg	5,73	2	28	11,83	0	43	12,85	0	32
Brathähnchen	1 kg	6,11	2	38	5,33	0	20	5,07	0	13
Kabeljau	1 kg	2,48	1	04	12,58	0	46	18,96	0	48
Speisekartoffeln	2,5 kg	0,56	0	14	2,211	0	8	2,83	0	7
Edamer	1 kg	3,21	1	23	12,03	0	44	12,98	0	33
Bohnenkaffee	250 g	4,85	2	05	6,05	0	22	3,76	0	9
Flaschenbier	0,5 l	0,63	0	16	0,93	0	3	1,11	0	3
Branntwein	0,7 l	12,26	5	17	15,15	0	55	15,24	0	38
Straßenanzug	1 St	126,00	54	19	376,02	22	57	450,00	18	48
Damenkleid	1 St	26,90	11	36	165,25	10	5	200,00	8	21
Damenstrumpfhose	1 St	3,54	1	32	5,06	0	19	6,08	0	15
Herrenstraßenschuhe	1 Paar	27,10	11	41	94,13	5	45	119,00	4	58
Damenstraßenschuhe	1 Paar	32,00	13	47	126,51	7	43	146,00	6	6
Haushalts-Strom und Grundgebühr	200k Wh	36,00	15	31	57,88	3	32	67,40	2	49
Normalbenzin	1 l	0,63	0	16	1,36	0	5	1,33	0	3
Braunkohlenbriketts	50 kg	4,19	1	48	19,94	1	13	24,35	1	1
Kleiderschrank	1 St	191,00	872	20	597,07	36	26	788,00	32	56
Kühlschrank	1 St	492,00	212	04	559,86	34	10	679,00	28	22
Waschmaschine	1 St	570,00	245	00	1033,56	61	14	1199,00	50	6
Personal Computer	1 St	–			–			2215,00	92	34
Fernseher	1 St	984,80[2]	424	33	1512,98	92	19	1582,00	66	7
Tageszeitung	1 Monat	4,09	1	46	18,79	1	9	26,30	1	6
Rundfunkgebühr	1 Monat	2,00	0	52	5,05	0	18	8,25	0	21
Briefporto	1 Brief	0,20	0	05	0,80	0	3	1,00	0	3
Telefonortsgespräch	10 St	2,00	0	52	2,30	0	8	2,30	0	6
Herrenschuhe besohlen	1 Paar	9,47	4	05	24,67	1	30	30,40	1	16
Haare Waschen und legen für Damen	1 mal	3,44	1	29	16,12	0	59	23,20	0	58

[1] Alte Bundesländer. Berechnungsbasis ist der durchschnittliche Stundenlohn der Industriearbeiter(innen): 1958 = 2,32 DM, 1985 = 16,39 DM, 1993 = 23,93
[2] Schwarz/weiß.

(Statistisches Bundesamt: eigene Berechnungen)

Weil in fast allen Jahren bisher nicht nur die Lebenshaltungskosten gestiegen sind, sondern auch die Löhne, haben sich die Bürgerinnen und Bürger immer mehr leisten können. Verglichen wird – auch international – wie lange jemand arbeiten muß, um sich z.B. eine Hose zu kaufen.
1. Vergleichen Sie: was ist relativ „billiger" geworden? Was „teurer"?
2. Wann gab es für Arbeitnehmer gute Jahre, wann schlechte Jahre?
3. Welche Auswirkungen können Veränderungen der Kaufkraft auf andere Wirtschaftsziele haben, z.B. auf Preisstabilität oder Vollbeschäftigung?

6.1
M 4
Umbruch auf dem Arbeitsmarkt

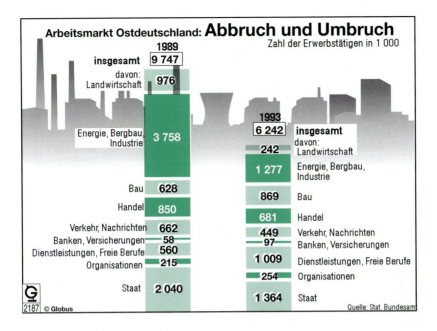

1. Beim Umbruch von der DDR-Wirtschaft zur Marktwirtschaft in den neuen Bundesländern sind viele Arbeitsplätze verlorengegangen. Welche Art der Arbeitslosigkeit ist dadurch entstanden?
2. Welche Bereiche hat es besonders getroffen? Wo sind die damals Beschäftigten heute geblieben?
3. „Verdeckte" Arbeitslosigkeit – wer zählt dazu? Vergleichen Sie die Zahlen Ost und West.

6.1
M 5

1. Vergleichen Sie: in welchen Ländern ist Jugendarbeitslosigkeit ein Problem?
2. Stimmt die für Deutschland aufgezeigte Situation mit Ihren Erfahrungen überein?
3. Was mögen die Ursachen von Jugendarbeitslosigkeit sein?
4. Welche Folgen hat Jugendarbeitslosigkeit – für die Betroffenen, – für die Gesellschaft?

6.1

M 6

Arbeitslose nah besehen

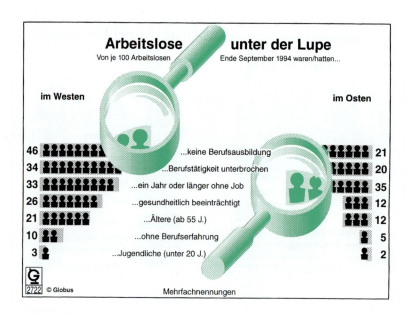

In dem Schaubild geht es nicht um die Ursachen von Arbeitslosigkeit. Die liegen oft ganz woanders.
Hier ist nur zusammengestellt: von den Menschen, die arbeitslos waren, waren/hatten... (siehe Schaubild)
Bei vielen kommen mehrere Faktoren zusammen. Je mehr solcher Eigenschaften auf eine Person fallen, desto schwieriger wird es für sie, eine neue Stelle zu finden.
1. Untersuchen Sie: Wer hat die schlechtesten Chancen, wieder eine Arbeit zu erhalten?
2. Versuchen Sie die Umkehrung:
3. Welche Arbeitnehmer haben gute Chancen auf dem Arbeitsmarkt?
4. Welche Folgerungen können Sie aus diesen Erkenntnissen für sich selbst ableiten?

6.1

M 7

Sozialprodukt

Das Sozialprodukt (Zahlen von 1993)

Bruttoinlandprodukt
2.853.700.000.000 DM
Summe aller Güter und Dienstleistungen, die in einem Land erbracht wurden.

+ Einkommen aus dem Ausland
− Einkommen an das Ausland

Bruttosozialprodukt
2.842.800.000.000 DM
Summe aller Güter und Dienstleistungen, die von den Bewohnern eines Landes im In- und Ausland erbracht wurden.

− Abschreibungen

Nettosozialprodukt

− indirekte Steuern
+ Subventionen

Volkseinkommen
2.129.200.000.000 DM

− direkte Steuern
− Sozialabgaben
+ Kindergeld u.a.

Verfügbares Einkommen

Schildern Sie die „volkswirtschaftliche Gesamtrechnung" vom Bruttoinlandprodukt (was wird zusammengezählt?) bis zum Volkseinkommen (was bleibt übrig?).

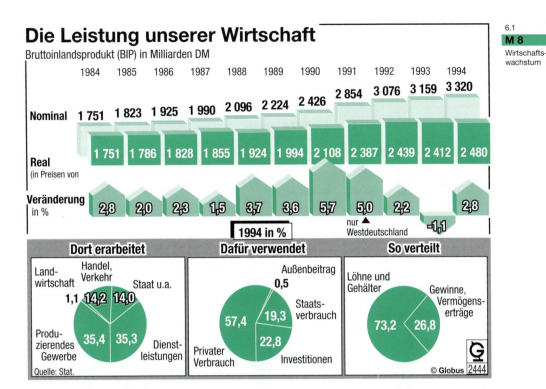

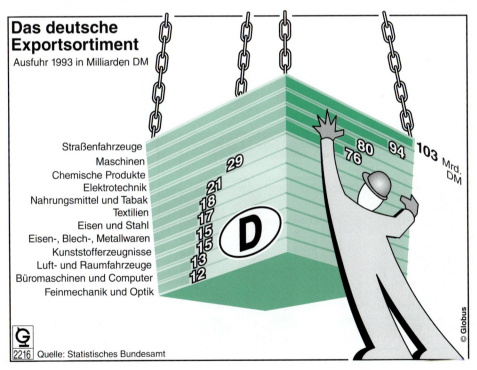

Welche Produkte gehören zu unserer Importpalette? Wo liegen die Schwerpunkte?

6.1 **M 10** Außenhandel

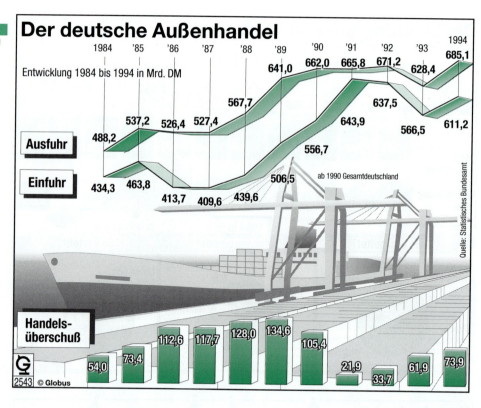

6.1 **M 11** Leistungsgerechte Bezahlung

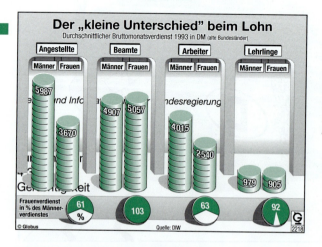

Gleicher Lohn? Dann gucken Sie sich mal seine Muskeln an!

1. Wo sind die Unterschiede besonders groß?
2. Können Sie eigene Beispiele nennen?
3. Wo mögen die Ursachen liegen?

M 12 Einkommen

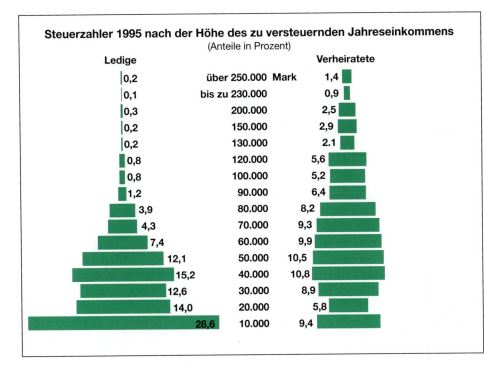

M 13 Wohlstandskarte

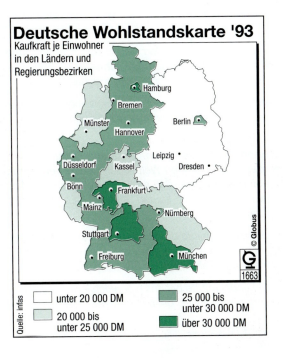

1. Wer bestimmt die Höhe der Löhne? Welche objektiven und welche subjektiven Faktoren spielen mit?
2. Gerechte Verteilung: Ist sie gelungen? Was meinen Sie dazu?

Frau Müller kauft ein Hemd aus Ceylon. Das sichert ihrem Mann die Arbeit. Arbeitet Herr Müller denn in Asien?

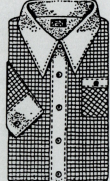

Wenn Frau Müller ihrem Mann ein Hemd kauft, dann knüpft sie an dem roten Faden, der sich durch die Weltwirtschaft hindurchzieht.

Acht von zehn Hemden, die bei uns als Import verkauft werden, kommen aus einem Land der Dritten Welt.

Die Entwicklungsländer in Afrika, Asien und Lateinamerika nehmen dafür unsere Exporte auf, zum Beispiel Textilmaschinen.

Wenn Frau Müller ein Hemd aus Colombo in Sri Lanka (wie sich Ceylon heute nennt) kauft, dann tut sie zweierlei: sie schmückt ihren Mann und sichert seinen Arbeitsplatz. Mit dem Geld für das Hemd kann die Fabrik in Colombo die Textilmaschine bezahlen, die Herr Müller in Krefeld zusammenbaut. Herr Müller arbeitet also nicht in Asien, aber die Müllers haben Geschäftsbeziehungen dorthin. Auch wenn sie es nicht wissen. Wenn Frau Müller ihrem Mann ein Hemd kauft, gibt sie zwar Mark und Pfennig an der Kasse ab. Aber eigentlich bezahlt sie nicht mit Deutscher Mark, sondern mit Müllers Zeit. Mit Herrn Müllers Arbeitszeit, in Geld bemessen. Für ein gutes Oberhemd muß Herr Müller heute knapp drei Stunden arbeiten. Früher, vor zwanzig Jahren, als deutsche Männerhemden noch aus deutschen Landen kamen, kostete ein Hemd fast doppelt so viel. ...

An seinem Hemd aus Colombo hat Herr Müller aus Krefeld mitgewirkt. Mit Müllers Maschine schneidert der Singhalese Hemden schneller als früher. Und er macht es billiger, als sein deutscher Kollege es könnte oder möchte.

Das Colombo-Krefeld-Hemd, das wir hier kennenlernen, hat einen roten Faden. Er zieht sich durch die ganze Weltwirtschaft und hat auch einen Namen: man nennt ihn internationale Arbeitsteilung.

Teilen heißt: man kann nicht alles haben. Unseren Landsleuten in der Textilindustrie können diese Hemden aus der Dritten Welt Arbeitsplätze wegnehmen. Das ist die eine Seite. Aber an der einfachen Logik, daß andere Länder unsere Maschinen nur bezahlen können, wenn wir ihre Hemden kaufen, an dieser Logik eines freien Welthandels führt kein Weg vorbei...

Die Arbeitsplätze, die wir langfristig durch Einfuhren von Konsumgütern verlieren, müssen wir dort wettmachen, wo wir stark sind, wo unsere Arbeit international besonders gefragt ist: Maschinen- und Fahrzeugbau, Elektrotechnik, Chemie.

Für einen freien Welthandel müßte bei uns eigentlich jeder eintreten, der bis vier zählen kann: jede vierte Mark nämlich wird bei uns im Export verdient.

Presse- und Informationsamt der Bundesregierung
Anzeige aus dem Jahr 1978

Die Anzeige hat damals viel Staub aufgewirbelt. Viele waren empört.
1. Wer könnte das gewesen sein?
2. Geben Sie den Gedankengang mit eigenen Worten wieder. Was meinen Sie dazu?

Sie arbeiten für den Umweltschutz

Zahl der Beschäftigten mit unmittelbaren Umweltschutzaufgaben insgesamt **205 630**

davon beschäftigt bei:
- Abwasser-, Abfallbeseitigung, Straßenreinigung **53 600**
- Planung, Verwaltung **35 000**
- Industrie **34 500**
- Altstoffgroßhandel **29 980**
- öffentl. u. private Entsorgungsunternehmen **27 200**
- Hoch- u. Fachhochschulen **8 000**
- Park- u. Gartenanlagen **6 500**
- Organisationen **6 000**
- Schornsteinfeger **3 600**
- Umweltberater **1 250**

alte Bundesländer, Stand 1990

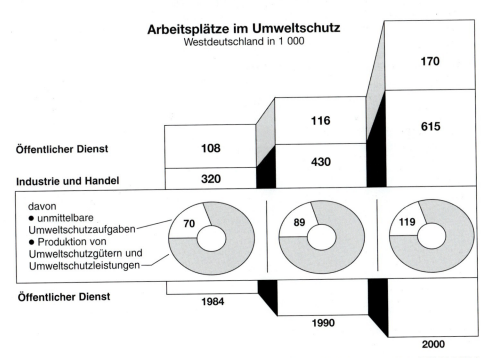

Arbeitsplätze im Umweltschutz
Westdeutschland in 1 000

	1984	1990	2000
Öffentlicher Dienst	108	116	170
Industrie und Handel	320	430	615
davon • unmittelbare Umweltschutzaufgaben • Produktion von Umweltschutzgütern und Umweltschutzleistungen	70	89	119

Institut der deutschen Wirtschaft Köln, Ursprungsdaten: DIW 24.2.1994

1. Nennen Sie Beispiele für Arbeitsplätze, die dem Umweltschutz dienen, und solche, die eher schaden.

M 17 Arbeitsplätze durch Ökologisierung der Wirtschaft

Ökologisierung: Umbau der Wirtschaft

Wenn man den Umweltschutz ernst nimmt, so ernst, daß man die gesamte Wirtschaft nach diesem Ziel umorganisiert, dann ...

...liegen die Arbeitsplätze millionenfach auf der Straße. Bis jetzt will sie allerdings keiner haben. Jeder Arbeitsplatz, der künftig durch stillgelegte Atomkraftwerke verlorengeht, bringt zum Beispiel fünf Arbeitsplätze in der Windenergie-Branche. Fünf Jahre lang hatte jetzt die Windenergiebranche um 100prozentige Wachstumsraten - jedes Jahr. Es geht also nicht um eine Verteufelung des Wachstums, sondern um Wachstum an der richtigen Stelle einer Volkswirtschaft... Konkrete Beispiele:

- Bis zum Jahr 2000 sind in Deutschland 1,1 Millionen Menschen im Bereich der Umweltschutztechnologien beschäftigt (rechnet das Umweltbundesamt).
- Die Einführung einer Energie- und CO_2-Steuer bringt 650 000 neue Arbeitsplätze in der verarbeitenden Industrie und im Dienstleistungssektor (schätzt das Deutsche Institut für Wirtschaftsforschung).
- Die solare Energiewende erfordert 500 000 neue Arbeitsplätze in Deutschland schon in fünf Jahren (Eurosolar).
- Die Verkehrswende – Vervierfachung des öffentlichen Verkehrs – in den nächsten 25 Jahren braucht eine Million neuer Arbeitsplätze (NRW-Verkehrsministerium)...
- Einspartechnologien beim Wasserverbrauch: 200 000 neue Arbeitsplätze (Umweltsenat Berlin).
- Sozialer Wohnungsbau: zusätzlich 1 Million Arbeitsplätze (Bundesanstalt für Arbeit).
- Eine noch nicht veröffentlichte Studie der EU prophezeit fünf Millionen neue Arbeitsplätze in zehn Jahren durch die solare Energierevolution in Westeuropa. Solarier aller Länder, vereinigt euch!

Franz Alt (Fernsehautor der Serie Zeitsprung), Frankfurter Rundschau 25.10.94

1. „Umweltschutz braucht Wirtschaftswachstum", meint das Institut der deutschen Wirtschaft. Stimmt das?
2. Drehen Sie den Satz um! Fallen Ihnen dazu Argumente ein?

Arbeitsvorschlag

Die Entwicklung der Wirtschaft: Zahlen von 1950 bis heute

- Stellen Sie die wirtschaftliche Entwicklung als Kurven dar.
- Vorschlag: Nehmen Sie ein kariertes DIN-A4-Blatt quer. Tragen Sie die Prozentsätze an der Senkrechten ab (1 % = 1 cm = 2 Kästchen), die Jahre waagerecht (1 Jahr = 0,5 cm = 1 Kästchen).

Beschreiben Sie anhand der Kurven die Entwicklung der dargestellten Wirtschaftsziele.

- Finden Sie heraus, was gute Jahre und was schlechte Jahre waren: Wann wurden die Ziele (fast) erreicht, wann nicht?
- Verfolgen Sie die Kurven ganz genau: Bei welchem Ziel hat sich zuerst ein Umschwung ereignet? In welchem Abstand folgen die anderen?

Entwicklung des Rohölpreises

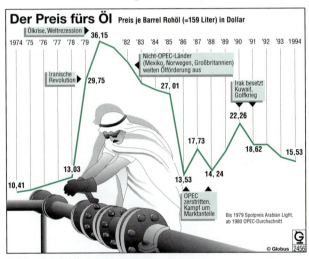

(BP London 1990)

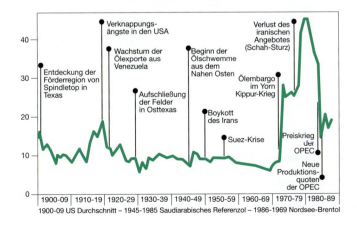

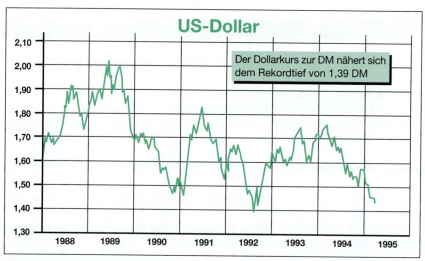

Entwicklung des Dollarkurses

(Rheinische Post 04. 03. 1995)

Jahr	Veränderung der Preise in %[1]	Arbeitslosen-quote[2]	Wirtschafts-wachstum in %[3]
1950	− 6,5	11,0	+12,8
1951	+ 7,8	10,4 +	9,4
1952	+ 2,0	9,5 +	9,0
1953	− 1,7	8,4	+ 8,5
1954	0,1	7,6	+ 7,4
1955	+ 1,7	5,6	+11,8
1956	+ 2,6	4,4	+ 7,3
1957	+ 2,0	3,7	+ 5,7
1958	+ 2,2	3,7	+ 3,7
1959	+ 1,0	2,6	+ 7,3
1960	+ 1,4	1,3	+ 9,0
1961	+ 2,2	0,7	+ 4,0
1962	+ 3,0	0,7	+ 3,4
1963	+ 2,9	0,8	+ 6,7
1964	+ 2,4	0,8	+ 5,6
1965	+ 3,1	0,7	+ 2,9
1966	+ 3,7	0,7	− 0,2
1967	+ 1,7	2,1	+ 7,3
1968	+ 1,6	1,5	+ 8,2
1969	+ 1,9	0,9	+ 5,9
1970	+ 3,4	0,7	+ 3,3
1971	+ 5,3	0,8	+ 3,6
1972	+ 5,5	1,1	+ 4,9
1973	+ 6,9	1,2	+ 0,4
1974	+ 7,0	2,6	− 1,9

Jahr	Veränderung der Preise in %[1]	Arbeitslosen-quote[2]	Wirtschafts-wachstum in %[3]
1975	+ 6,0	4,7	+ 5,6
1976	+ 4,3	4,6	+ 2,7
1977	+ 3,7	4,5	+ 3,3
1978	+ 2,7	4,3	+ 4,0
1979	+ 4,1	3,8	+ 1,5
1980	+ 5,4	3,8	+ 1,0
1981	+ 6,3	5,5	− 1,0
1982	+ 5,3	7,5	+ 1,9
1983	+ 3,3	9,1	+ 3,3
1984	+ 2,4	9,1	+ 1,9
1985	+ 2,2	9,3	+ 1,8
1986	− 0,2	9,0	+ 1,8
1987	+ 0,2	8,9	+ 1,5
1988	+ 1,3	8,7	+ 3,7
1989	+ 2,8	7,9	+ 3,6
1990	+ 2,7	7,2	+ 5,5
1991[4]	+ 3,5	6,3/ 10,4	+ 4,3/ − 11,4
1992	+ 4,0/ + 11,2	6,6/ 14,8	+ 1,0/ + 9,7
1993	+ 4,2/ + 8,8	8,2/ 15,8	− 2,3/ + 7,1
1994	+ 3,0/ + 3,4	9,2/ 16,1	+ 1,6
1995			
1996			
1997			
1998			
1999			

[1] Anstieg der Lebenshaltungskosten (Durchschnitt) gegenüber dem Vorjahr
[2] in % der abhängig beschäftigten Erwerbspersonen
[3] realer Anstieg des Bruttosozialproduktes
[4] Da die wirtschaftliche Entwicklung in West und Ost sehr unterschiedlich verlief, werden die Zahlen getrennt angegeben: frühere BRD/neue Bundesländer

Diskussion

Stellen Sie eine Rangfolge der Wirtschaftsziele auf. Was ist das wichtigste?

Vier der sechs Ziele sind seit 1967 im „Stabilitätsgesetz" verankert. Die vier allein bilden ein „magisches Viereck".

Bevor Sie mit der Diskussion beginnen, lesen Sie bitte die folgenden Texte und beantworten Sie die Fragen.

> Gesetz zur Förderung der Stabilität und des Wachstums der Wirtschaft
> §1
> Bund und Länder haben bei ihren wirtschafts- und finanzpolitischen Maßnahmen die Erfordernisse des gesamtwirtschaftlichen Gleichgewichts zu beachten. Die Maßnahmen sind so zu treffen, daß sie im Rahmen der marktwirtschaftlichen Ordnung gleichzeitig zur Stabilität des Preisniveaus, zu einem hohen Beschäftigungsstand und außenwirtschaftlichem Gleichgewicht bei stetigem und angemessenem Wirtschaftswachstum beitragen.

1. Welche wirtschaftspolitischen Ziele des magischen Sechsecks werden im Stabilitätsgesetz genannt?
2. Welche Ziele fehlen?
3. Können Sie sich eine Erklärung für das Fehlen dieser Ziele denken?

Stellen Sie eine Rangfolge der sechs Ziele auf.

Zuerst entscheiden Sie sich bitte alleine und schreiben Ihre persönliche Rangfolge auf einen Zettel.

Dann sammeln Sie die Wertungen Ihrer Klasse ein. Die Auffassungen werden sicherlich unterschiedlich sein.

Stellen Sie jetzt aus den Einzelmeinungen die Rangfolge der Klasse auf. Dazu schreiben Sie zuerst die sechs Ziele in beliebiger Reihenfolge an die Tafel. Dann notieren Sie von jedem einzelnen Zettel die Rangplätze hinter die Begriffe und zählen zum Schluß alle Zahlen zusammen. Ordnen Sie die Ziele neu nach der Rangordnung Ihrer Klasse. Den ersten Platz erhält das Ziel mit der kleinsten Summe.

Diskutieren Sie Ihr Ergebnis.

Beachten Sie dabei auch die unterschiedlichen Abstände zwischen den einzelnen Zielen. Interessant kann es werden, wenn einige abweichende Meinungen (Rangfolgen) verteidigt werden.

6.2 Konjunktur: das Auf und Ab der Wirtschaft

Holzmüller bestellt neue Maschinen

6.2
M 1
Wohnungs-
bau

Die Firma Holzschnitt stellt Profilleisten her. Gebraucht werden sie fast überall, wo mit Holz gearbeitet wird: in der Möbelindustrie, beim Hausbau für Fenster, Türen, Fußbodenleisten. Kaufen kann man sie auch im Baumarkt. Der Inhaber der Firma, Herr Holzmüller, ist stolz auf seine Produkte. Er verarbeitet nur ausgesuchtes, astfreies Holz und läßt sich immer mal wieder ein neues Profil für seine Leisten einfallen. Aber er hat im Laufe der Jahre festgestellt, daß die Zustimmung bei seinen Kunden sehr schwankt. Vor einem Jahr waren die Heimwerker noch sehr zurückhaltend. Mal eine Leiste für eine unbedingt notwendige Reparatur, das war's dann aber auch.

Aber eines Abends hört er in der Tagesschau, daß die Aktien an der Börse steigen. Niemand weiß warum. Auch die Experten nicht. Am nächsten Abend die gleiche Nachricht: der Anstieg geht weiter. Sollte etwa die Stimmung umschlagen? Aktien werden doch nur dann gekauft, wenn sich die Käufer bei den entsprechenden Firmen Gewinne erhoffen. Dann eine weitere frohe Botschaft: bei den Auslandsvertretungen von Mercedes, Audi und BMW füllen sich die Auftragsbücher. Ein Hoffnungsschimmer weitab am Horizont?

Herr Holzmüller überprüft seinen Maschinenpark. Seine 50 Fräsmaschinen laufen und laufen, aber mit wenig Begeisterung. Mal steht eine still und wird sorgfältig gewartet und geputzt. Denn die 25 Leute in der Werkshalle müssen sich ja beschäftigen. Von der letzten Statistik weiß Herr Holzmüller: seine Kapazitätsauslastung beträgt nur knapp 70 %. Das ist wenig. Wenn hoffentlich bald mehr Bestellungen eingehen, dann würde er erst mal die Kapazität hochfahren. Aber er will ganz sichergehn. Zunächst bestellt er, wie in jedem Jahr, fünf neue Fräsmaschinen als Ersatz für die alten, die ihre zehn Jahre abgearbeitet haben und bereits abgeschrieben sind. Erstaunt ist er über das Fax, das ihm von der Maschinenfabrik ins Büro flattert: 1. Das von ihm bestellte Modell ist inzwischen aus der Produktion genommen. Der Nachfolger wird elektronisch gesteuert, arbeitet zuverlässiger und schneller, braucht zudem weniger Strom und – in anderen Firmen sei es üblich, daß ein Maschinenführer drei Fräsmaschinen bedient statt bisher nur zwei. Aber 2. – und jetzt wird Herr Holzmüller richtig ärgerlich – müsse sich die Firma mit der Lieferung etwas gedulden. Gerade laufe ein Großauftrag für die USA, der müsse zuerst abgewickelt werden. Als guter Kunde könne er sich aber in drei Monaten auf die Lieferung einstellen.

Der Ärger von Herrn Holzmüller dauert jedoch nicht lange. Dafür ist er zu sehr Unternehmer. Nach einigem Denken kommt Freude bei ihm auf: Wenn die Maschinenfabrik boomt, das weiß er aus Erfahrung, dann wird auch bald der Run auf seine Leisten einsetzen. Denn es wird bald wieder gebaut. Die Möbelindustrie wird ihre Produktion ausweiten. Automobilverkäufer, Maschinenbauer, Spediteure, sie alle müssen jetzt hart ran in ihren Firmen. Manche machen bereits Überstunden. Aber nach Arbeitsschluß fahren sie noch mal schnell beim Baumarkt vorbei und nehmen ein paar von seinen wunderschönen Profilleisten mit. Denn wenn man Arbeit hat und gut verdient, dann macht nach Feierabend die Arbeit zu Hause erst richtig Spaß.

Da gönnt sich Herr Holzmüller am Abend mit seiner Frau eine Flasche Sekt: Er hat beschlossen zu investieren. Am nächsten Morgen faxt er frohgelaunt die Bestätigung seiner Bestellung an die Maschinenfabrik: Fünf Fräsmaschinen als Ersatz und weitere zehn, weil er seine Produktion erweitern will. Denn nach der Durststrecke will er endlich wieder mal richtig Geld verdienen.

Konjunkturphasen

Zur Erinnerung alle Zahlen von 1984 an finden Sie auf **S. 329**

Das Auf und Ab der wirtschaftlichen Leistung (Produktion + Dienstleistungen) nennt man Konjunktur. Gemessen wird das **Bruttoinlandprodukt**.

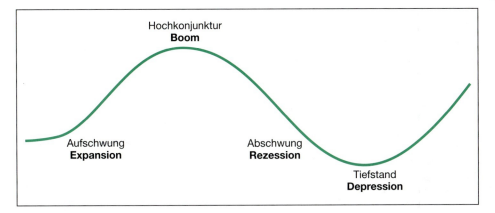

Ob Herr Holzmüller neue Maschinen bestellt, hängt von seiner Stimmung ab. Unternehmer entscheiden sich zu investieren, wenn sie in Zukunft mehr Aufträge erwarten. Nicht die augenblickliche Kapazitätsauslastung ist also ausschlaggebend. Kauft er eine neue Maschine, um seine Produktion auszuweiten, so nennt man das eine **Erweiterungsinvestition.**

Wird die Maschine bestellt, weil eine andere kaputt ist und die Reparatur nicht mehr lohnt, weil sie zu alt und bereits abgeschrieben ist, dann ist das eine **Ersatzinvestition.** Haben kluge Ingenieure eine Maschine entwickelt, die die Umwelt weniger belastet, weil sie weniger Energie verbraucht, bestellt der Unternehmer auch neue Maschinen. Dies nennt man **Umweltinvestition.** Investiert er, um mit weniger Arbeitskräften kostengünstiger produzieren zu können, handelt es sich um eine **Rationalisierungsinvestition.**

Entscheidend ist bei allen Investitionen: Der Unternehmer investiert, wenn er sich einen Gewinn davon verspricht. Wenn er heute eine neue Maschine kauft, dann ist diese in den meisten Fällen besser, d.h. leistungsfähiger und umweltschonender als die Generation vorher. Eine Erweiterungsinvestition ist damit gleichzeitig eine Rationalisierungsinvestition und eine Umweltinvestition. Bei den meisten Ersatzinvestitionen ist das genauso.

Wer zuerst bestellt, hat die Nase vorn.

Erwartet die Boutique-Besitzerin im Ostseebad einen schönen Sommer mit vielen zahlungskräftigen Kundinnen und Kunden, dann wird sie frühzeitig für ein volles Lager sorgen. Sie bestellt ihre Sommerkollektion beim Textilfabrikanten gleich nach Weihnachten. Der hatte das vorher geahnt und, weil er ein risikobereiter Unternehmer ist, schon im Sommer vorher neue Nähmaschinen bestellt. Jetzt kann er gleich mit der Produktion loslegen.

Gewiefte Beobachter der Wirtschaft erkennen an den Auftragseingängen bei der Investitionsgüterindustrie – also den Maschinenherstellern – die zukünftige Entwicklung der Produktion und somit der Gewinne. Sie kaufen Aktien zu einem frühen Zeitpunkt. Auftragseingänge und Aktienkurse z.B. nennt man daher Konjunktur-Indikatoren (Indikator = Anzeiger). Während Aktienkurse die Entwicklung *vorwegnehmen, reagiert* der Arbeitsmarkt auf die tatsächliche konjunkturelle Entwicklung, also später, *zeitversetzt.* Lohnerhöhungen, aber auch Lohnkürzungen, sind abhängig von der augenblicklichen Beschäftigungslage. Sucht der Unternehmer im Boom händeringend Leute für seine neuen Maschinen, dann haben die Arbeitnehmer eine starke Position. Sie haben gute Chancen, höhere Löhne durchzusetzen. In der Flaute ist das ganz anders.

Kaum jemand kann die konjunkturelle Entwicklung genau voraussagen. Fachleute versuchen das ständig. Die Bundesregierung läßt von fünf wirtschaftswissenschaftlichen Instituten die Konjunktur beobachten. Im Frühjahr und im Herbst geben diese *„fünf Weisen"* ihr Gutachten ab. Was dann tatsächlich daraus wird, wissen allerdings auch sie nicht. Der israelisch-arabische Krieg und die folgende Ölpreiskrise haben z.B. 1973 die Konjunktur der gesamten westlichen Welt durcheinandergebracht. Währungsschwankungen (der Dollarkurs) können aus heiterem Himmel auftreten und die Konjunktur beeinflussen. Neue technische Entwicklungen können eine Welle von Investitionen auslösen. Ganz wichtig ist die allgemeine Stimmung: die Stimmung in der Bevölkerung, noch wichtiger aber, wie die Unternehmer die Entwicklung der Stimmung vorher einschätzen. Wenn dann der Konjunkturmotor wieder angesprungen ist, weiß am Ende wiederum niemand so genau zu sagen: sind nun die Aktienkurse gestiegen, weil die Aussichten gut waren, oder haben die Unternehmer investiert, weil die Aktienkurse stiegen.

M Materialien

6.2
M 1
Wohnungsbau

6.2
M 2
Prognose

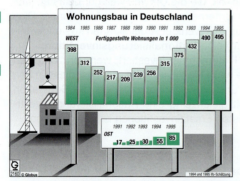

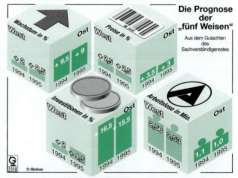

Der Wohnungsbau ist abhängig von der Konjunktur, beeinflußt sie aber auch.
1. *In welcher Konjunkturlage werden Bauaufträge erteilt? Wann gehen die Aufträge zurück?*
2. *Welche Wirkungen hat eine ansteigende Baukonjunktur auf andere Bereiche,*
   - *auf den Arbeitsmarkt,*
   - *auf die Einkommen: Löhne, Gewinne, Steuereinnahmen des Staates,*
   - *auf das Konsumverhalten?*
   - *Welche anderen Branchen sind direkt betroffen? Welche können indirekt beeinflußt werden?*

Arbeitsvorschlag 1

Ermitteln Sie, wie die einzelnen Konjunkturphasen sich auswirken

Konjunkturphasen Indikatoren	Expansion anfangs/später	Boom	Rezession anfangs/später	Depression
Erwartung „Stimmung"				
Nachfrage/Auftragseingänge				
Produktion/Sozialprodukt				
Beschäftigungsstand				
Investitionen				
Kapazitätsauslastung				
Lagerbestände				
Preise				
Volkseinkommen				
Gewinne				
Löhne				

Zeigen Sie durch Pfeile  *an, wie sich Nachfrage, Produktion, ... entwickeln.*

Arbeitsvorschlag 2

Untersuchen Sie, wie sich der Dollarkurs auswirkt: „Starke" oder „schwache" DM

Wenn die DM stärker wird, dann wird sie im Vergleich zu anderen Währungen, z.B. zum Dollar, mehr wert. Wir erhalten für 1,00 DM z.B. statt vorher 0,55 $ jetzt 0,67 $. Das nennt man **Aufwertung.** Wenn Amerikaner DM einkaufen wollen, müssen sie dafür mehr Dollar zahlen.

Abwertung der DM ist das genaue Gegenteil. Die DM wird schwächer. Beim Tausch erhalten wir weniger Dollar für unsere DM.

> ***Fall 1:*** *Deutsche Autos genießen hohes Ansehen in den USA.*
> *Sie werden gekauft, wenn der Preis stimmt.*
> *Nehmen wir an, VW verlangt auf dem US-Markt 20.000 $ für einen VW-Golf.*
> *Der Dollar-Kurs beträgt 1,80 DM, d.h. für einen Dollar muß man 1,80 DM zahlen; bzw. wenn man Dollar in DM tauscht, dann erhält man für einen Dollar 1,80 DM.*
> *Bei diesem Kurs hat der VW-Konzern einen Gewinn von 1000,00 bei jedem verkauften Golf.*

- Wieviel DM erhält VW für einen in den USA verkauften Golf?

Nehmen wir an, die Situation auf dem Devisenmarkt ändert sich. Die DM wird „stark", der Dollar im Vergleich zur DM „schwach". Nach einiger Zeit kostet der Dollar nur noch 1,30 DM.
Der Dollar-Kurs beträgt damit 1 $: 1,30 DM.
- Wieviel DM erhält VW jetzt, wenn sie die in den USA eingenommenen 20.000 $ in DM umtauscht?
- Wie hoch ist jetzt der Gewinn?

Es gibt mehrere Möglichkeiten, wie der VW-Konzern auf den Verfall des Dollar reagieren kann: die Preise in den USA erhöhen, weniger Autos in die USA exportieren?
Fallen Ihnen weitere Möglichkeiten ein? Wie würden Sie als VW-Chef entscheiden?

Fall 2: HiFi-Anlagen aus Nahost erfreuen sich in Deutschland großer Beliebtheit, auch weil sie billig sind.

Nehmen wir an, der Hamburger Importeur zahlt in Nahost 2000.00 $ für eine HiFi-Anlage.
Beim Kurs 1 $: 1,80 DM macht er einen Gewinn von 100,00 DM.
- Wieviel DM muß er beim Einkauf eines Gerätes bei diesem Kurs aufwenden?
- Was wird aus seinem Geschäft, wenn – wie beim Beispiel oben – der Dollar-Kurs auf 1,30 DM sinkt?

Es gibt mehrere Möglichkeiten, wie der Importeur sich beim sinkenden Dollar-Kurs verhalten kann.
Welche Möglichkeiten halten Sie für wahrscheinlich? Wie würden Sie als Importeur reagieren?
- Wie wirkt sich die Aufwertung der DM auf die Produktion in Nahost aus?
- Welche Auswirkungen ergeben sich für den Verbraucher in Deutschland?
- Welche Folgen können sich für deutsche Hersteller ergeben?
- Wie könnten deutsche Unternehmer reagieren?

Fall 3: Viele Deutsche würden gern mal nach New York fliegen, vorausgesetzt, der Preis stimmt.

Nehmen wir an, ein Kurzurlaub kostet 1000.00 $.
- Wie werden deutsche Urlauber reagieren bei einem Dollar-Kurs von 1,50, von 1,80 oder von 2,00 DM?
- Welche Auswirkungen werden sich jeweils ergeben für die deutsche bzw. für die US-Wirtschaft?

Spielen Sie die drei Beispiele jetzt mit einer Aufwertung der DM durch.
Angenommen, die DM wird schwächer. Der Kurs des Dollar steigt auf 2,00 DM.
Welche Auswirkungen ergeben sich jetzt in jedem der drei Fälle?
Jetzt können Sie sicher folgende ganz allgemeine Fragen beantworten:
Wie wirkt sich eine Aufwertung der DM in Deutschland auf die Preise/auf die Produktion aus?
Welche weiteren Auswirkungen könnten sich ergeben?
Wie kann sich eine Abwertung auswirken?
In welchen Phasen der Konjunktur wirken sich Aufwertung bzw. Abwertung günstig oder ungünstig aus?

Diskussion

Mehr Bruttosozialprodukt = mehr Lebensqualität?

Herr Jensen ist Angestellter bei der Sparkasse in Burg auf Fehmarn. Dort wohnt er auch. Weil seine Familie und seine Freunde alle auf der Insel wohnen, hat er nie daran gedacht, sich ein Auto zuzulegen. Überall kommt er gut zu Fuß oder mit seinem Fahrrad hin.

Herr Meier hat ebenfalls eine Banklehre hinter sich gebracht. Er wohnt in Bad Segeberg und hat eine Stelle bei einer Bank in Hamburg. Weil es sehr umständlich ist, mit der Bahn von Bad Segeberg nach Hamburg zu fahren, fährt er täglich mit seinem Golf GTI die 60 km lange Strecke. Dafür braucht er – wenn er „gut durchkommt" – 1,5 Stunden, oft länger. Dafür verdient er in Hamburg auch mehr. Sein Nettolohn beträgt 5 000,00 DM. Herr Jensen verdient in der Sparkasse in Burg auf Fehmarn nur 3 800,00 DM.

Bevor Sie diskutieren:

> **Zeichnen Sie einen Comic**
>
> Herr Jensen   und   Herr Meier
>
> morgens um 7 Uhr
> bei Arbeitsanfang um 8.30 Uhr
> um 10 Uhr
> kurz nach Dienstschluß um 17.15 Uhr
> um 18 Uhr

Wenn Sie die Lebensqualität in Zahlen fassen wollen, dann rechnen Sie aus: die Fahrtzeit, die Freizeit, die Fahrtkosten.
Herr Jensen und Herr Meier im Vergleich.

Über Herrn Meier freut sich das Bruttoinlandprodukt. Denn er braucht viel mehr als sein Kollege auf Fehmarn. Er gibt eine Menge Geld aus, nicht nur für sein Auto und alles was damit zusammenhängt. Auch in Hamburg – in seiner Mittagspause zum Beispiel – will er ja mit seinen Kolleginnen und Kollegen mithalten. Für ihn entstehen Kosten. Aber bei den Verkäufern schlagen seine Ausgaben positiv zu Buche. Dort sind es Einnahmen. Gesamtwirtschaftlich gesehen erhöht Herr Meier damit das Sozialprodukt.

Nicht auszudenken, wenn Herrn Meier ein Unglück passiert: ein Autounfall. Je schlimmer die Folgen, desto mehr Menschen müssen arbeiten, um den Schaden zu beseitigen – soweit das bei einem Unfall überhaupt möglich ist. Selbst wenn Herr Meier bei diesem Unfall sterben sollte, schlägt das positiv zu Buche. Viele Menschen sind beschäftigt, viele verdienen. Mit jeder Rechnung steigt das Sozialprodukt. Das ist so, weil die Zahlen blind sind. Zusammengezählt wird – ohne jede Wertung – allein die Menge. Daraus ergibt sich – wenn die Zahlen steigen – ein quantitatives Wachstum.

Wachstum = Wohlstand = Lebensqualität ?

Stimmt die Rechnung?

6.3 Wirtschaftspolitik:
Unmögliches möglich machen?

Der Staat soll steuern, aber er darf nicht ans Lenkrad

auf S. 350 können Sie selbst ausrechnen, wie sich das auswirkt

Dieter hat Maurer gelernt. Sein Polier hält viel von ihm. Trotzdem wird er nach der Lehre nicht übernommen. Seine Firma, die Hochbau GmbH, hatte in den letzten Jahren viel zu tun. Doch jetzt, wo Dieter im 3. Lehrjahr ist, halbieren sich die Aufträge. Denn die Zinsen sind hoch, nur noch wenige können bei 10 % Hypothekenzinsen bauen. Die Hochbau GmbH muß abspecken. Zwei Jahre vorher hätte Dieter Glück gehabt: Er wäre übernommen worden. Die Konjunktur hat ihm einen Strich durch die Rechnung gemacht. Für ihn und natürlich auch für den Chef seiner Firma wäre es besser, wenn das Auf und Ab der Aufträge nicht so stark wäre.

zur Erinnerung 6.2 Wohnungsbau

Das sehen auch die Politiker so. Deshalb wurde den Regierungen zur Aufgabe gemacht, die Konjunktur zu glätten. Durch eine **antizyklische** Ausgabenpolitik sollte gegengesteuert werden.

Durch zusätzliche Ausgaben im Tiefstand soll z.B. der Auftragsstand im Baugewerbe ausgeglichen werden. Hierfür dürfen auch Schulden gemacht werden. In der Hochkonjunktur dagegen soll sich der Staat zurückhalten, zum Beispiel Aufträge verschieben. Dadurch bleibt Geld in der Kasse.

Es ist schwierig, das in die Praxis umzusetzen. Denn wenn die Steuerquellen sprudeln, wenn im Boom das Geld reichlich fließt, ist es schwierig für die Politiker, den Bürgerinnen und Bürgern klarzumachen, daß sie auf die dringend benötigte Kläranlage, die lange versprochenen Kindergartenplätze oder die überfällige Reparatur der Fahrradwege noch zwei bis drei Jahre warten sollen.

So sind die Politiker geneigt, im Boom die Mehreinnahmen nicht zu sparen, sondern gleich wieder auszugeben. Wenn dann im Konjunkturtief die Arbeitslosigkeit hoch ist, und der Wohnungsbau angekurbelt werden sollte, fehlt das Geld. Daher müssen Schulden gemacht werden, um die Konjunktur anzukurbeln. Im Boom ist dann wieder – wenn eigentlich Schulden getilgt werden sollten – die Versuchung groß, das Mehr an Steuern auszugeben.

6.3 M 1+2 Haushalt des Bundes

Die **Deutsche Bundesbank** hat die Aufgabe, die Wirtschaftspolitik der Bundesregierung zu unterstützen. Dies steht im Bundesbankgesetz. Hier steht auch, daß sie für Preisstabilität sorgen soll. Sie ist aber in ihrer Arbeit unabhängig, d.h. die Regierung kann ihr keine Weisungen erteilen.

Während die Bundesregierung die Konjunktur durch ihre Ausgabenpolitik beeinflussen kann, ist die Deutsche Bundesbank in der Lage, die Kosten für das Geld – die Zinsen – mitzubestimmen. Auch die Geldmenge kann von ihr beeinflußt werden.

Instrumente der Bundesbank

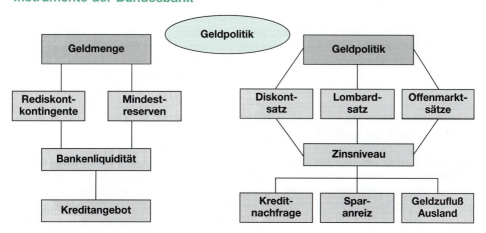

Beispiel: Diskontpolitik

Wenn ein Einzelhändler etwas verkaufen will, muß er Waren haben. In den meisten Fällen hat er die Waren vorher gekauft. Sie liegen bei ihm auf Lager. Sein Kunde bezahlt beim Kauf oder danach. Da der Einzelhändler das Geld noch nicht hat, wenn er selbst beim Großhändler einkauft, verspricht er dem Großhändler, in drei Monaten zu zahlen. Das Versprechen gibt er schriftlich: Er stellt einen **Wechsel** aus. – Ein Wechsel ist also ein Zahlungsversprechen. Der Großhändler reicht den Wechsel weiter an den Fabrikanten, bei dem er gekauft hat. Der will Geld sehen. Er geht mit dem Wechsel zu seiner Bank und verkauft ihn an die Bank (er diskontiert ihn). Die Bank verkauft ihn weiter an die Deutsche Bundesbank. Diese zahlt der Bank Geld, aber nicht die volle Wechselsumme, denn der Wechsel ist ja erst in drei Monaten fällig. Sie zieht Zinsen ab, z.B. 6 %. Das ist der **Diskontsatz**. Die Bank reicht das Geld weiter. Aber auch sie hatte Kosten. Deshalb liegen ihre Zinsen einige Punkte über dem Diskontsatz der Bundesbank. Sie verlangt z.B. 8,5 %, die sie gleich abzieht und einbehält, wenn sie ihrem Kunden, dem Fabrikanten, das Geld auszahlt. Nach drei Monaten, wenn der Wechsel fällig ist, holt sich die Bundesbank die volle Wechselsumme vom Einzelhändler. Er muß zu diesem Termin sein Geld verdient haben.

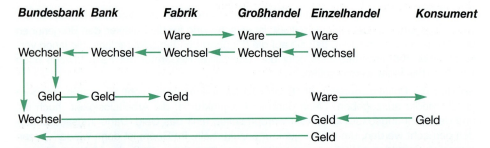

Wenn die Deutsche Bundesbank im Konjunkturtief die Politik der Bundesregierung unterstützt und die Wirtschaft ankurbeln will, senkt sie den Diskontsatz. Dem folgen die Banken. So sinken die Zinsen für den Fabrikanten, den Großhändler und den Einzelhändler. Auch das allgemeine Zinsniveau sinkt. Konsumentenkredite werden billiger. Wenn die Stimmung gut ist, wird jetzt gekauft. Auch der Einzelhändler ist bei niedrigen Finanzierungskosten eher bereit, sein Lager zu füllen. Niedrige Zinsen kurbeln die Konjunktur also an, hohe Zinsen bremsen sie.

Schwierig wird die Konjunkturpolitik, wenn Bundesregierung und Bundesbank unterschiedlicher Meinung sind. Steigen etwa die Preise im Tiefstand, beträgt die Inflationsrate z.B. 6 %, kann folgende Situation eintreten: Die Regierung will die Nachfrage ankurbeln, damit die Produktion anläuft und Arbeitskräfte eingestellt werden. Die Deutsche Bundesbank sorgt sich um die Preise. Sie ist zwar auch bereit, für mehr Beschäftigung zu sorgen, hält aber stabile Preise – langfristig gesehen – für das beste Mittel, auch gegen Arbeitslosigkeit. Aus Sorge um die Preisstabilität ist sie nicht bereit, die Leitzinsen zu senken.

Was nun?

Sie steuern mit, am Lenkrad sitzen andere

Bundesregierung und Bundesbank können die Konjunktur beeinflussen. Aber unsere Wirtschaft ist weltweit verflochten und offen für viele Einflüsse von außen. Die Zinsen werden auf dem Weltmarkt ermittelt. Aufträge aus dem Ausland hängen ab vom Dollarkurs, auch die Preise, die wir für Rohöl zahlen müssen. Wahlen in den USA oder ein Krieg in Nahost, wo ein Großteil des Erdöls lagert, können zu Einbrüchen auf dem Weltmarkt führen. Ein Börsenkrach in Japan erreicht uns in wenigen Stunden und kann Panik auch an der Frankfurter Börse auslösen.

Im Inland verhandeln die Tarifvertragsparteien über die Höhe der Löhne und über Arbeitszeiten. Sie entscheiden damit wesentlich über die Konkurrenzfähigkeit unserer Wirtschaft auf dem Weltmarkt, über Preise und damit über Arbeitsplätze. Auch bei uns schlagen politische Entscheidungen oder Wahlergebnisse schnell auf die Stimmung an der Börse und damit auf die Aktienkurse durch. Ist die Stimmung schlecht, fallen Investitionsentscheidungen schwer.

Viele geben Gas und viele bremsen. Wer sitzt eigentlich am Lenkrad der Konjunktur?

Auch die Verbraucher beeinflussen die Konjunktur

Wirtschaftspolitik ist nicht nur Konjunkturpolitik

Sie ist viel mehr, denn vieles ist notwendig.

- In den neuen Bundesländern wird pro Arbeitskraft weniger produziert. Noch ist dort die Produktivität also geringer als in den alten Bundesländern. Den Unternehmen geht es schlechter. Durch Zuschüsse, Steuererleichterungen oder andere Hilfen wird versucht, einen Ausgleich herbeizuführen.

- Landwirtschaft, Fischerei, Werften und Bergbau z.B. sind nicht wettbewerbsfähig. In anderen Ländern werden die Produkte dieser Branchen kostengünstiger hergestellt. Diese Wirtschaftszweige sollen erhalten bleiben. Sie müssen deshalb finanziell unterstützt werden.

- Technische Großprojekte brauchen viel Zeit und Geld für ihre Entwicklung. Bis sie marktreif sind, müssen die Unternehmen lange Durststrecken überwinden. Das hält kaum eine Firma alleine durch. Die Magnet-Schwebebahn Transrapid wäre ohne staatliche Subventionen nie zur Serienreife gebracht worden. Auch die Strecke von Hamburg nach Berlin braucht Unterstützung. Hier soll der Staat mit Förderung helfen, um die Wettbewerbsfähigkeit deutscher Unternehmen auf dem Weltmarkt zu stärken.

- Bei der Energieumwandlung werden Schadstoffe freigesetzt. Sie belasten die Umwelt. Alle sind sich einig, daß die Umweltbelastung so weit wie eben möglich verringert werden soll. Die Regierungen sollen dafür sorgen, daß weniger Energie verbraucht wird. Wo Energie umgesetzt wird, soll der Schadstoffausstoß verringert werden. Dazu gibt es eine Reihe staatlicher Möglichkeiten.

    Zum Beispiel: Gesetze, Zuschüsse, Steuererleichterungen.

    – Wer ein Haus baut, muß für gute Wärmedämmung sorgen. Hier ist Energieeinsparung gesetzlich vorgeschrieben. Kraftwerke müssen Filter in ihre Schornsteine einbauen, um den Ausstoß von Schadstoffen zu verringern. Das schreibt die TA (Technische Anordnung) Luft vor. Wer sich nicht daran hält, wird bestraft.

    – Wer auf sein Haus eine Solaranlage zur Aufwärmung von Heiz- und Duschwasser baut, erhält einen direkten Zuschuß aus der Staatskasse. Umweltfreundliche Energieerzeugung ist heute noch teuer. Wer es trotzdem anpackt, wird belohnt.

    – Als der Abgas-Katalysator für PKW eingeführt wurde, reagierten die Autokäufer zuerst sehr zurückhaltend, weil der Einbau teuer war. Damit die Entscheidung leichter fiel, setzte die Bundesregierung eine Belohnung aus: Zuerst einen Zuschuß zum Kaufpreis, zusätzlich wurden für einige Zeit die Kfz-Steuern verringert. Alte Autos, die nur mit verbleitem Benzin fuhren, sollten möglichst schnell von den Straßen verschwinden. Deshalb wurde die Steuer für verbleites Benzin erhöht. Mit Steuern kann die Regierung also belohnen oder bestrafen, wenn sie ein bestimmtes Verhalten politisch durchsetzen will.

Über Wirtschaftspolitik muß gestritten werden

Sobald der Staat sich in die Wirtschaft einmischt, wird über die Maßnahmen diskutiert. Nichts ist unumstritten in der Politik. In einigen Fällen wird eine bestimmte Förderung grundsätzlich in Frage gestellt. Soll die Bundesregierung z.B. Geld ausgeben für den Transrapid, solange Kindergärten fehlen? In anderen Fällen sind sich alle einig – im Prinzip. Gestritten wird über den Weg. – Einig sind sich z.B. alle, daß Autos die Luft weniger verschmutzen sollen. Aber wie soll das erreicht werden?

zur Erinnerung
6.1
Wirtschaftsziele

Wirtschaftspolitik soll – ganz allgemein – dazu beitragen, daß es uns allen gut geht. Das gelingt in unserer Wirtschaftsordnung, wenn die Unternehmen investieren. Unternehmer investieren dann, wenn sie Gewinne erwarten können. Ob in der Stadt, im Land, in der Bundesrepublik oder in der Europäischen Union: Wirtschaftspolitik soll ein gutes Klima schaffen, in dem die Unternehmen investieren und die Arbeitnehmerinnen und Arbeitnehmer gerne arbeiten.

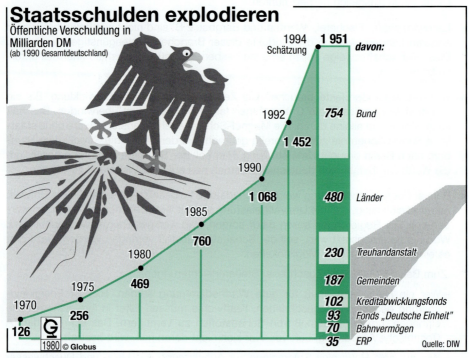

(Die Zeit 11.11.1994)

Materialien

Der Bundeshaushalt im Vergleich: 1984 und 1995

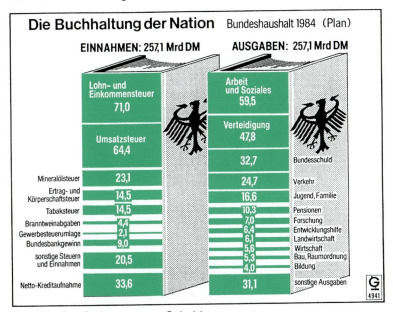

M 1 Bundeshaushalt 1984

Nettokreditaufnahme = neue Schulden

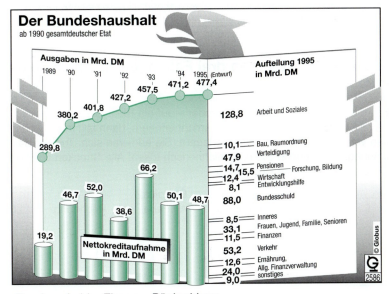

M 2 Bundeshaushalt 1995

Bundesschuld = Zinsen + Rückzahlung

1. Vergleichen Sie die Ausgaben des Bundes 1984 und 1995.
2. Wie haben sich Nettokreditaufnahme (neue Schulden) und Gesamtverschuldung entwickelt? Betrachten Sie dazu auch das Schaubild auf der vorangegangenen Seite zum Thema Öffentliche Verschuldung.
3. Wo können die Ursachen für die Veränderungen liegen?

Arbeitsvorschlag 1

Ausgabenpolitik des Staates

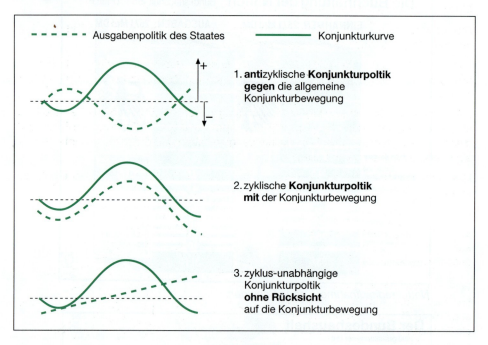

Welche Wirkung hat in den drei Fällen jeweils die Konjunkturpolitik?

Übertragen Sie die drei Zeichnungen – größer – auf ein Blatt. Sie sehen richtig: Es sind Wellen. Wenn Sie sich an Ihren Physik-Unterricht erinnern, dann fällt Ihnen sicher ein, wie sich Wellen verhalten, wenn sie sich überlagern: Sie addieren sich. Tun Sie das auch in Ihrer Zeichnung. Das können Sie rein zeichnerisch lösen: Alle Strecken über der Achse sind +Werte, unter der Achse sind –Werte.

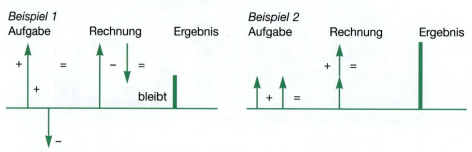

Wenn Sie die Zeichnungen fertig haben, können Sie auch die Fragen beantworten:
1. Welche Wirkung hat in den drei Fällen jeweils die Konjunkturpolitik?
2. Wie muß sich die Bundesbank bei ihrer Zinspolitik verhalten, um die Wirtschaftspolitik der Bundesregierung zu unterstützen?

Arbeitsvorschlag 2

Ausrechnen: Wann kann ich mir eine Wohnung leisten?

Mieten oder kaufen? Geld haben Sie keines. Was soll das also?

Das vorweg: die meisten Leute, die ein eigenes Haus oder eine Wohnung besitzen, hatten zu Anfang – genau wie Sie heute – kein Geld.

Familie Peters zum Beispiel: Mann und Frau arbeiten und bringen zusammen 5000,00 DM netto mit nach Hause. Christian und Anja gehen zur Schule. Sie verdienen kein Geld.

Die Familie möchte sich eine Eigentumswohnung kaufen. Nach langem Suchen haben sie eine Wohnung gefunden, die allen gefällt. Kaufpreis 300 000,00 DM. Können Peters sich diese Wohnung leisten, obwohl sie kein Eigengeld haben und daher die gesamte Summe als Hypothek aufnehmen müssen?

Das kommt ganz darauf an, in welcher Phase der Konjunktur wir uns gerade befinden und welche Zinspolitik die Bundesbank zur Zeit betreibt.

Grundsätzlich gilt: Die Zinsen bilden sich am Markt. Aber sie richten sich auch nach den Leitzinsen der Bundesbank.

Eine Baufinanzierung über Hypotheken läuft fast immer so: Die Bank setzt einen Zinssatz fest und verlangt als Rückzahlung 1 % der Darlehenssumme pro Jahr. Daraus errechnet sich die monatliche Belastung. Sie bleibt über die gesamte Laufzeit gleich. In den ersten Jahren wird das meiste Geld für Zinsen gezahlt. In den späteren Jahren bleibt ein größerer Betrag für die Abzahlung übrig.

Bei diesem Modell ist die Hypothek nach etwa 33 Jahren getilgt.

Die Sonne schien ihm aufs Gehirn – drum nahm er einen Sonnenschirm

Wieviel kostet die Hypothek von 300 000,00 DM?
1. Hochkonjunktur: die Bundesbank will die Nachfrage bremsen: Forderung der Banken: 12 % Zinsen.
2. Konjunktur läuft: die Bundesbank hat die Leitzinsen auf mittleres Niveau gesenkt: Hypothekenzinsen 9 %.
3. Absolute Flaute: Hypothekenzinsen sind niedrig: Wer jetzt kauft, zahlt nur 6 %.

Rechnen Sie jeweils aus:
1. *Wie hoch ist die Belastung: Zinsen + 1 % Tilgung im Monat?*
2. *Wieviel bleibt der Familie nach Abzug dieser Kosten? (Bedenken Sie, daß die Familie noch viele andere Kosten für die Wohnung zu tragen hat.)*
3. *Wann würden Sie der Familie Peters zum Kauf der Wohnung raten?*

D Diskussion

Arbeitsplätze erhalten?

Ohne Subventionen kann der deutsche Steinkohlebergbau nicht leben. In vielen Regionen der Erde wird Kohle billiger gefördert als bei uns – vor allem wegen der besseren geologischen Bedingungen. In der Politik besteht aber zumindest nach außen weitgehendes Einverständnis darüber, daß ein Mindestmaß an eigener Förderung vonnöten ist, damit die Abhängigkeit von den internationalen Energiemärkten nicht zu groß wird. Das erfordert immer höhere Subventionen, ...

(Die Zeit 16.12.1994)

Oder für moderne Arbeitsplätze ausbilden?

Neue Chancen und Aufgaben

Das duale Ausbildungssystem in Deutschland gilt weltweit als vorbildlich – trotzdem bleiben bei herkömmlicher Arbeitsweise viele Fähigkeiten der Mitarbeiter ungenutzt. Mit der Gruppenarbeit soll das anders werden.

... Die Praxis zeigt, daß die Umstellung auf die Gruppenarbeit viel Zeit und Geld braucht. So investierte ein großes Motorenwerk rund 300 000,00 DM in die externe Beratung; weitere 80 000,00 DM gingen in die Qualifizierung jedes einzelnen Mitarbeiters. ...

An den neuen Fertigungs- und Verfahrenstechniken sowie an der Qualifizierung der Mitarbeiter beteiligt sich auch der Staat. Für das Forschungsprogramm Arbeit und Technik stellt die Bundesregierung 1993 über 180 Millionen DM zur Verfügung – das sind gut 45 Millionen DM mehr als 1989. Mit dem Geld sollen vor allem Qualifizierungskonzepte gefördert werden. ...

(iwd 09.12.1993)

80.000 DM wofür?

7
Schleswig-Holstein

Wie Schleswig-Holstein entstand und sich entwickelte

Die Germanen

Etwa 500 vor Christus siedelten in Norddeutschland, Dänemark und dem südlichen Norwegen und Schweden Stämme mit einer gemeinsamen Sprache, die Germanen. Bis etwa 100 nach Christus breiteten sie sich weiter aus: im Westen bis zur Mündung des Rheins, im Osten bis zur Weichsel. Im Süden erreichten die Ackerbau treibenden Germanen die Donau aber nicht.

Von den Germanen wissen wir nicht viel. Da sie die Schrift nicht beherrschten, stammt unser Wissen über sie zum großen Teil von den Römern, die zu ihrer Kaiserzeit einen Teil Germaniens besetzt hatten. Die Römer nannten in ihrer Sprache – dem Latein – das linksrheinische Gebiet **„Gallia"**, das rechtsrheinische **„Germania"**. Die Grenze des germanischen Gebietes war also der Rhein.

Die vielen germanischen Stämme achteten auf ihre Selbständigkeit. Es gab keinen von allen anerkannten König oder Kaiser. Einige Stämme erkannten die römische Besatzung an, andere lehnten sich gegen sie auf.

Viele Germanen waren freiheitsbewußte Bauernkrieger. Die waffenfähigen Männer eines Gebietes bildeten das **„Thing"**. Auf dieser Versammlung wurde von ihnen Recht gesprochen und die Politik bestimmt.

Germanische Götterfiguren

In der römischen Armee kämpfte **Hermann der Cherusker** – von den Römern Arminius genannt. Er entstammte dem germanischen Stamm der Cherusker, die am Rhein siedelten. Er wollte nicht gegen seinen eigenen Stamm Krieg führen. Deshalb wechselte dieser erfahrene Soldat die Seiten. Es gelang ihm, einige germanische Stämme für einen Aufstand gegen die Römer zu gewinnen. Unter seiner militärischen Führung schlugen sie im Jahre 9 nach Chr. im Teutoburger Wald ein römisches Heer unter Varus.

Schleswig-Holstein – Land vieler Völker und Kulturen

Als in Nordeuropa die Temperaturen um durchschnittlich zwei bis drei Grad sanken, verschob sich der lebenswichtige Getreideanbau um viele Kilometer nach Süden. Deshalb verließen im vierten und fünften Jahrhundert viele Germanen im Süden und Westen der Ostsee ihr Land. Sie eroberten England. Die **Angeln,** ein im heutigen Schleswig-Holstein siedelnder Volksstamm, gaben dabei England ihren Namen. Da England neben den Angeln auch von vielen **Sachsen** erobert worden war, werden die englischsprachigen Länder Großbritannien und USA noch heute angelsächsische Länder genannt. Unter dem Ansturm germanischer Völker zerbrach das römische Reich, als oströmisches Reich blieb es noch länger bestehen. Da nur wenige Germanen in ihrer Heimat geblieben waren, war viel Land herrenlos geworden. Es wurde von slawischen Völkern besiedelt, die viele Befestigungsanlagen zu ihrem Schutz bauten. Ein breiter menschenleerer Raum trennte im achten Jahrhundert Slawen und Germanen: der **Limes Saxoniae** (etwa die Linie Kiel – Bad Segeberg – Bad Oldesloe – Lauenburg).

Haithabu – Handelsort der Wikinger

Nördlich der Eider wohnten in Schleswig-Holstein die Dänen, im Süden die zum fränkischen Reich Karls des Großen gehörenden Sachsen. Zum Schutz gegen den slawischen Stamm der Obotriten und die Ausdehnungsbestrebungen des fränkischen Reiches hatten die Dänen schon im achten Jahrhundert begonnen, das **Danewerk** zu errichten. Diese große Befestigungsanlage verband die Treene und die Schlei und wurde immer weiter ausgebaut. Dadurch geschützt war auch Haithabu, aus dem sich später Schleswig entwickelte. In Haithabu – etwa 780 bis 1066 – versammelte der dänische König seine Mannen. Heer und Flotte wurden hier zusammengestellt.

Exkurs 1
Karl der Große und die Fränkische Teilung

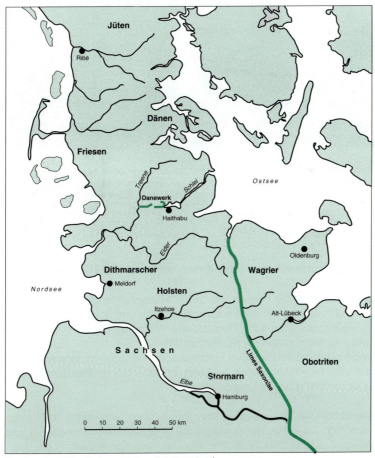

Schleswig-Holstein im neunten Jahrhundert

Da zwischen Treene und Schlei die Kaufleute auf der kürzesten Landverbindung von der Ost- in die Nordsee und umgekehrt gelangen konnten und auch der Handel von Mitteleuropa nach Skandinavien diesen Ort berührte, blühte Haithabu zum zentralen Handelsplatz Nordeuropas auf. Dies war aber nur möglich, weil es unter dem Schutz des Dänenkönigs und seines Danewerks stand. Handel trieben hier hauptsächlich die **Normannen** (Männer aus dem Norden), auch **Wikinger** genannt. Die Normannen waren aber nicht nur friedliche, erfolgreiche Kaufleute, sondern auch Seeräuber und Eroberer. Haithabu wurde 300 Jahre alt. Es war in seiner Zeit führend im Norden Europas und somit Vorgängerin Lübecks.

Das Nydamschiff um 400 n. Chr., mit ihm fuhren die Wikinger über die Meere. Es wurde im Moor Nydam im Süden Dänemarks auf dem Festland in Höhe der Insel Alsen gefunden.
(Landesmuseum für Vor- und Frühgeschichte Schloß Gottorf, Schleswig)

Friesen und Dithmarscher – über ihnen war nur der Himmel

An der Nordsee konnten die Friesen und die Dithmarscher lange ihre Selbständigkeit bewahren. Die wohlhabenden Friesen trieben Fischfang und fingen sogar Wale. Die nordfriesischen Walfänger jagten auch Robben und Walrosse. Die Fahrten in die Gewässer um Grönland und Spitzbergen waren lebensgefährlich. Sie lohnten sich aber. Anfang des 18. Jahrhunderts brachten über 3000 nordfriesische Seeleute vornehmlich von den Inseln und Halligen den begehrten Speck an Land. Hieraus wurde Tran für Lampen, für das Essen und für die Seifenherstellung gewonnen.

Die **Dithmarscher Bauerngeschlechter** waren reich und stolz. Wie auf der Insel Fehmarn duldeten sie keine Herrschaft (Adel) über sich und verwalteten ihre Bauernrepublik selbst. Im Jahre 1500 schlugen die Dithmarscher Bauern sogar das Heer des dänischen Königs. So stark war ihr Freiheitswille.

Schleswig-Holsein im Mittelalter

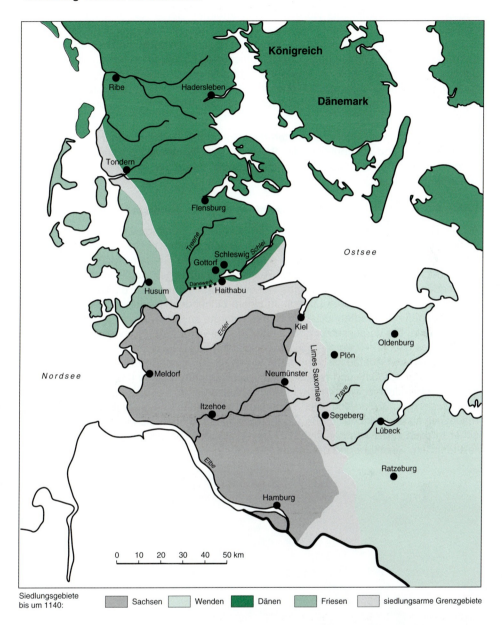

(Karte aus: Kleiner Atlas zur Geschichte Schleswig-Holsteins, Westermann Schulbuchverlag GmbH, Braunschweig 1986, S. 2)

Dänen, Sachsen und Slawen

Südlich der Eider lebten die Holsten und Stormarner. Beide Namen sind heute noch bekannt. Im Jahre 1111 machte Herzog Lothar von Sachsen Adolf von Schauenburg zum Grafen von Holstein und Stormarn. In dieser Zeit begann die deutsche **Ostsiedlung:** Viele Menschen aus dem Westen und Süden Deutschlands kolonisierten das Land. Der Limes Saxoniae verschwand, und die slawischen Stämme der Obotriten und Polaben wurden nach Osten getrieben oder blieben auch im Land. Die Inbesitznahme des Landes war oft mit der Christianisierung seiner Bewohner verbunden. Nicht immer ging es dabei gewaltfrei zu.

Anfang des 13. Jahrhunderts eroberten die Dänen ganz Holstein, sogar die befestigten Städte Lübeck und Hamburg. In der **Schlacht bei Bornhöved** wurden sie aber 1227 geschlagen, mußten ihre Großmachtpläne begraben und zogen sich wieder nach Norden hinter die Eider zurück.

Exkurs 2
Die Herzöge setzen sich gegen den König durch

Lübeck – wirtschaftliche Großmacht im Norden Europas

Als im Reich die Herzöge sich gegen die königliche Zentralgewalt durchsetzten und immer mehr Rechte vom König erhielten, gab es viele Zentren politischer Macht. Deshalb konnte sich kein einheitliches Recht durchsetzen. Auch Steuern, Maße und Münzen waren höchst unterschiedlich. Bei den Auseinandersetzungen des Königs mit den aufstrebenden Landesherren sahen Dritte lachend zu und freuten sich: die **Städte.** So konnte z.B. das 1143 gegründete Lübeck zu einem blühenden Handelsort werden. Der von Lübeck angeführte Städtebund – die **Hanse** – sorgte im Ostseeraum für den Schutz seiner Kaufleute. Die Voraussetzung für eine blühende Wirtschaft – ein von allen Beteiligten anerkanntes Recht – wurde von Lübeck durchgesetzt. Die hansischen Kaufleute beherrschten den Austausch von Waren wie Getreide, Holz, Pelze, Tuche, Salz, Hering, Wein und Bier auf Ost- und Nordsee, z.T. auch auf dem Atlantik (Portugal-Fahrt). Auch Städte im Binnenland wie Köln und Erfurt schlossen sich der Hanse an. Der Höhepunkt ihrer Macht war 1370 erreicht: Der Städtebund schlug das Königreich Dänemark und war mächtiger als so mancher große Staat. Noch heute künden sieben stolze Türme gotischer Kirchen in der von der UNESCO zum Weltkulturerbe erhobenen Altstadt von mittelalterlichem Reichtum und der Macht Lübecks, der einstigen Königin der Hanse.

Das Holstentor in Lübeck

Das dänische Schleswig und das deutsche Holstein erhalten denselben Landesherrn

Das Geschlecht der Schauenburger hatte seit 1111 den Grafen von Holstein gestellt. Als es ausstarb, wählten im Jahr 1460 Vertreter des Adels aus Schleswig und Holstein gemeinsam in Ripen den dänischen König zum Herzog von Schleswig und Grafen (ab 1474 auch Herzog) von Holstein. 1462 tagte zum ersten Mal der gemeinsame **Landtag der schleswig-holsteinischen Stände** an der Levensau bei Kiel. So blieb Schleswig dänisch, Holstein deutsch, und der dänische König wurde als Herzog von Holstein auch ein deutscher Fürst. Recht schwierig zu verstehen. In Ripen hatte der dänische König Christian I. 1460 den Schleswigern und Holsteinern versprochen: *„Unde dat se bliven ewich tosamende ungedelt."* Wenn auch die Einheit des Landes gewahrt blieb, entstanden durch Erbteilungen unterschiedliche Verwaltungsgebiete.

zur Erinnerung
4.3
◀ **M 4**
Gerichte

Schleswig war vom 13. Jahrhundert an Bischofssitz, später auch die Stadt der **Gottorfer Herzöge.** Diese Nebenlinie des dänischen Königshauses war an der Regierung des Landes beteiligt. Landesmuseen und hohe Gerichte sind heute noch Zeichen der ehemals großen Bedeutung dieser Stadt.

Schloß Gottorf

Flensburger Handel und Kieler Umschlag

Bedeutende Handelshäuser waren mit großem Erfolg insbesondere im 17. Jahrhundert in Flensburg tätig. Unter Umgehung des Handelsplatzes Hamburg wurden die Waren verschiedenster Art vorzugsweise direkt von den Herstellern und von Messen bezogen und über Läger in Norwegen, Schweden und Dänemark verkauft. Noch heute ist Rum aus Flensburg über die Landesgrenzen bekannt.

In Kiel fand vom 6. – 14. Januar eines jeden Jahres der Umschlag statt. Viele Unternehmer – auch adlige Gutsbesitzer – kamen zusammen. Sie beglichen ihre Schulden, legten Kapital an oder liehen sich Geld. Auch Wechselgeschäfte wurden getätigt. Dem folgte ein 14tägiger Jahrmarkt. Da Kiel zentral gelegen war, feierte der schleswig-holsteinische Adel auch gern seine Feste dort.

Der Adel war nicht nur Gutsherr

Besonders im alten Kolonisationsgebiet des östlichen Holsteins ist das Land reich an Herrenhäusern und Schlössern. Hier pflegte der Adel seinen aufwendigen Lebensstil, den die leibeigenen Bauern durch ihre Abgaben finanzieren mußten. Ihrem Gutsherrn hatten sie darüber hinaus zahlreiche Dienste zu leisten. Dieser war oft auch noch als Unternehmer und Händler erfolgreich. So wurde Getreide und Vieh in großen Mengen verkauft. Das Vieh wurde auf dem Ochsenweg auf den großen Ochsenmarkt nach Wedel gebracht.

Schleswig-Holstein und Deutschland

Wie in anderen Teilen Europas entwickelte sich auch in Schleswig-Holstein Anfang des 19. Jahrhunderts ein starkes **Nationalgefühl**. Dies führte zu Konflikten zwischen Dänen und Deutschen.

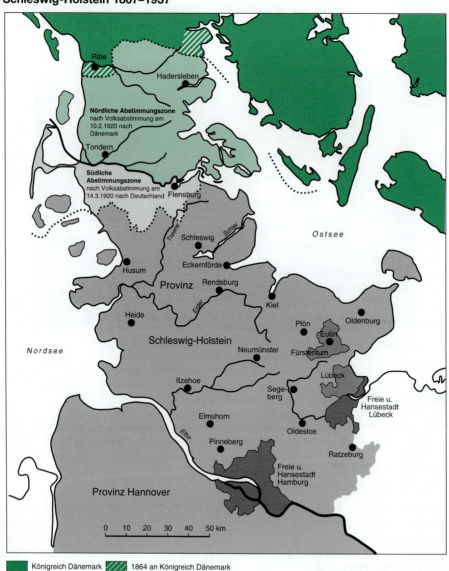

Schleswig-Holstein 1867–1937

Insbesondere im Herzogtum Schleswig lebten Dänen und Deutsche oft Dorf an Dorf und Haus an Haus nebeneinander. 1848 kam es zu Unruhen. Der **Londoner Vertrag von 1852** bestätigte noch einmal die gemeinsame Regierung der beiden Herzogtümer durch den dänischen König in Kopenhagen. Als Dänemark aber versuchte, entgegen dem Londoner Vertrag das Herzogtum Schleswig stärker in das Königreich einzubinden, kam es zum Krieg. Auf Beschluß des Deutschen Bundes marschierten Preußen und Österreich 1864 ein und schlugen Dänemark bei der **Schlacht um die Düppeler Schanzen.**

Die Sieger teilten sich das Land. Schleswig sollte von Preußen, Holstein von Österreich verwaltet werden. Doch 1866 kam es zwischen ihnen zum Krieg. Grund dafür war zwar der Streit um die Verwaltung Schleswig-Holsteins, aber auch der Kampf darum, wer deutsche Vormacht sein konnte. Preußen gewann den Krieg und verleibte sich das Land als preußische Provinz Schleswig-Holstein ein – sehr zum Unwillen vieler Dänen, die in Nordschleswig die Mehrheit stellten. Die Preußen bestimmten Schleswig zum Regierungssitz. In Kiel residierte der Oberpräsident. Kiel wurde zum Marinehafen ausgebaut und durch den Kanal mit der Nordsee verbunden. 1876 wurde auch das Herzogtum Lauenburg in die preußische Provinz Schleswig-Holstein eingegliedert.

Nach dem Ersten Weltkrieg wurde über die nationale Zugehörigkeit im Landesteil Schleswig abgestimmt. In der nördlichen Abstimmungszone entschied man sich für Dänemark und in der südlichen für Deutschland. Die neue Grenzziehung bei Flensburg gilt heute noch.

1937 im **Groß-Hamburg-Gesetz** kamen Altona und Wandsbek zu Hamburg, die bis dahin Freie Hansestadt Lübeck und das Eutinische Gebiet zu Schleswig-Holstein. Nach dem Zweiten Weltkrieg fand am 20.04.1947 unter der englischen Besatzungsmacht wieder eine freie Landtagswahl statt. In der neuen Demokratie lebten und leben Deutsche und Dänen heute im Grenzgebiet vorbildhaft friedlich zusammen. Sie sind wieder gute Nachbarn geworden.

zur Erinnerung
3.2 Weimarer Republik
3.3 Nationalsozialismus
3.4 Kalter Krieg
3.5 Auflösung des Ost-West-Konfliktes

Schleswig-Holstein heute

Im Bundesland Schleswig-Holstein leben heute etwa 2,7 Millionen Einwohner. Unser Bundesland ist das nördlichste, das Land zwischen den Meeren. Hier an der Waterkant wird gern Urlaub gemacht. Und nicht nur an Nord- und Ostsee, sondern auch im Binnenland. Fremdenverkehr und Landwirtschaft prägen Schleswig-Holstein stärker als andere Bundesländer.

Schwerpunkte der wirtschaftlichen Entwicklung im Sinne der Landesplanung war die **KERN-Region** (**K**iel – **E**ckernförde – **R**endsburg – **N**eumünster) und der „**Speckgürtel**" um Hamburg. Die Landkreise des Speckgürtels (Pinneberg, Segeberg, Stormarn und Lauenburg) profitieren dabei von der wirtschaftlichen Kraft Hamburgs. Seit der Deutschen Einheit liegen Lübeck und sein Umland nicht mehr in einer Randlage. Neue Verkehre auf Schiene und Straße nach Mecklenburg stellen Verbindungen für die dortigen Absatzmärkte dar. So brachte die Öffnung der Grenze insbesondere für den Osten Schleswig-Holsteins auch wirtschaftliche Vorteile.

Wie früher zur Zeit Haithabus und der Hanse erfüllt Schleswig-Holstein heute eine wichtige Funktion: **Brücke zu sein nach Skandinavien.** In Lübeck und Kiel ist dies täglich zu beobachten. Große Fährschiffe bringen täglich Passagiere und Waren nach Dänemark, Norwegen, Schweden und Finnland. Mit den EU-Beitritten von Schweden und Finnland zum 1. Januar 1995 eröffnen sich neue Möglichkeiten der kulturellen Entwicklung für Schleswig-Holstein.

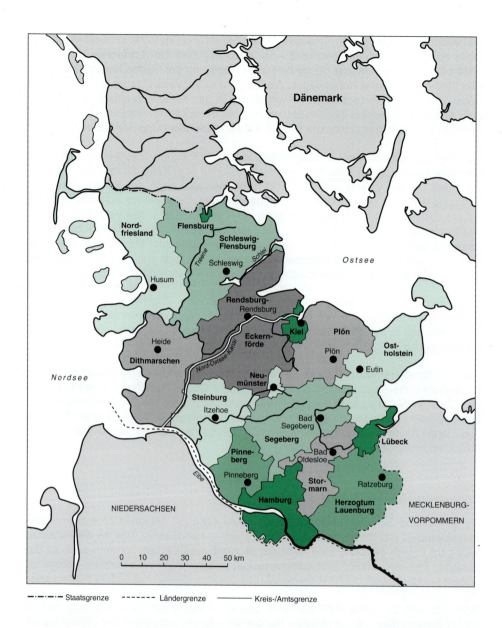

— · — · — Staatsgrenze   - - - - - - Ländergrenze   ——— Kreis-/Amtsgrenze

E Exkurse

Karl der Große und die Fränkische Teilung

Karl der Große, König der Franken und Langobarden, herrschte im Westen bis zum Atlantik, im Süden bis zu den Pyrenäen und Mittelitalien, im Osten bis an Elbe und Donau und im Norden bis an die Schlei. Im Jahr 800 in Rom vom Papst auch zum Kaiser gekrönt, starb er 814. Sein Sohn Ludwig der Fromme konnte das fränkische Reich – auch karolingisches genannt – zwar zusammenhalten, unter ihm verlor die fränkische Zentralgewalt aber an Macht. Nach seinem Tod (840) bekriegten sich seine Söhne, im **Vertrag von Verdun** 843 schlossen sie Frieden und teilten das Land unter sich auf.

Fränkische Teilung 843		
Westreich:	**Mittelreich:**	**Ostreich:**
König Karl II., „der Kahle" genannt	König und Kaiser Lothar I.	König Ludwig, in der Neuzeit auch „Ludwig der Deutsche"

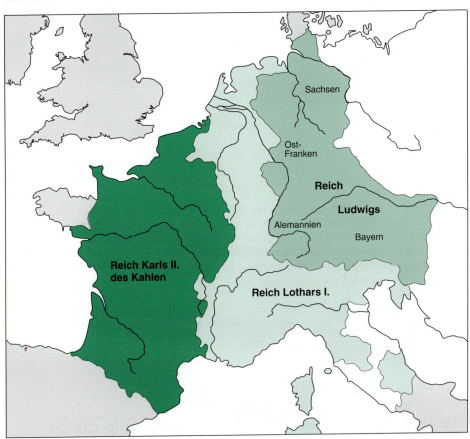

Das ostfränkische Reich wird später Deutschland genannt. Deshalb bekam der Karolinger Ludwig später den Beinamen „der Deutsche".

Das ostfränkisch-deutsche Reich entsteht

Im Jahre 911 erlosch mit dem Tod von König „Ludwig dem Kind" die ostfränkische Linie der Karolinger. Nun lag die politische Macht bei den Herzögen von Sachsen, Franken, Schwaben und Bayern. Sie wählten einen der ihren – nämlich den Herzog von Franken – zum neuen Herrscher: König Konrad I. Auch sein Nachfolger wurde von den Herzögen gewählt. 919 wurde ein Sachsenherzog König: Heinrich I. Er nannte sich „Rex Romanorum" – König der Römer. Eine neue Hausordnung (heute: Verfassung) schuf er 929. Danach war das Ostreich unteilbar. Erben sollte jeweils der erstgeborene Sohn. Während König Heinrich I. das sächsische Herrscherhaus begründete – 919 bis 1024 –, konnte sein Sohn Otto I. (genannt „der Große", 936 – 973) den Kaisertitel für das Ostreich gewinnen, denn das Mittelreich gab es nicht mehr: Lothringen war zu einem Herzogtum des Ostreichs geworden.

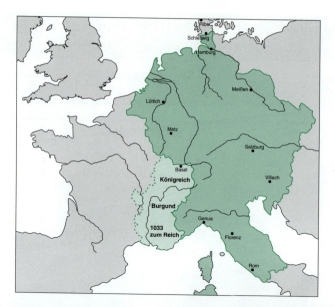

Das Verhältnis des Kaisers zum Papst war seit der Kaiserkrönung Karls des Großen nicht eindeutig: Otto der Große z.B. leistete als König dem Papst den Sicherheitseid. Dann krönte der Papst den König zum Kaiser, danach schwor der Papst dem neuen Kaiser den Treueid. Die Könige mußten dem Papst militärischen Beistand, also Schutz leisten. Diese Italienpolitik wurde Voraussetzung zur Kaiserkrönung. Kaiser und Papst waren sich aber oft nicht einig, wer wem etwas zu sagen hatte.

> 1. Sehen Sie sich die Karte des Karolingischen Reiches an. Suchen Sie dann eine aktuelle Europakarte. In welchen heutigen Ländern herrschte Karl der Große?
> 2. Wie nannte sich Heinrich I?
> 3. Beschreiben Sie das Verhältnis Kaiser – Papst.

7.2 Exkurs 2
Herzöge gegen König

Die Herzöge setzen sich gegen den König durch

In anderen Staaten, z.B. in Rußland, England und Frankreich, setzte sich die Zentralgewalt durch. Ob Zar oder König – sie hielten alle anderen Mächte auch mit militärischen Mitteln klein. In Deutschland war das anders. Der König und Kaiser mußte Verträge mit den Landesherren, den Herzögen, abschließen. Er gab immer mehr königliche Reichsrechte (Regalien) ab. So wurden z.B. im Fürstenprivileg 1232 und in der Goldenen Bulle 1356 viele Reichsrechte zu Landesrechten: z.B. Zollrecht, Münzrecht, Recht auf Burgenbau, Gerichtsbarkeit, Salzhoheit, Bergwerksrecht und Judenschutz. Nun lag die politische Macht nicht mehr im Reich: Die wahren Herrscher waren nun die Landesherrren. Sie nannten sich Pfalzgraf, Herzog, Erzbischof oder sogar König.

Im Jahre 1648 war diese Entwicklung zur territorialen Vielfalt abgeschlossen: 2.000 selbständige Fürstentümer gab es innerhalb des Reiches. Die Landesherren hatten sich durchgesetzt. Das Reich war bedeutungslos geworden.

Im „Heiligen Römischen Reich", seit etwa 1500 „Heiliges Römisches Reich Deutscher Nation" genannt, hörte man viele Sprachen, so z.B. Deutsch, Tschechisch, Polnisch und Italienisch. Auch die Kulturen waren vielfältig. So war in dieser Zeit „Nation" ein geographischer Begriff und meinte nicht – wie heute – Kultur und Sprache.

Aus den Herzogtümern werden Königreiche

Wenn wir in unseren Geschichtsbüchern die Kapitel aufschlagen, die das 18. Jahrhundert behandeln, ist von Preußen, Sachsen, Österreich, Böhmen, Hannover, Bayern oder anderen Staaten die Rede, von Deutschland fast nie. Das Reich besteht zwar noch bis 1806, der Kaiser und sein Reich spielen aber keine Rolle.

Auf Kosten der kleinen Länder wurden andere größer: insbesondere Österreich und Preußen. Das von den Habsburgern regierte Österreich war ein altes deutsches Land. Die Habsburger stellten im Mittelalter des öfteren den König und Kaiser, in der Neuzeit, von 1556 bis 1806, fast ohne Unterbrechung. Das von den Hohenzollern regierte Preußen wurde erst im 18. Jahrhundert eine Großmacht. Diese beiden Staaten kämpften im 18. und 19. Jahrhundert um die Vorherrschaft in Deutschland.

> 1. Beschreiben Sie den Verlust an Macht bei den Königen und den Zuwachs an Macht bei den Landesherren.
> 2. Welche beiden Länder kämpften im 18. und 19. Jahrhundert um die Vorherrschaft in Deutschland?

Die Nation: ein Wort – mehrere Inhalte

7.1 **Exkurs 3**
Nation

Im Altertum und im Mittelalter bedeutete „Nation": Zusammenschluß von Menschen, die aus einem bestimmten Gebiet stammen. So sprach man z.B. 1348 an der Universität Prag von der sächsischen Nation. Damit meinte man alle Studenten, die aus Sachsen stammten. In der katholischen Kirche wurden die Teilnehmer nach Nationen geordnet. Auf dem Konzil zu Lyon 1277 gehörten zur deutschen Nation auch Norwegen, Schweden und Ungarn.

Aus dem mittelalterlichen lateinischen Wort „theodiscus" entwickelte sich das deutsche Wort „deutsch". Unter „theodiscus" verstand man ursprünglich alle Sprachen, die sich nicht aus der Sprache der Römer – dem Latein – entwickelt hatten. Aus dem Lateinischen hatten sich romanische Sprachen wie Italienisch und Spanisch entwickelt. Unter „theodiscus" verstand man also alle nichtromanisch sprechenden Völker, z.B. die Franken in den heutigen Ländern Flandern, Deutschland, Frankreich, die Sachsen in England sowie die Goten und Langobarden in Italien.

Die Bedeutung des Wortes „Nation" veränderte sich Anfang des 19. Jahrhunderts stark. Die Nation wurde immer weniger geographisch definiert. Nun sollten die gemeinsame Sprache und Abstammung darüber entscheiden, wer zur Nation gehörte und wer nicht. Nation im Sinne der Kulturnation setzte sich in Deutschland durch. Bis heute ist an der Staatsbürgerschaft nachzuvollziehen, wie unterschiedlich Amerikaner, Franzosen und Deutsche ihre eigene Nation sehen. Deutscher ist, wer von deutschen Eltern abstammt. Wer in Deutschland geboren wurde, ist aber noch lange kein Deutscher. Z.B. kann ein hier geborener Sohn türkischer Eltern nur Deutscher werden, wenn er nach Auffassung der deutschen Behörden Mitglied unserer Kulturnation geworden ist, d.h. sich in deutsche Lebensverhältnisse eingeordnet hat. Dagegen ist derjenige, der in Frankreich geboren wurde, Franzose. Wer in den USA geboren wurde, ist US-Bürger.

> 1. Wann erhält man die deutsche, französische oder amerikanische Staatsbürgerschaft?
> 2. Welche Staatsbürgerschaften kann eine in New York geborene Tochter eines deutschen Angestellten erhalten?
> 3. Welche Staatsbürgerschafts-Regelung halten Sie für sinnvoll? Begründen Sie Ihre Meinung.

7.1 Exkurs 4
Das II. Reich

In den Jahren 1848/1849 versuchten viele Deutsche, ein demokratisches deutsches Reich zu schaffen. Im neuen Parlament, der Paulskirchenversammlung in Frankfurt, wollte die Mehrheit keine Republik. Deshalb bot sie dem preußischen König die deutsche Kaiserkrone an. Er lehnte ab. Der Grund: Demokraten hatten ihn gebeten und nicht die deutschen Fürsten. Dem preußischen König war die Herrschaft des Adels wichtiger als die nationalstaatliche Einigung Deutschlands.

1870/1871 kämpften die norddeutschen und süddeutschen Staaten (ohne Österreich) gemeinsam gegen Frankreich und gewannen. Nun schlossen die Könige von Preußen, Bayern und andere Fürsten einen Bund: Das Deutsche Reich wurde 1871 in Frankreich im Spiegelsaal von Versailles gegründet. Bismarck, bisher preußischer Ministerpräsident und nun auch deutscher Reichskanzler, hatte sich durchgesetzt. Die nationalstaatliche Einigung wurde als kleindeutsche Lösung ohne Österreich unter Führung Preußens vollzogen.

Deutsches Reich 1871–1918

Das Deutsche Reich ordnete sich als neue Großmacht gut in die europäische Staatenwelt ein. Das Regieren überließ Kaiser Wilhelm I. seinem Kanzler. Und Bismarck meinte, Deutschland sei groß genug. Er hielt nicht viel von Kolonien und erkannte Großbritannien als Weltmacht an. Die Überlegenheit der englischen Flotte wurde respektiert.

Unter Kaiser Wilhelm II. wurde es ab 1888 anders. Nun regierte der Kaiser selbst. Deutschland sollte politisch mächtiger und militärisch stärker werden. Nicht die Zufriedenheit mit dem Erreichten prägte – wie unter Bismarck – die Politik, vielmehr Unzufriedenheit verbunden mit dem Wunsch nach mehr Kolonien und nach Ausdehnung des Deutschen Reiches.

Außenpolitische Rücksichtnahme entfiel. Großbritannien wurde mit der Aufrüstung der Flotte verärgert und Rußland verweigerte man die Verlängerung des Rückversicherungsvertrages. Da Frankreich auf seine Rache für die Niederlage 1871 wartete und Deutschland sich England und Rußland zu Gegnern gemacht hatte, waren die politischen Gegensätze, die zum Ersten Weltkrieg führten, früh erkennbar.

1. Weshalb lehnte der preußische König die deutsche Kaiserkrone 1849 ab?
2. Wann und wie wurde die national-staatliche Einigung Deutschlands vollzogen?
3. Vergleichen Sie die Politik Bismarcks und die Wilhelms II.

Arbeitsvorschlag

Erarbeiten Sie sich eine Karte von Schleswig-Holstein:

Legen Sie ein Blatt Transparentpapier auf eine Karte Schleswig-Holsteins.
Zeichnen Sie die heutigen Grenzen Schleswig-Holsteins durch.
Tragen Sie dann in Ihre Karte die in der Geschichte Schleswig-Holsteins erwähnten Städte, Flüsse, Befestigungsanlagen und ähnliches ein.
Nicht alles, was heute wichtig ist, wurde erwähnt. Vervollständigen Sie die Karte.
Tragen Sie auch den Ort ein, in dem Sie leben.

Überlegen Sie dabei:

– Wo befand sich um 800 die Grenze Deutschlands in Schleswig-Holstein nach Norden und Osten? Sehen Sie sich hierzu Text und Karte auf Seite 363 an.
– Wann wurde das östliche Holstein christianisiert?
– Erklären Sie die territorialen Veränderungen zwischen Dänemark und Deutschland 1864 und 1920. Wie kam es zu den jeweils neuen Grenzen? Sehen Sie sich hierzu die Seiten 355 und 357 an.

Gehen Sie in Ihre Bücherstube oder Bibliothek, in Ihr Heimatmuseum, zu Ihrem Geschichtsverein oder ähnlichem. Sammeln Sie Material zur Geschichte Ihres Ortes. Schreiben Sie eine kurze Geschichte. Den Schwerpunkt Ihrer Arbeit können Sie selbst bilden, z.B. Bauernbefreiung, Industrialisierung, Nationalsozialismus, Entstehung und Entwicklung des Fremdenverkehrs, neue Technikzentren, große Umweltschutzmaßnahmen wie Renaturierung von Seen und Flüssen usw.

Diskussion

Monokulturelle oder multikulturelle Gesellschaft

Ein Streifzug durch den Alltag

...Deutschland ist und war ein Schmelztiegel der Völker. Kelten und Germanen mischten sich mit steinzeitlichen Ureinwohnern, zogen nach Süden, Osten und Westen. Links des deutschen Rheins lag einmal das Römische Reich mit seinen Legionären aus Nordafrika, Spanien und Kleinasien, die sich, mit einem Stück Land versorgt, dort niederließen. Der Kölner Karneval, Inbegriff deutschen Frohsinns, geht auf den ägyptischen Isis-Kult zurück.
Östlich der Elbe rückten die Reitervölker an. Hunnen und Mongolen. Die Germanen wiederum drangen nach Osten vor, vermischten sich mit Slawen. Kreuzzüge und Eroberungskriege brachten immer wieder Gefangene ins Land.
Erst im 9. Jahrhundert fanden die deutschen Fürsten zu einer gemeinsamen Amtssprache: Latein. Die Preußenkönige sprachen im 18. Jahrhundert französich. Wie selbstverständlich zählten zu ihren Untertanen auch die Polen, Schotten. Juden und Hugenotten entwickelten Handwerk und Handel. Portugiesen durchsetzten die großen Kaufmannsfamilien der Deutschen Hanse. Nicht einmal

der deutsche Dichterfürst Johann Wolfgang von Goethe hatte rein deutschen Saft in seinen Adern. Sein Geschlecht geht auf einen aus der Türkei verschleppten Oberst zurück. 844 Jahre lebten die Deutschen in einem Heiligen Römischen Reich, fünf Jahrzehnte in einem Deutschen Bund, sechs Jahrzehnte in einem Deutschen Reich, vierzig Jahre in zwei deutschen Staaten einer Nation. ...

(Die Zeit 01.11.1991)

Der Koran ist nicht Gesetz

Gegen die Vision einer „multikulturellen Gesellschaft" hat Eckart Schiffer, 64, Chefdenker für Ausländerpolitik des ehemaligen Bundsinnenministers Wolfgang Schäuble, in einer Expertise Stellung bezogen. Schiffer, Leiter der Verfassungsabteilung, hält das Leitbild einer multikulturellen „Mosaikgesellschaft" für „illusionär".

Ein Modebegriff geht um in Europa, der der multikulturellen Gesellschaft. Welche Empfindungen werden ausgelöst, wenn von multikultureller Gesellschaft die Rede ist?

Denken wir an Stadtteile, in denen wie in Gettos eine fremde und sich fremd fühlende Bevölkerung lebt? An das griechische Restaurant um die Ecke? An die bescheidene türkis-grün gestrichene Moschee in einer ehemaligen Werkstatt in der Vorstadt? An Demonstrationen fanatisierter Massen, die Europa auf das geistige Niveau des Mittelalters zurückbringen möchten?

Eine ‚multikulturelle Gesellschaft' würde Gleichberechtigung aller Herkunftskulturen von Eingewanderten mit der überkommenen deutschen Kultur auf dem deutschen Territorium bedeuten.

Sie würde vernachlässigen, daß wir – auch im Interesse des friedlichen Zusammenlebens – von den hier lebenden Ausländern Integrationsbeiträge erwarten dürfen und müssen.

Dazu gehören unter anderem
- die Respektierung und Anerkennung der Grundwerte unserer Verfassung unter Einschluß der von der Verfassung vorgegebenen Stellung der Frau und der religiösen Toleranz;
- die Eingliederung in unser Schul- und Berufsleben, wozu auch die berufliche Bildung für Frauen gehört;
- die Respektierung der Trennung zwischen religiöser und bürgerlicher Sphäre.

Außer Streit sollte dagegen sein, daß in der Sphäre der Privatheit Freiheit und Autonomie herrschen. Das gilt für die bei uns lebenden Ausländer nicht anders als für Deutsche. Der bei uns lebende Ausländer hat das Recht, sei es allein oder in der Gesellschaft, sich im privaten Bereich nach seinem Geschmack zu benehmen. Er kann seine nationale Kultur und Identität bewahren und seine Tradition pflegen. ...

(Der Spiegel 40/1991)

Mono bedeutet eins, multi bedeutet viele. Bilden Sie in Ihrer Klasse Gruppen und diskutieren Sie folgende Fragen:

1. Gab es früher monokulturelle oder multikulturelle Gesellschaften?
2. Zum ersten Text: Beschreiben Sie, wie sich die deutsche Gesellschaft entwickelt hat.
3. Zum zweiten Text: Was wird von den in Deutschland lebenden Ausländern erwartet?
4. Was erwarten Sie von den deutschen Bürgern in ihrem Verhältnis zu den ausländischen?
5. Was halten Sie davon, daß z. B. ein 25jähriger in Deutschland geborener Türke neben der türkischen die deutsche Staatsbürgerschaft erhalten könnte (vergleichen Sie hierzu Exkurs 3)?

Stichwortverzeichnis

A

Abfall 58 ff.
Abgeordnete 93, 182 ff., 193[1] f.
Abrüstung 303
Absolutismus 101, 110, 112
ADAC 79 ff.[2], 84 f., 183
Adel 359
Adenauer, Konrad 151, 152, 163
ADFC 85, 183
Agenda für den Frieden 310
Aggression 249 ff.
Agrargesellschaft 47
Aids 24 ff., 55, 262, 267
AKP 288
AKP-Staaten 285
Alkohol 18 ff.
Alliierter Kontrollrat 147
Alternative Energien 76
Angebot 29 ff., 92
Angeln 354
Angst 19, 59
APO 164
Arbeit 6 ff., 16 ff., 28 ff., 46, 68
Arbeitgeberverbände 31
Arbeitskampf 40
Arbeitslosenversicherung 31 ff., 38
Arbeitslosigkeit 321 ff., 327 ff.
Arbeitsorganisation 46
Arbeitsplätze 52, 68, 76, 327 f., 332 f., 340 ff., 352
Arbeitsteilung 29
Arbeitszeit 20 f., 40
Armut 236 ff.
Asyl 264
Attlee, Clement 147
Aufstand in der DDR 153
Ausbildung 7, 11
Ausbildungsberater 13
Ausbildungsvertrag 7
Ausländerhaß 103
Auslandseinsätze, Bundeswehr 312
Ausschüsse 199
Außenpolitik 116 ff., 143
Außenwirtschaft 319 ff., 328 f.
Aussperrung 40
Auszubildende 6 ff., 40
Auto 64, 77 ff., 94, 341
Autobahn 64, 85
Autokosten 84

B

Banken 244
Bastille 110
Bauernkrieg 103
Bauernlegen 101
Beamte 197
Bedürfnisse 33, 58 ff., 69, 77
Befragung 59
Befreiung vom Nationalsozialismus 145
Beitritt der DDR 170
Berliner Blockade 151
Berliner Mauer 153, 162, 167
Bertelsmann-Verlag 188
Beruf 6 ff., 11, 16 ff.
Berufsbildungsgesetz 7, 14
Berufsgenossenschaft 31 ff., 38
Berufsschule 7, 11 f.
Besatzungszonen 147
Beschäftigung 76
Betrieb 6 ff., 11, 76
Betriebsrat 13, 40
Bevölkerungspyramide 39, 44
Bevölkerungswachstum 263 ff.
Benzinpreis 93
Bibel 92
Bibliothek 14
Bildung 264, 270
Bill of Rights 104
Bismarck 30
Blauhelme 299 f., 309
Blockparteien 154
Bornhöved, Schlacht bei 358
Brandrodung 263
Brandt, Willy 162, 163, 164, 168, 208 f.
Brent Spar 323
Breschnew, Leonid 162
Brüning 117
Bruttosozialprodukt 329
Bundesbank 345 f.
Bundeshaushalt 349
Bundeskanzler 108, 188, 199 ff., 208 f.
Bundesländer 170, 174, 182, 201 ff., 217 f.
Bundespräsident 108, 208 ff.
Bundesrat 65, 108, 200 ff., 210, 217 f., 222 ff.
Bundesregierung 228
Bundesrepublik Deutschland 108, 152, 198 ff.
Bundesstaat 200 ff., 211
Bundestag 65, 108, 182 ff., 198 ff., 210, 217, 222 ff.

---

[1] **f.** bedeutet: auf der folgenden Seite finden Sie noch mehr zu diesem Stichwort.
[2] **ff.** bedeutet: auf mehreren folgenden Seiten finden Sie immer noch mehr.

Bundestagswahl 185 ff.
Bundesverfassungsgericht 105, 108, 214, 222 ff.
Bundesversammlung 108
Bundesverwaltungsgericht 228
Bundeswehr 225, 303
Bündnis 90/Die Grünen 96, 191 f., 210, 215
Bürgergeld 245 f.
Bürgerinitiativen 78, 164

C

CDU/CSU 152, 169, 191 f., 197 ff., 200, 214 f., 225, 228, 245
Chancen 11, 47, 54 f., 98, 351
Christliche Kirchen 138
Churchill, Winston 146
CO_2 86 ff.

D

d'Hont 191
Dampfmaschine 46
Dänen 355
Danewerk 355
Demokratie 36, 43, 103, 113, 124, 128, 177 ff., 198 ff., 235 ff.
Demontage 149
Deponie 63 f.
Deutsche Arbeitsfront (DAF) 136
Deutsche Demokratische Republik 152, 154, 167
Deutsche Einheit 152, 162, 165, 166, 168, 172, 175
Dienstleistungsgesellschaft 45 ff.
Diktator 17, 179
Diktatur 187, 201
Diskontsatz, 345 f.
Diskussion 42 f.
Dithmarscher 356
DM 341 f.
Dolchstoßlegende 114
Dollarkurs 278, 336, 341
Dreiklassenwahlrecht 107
Dreißigjähriger Krieg 103
Dritte Welt 77, 98, 260 ff.
Drogen 18 ff.
Duales System 7, 11
Düppeler Schanzen 361

E

Ebert, Friedrich 113
Einfuhrzölle 278
Einheitsliste 152, 154
Einigungsvertrag 169, 170

Einkommen 194, 242, 245 f., 328
Eisenbahnen 45, 77
Eiserner Vorhang 146
Elektrizität 69
Elser, Johann Georg 128
Eltern 16 ff., 224
Energie 46, 68 ff., 77, 83, 92, 339
Energiesparen 74
Entnazifizierung 149
Entropie 71
Entsorgung 59 ff., 323
Entspannungspolitik 162
Entwicklungshilfe 279
Entwicklungsländer 260 ff.
Entwicklungspolitik 286 ff.
Erdöl 70
Erfolg 23
Erhard, Ludwig 150, 163
Ermächtigungsgesetz 105, 127, 137, 138
Erziehung 224, 253
Erziehungsurlaub 238
EU Europäische Union 109, 152, 170, 171, 174, 182 ff., 198 ff., 211, 213, 219 ff., 282, 322
Eurocorps 302
Europäische Kommission 109, 205 ff., 239
Europäischer Gerichtshof 109, 228
Europäischer Gerichtshof für Menschenrechte 223, 226
Europäischer Rat 109, 206
Europäischer Rechnungshof 109
Europäisches Parlament 109, 182 ff., 198 ff., 204 ff.
Europarat 226
Euthanasie 135
Exekutive 105
Export 76, 277, 321, 329

F

F.D.P. 90, 191 f., 197, 200, 215, 225, 245
Fabrik 20, 29 ff., 45
Fachkomepetenz 15, 42
Fahrverbote 90
Familie 6, 16 ff., 239, 254
Familiengericht 227
Familienpolitik 134, 141, 142
FAO 287
Fernsehen 183
Fleisch 274 f.
Fließband 46, 51
Flucht 153, 158, 264
Flüchtlinge 270 f.

Flugzeug 81, 86
Föderalismus 200 ff., 207
Fragen 6, 13
Fraktion 198 f.
Fraktionszwang 193
Fränkische Teilung 362
Französische Revolution 105, 110 ff.
Frauen, 101, 104, 106
Freie Deutsche Jugend (FDJ) 154, 155, 156
Freier Deutscher Gewerkschaftsbund (FDGB) 154
Freiheit 78, 221 ff.
Freiheitskämpfe 100 ff.
Freizeit 16 ff.
Freunde 17
Friedensdividende 308
Friedensmissionen 304
Friedliche Revolution 166
Friesen 355

G

Gallia 354
Gatt 278
Gemeinde-Satzung 207
Gemeindevertretung 181
Genscher, Hans-Dietrich 165, 166
Gentechnik 54 f.
Gerechtigkeit 221 ff.
Gerichte 222 ff., 227 ff.
Gerichtsverhandlung 232
Germanen 354
Germanisierung 131
Gesellschaft 9, 16, 36, 44, 46, 179 ff., 221 ff., 236 f.
Gesetze 65, 93, 214 ff., 221 ff.
Gesetzgebung 207 ff.
Gesundheitswesen 160
Getränke 59 ff.
Gewalt 233
Gewalt 251
Gewaltbereitschaft 249 f.
Gewaltenteilung 105
Gewerkschaft 13, 30 ff., 36, 39, 324
Gewinn 35, 52
Gewinnmaximierung 34 f.
Gewissen 233
Ghetto 258
Glasnost 165
Gleichberechtigung 106
Gleichschaltung 126
Gorbatschow, Michail 165, 167
Greenpeace 77, 84
Groß-Hamburg-Gesetz 361

Großbritannien 146
Grundgesetz 37, 93, 200, 207 ff., 210, 214 ff., 222 ff., 235, 323
Grundlagenvertrag 163
Grüner Punkt 64, 83
Gruppe, soziale 6 ff., 17 ff.
Gruppenarbeit 41 f., 46, 51, 66, 89, 219 f., 351
Guardian Angels 255 f.
Güter 59

H

Haithabu 355
Hanse 358
Hare-Niemeyer 191
Haushalt 206
Haushalte 61
Heimat 176
Hermann der Cherusker 354
Hermes-Kredite 293
Herrscher 178
Herzöge, Gottorfer 359
Hexenprobe 101
Hindenburg 118
Hitler, Adolf 102, 103, 105, 118, 145
Hitler-Ludendorff-Putsch 114
Hitler-Stalin-Pakt 130
Hitlerjugend 135, 142
Holocaust 134
homo oeconomicus 33 ff., 91 ff.
Honecker, Erich 155, 167
Horn, Gyula 165, 166
Hunger 261 ff.
Hypotheken 351

I

Industrialisierung 30 ff.
Industriegesellschaft 23, 45
Industriegüter 277 f.
Industrielle Revolution 20, 28 ff., 36, 45 ff.
Industrienationen 260 ff.
Inflation 116
Informationsgesellschaft 47 ff.
Innung 13, 32
Interessengruppen 325
Internationaler Währungsfond 279, 283
Interview 53
Investitionen 339 ff.

J

Jalta, Kriegskonferenz von 146
Joghurt-Syndrom 83
Juden 126, 131 ff., 139
Judenmord 102
Judikative 105
Jugend 44, 224
Jugendarbeitsschutzgesetz 14
Jugendgruppen 17 ff.
Jugendgerichtsgesetz 229
Jugenschutzgesetz 18
Jugendstrafe 223 ff., 230
Jugendvertretung 13

K

Kaiser 107
Kalter Krieg 286, 295
Kammer 13
Kandidat 184
Kapital 30
Kapitulation 145
Kapp-Putsch 114
Karl der Große 362
Katalysator 347
Kaufkraftvergleich 159, 326
Kaufrausch 60 f.
KERN-Region 361
Kiesinger, Kurt Georg 163
Kind 6, 16, 85
Kinderarbeit 262 ff., 268
Kindersterblichkeit 270
Kirche 178
Klimaänderung 74, 87
Koalition 199 ff.
Kohl, Helmut 168, 169, 172, 175, 176, 188, 208 f.
Kolonialismus 276 f.
Kolonien 280
Kommunalparlament 181
Kommunikationsgesellschaft 47 ff.
Kommunismus 153, 165, 201
Kompromiß 183, 204
Konflikt 248 ff.
Konjunktur 49, 321 ff., 337 ff.
Konsensprinzip 301
Konsum 58 ff.
Konversion 308
Konzentrationslager 102, 136, 256
KPD 152
Krankenversicherung 31 ff., 38
Kreislaufwirtschaftsgesetz 65
Kreistag 181
Kreiswehrersatzamt 306
Krenz, Egon 167
Kreuzzug 101
Krieg 307
Kriminalität 17
KSZE 300 f., 310

L

Ladenschlußgesetz 324
Landesgesetze 214
Landtag 182, 207
Landwirtschaft 28, 45
LDPD 152
Lean Production 50
Lebensmittelkarten 150
Lebensqualität 60, 343
Legislative 105
Leistung 23
Liebknecht, Karl 113
Limes Saxoniae 355
Locarno-Vertrag 116
Löhne 32, 40, 322, 330
Lohnsteuern 236
Lomé 288
Londoner Vertrag 361
Ludwig XIV 110
Luftbrücke 151
Luftverschmutzung 86
Luxemburg, Rosa 113
Luxus 61

M

Macht 179 ff.
Machtübertragung 126
Magisches Sechseck 319
Magna Charta 104
Mandat 180 ff., 197
Manipulation 189
Markt 29 ff., 92, 235
Marktmechanismus 35
Marktwirtschaft 29 ff., 91
Marshall-Plan 150
Marx 36
Materie 68
Mauermorde 102
McDonalds 228
Medien 183 ff., 188
Mehrheitswahl 186 ff., 190
Meinungsumfrage 26 f., 89
Meister 7, 20, 32
Menschenrechte 226, 285, 287
Menschenrechtsverletzungen 271

Methodenkompetenz 15, 42
Miete 225, 243
Mikroelektronik 48 ff.
Minderheiten 250
Minister 85, 199
Ministerrat 109, 204 ff.
Mittelalter 101
Mobilität 77 ff.
Modrow, Hans 167
Monarchie 187
Montesquieu 105
Moral 233
Mord 85
Moskauer Vertrag 163
Müll 58 ff., 83
Müllsteuer 228
Multikulturelle Gesellschaft 44, 367 f.
Münchener Abkommen 129
Mutterschutzgesetz 236 f.

N

Nachfrage 29 ff., 92
Nachhaltige Entwicklung 98
Napoleon 111
Nation 361
Nationalgefühl 360
Nationalsozialismus 125 ff.
Nationalsozialisten 201
Nationalversammlung 104, 110, 113
NATO 153, 301 f.
Natur 68
Negawatt 74
Nixon, Richard 162
Nordatlantischer Kooperationsrat 301
Normannen 356
NRO 287
NS-Justiz 140
Nürnberger Gesetze 132
Nürnberger Prozesse 149

O

Obdachlosigkeit 239, 250
Oder-Neiße-Linie 147
Ökologie 71, 95, 334
Ökologische Steuerreform 93
Ökonomie 71, 95
Ökonomisches Prinzip 33 ff.
Ökosysteme 95
Ölpreis 335
ÖPNV 78 ff.
Opposition 200, 222
Ost-West-Konflikt 162, 307
Ostsiedlung 358
OSZE 300 f., 315
Ozon 78, 88

P

Parlament 180 ff.
Parlamentarischer Rat 151
Parteien 119, 122, 123, 152, 154, 155, 183 ff., 225
Parteien-Demokratie 18
Partnerschaft für den Frieden 301
Passierscheinabkommen 162
Paulskirchenversammlung 103, 107
PDS 191, 197, 210
Perestroika 165
Pflegeversicherung 31 ff., 38
Planwirtschaft 152
Plenum 66, 89, 199
Pluralismus 43, 179, 207
Podiumsdiskussion 67
Politik 94
Politiker 80, 98, 179 ff., 196, 345 ff.
Postindustrielle Gesellschaft 45
Potsdamer Abkommen 146, 147
Preise 29 ff., 84
Preisstabilität 319 ff., 335
Privatisierung 170
Produktion 59 ff.
Projekt 75
Prozeß 223 ff.
Prüfungsausschuß 13, 32

Q

Qualifikation 15

R

Rapallo-Vertrag 116
Rat der Volksbeauftragen 113
Räterepublik 113
Rauchen 18 ff.
Recht 221 ff.
Regenwald 263
Regierung 32
Regierungsbildung 199 f.
Reichsgründung 103, 363, 366
Reichskanzler 108
Reichskristallnacht 133
Reichspräsident 108
Reichspogromnacht 102

Reichsregierungen 120
Reichstag 30, 108
Reichstagsbrandverordnung 127, 137
Rentenversicherung 31 ff., 38
Ressourcen 65
RGW 152
Rheinlandbesetzung 115
Richtlinie, europäische 207 ff., 216
Risiko 19, 54 f.
Robespierre 111
Rohstoffe 68 ff., 92, 277 ff.
Rollenerwartungen 6 ff.
Rollenkonflikte 9
Roosevelt, Franklin D. 146
Rosinenbomber 151

S

Sachsen 355, 358
SALT 162
Sanktionen 9
Scheel, Walter 163
Schießbefehl 153
Schleswig-Holstein 191 f., 353 ff.
Schmidt, Helmut 164
Schulden 244
Schuldenberg 278
Schuldenerlaß 287
Schwangerschaftsabbruch § 218 225
Schweinezyklus 35
Schweiz 180
Schwellenland 260
SED 152, 154
Sektoren 147
Senioren 44
Shell 323
Skandinavien 361
Sklaven 276 f.
Slawen 358
Solidarität 30, 37
Solidaritätszuschlag 170
Sowjetunion 152
Sozial 8
Soziale Frage 29 ff.
Soziale Marktwirtschaft 150, 152, 235, 318 ff.
Soziale Rolle 6 ff.
Soziales Netz 31 ff., 36, 241
Sozialhilfe 37, 236 ff., 241
Sozialisation 6 f., 16
Sozialistengesetze 30
Sozialkompetenz 41
Sozialprodukt 320 ff.
Sozialstaat 31 ff., 207, 235 ff.

Sozialversicherungen 30 ff., 38, 236
SPD 30, 60, 152, 191 f., 197, 210, 214 f., 225, 228
Springer-Verlag 188
Staat 84, 90, 177 ff., 235 ff., 245, 344
Staatsformen 211
Staatsorgane 198 ff.
Staatsschulden 348
Staatssicherheit (Stasi) 156
Stabilitätsgesetz 337
Stabilitätspakt 301
Städte 357
Stalin, Josef 146
Stalingrad 131
Stände 105, 110
Stände, schleswig-holsteinische 359
Statussymbol 60
Stauffenberg, Graf Schenk von 128
Steuern, 90, 93 ff., 347
Stichwortverzeichnis 195
Stimmzettel 185
Stoph, Willi 162
Strafen 223 ff., 229 ff.
Strafprozeß 232
Straßenverkehr 81 ff.
Streik 40, 43
Struktur 44
Strukturanpassung 279, 284
Strukturwandel 45 ff.
Sturmabteilung (SA) 117
Subsidiarität 37, 182, 210
Subventionen 93, 347 ff.
Sucht 18 ff.
Süssmuth, Rita 197
SV, Schülervertretung 7, 13
Synagoge 102

T

Tarifvertrag 32 ff., 40, 346
Techniken, neue 45 ff.
Telearbeit 49
Telekommunikation 48 f.
Tempolimit 90
Terms of Trade 278, 280
Texte 8
Thing 354
Tierversuche 234
Todesstreifen 153
TransFair 282 f.
Transport 61, 83
Treibhauseffekt 87
Treibhausgefahren 76
Tropenholz 263
Truman, Harry S. 147

U

UdSSR 146
Ulbricht, Walter 153
Umverteilung 236
Umwelt 57 ff., 95, 318, 333
Umweltgesetze 93 ff.
Umweltschutz 76, 333
Umweltzerstörung 91 ff., 263
UN 94, 225
UNCTAD 287
UNESCO 287
Unfallbilanz 85
Unfallversicherung 31 ff., 38
Ungarn 166
UNICEF 287
UNIDO 287
Unterentwicklung 279
Unterernährung 267
Unternehmen 19, 93
USA 146

V

Verbraucher 346
Verbraucherzentrale 273
Verdun, Vertrag von 362
Vereinte Nationen 261, 297 ff.
Verfassungen 107 ff., 113
Vergangenheit 20, 28, 53, 64
Verhältniswahl 186 ff., 190
Verkehrsmittel 89
Verkehrsunfälle 85
Vermittlungsausschuß 215
Verpackung 58 ff., 62, 66
Verpackungsverordnung 65
Versailler Vertrag 114, 115
Versorgung 59 ff.
Vertreibung 158
Vichy-Regime 131
Viermächteabkommen 163
Vierte Welt 260
Volk 178 ff.
Völkerwanderungen 74
Volkseinkommen 319 ff.
Volkskammerwahl 169
Volkskongreß 152
Vollbeschäftigung 319 ff.
Vorbild 251
Vorurteile 250

W

Waffenhandel 287
Wahlen 93, 180 ff.
Wahlen in der DDR 154, 161
Wähler 93, 98
Wahlergebnisse 191
Wahlgrundsätze 181
Wahlkreise 186 ff., 191 f.
Wahlrecht 104, 105, 106, 107 ff., 111
Währungsreform 150
Währungsunion 169, 173
Währungsunion, europäische 203, 212 f.
Wandel 45
Wannsee-Konferenz 134
Warenkorb 320
Warschauer Vertrag 163
Wehrpflicht 304 f.
Weimarer Republik 107, 113 ff.
Weizsäcker, Richard von 169
Weltbank 278
Welternährungslage 266
Weltfrieden 286
Weltklimakonferenz 94
Weltmarkt 277 ff.
Weltmarktpreise 282
Weltpolitische Lage 1945 157
Weltwirtschaft 278
Weltwirtschaftskrise 117
Werbung 70
Wertberichtigung 293
Werte 10
Wertewandel 56
Westintegration 152
Wettbewerb 318
WEU 302
WHO, Weltgesundheits- organisation 22, 287
Widerstand 127, 139
Wikinger 356
Wirtschaft 60, 317 ff.
Wirtschaftspolitik 344 ff.
Wirtschaftswachstum 69 ff., 319 ff., 329, 336 ff., 340
Wirtschaftsziele 319 ff.
Wohlstand 74
Wohnung 160, 239, 243, 340, 351

Z

Zeitung 183
Zentralismus 155
Zinsen 345 ff.
Zivilcourage 256
Zivildienst 305 f.
Zukunft 15, 42, 47 ff., 55f., 64, 76, 83, 98
Zünfte 28
Zwei + Vier-Vertrag 169, 173

Bildquellenverzeichnis

Archäologisches Landesmuseum, Schloß Gottorf, Schleswig, S. 354, 356, 359
Archiv für Kunst und Geschichte, Berlin, S. 28, 104, 134
Bildarchiv Preußischer Kulturbesitz, Berlin, S. 101, 105 oben, 110, 112, 127, 135, 136
Bundesbildstelle, Bonn, S. 51, 99, 102 unten, 105 unten, 149, 153, 200, 300
Bundesministerium für Verteidigung, Bonn, S. 304
Bundesamt für den Zivildienst, Köln, S. 305
Butzke, B., Mülheim, S. 5, 16, 67, 314
Deutscher Entwicklungsdienst, Berlin-Kladow, S. 247
Galas, E., Köln, S. 265, 269, 277, 279, 297, 355, 357, 360, 362, 363, 364, 366
Gewerkschaft Öffentliche Dienste, Transport und Verkehr, Stuttgart, S. 79
Globus Kartendienst, Hamburg
Hanel, W., Bergisch Gladbach, S. 235, 302, 303
Howaldtswerke – Deutsche Werft AG, Kiel, S. 317
KNA, Frankfurt/Main, S. 261, 262
Landesbildstelle Berlin, S. 126, 150, 155 oben, 164
Langewiesche-Brandt Verlag, Ebenhausen, S. 118, 122, 123
Mester, G., Wiesbaden, S. 58, 88, 189, 203, 220, 249, 263, 294, 303
MEV Verlag, Augsburg, S. 45, 353
Mohr, B., Bonn, S. 182, 215, 222
Mussil, F., Frankfurt/Main, S. 92, 184, 311
Opel AG, Rüsselsheim, S. 46, 51
Ruhrkohle AG, Essen, S. 352
Schweizer Verkehrsbüro, Frankfurt/Main, S. 180
Seifert, M., Hannover, S. 5
Süddeutscher Verlag, Bilderdienst, München, S. 57, 100, 102 oben, 103, 106, 125, 133, 137, 141, 145, 155 unten, 166, 167, 181, 247, 259, 264, 295, 296
Ullstein Bilderdienst, Berlin, S. 154
U. S. Information Service, Bonn, S. 57, 146
Vollmer, M., Essen, S. 48